데이터, 모델, 학습이론으로 배우는

머신러닝 이론과 실습

지은이 **권현** hkwon.cs@gmail.com

육군사관학교에서 수학을 전공하고 한국과학기술원(KAIST) 전산학부에서 석사와 박사 학위를 취득했다. 박사 취득 후 2020년에 육군사관학교로 전입하여 현재 AI · 데이터과학과 부교수로 재직 중이다. 주요 연구 분야는 인공지능, 머신러닝, 인공지능 보안, 시스템 보안 등으로 SCIE급 논문 81편(1저자 62편, 교신저자 15편)을 출판하였으며 머신러닝, 딥러닝, 컴퓨터 비전, 자연어 처리 등을 강의하고 있다. 저서로는 『군전자통신』(황금알, 2016)이 있다.

지은이 **석호식** hosik.seok@gmail.com

서울대학교에서 컴퓨터공학을 전공한 후 동 대학 전기컴퓨터공학부에서 석사 및 박사 학위를 취득했다. 육군사관학교 전산학과에서 교수사관으로 근무한 후 강원대학교 컴퓨터공학과에서 교수로 재직하였으며, 2022년부터 육군사관학교 AI · 데이터과학과 교수로 재직 중이다. 주요 연구 분야는 머신러닝이며, 인공지능과 최적화 이론 등을 강의하고 있다. 저서로는 『컴퓨터공학의 이해』(홍릉, 2020), 컴퓨터개론(양서각, 2003), 컴퓨터 네트워크(양서각, 2003)가 있다.

지은이 **김정수** jskor7678@gmail.com

육군사관학교에서 응용물리학을 전공하고 한국과학기술원(KAIST) 전기및전자공학부에서 석사를 취득했다. 2022년부터 2023년까지 육군사관학교 AI · 데이터과학과에서 인공지능 입문, 패턴인식의 국방 활용, 최신 인공지능 트렌드를 강의하였으며, 주요 연구 분야는 컴퓨터 비전, 딥러닝 네트워크 성능 개선이다.

지은이 **오세홍** nodg1132@gmail.com

육군사관학교에서 무기시스템공학을 전공하고 미국 미시간대학교 전기컴퓨터공학과에서 석사를 취득했다. 2023년부터 현재까지 육군사관학교 AI · 데이터과학과에서 인공지능 입문, 강화학습을 강의하고 있으며, 주요 연구 분야는 이상치 탐지와 음성 인식이다.

지은이 **박주현** wngus1200@kma.ac.kr

중앙대학교에서 컴퓨터공학을 전공하고 동 대학원 컴퓨터공학과에서 석사 학위를 취득한 후, 현재 인공지능학 박사 과정 중이다. 2022년부터 현재까지 육군사관학교 AI · 데이터과학과 조교수로 재직 중이며, 인공지능 입문/개론, 국방 AI 헬스케어 응용, 캡스톤 디자인, 자료구조 등의 과목을 강의하고 있다.

데이터, 모델, 학습이론으로 배우는 머신러닝 이론과 실습

초판발행 2024년 7월 15일
2쇄발행 2025년 11월 28일

지은이 권현, 석호식, 김정수, 오세홍, 박주현 / **펴낸이** 전태호
펴낸곳 한빛아카데미(주) / **주소** 서울시 서대문구 연희로2길 62 한빛아카데미(주) 2층
전화 02-336-7112 / **팩스** 02-336-7199
등록 2013년 1월 14일 제2017-000063호 / **ISBN** 979-11-5664-034-9 93000

총괄 박현진 / **기획 · 편집** 정지윤 / **교정** 박서연 / **진행** 정지윤
디자인 표지 · 내지 이아란 / **전산편집** 김정하 / **제작** 박성우, 김정우
영업 김호철, 김태진, 김성삼, 이정훈, 임현기, 이성훈, 김주성, 심지연

이 책에 대한 의견이나 오탈자 및 잘못된 내용은 출판사 홈페이지나 아래 이메일로 알려주십시오.
파본은 구매처에서 교환하실 수 있습니다. 책값은 뒤표지에 표시되어 있습니다.
홈페이지 www.hanbit.co.kr / 이메일 question@hanbit.co.kr

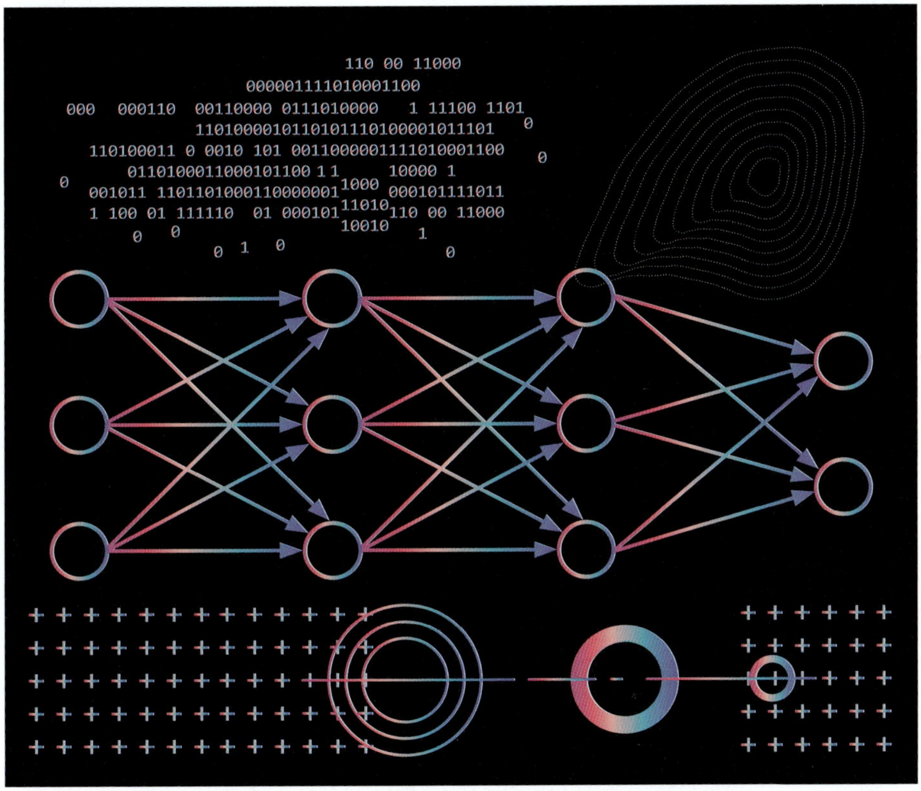

데이터, 모델, 학습이론으로 배우는

머신러닝 이론과 실습

권현, 석호식, 김정수, 오세홍, 박주현 지음

한빛아카데미
Hanbit Academy, Inc.

입문자를 위한 머신러닝 교과서

머신러닝이 다양한 학문 분야에서 관심을 받고 있습니다. 2017년 박사과정 시절, 여러 학과의 선후배 대학원생들을 만나보면 대부분 인공지능 주제를 연구하고 있었고, 특히 머신러닝에 대한 연구가 많았습니다. 2018년 트랜스포머 모델의 등장과 2021년 ChatGPT의 출시는 학계뿐만 아니라 사회와 기업에서도 인공지능에 대한 관심을 다시 불러일으켰습니다. 이처럼 인공지능 기술의 발전과 실생활 적용이 가속화되면서, 인공지능 기술의 근간이 되는 머신러닝을 잘 이해하는 것이 중요해졌습니다. 머신러닝을 잘 이해하면 실생활에 적용되고 있는 다양한 인공지능 기술을 깊이 이해하고 활용하는 데 큰 도움이 됩니다.

이러한 배경에서, 대학에서 머신러닝 수업을 진행하기 위해 이 책을 집필하게 되었습니다. 지난 몇 년간 여러 도서들을 교재로 활용해 보니 아쉬운 점들이 있었습니다. 특히 데이터의 특성과, 데이터를 통해 모델이 학습되는 과정을 이론과 실습을 통해 자세히 설명하는 적당한 교재가 없어 학과 교수님들과 함께 직접 책을 쓰게 되었습니다.

머신러닝은 처음에는 어렵게 느껴질 수 있지만, 개념과 원리만 잘 이해하면 전공자뿐만 아니라 일반인도 쉽게 배울 수 있습니다. 이 책은 다양한 머신러닝 모델 중 가장 기본이 되는 모델들을 중심으로 다룹니다. 머신러닝의 지도학습과 비지도학습 모델을 함께 다루는데, 지도학습에서는 선형회귀, 로지스틱 회귀, 퍼셉트론, 다층 퍼셉트론, k-최근접 이웃, 의사결정 트리를, 비지도학습에서는 k-평균 군집화를 소개합니다. 각 머신러닝 모델의 이론을 배운 후, 바로 파이썬 프로그래밍 실습을 통해 실생활에 적용할 수 있도록 구성하여 이론으로만 이해하고 금방 잊어버리는 일이 없도록 했습니다.

이 책의 주요 특징은 다음과 같습니다.

- **핵심 이론을 충분한 설명과 함께 담아냈습니다.**

  회귀, 분류, 군집 등 대표적인 머신러닝 이론을 중심으로 구성하되, 실제 수업에서 설명이 많이 필요한 내용은 충분히 설명하고자 하였습니다. 각 장은 '데이터 설명, 모델 구조, 학습이론' 순서로 단계별로 설명하며, 데이터를 보고 그 특성에 맞는 머신러닝 모델을 선정하는 데 도움이 되도록 하였습니다. 용어는 가급적 통일하였고 혼용이 필요한 경우에는 별도로 명시하여 혼란을 최소화하였습니다.

- **이론과 실습을 연계해 이해할 수 있게 실습을 두 가지 유형으로 진행합니다.**

  구글 코랩을 활용해 자체 실습 자료를 제작하였고, 구체적인 사용법과 역할을 주석으로 달아두었습니다. 실습 데이터로 소셜 네트워크 구매자 예측, 스포츠 선수 포지션 분류, 도시지역 위치 분류, MNIST 숫자 이미지 인식 등의 다양한 실제 데이터를 사용합니다. 실습은 사이킷런 라이브러리를 활용한 구현과 함수를 직접 구현하는 방식을 병행하여 머신러닝 라이브러리 사용법과 이론이 연계된 실습을 동시에 진행함으로써 머신러닝 모델의 동작을 깊이 이해하고 활용할 수 있게 돕습니다.

머신러닝 입문자에게 필수적인 내용을 중심으로 구성하되 중고급자에게도 도움이 되는 다양한 문제와 실습을 수록했습니다. 이 책을 통해 머신러닝에 대한 기초 소양을 기르고 실생활에 적용된 인공지능 기술을 이해하는 데 도움이 되길 바랍니다. 마지막으로, 책의 완성도를 높이기 위해 많은 수고를 해주신 유경희 님과 정지윤 님께 감사의 마음을 전합니다.

저자 대표 **권현**

강의 보조 자료 한빛아카데미 홈페이지에서 '교수회원'으로 가입하신 분은 인증 후 교수용 강의 보조 자료를 제공받으실 수 있습니다. 한빛아카데미 홈페이지 상단의 〈교수전용공간〉 메뉴를 클릭해주세요.
http://www.hanbit.co.kr/academy

학습 보조 자료 학습에 필요한 실습과 예제 풀이 자료는 아래 주소에서 내려받을 수 있습니다.
http://www.hanbit.co.kr/src/40034

실습 환경 구글에서 제공하는 코랩(https://colab.research.google.com) 환경에서의 실습을 권장합니다. 웹 브라우저만 있으면 언제 어디서나 접속이 가능하며, 구글 계정이 필요합니다.

참고 문헌

[1] Probabilistic Machine Learning: Advanced Topics, Kevin P. Murphy, The MIT Press, 2023.

[2] Probabilistic Machine Learning: An Introduction, Kevin P. Murphy, The MIT Press, 2022.

[3] Zhang, Aston, Zachary C. Lipton, Mu Li, and Alexander J. Smola. Dive into deep learning. arXiv preprint arXiv:2106.11342 (2021).

[4] Deisenroth, Marc Peter, A. Aldo Faisal, and Cheng Soon Ong. Mathematics for machine learning. Cambridge University Press, 2020.

[5] LeCun, Yann, Yoshua Bengio, and Geoffrey Hinton. Deep learning. nature 521.7553 (2015): 436–444.

[6] Pattern Recognition and Machine Learning, Christopher M. Bishop, Springer, 2011.

주요 내용

이 책은 머신러닝의 이론과 실습을 통합적으로 학습할 수 있도록 구성되었습니다. 세부 내용은 다음과 같습니다.

❶ 인공지능 개요와 머신러닝을 이해하기 위한 선수지식(1~2장)

1장에서는 인공지능의 정의와 발전 과정을 설명한 후, 머신러닝의 기본 개념을 소개합니다. 이를 통해 인공지능, 머신러닝, 딥러닝의 차이와 관계를 명확히 이해할 수 있으며, 전반적인 인공지능 지식을 습득할 수 있습니다. 2장에서는 기초수학과 넘파이 라이브러리 사용법을 다룹니다. 기초수학으로 머신러닝에서 중요한 선형 대수와 확률 개념을 다루며, 이후 장에서 자주 다루게 될 벡터, 행렬 연산 등과 연계하여 넘파이 라이브러리 사용법을 설명합니다.

❷ 선형 회귀와 로지스틱 회귀(3~4장)

회귀와 분류 문제를 해결할 수 있는 간단한 선형 모델을 소개하며, 입력 변수와 출력 변수의 관계를 설명합니다. 손실 함수를 계산하고 이를 이용하여 모델의 파라미터를 업데이트하는 과정을 자세히 다룹니다. 이를 통해 머신러닝 모델의 학습 흐름을 파악할 수 있습니다.

❸ 퍼셉트론과 다층 퍼셉트론(5~6장)

딥러닝 모델을 구성하는 핵심 개념을 소개합니다. 먼저 퍼셉트론 모델을 선형 회귀와 로지스틱 회귀에 적용하여 개별 퍼셉트론의 동작을 이해합니다. 그 후 여러 개의 퍼셉트론을 결합하여 문제를 해결하는 과정을 살펴봅니다. 다층 퍼셉트론 모델의 파라미터 업데이트 과정을 이해하면 다양한 딥러닝 모델의 동작을 이해하는 데 필요한 기본 실력을 키울 수 있습니다.

❹ k-최근접 이웃과 의사결정 트리(7~8장)

7장에서는 모델 기반 학습이 아닌 사례 기반 학습을 통해 새로운 지도학습 방법을 소개합니다. 거리 측도와 하이퍼파라미터의 개념을 이해하고, k-최근접 이웃 방법을 사용하여 간편하고 빠르게 분류 및 회귀 문제를 해결하는 방법을 학습합니다. 8장에서는 트리 자료구조 형태로 데이터를 분할하는 속성을 추가하여 분류 및 회귀의 문제를 해결하는 의사결정 트리에 대해 다룹니다.

❺ 군집화(9장)

9장에서는 비지도학습의 개념과 비지도학습에 사용되는 데이터의 특징과 군집화의 다양한 유형을 소개합니다. 또한 k-평균 군집화를 통해 데이터가 군집화되는 과정을 확인하면서 비지도학습의 과정을 이해합니다.

이 책의 구성 요소

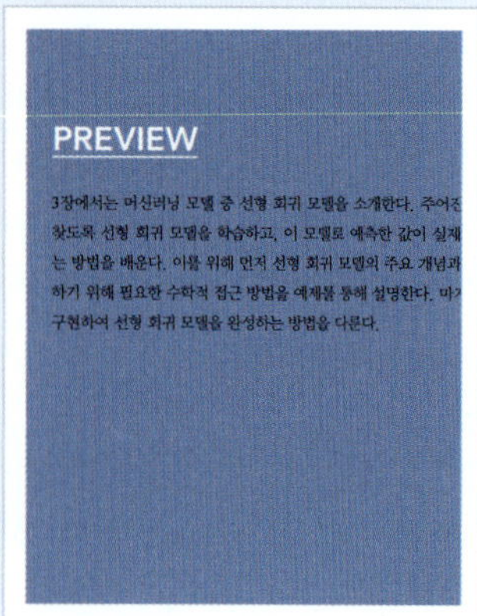

| Preview |

각 장에서 배울 내용을 개괄적으로 설명합니다.

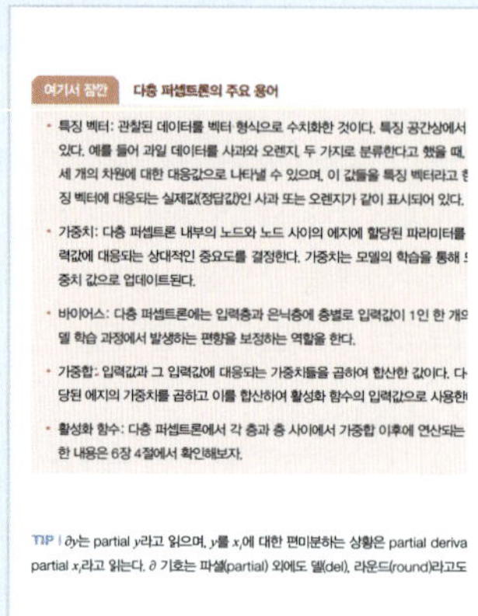

| 부연 설명 |

본문과 관련된 개념이나 용어를 정리하고 추가적인 내용을 여기서 잠깐과 TIP으로 제공합니다.

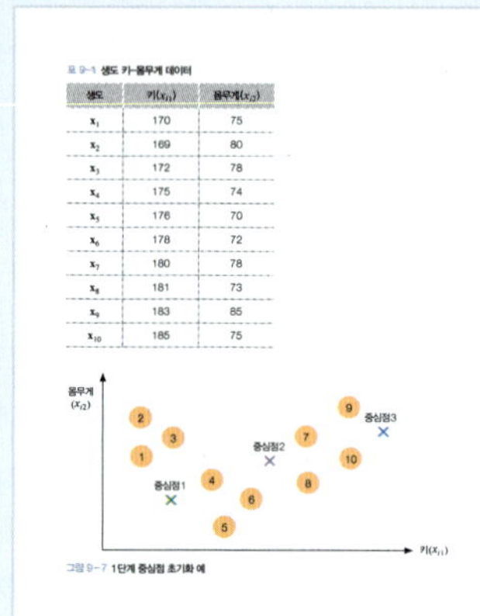

| 그림과 표 |

개념 간의 관계를 명확히 시각화하고 핵심 개념을 일목요연하게 보여줍니다.

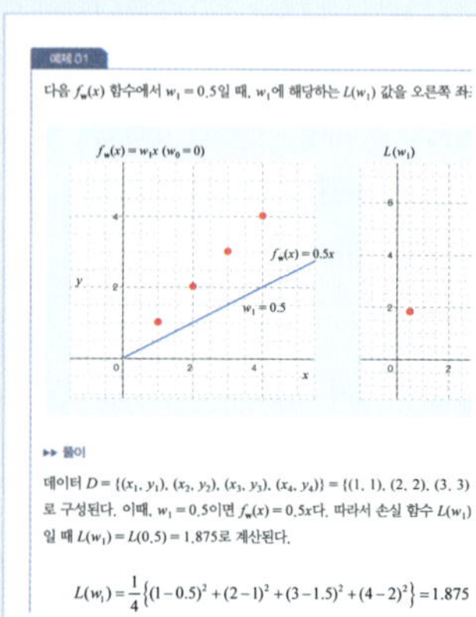

| 예제 |

머신러닝 수학 이론에 대한 이해도를 높이고 실력을 향상시킬 수 있도록 다양한 문제를 제시합니다.

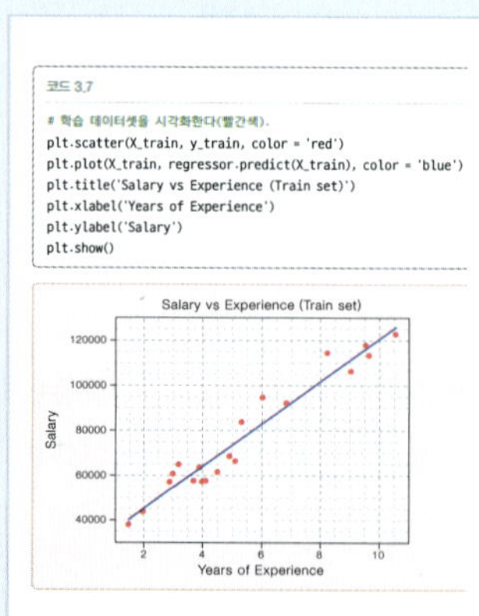

| 실습 |

두 가지 유형의 실습(사이킷런을 활용하는 방식, 함수를 직접 구현하는 방식)을 통해 개별 머신러닝 모델의 동작을 깊이 이해하고 활용할 수 있습니다.

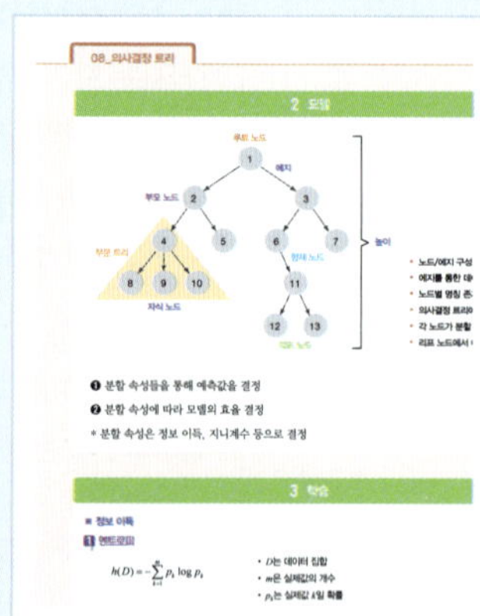

| Basic Cheat Sheet |

머신러닝 모델의 핵심 내용을 예시와 함께 일목요연하게 보여줍니다. 학습 내용을 한눈에 파악할 수 있습니다.

차례

CHAPTER 01

인공지능과 머신러닝의 이해

PREVIEW

1장에서는 인공지능의 의미를 파악하는 데 도움이 되는 내용을 간략히 소개한다. 특히, 인공지능이 폭발적으로 성장하게 된 배경을 살펴보며 데이터와 머신러닝 모델의 관계를 이해해본다.

학습목표

- 인공지능, 머신러닝, 딥러닝의 관계를 이해한다.
- 인공지능의 폭발적인 성장 배경을 데이터, 모델(알고리즘), 계산(컴퓨팅 연산 능력) 측면에서 이해한다.
- 머신러닝 기본 원리를 이해하고 지도학습, 비지도학습, 강화학습을 이해한다.

SECTION 01 인공지능 개념

인공지능Artificial Intelligence, 人工知能은 인공적인 지식(지능)이라는 뜻으로 기본적으로 사람의 지능을 모티브로 만들어진 용어다. 인공지능은 4차 산업혁명의 시대를 구성하는 가장 중요한 기술로, 사람처럼 인식하고 결심하며 행동하는 기술을 구현하는 것이 목적이다.

인공지능은 약인공지능, 강인공지능으로 분류하기도 한다. 약인공지능은 특정한 분야에 인공지능 기술을 접목한 것을 가리키고, 강인공지능은 범용적인 분야에 인공지능 기술을 접목한 것을 가리킨다. 예를 들어, 컴퓨터 비전Computer Vision 분야에서 입력된 이미지를 인공지능을 이용해 분류한다면 약인공지능에 해당한다. 이 경우 입력값은 특정 도메인인 이미지에 한정되어 있고 출력값도 이미지를 분류하는 정도로 한정되어 있다. 반면, 강인공지능은 주어진 이미지를 분석하고 그 결과를 다양한 관점에서 분석한 결과를 자연어로 설명하는 등 인간의 보편적인 사고 과정을 모방한다. 따라서 이미지, 음성, 텍스트 등 다양한 종류의 데이터가 입력되고 분석 결과도 이미지, 음성, 텍스트 등 다양한 형태를 띨 수 있다.

최근에는 강인공지능에 관한 많은 연구가 진행되고 있다. 개인 데스크톱이나 GPU로도 연구가 가능한 약인공지능 분야와는 달리, 강인공지능은 다양한 종류의 데이터를 대량으로 학습해야 하므로 기업 수준의 대규모 고성능 GPU 서버 환경이 구축되어야 가능하다.

인공지능이라는 용어를 머신러닝, 딥러닝과 같이 혼용하기도 하지만 정확히는 [그림 1-1]처럼 딥러닝은 머신러닝 안에 포함되고, 머신러닝은 인공지능 안에 포함된다.

인공지능	프로그래밍을 구축하거나 인간을 모방하여 창의적으로 문제를 해결할 수 있는 기술을 의미한다.
머신러닝	명시적인 프로그래밍이 아닌 데이터를 이용하여 스스로를 학습하는 시스템(모델)이다. 대표적으로 회귀, 분류, 군집화 등이 있고, 지도학습, 비지도학습, 강화학습으로 구분되기도 한다.
딥러닝	머신러닝의 한 종류로써, 사람의 뇌 신경망을 모방한 뉴럴 네트워크를 이용하는 모델이다.

그림 1-1 인공지능, 머신러닝, 딥러닝의 관계

SECTION 02

인공지능의 발전

1 인공지능의 역사

인공지능은 [그림 1-2]와 같이 시간이 흐름에 따라 다양한 연구자들에 의해 주요 개념들이 제안되었다. 이에 대한 내용은 다음과 같다.

- 1943년, 워렌 맥컬록Warren McCulloch과 월터 피츠Walter Pitts는 뉴런의 활동을 명제 논리로 분석할 수 있다는 논문을 발표했다. 해당 연구에서는 뉴런의 동작을 명제 논리로 분석할 수 있으며, 특정 조건을 만족하는 논리식의 동작을 표현하는 뉴런을 구성할 수 있음을 제시했다.
- 1950년, 앨런 튜링Alan Turing은 기계 지능 판별 방법으로 튜링 테스트Turing Test를 제안했다. 이 테스트는 실험자가 사람 및 인공지능과 동일한 방법으로 대화(반드시 음성에 의한 대화만을 의미하는 것은 아님)하도록 설정되어 있으며, 실험자가 대화 상대가 사람인지 인공지능인지 구분할 수 없다면 테스트를 통과한 것으로 간주한다.
- 1957년, 프랑크 로젠블럿Frank Rosenblatt은 퍼셉트론Perceptron을 제안했다. 이는 신경세포의 동작을 모사할 수 있는 최초의 프로그램을 제안한 것으로, 인공지능 연구의 중요한 이정표가 되었다.
- 1969년, 마빈 민스키Marvin Minsky와 시모어 페퍼트Seymour Papert가 출판한 「퍼셉트론즈Perceptrons」에는 퍼셉트론이 AND와 OR 같은 선형 분리가 가능한 문제에서는 유용하지만, XOR 같은 비선형 문제에서는 해결할 수 없다는 한계점을 제시했다.
- 1986년, 데이비드 루멜하트David Rumelhart, 제프리 힌튼Geoffrey Hinton, 로날드 윌리엄스Ronald Williams는 다층 퍼셉트론에서 오차 역전파Error Backpropagation를 활용한 학습 방법을 제안하면서 퍼셉트론의 한계를 극복했다.
- 1995년, 블라디미르 바프닉Vladimir Vapnik과 코리나 코르테스Corinna Cortes는 「서포트 벡터 네트워크Support Vector Networks」 논문에서 서포트 벡터 머신Support Vector Machine, SVM 모델을 제안했다. 이 모델은 입력 데이터를 고차원의 특징 공간에 비선형적으로 매핑한 후, 해당 특징 공간에서 선형 분류하는 방법이다. 높은 성능 덕분에 여전히 많이 사용되고 있다.

- 2006년, 제프리 힌턴Geoffrey Hinton은 딥러닝 연구에서 중요한 역할을 했다. 힌턴과 그의 공동 연구자들은 딥러닝의 핵심 방법 중 하나인 심층 신경망Deep Neural Networks을 제안하고, 많은 신경망 계층을 쌓은 모델을 통해 여러 응용 분야에서 성능을 크게 향상시켰다.

이후, 구글 딥마인드의 알파고AlphaGo와 이세돌 9단의 바둑 대결은 인공지능의 가능성을 일반 대중에게 널리 알리고, 인공지능에 대한 관심을 폭발적으로 증가시켰다. 최근에는 OpenAI의 ChatGPT와 같은 생성형 모델들이 등장하면서 인공지능의 실용성과 잠재력에 대한 관심이 더욱 높아지고 있다.

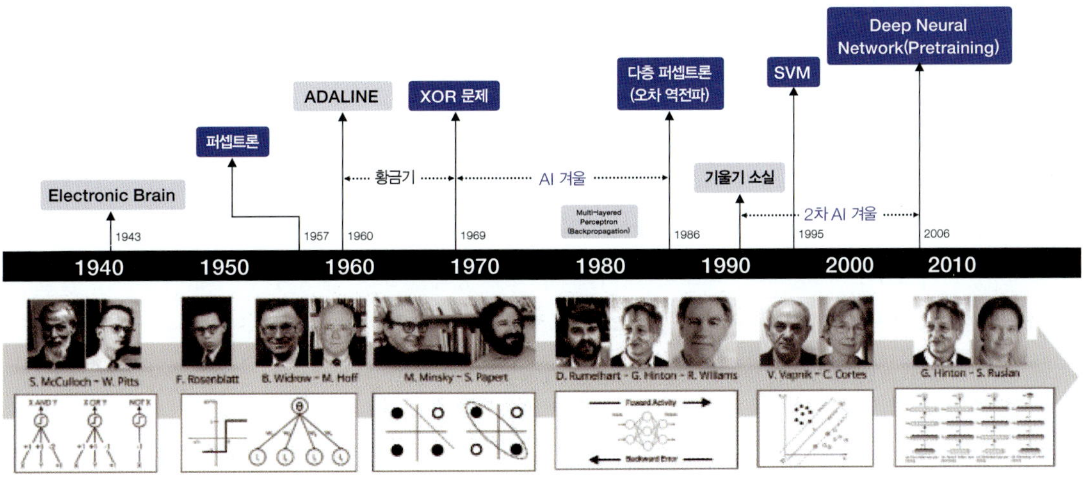

그림 1-2 **인공지능의 역사 (출처: http://hochul.net/blog/wp-content/uploads/2019/09/ABriefHistoryofAI.png)**

2 인공지능의 폭발적 성장

인공지능의 급속한 발전을 뒷받침하는 세 가지 요소는 데이터, 알고리즘(모델), 계산(컴퓨팅 파워) 환경이다. 데이터 측면에서 살펴보면, 고성능 스마트폰의 보급과 클라우드 기술의 결합은 대규모 데이터의 신속한 축적을 가능하게 했다. 과거에 비해서 훨씬 더 많은 데이터를 수집할 수 있는 환경이 조성되었고, 인터넷 데이터 센터Internet Data Center의 예측에 따르면, 2025년까지 163ZBZettabyte, 즉 1TB의 10억 배에 해당하는 데이터가 축적될 것으로 전망된다.

데이터

데이터는 그 형태와 구조에 따라 다양하게 분류할 수 있다. 일반적으로 정형 데이터, 비정형 데이터, 반정형 데이터로 구분하며 각각의 특징을 간단히 살펴보면 다음과 같다.

■ 정형 데이터

정형 데이터Structured Data는 열과 행으로 구성된 데이터로, 일정한 규칙에 의해서 구성된다. 예를 들어, 엑셀 형식으로 특정 열(이름, 주민등록번호, 성별, 사는 곳, 전화번호 등)에 맞춰 저장된 데이터가 있다.

■ 비정형 데이터

비정형 데이터Unstructured Data는 정해진 규칙 없이 저장된 데이터로 의미를 쉽게 파악하기가 어렵다. 이미지, 음성, 텍스트와 같은 데이터가 그 예다. 실생활에서 수집되는 데이터는 비정형 데이터가 더 많기 때문에, 비정형 데이터를 다루고 분석하는 것은 인공지능에 필수적이며 중요한 요소다.

■ 반정형 데이터

반정형 데이터Semi-structured Data는 구조화된 데이터로 구성되어 있지 않지만 어느 정도 구조를 가지고 있는 데이터를 말한다. 예를 들어 인터넷에서 수집되는 데이터는 다양한 태그Tag를 통해 의미를 해석할 수 있고 구조화도 가능하다. 태그란 데이터 내 특정 항목을 보충 설명하기 위해 사용되는 낱말 혹은 키워드다. 이러한 특성 때문에, 반정형 데이터는 정형 데이터처럼 엄격한 구조화는 어렵지만, 비정형 데이터보다는 분석과 처리가 용이한 중간 형태를 띤다고 볼 수 있다.

알고리즘(모델)

인공지능에 대한 관심이 폭발적으로 증가함에 따라 이미지, 텍스트 및 다른 다양한 분야에서 데이터를 분석하는 새로운 알고리즘이 빠르게 소개되고 있다. 예를 들어 [그림 1-3]에서 보듯 2010년 이전에는 이미지의 주요 특징을 추출하고 이를 기반으로 서포트 벡터 머신과 같은 전통적인 머신러닝 알고리즘을 사용하여 분류하는 방법이 일반적이었다. 그러나 2012년에 크리제브스키Krizhevsky 연구진에 의해 딥러닝 기반의 모델이 제안되었는데, 이 모델은 이미지에 대한 주요 특징을 사용자가 직접 추출하지 않고, 이미지 자체를 입력으로 사용하여 분류 결과를 출력하는 종단형End-to-End 방식을 채택했다.

이후 이러한 방법을 발전시켜 많은 수의 층을 쌓는 GoogLeNet 방식이 2014년에 제안되었고, 2015년에는 이전 정보를 다음 층에 전달하도록 하는 Residual 방식과 대규모 콘볼루션 필터 대신 작은 크기의 콘볼루션 필터 여러 개를 사용하여 동일한 효과를 달성하는 수용필드Receptive field를 활용한 ResNet 모델이 제안되면서 성능이 크게 향상되었다. ResNet 모델은 VGG 모델이나 GoogLeNet에 비해 모델의 파라미터 수를 크게 줄이면서도 유사하거나 더 우수한 성능을 제공하는 장점이 있어, 이미지 분류 작업에 널리 사용되고 있다.

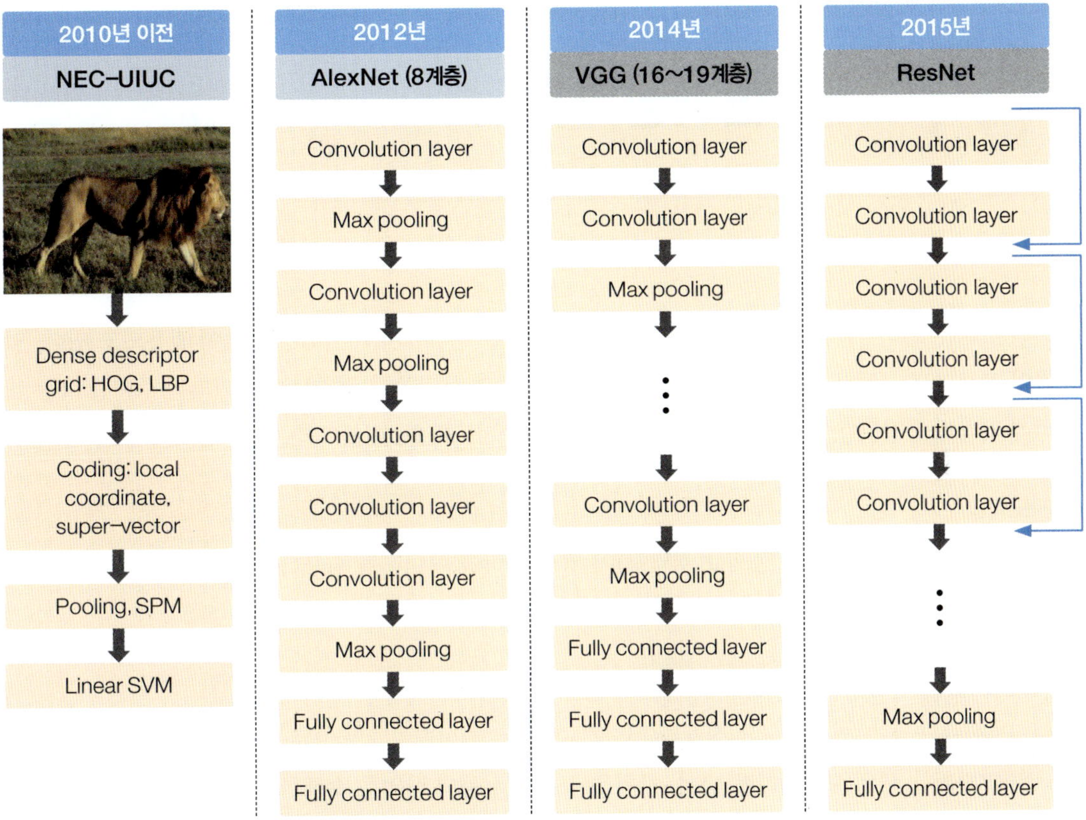

그림 1-3 ImageNet 데이터셋에 대한 인공지능 모델의 발전 예

계산(컴퓨팅 파워)

계산(컴퓨팅 파워) 관점에서 인공지능 모델을 학습시키기 위해서는 많은 수의 파라미터를 업데이트하는 과정이 필수적이다. 이 과정에서 GPU를 활용하여 병렬적으로 다수의 연산을 동시에 수행함으로써, 학습 효율성을 대폭 향상시킬 수 있다. GPU의 성능 향상은 인공지능 모델이 데이터를 통해 학습할 수 있는 능력을 크게 증가시켜 ChatGPT와 같은 초대형 인공지능 모델의 학습을 가능하게 했다. 이러한 GPU 기반 연산 모델의 발전은 인공지능 성능 향상에 결정적인 역할을 했으며, 최근에는 GPU를 넘어서 인공지능을 위한 전용 처리 장치들(예 AI 연산이 가능한 IoT, AI 반도체 등)의 개발을 통해 연산 성능을 더욱 향상시키려는 노력이 진행되고 있다.

SECTION 03

머신러닝 기초

머신러닝(혹은 딥러닝)의 성능이 크게 향상되면서, 다양한 분야에서 머신러닝 기술이 활용되고 있다. 일반적인 프로그램과 달리 머신러닝의 경우, 해당 알고리즘의 동작을 결정하는 파라미터는 주어진 학습 데이터에 기반해 결정된다. 머신러닝은 [그림 1-4]와 같이 지도학습, 비지도학습, 강화학습으로 분류된다.

■ 지도학습

지도학습Supervised Learning은 실제값(정답값)이 명시된 학습 데이터를 사용하여 학습한 후, 테스트 데이터에 대해 예측 및 분류를 수행한다. 대표적인 응용으로는 회귀와 분류가 있다.

■ 비지도학습

비지도학습Unsupervised Learning은 실제값(정답값)이 없는 데이터를 기반으로 학습하여 데이터를 군집화Clustering하거나 새로운 데이터를 생성, 차원을 축소하는 등의 작업을 수행한다.

■ 강화학습

강화학습Reinforcement Learning은 별도의 데이터 없이 에이전트Agent가 환경과 상호작용하며 시행착오를 통해 행동을 선택하고 보상을 최대화하는 것을 목표로 한다.

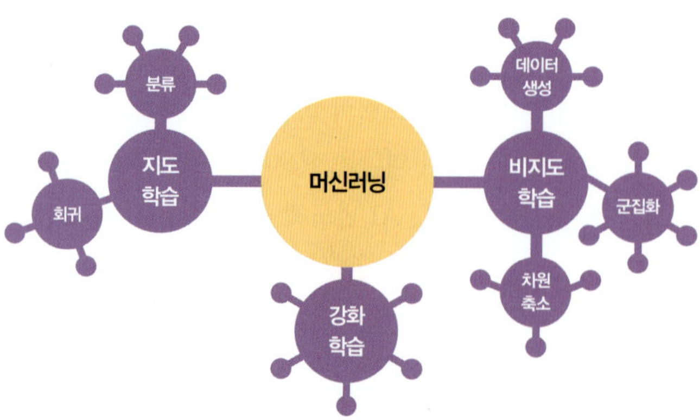

그림 1-4 머신러닝의 분류: 지도학습, 비지도학습, 강화학습

이 책에서는 주로 지도학습과 비지도학습을 설명한다. 선형 회귀, 로지스틱 회귀, 퍼셉트론, 다층 퍼셉트론, 의사결정나무, k-최근접 이웃 알고리즘은 지도학습에 해당하며, k-평균 군집화 알고리즘은 비지도학습에 해당한다.

[그림 1-5]와 같이 지도학습은 학습 단계와 테스트 단계로 구성된다. 학습 단계에서는 학습 데이터셋에 대해 입력값에 대한 모델의 출력값(예측 및 분류값)이 실제값과 유사하도록 적절한 함수 f를 선정한다. 이때, 함수 f의 파라미터는 아직 학습되지 않은 상태다. 따라서, 학습 데이터셋을 통해 함수 f의 파라미터를 업데이트하는 과정이 필요하다. 학습 단계에서는 학습 데이터셋을 입력 데이터로 모델에 제공하고, 모델이 출력하는 값이 실제값(정답값)과 유사해지도록 모델의 파라미터를 업데이트함으로써 최적의 함수를 생성한다.

테스트 단계에서는 학습 단계에서 학습이 완료된 모델을 대상으로 테스트 데이터를 이용하여 성능을 검증한다. 테스트 데이터셋은 학습 과정에서 사용되지 않았기 때문에, 모델의 성능이 어느 정도 수준에 도달했을 때 실제 서비스에 활용할 수 있다.

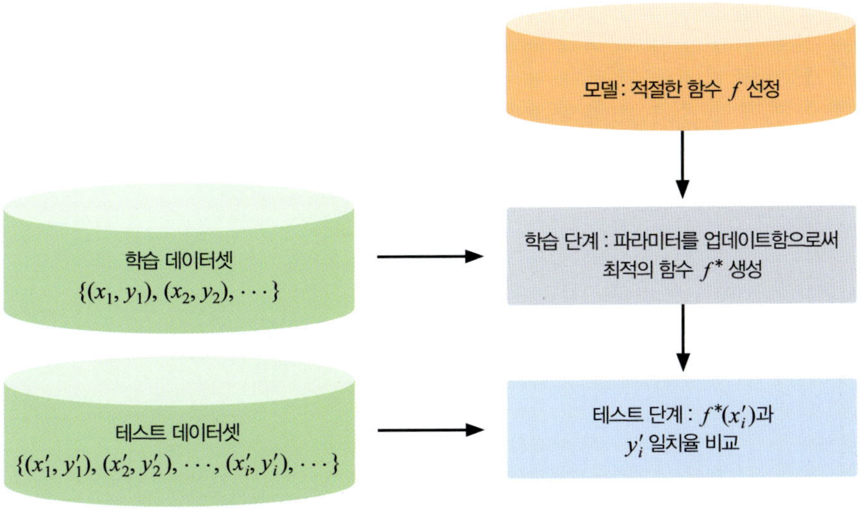

그림 1-5 **지도학습의 프로세스**

[그림 1-6]과 같이 지도학습에서 사용하는 데이터셋은 학습 단계에 사용되는 학습 데이터셋Training Dataset과 테스트 단계에서 사용되는 테스트 데이터셋Test Dataset으로 구성된다. 예를 들어, 10만 개의 데이터셋을 수집했을 때, 7만 개는 학습 데이터셋으로, 3만 개는 테스트 데이터셋으로 구성한다. 통상적으로 학습 데이터셋과 테스트 데이터셋의 비율은 7:3 또는 8:2로 설정되지만, 경우에 따라 조정될 수 있다.

또한 학습 단계에서 모델이 학습 데이터셋에만 과도하게 적용하는 것을 방지하기 위해 학습 데이터셋 중 일부를 검증 데이터셋Validation Dataset으로 구분하여 학습 과정 중에 모델이 잘 동작하는지 중간 점검하는 용도로 사용하기도 한다. 전체 데이터셋에서 학습 데이터셋과 테스트 데이터셋을 구분할 때는 두 데이터셋의 분포가 동일하고, 데이터가 서로 겹치지 않는다는 전제가 포함된다.

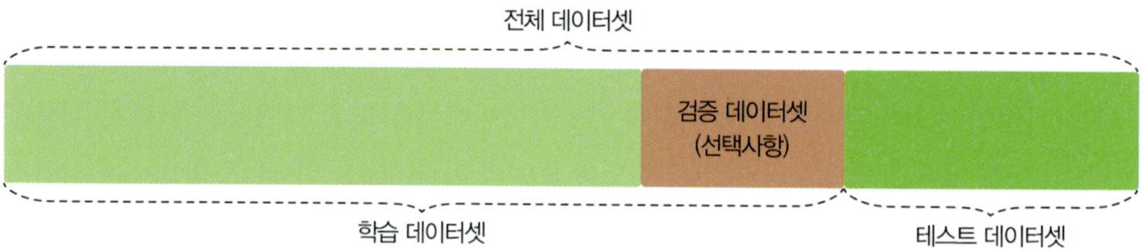

그림 1-6 데이터셋의 분할: 학습 데이터셋과 테스트 데이터셋

CHAPTER 02

머신러닝을 위한 수학과 넘파이 라이브러리

PREVIEW

2장에서는 머신러닝 모델에 대한 이해를 높이기 위해 기초적인 수학 개념과 파이썬 넘파이 라이브러리를 소개한다. 이 장에서 다루는 수학 개념과 라이브러리 사용법은 이후의 이론과 실습에 필요한 기초 지식으로 활용된다. 수학적인 개념을 이해하고 넘파이를 통해 데이터를 다루는 방법을 습득함으로써 머신러닝 모델의 원리를 보다 깊이 있게 이해하고, 실제 데이터에 대한 분석과 처리를 더욱 효과적으로 수행할 수 있게 된다.

학습목표

- 머신러닝에서 자주 사용되는 수학적 개념을 이해한다.
- 데이터 처리 및 분석을 위해 넘파이 라이브러리를 이용한 배열, 인덱스, 슬라이싱 등의 각종 연산 기능을 익힌다.

SECTION 01 머신러닝을 위한 기초수학

머신러닝을 이해하기 위해서는 기초수학에 대한 이해가 필수적이다. 데이터와 모델의 파라미터는 벡터나 행렬 등으로 표현되며, 모델에서는 벡터의 내적 연산과 행렬의 곱셈 등이 자주 사용된다. 또한, 모델의 학습 과정에서 최적화, 노름Norm, 편미분과 같은 개념들이 적용되는 것도 이러한 이해를 요구한다.

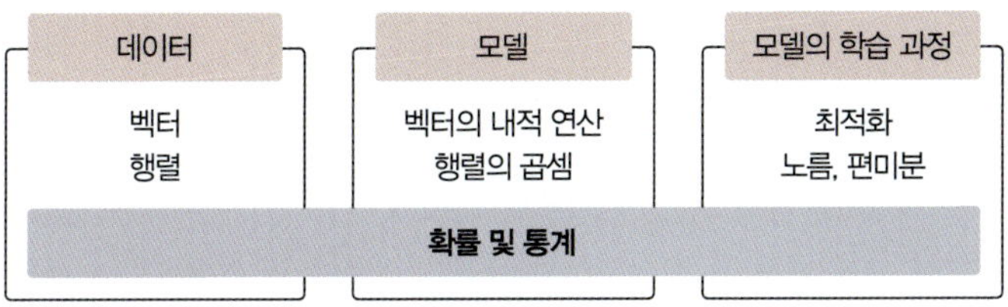

그림 2-1 **머신러닝에 필요한 기초수학 개념 예**

1 벡터

벡터의 개념과 표현

물리학에서 벡터는 크기와 방향을 가진 값으로 표현된다. 벡터를 화살표로 표시하기도 하는데, 화살표의 길이는 벡터의 크기를, 화살표가 가리키는 방향은 벡터의 방향을 의미한다. 일반적으로 행렬을 이용하여 열벡터와 행벡터를 정의하나, 현 단계에서는 [그림 2-2]에서 ❶ 형태의 열벡터Column Vector로 이해하자. 곧 소개하는 전치 연산을 적용하면 ❷와 같이 표현할 수도 있다. 벡터는 굵은 소문자로 표기하는 것이 일반적이며, 특히 머신러닝에서는 행렬 연산이 빈번하게 발생하므로 열벡터 또는 행벡터와 같이 행렬 표현식을 사용하는 것이 효과적이다.

❶ $\mathbf{x} = \begin{bmatrix} 1 \\ 7 \\ 0 \\ 1 \end{bmatrix}$ ❷ $\mathbf{x} = [1 \ \ 7 \ \ 0 \ \ 1]^{T}$ (유클리드 벡터 표현 방식)

그림 2-2 **행렬을 이용한 벡터 표현**

[그림 2-3]과 같이 일반적인 n차원 공간($\mathbb{R}^n$)에 존재하는 벡터는 n개의 성분을 갖고 있으며 n-벡터라고 지칭한다.

$$\mathbf{x} = \begin{bmatrix} x_1 \\ x_2 \\ \vdots \\ x_n \end{bmatrix}$$

그림 2-3 n-벡터의 표현

벡터의 해석

n-벡터는 n차원 공간에서의 한 점에 해당한다. [그림 2-4]에 표시된 세 개의 빨간색 점은 세 개의 서로 다른 벡터를 의미하며, $\mathbf{x} = [x_1 \ \ x_2]^{\mathrm{T}}$와 같은 형태로 공간 내의 특정 위치를 나타낸다.

벡터를 공간에서 방향으로 해석할 수도 있다. 예를 들어 [그림 2-5]에서 벡터 $\vec{\mathbf{x}} = [3 \ \ 3]^{\mathrm{T}}$는 오른쪽으로 3칸, 위로 3칸 이동하는 방향을 나타낸다. $\vec{\mathbf{x}}$와 같이 화살표로 벡터의 방향을 강조할 수 있으나 이 책에서는 벡터의 방향을 나타내는 화살표는 생략한다.

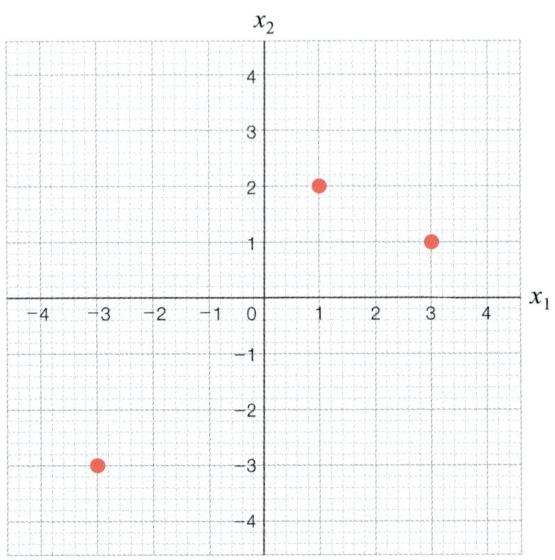

그림 2-4 벡터를 공간의 한 점으로 표현

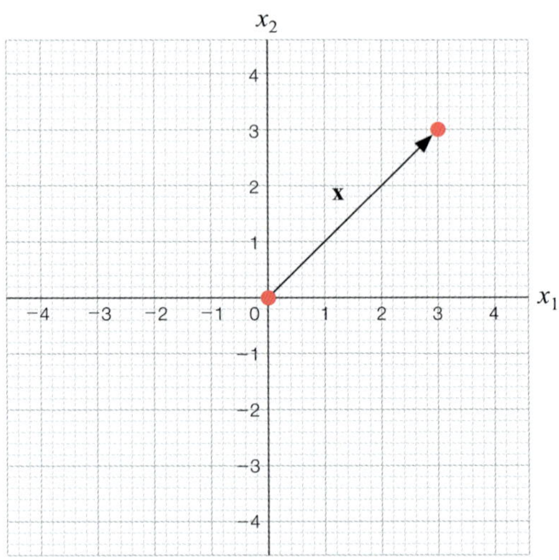

그림 2-5 벡터를 공간에서 방향으로 표현

벡터 덧셈은 방향과 크기를 고려해 각 벡터의 성분을 더하면 된다. 예를 들어 [그림 2-6]에서 벡터 $\mathbf{u} = [2 \ \ 2]^T$, 벡터 $\mathbf{v} = [2 \ \ -2]^T$이고 벡터 **u**와 벡터 **v**를 더한 벡터를 **w**라고 하자. 벡터 **u**와 벡터 **v**를 더할 경우, 각 성분을 합하게 되면 벡터 **w**는 $[2+2 \ \ 2-2]^T = [4 \ \ 0]^T$가 된다.

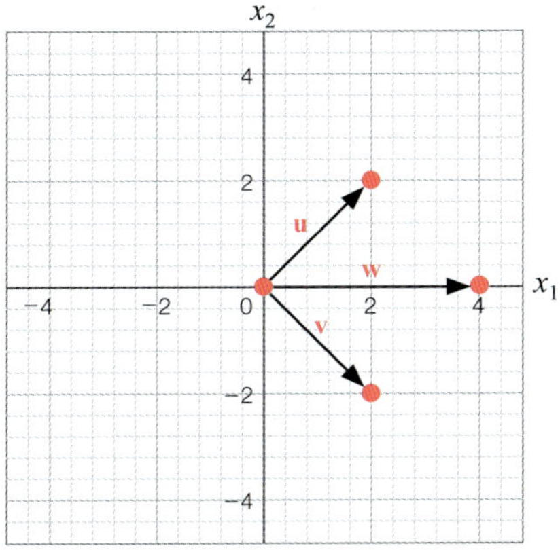

그림 2-6 **벡터의 덧셈**

벡터를 공간의 점으로 해석하면, 머신러닝에서 관측된 특징의 수에 해당하는 차원 공간에서 학습 데이터셋을 하나의 점으로 간주할 수 있다. 데이터 전처리는 이 학습 데이터셋을 이용해 모델의 성능을 개선하는 과정이다. 예를 들어, [그림 2-7]에서는 표준화Standardization를 통한 데이터 전처리 과정을 보여준다. 이 과정은 제로 센터링Zero-Centering을 통해 데이터셋의 평균을 0으로 이동시키고, 이어서 데이터의 표준 편차를 1로 조정한다.

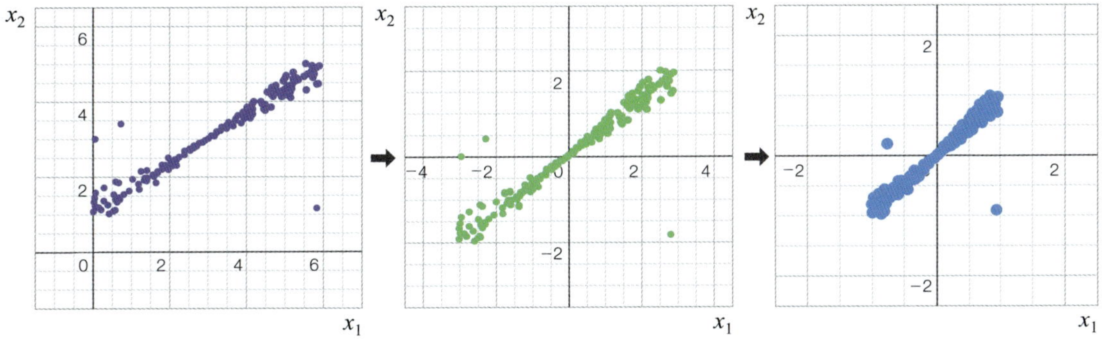

그림 2-7 **데이터 전처리 과정 예(원본 데이터셋 → 제로 센터링 → 표준 편차 변환)**

벡터의 노름

벡터의 크기는 노름이라는 스칼라값으로 표현된다. 노름 f는 다음 세 가지 주요 속성을 만족해야 한다. 첫째, 스케일링Scaling으로 $f(a\mathbf{x}) = |a|\, f(\mathbf{x})$를 만족해야 한다($a$는 스칼라). 둘째, 삼각 부등식Triangle Inequality $f(\mathbf{x}+\mathbf{y}) \leq f(\mathbf{x}) + f(\mathbf{y})$를 만족해야 한다(여기서 $\mathbf{x}$, $\mathbf{y}$는 임의의 벡터). 셋째, 벡터 $\mathbf{x}$의 모든 성분이 0이 아니면 $f(\mathbf{x}) > 0$이어야 한다. 벡터 $\mathbf{x}$의 일반 노름(또는 L_p 노름)은 다음과 같다.

$$\|\mathbf{x}\|_p = \left(\sum_{i=1}^{n} |x_i|^p \right)^{\frac{1}{p}} \quad (\mathbf{x} \in \mathbb{R}^n)$$

일반적으로 노름을 계산할 때 $p = 1, 2, \infty$가 많이 사용된다. 단, $p = \infty$일 경우, $\|\mathbf{x}\|_p$는 벡터 $\mathbf{x}$의 성분의 절댓값 중 가장 큰 값을 의미한다.

벡터의 내적과 사잇각

벡터 $\mathbf{u} = [u_1\ u_2\ \cdots\ u_n]^{\mathrm{T}}$, $\mathbf{v} = [v_1\ v_2\ \cdots\ v_n]^{\mathrm{T}}$에 대하여 $\mathbf{u} \cdot \mathbf{v} = \mathbf{u}^{\mathrm{T}}\mathbf{v} = \sum_{i=1}^{n} u_i v_i$로 정의하며 $<\mathbf{u}, \mathbf{v}>$로도 표현할 수 있다. 내적은 교환 법칙이 성립하는 연산으로 $\mathbf{u} \cdot \mathbf{v} = \mathbf{u}^{\mathrm{T}}\mathbf{v} = \mathbf{v}^{\mathrm{T}}\mathbf{u} = \mathbf{v} \cdot \mathbf{u}$가 성립된다. [그림 2-8]과 같이 내적의 기하학적 해석은 두 벡터의 사잇각과 관련된다. 벡터 $\mathbf{u}$와 벡터 $\mathbf{v}$의 사잇각을 θ, 벡터 $\mathbf{u}$의 크기를 $\|\mathbf{u}\|$라고 표현할 때 벡터 $\mathbf{u}$와 벡터 $\mathbf{v}$의 내적은 다음과 같이 정의된다.

$$\mathbf{u} \cdot \mathbf{v} = \|\mathbf{u}\|\|\mathbf{v}\|\cos(\theta) \qquad \cos(\theta) = \frac{\mathbf{u} \cdot \mathbf{v}}{\|\mathbf{u}\|\,\|\mathbf{v}\|}$$

즉, 두 벡터의 내적 $\mathbf{u} \cdot \mathbf{v}$를 두 벡터의 노름 $\|\mathbf{u}\|$와 $\|\mathbf{v}\|$의 곱으로 나눈 값은 두 벡터 사잇각의 코사인값인 $\cos(\theta)$가 된다. 원래 표현은 $\|\mathbf{u}\|_2\|\mathbf{v}\|_2\cos(\theta)$이지만 편의상 $\|\mathbf{u}\|\,\|\mathbf{v}\|\cos(\theta)$로 표현한다(내적은 L_2 노름을 사용한다. $\|\mathbf{u}\| = \|\mathbf{u}\|_2$).

벡터의 내적 $\mathbf{u} \cdot \mathbf{v}$가 0이면 벡터 $\mathbf{u}$와 벡터 $\mathbf{v}$는 서로 직교한다고 정의한다. 또한 머신러닝에서 $\cos(\theta) = \frac{\mathbf{u} \cdot \mathbf{v}}{\|\mathbf{u}\|\,\|\mathbf{v}\|}$ 값은 두 벡터의 유사도 혹은 근접도의 측도로도 사용되는데 이를 코사인 유사성 혹은 코사인 유사도Cosine Similarity라 한다.

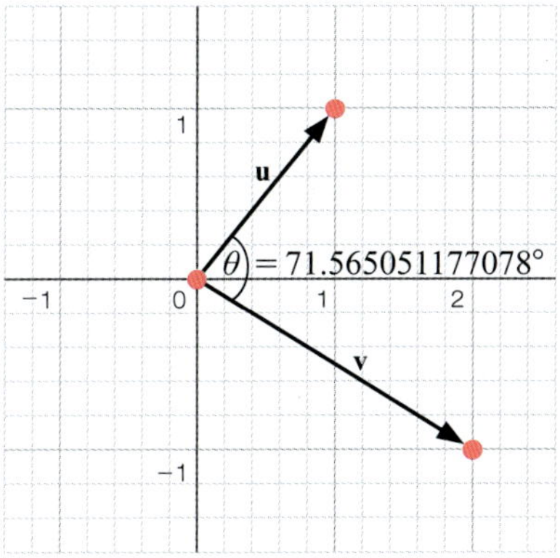

그림 2-8 **두 벡터 사이의 각도**

벡터의 투영

투영은 2차원 이상 모든 공간에서 발생할 수 있다. [그림 2-9]는 벡터 $\mathbf{x}$에 대한 벡터 $\mathbf{y}$의 벡터 투영 $\mathrm{proj}_{\mathbf{x}}(\mathbf{y})$를 보여준다. $\mathrm{proj}_{\mathbf{x}}(\mathbf{y})$는 벡터 $\mathbf{x}$의 단위 벡터와 벡터 $\mathbf{y}$가 벡터 $\mathbf{x}$에 투영된 길이를 곱한 값이다. 단위 벡터는 크기가 1인 방향을 갖는 벡터로, 벡터 $\mathbf{x}$의 단위 벡터는 $\frac{\mathbf{x}}{\|\mathbf{x}\|}$이다. 벡터 $\mathbf{y}$가 벡터 $\mathbf{x}$에 투영된 길이는 $\|\mathbf{y}\|\cos(\theta)$이다.

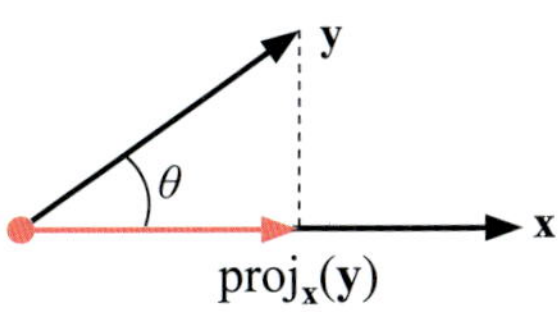

$$\mathrm{proj}_{\mathbf{x}}(\mathbf{y}) = \frac{\mathbf{x}}{\|\mathbf{x}\|}\|\mathbf{y}\|\cos(\theta)$$

그림 2-9 **벡터 투영과 벡터 투영 공식**

벡터와 초평면

d차원 벡터 공간에서 초평면Hyperplane은 $d-1$차원을 가지며 두 개의 공간으로 분할한다. 예를 들어, 2차원 공간에서 초평면은 직선이고 3차원 공간에서 초평면은 평면이다. [그림 2-10]과 같이 초평면은 두 그룹을 구분하는 경계면을 구성한다. 초평면의 양쪽에 있는 파란색 점들과 빨간색 점들은 서로 다른 분류에 속하는 데이터들을 의미한다.

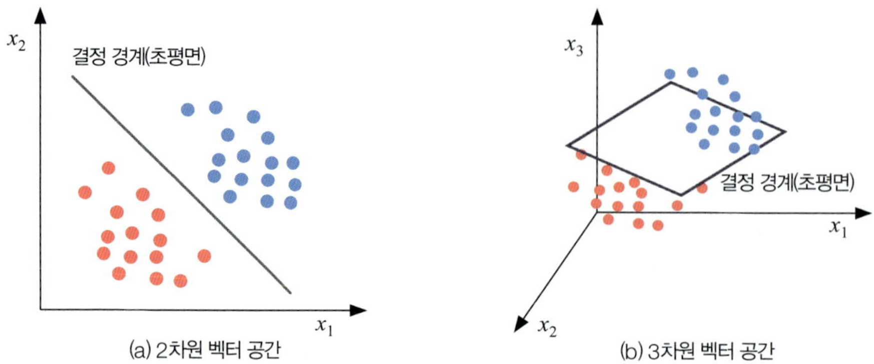

그림 2-10 **결정 경계(초평면) 예**

2 행렬

행렬의 개념과 기본 연산

행렬Matrix은 수나 식을 m개의 행과 n개의 열로 배열한 것이다. 행렬 $\mathbf{A}$의 i행 j열에 해당하는 원소는 a_{ij}로 표현한다. a_{ij}는 $\mathbf{A}_{i,j}$, $\mathbf{A}_{ij}$, $[\mathbf{A}]_{ij}$, $\mathbf{A}(i,j)$, $\mathbf{A}[i,j]$로 표기할 수 있다. 참고로 행렬은 굵은 대문자로 표시한다.

$$\mathbf{A} = \begin{bmatrix} a_{11} & a_{12} & \cdots & a_{1n} \\ a_{21} & a_{22} & \cdots & a_{2n} \\ \cdot & \cdot & \cdots & \cdot \\ \cdot & \cdot & \cdots & \cdot \\ \cdot & \cdot & \cdots & \cdot \\ a_{m1} & a_{m2} & \cdots & a_{mn} \end{bmatrix}$$

행렬 $\mathbf{A} \in \mathbb{R}^{m \times n}$의 경우, 크기는 $m \times n$ 또는 (m, n)이다. 두 행렬의 덧셈과 뺄셈은 두 행렬의 각 원소마다 더하고 빼면 된다.

$$(\mathbf{A} \pm \mathbf{B})_{i,j} = \mathbf{A}_{i,j} \pm \mathbf{B}_{i,j}$$

스칼라와 행렬의 곱셈은 행렬의 각 원소마다 스칼라값($c \in \mathbb{R}$)만 곱해주면 된다.

$$(c\mathbf{A})_{i,j} = c\mathbf{A}_{i,j}$$

두 행렬 **A**와 **B**를 곱할 때는 행렬 **A**의 열과 행렬 **B**의 행 수가 동일해야 가능하다. 행렬의 곱셈은 교환 법칙이 성립하지 않는다($\mathbf{AB} \neq \mathbf{BA}$).

$$(\mathbf{AB})_{i,j} = \mathbf{A}_{i,1}\mathbf{B}_{1,j} + \mathbf{A}_{i,2}\mathbf{B}_{2,j} + \cdots + \mathbf{A}_{i,n}\mathbf{B}_{n,j}$$

행렬의 전치 $\mathbf{A}^{\mathrm{T}}$는 행과 열이 교환된다.

$$(\mathbf{A}^{\mathrm{T}})_{i,j} = \mathbf{A}_{j,i}$$

다음은 행렬의 연산과 관련된 몇 가지 속성이다.

$$\mathbf{A}+\mathbf{B}=\mathbf{B}+\mathbf{A}$$
$$\mathbf{A}(\mathbf{B}+\mathbf{C})=\mathbf{AB}+\mathbf{AC}$$
$$(\mathbf{A}+\mathbf{B})^{\mathrm{T}}=\mathbf{A}^{\mathrm{T}}+\mathbf{B}^{\mathrm{T}}$$
$$\mathbf{A}(\mathbf{BC})=(\mathbf{AB})\mathbf{C}$$
$$(\mathbf{A}^{\mathrm{T}})^{\mathrm{T}}=\mathbf{A}$$
$$(\mathbf{AB})^{\mathrm{T}}=\mathbf{B}^{\mathrm{T}}\mathbf{A}^{\mathrm{T}}$$

정방 행렬과 행렬식

정방 행렬Square Matrix은 행과 열의 수가 동일하다. 항등 행렬($\mathbf{I}_n$)은 $n \times n$ 크기를 갖는 행렬이며, $\mathbf{A}_{i,j}(i=j)$가 1이고 그 외는 0인 행렬이다. 다음은 크기가 3×3인 항등 행렬이다.

$$\mathbf{I}_3 = \begin{bmatrix} 1 & 0 & 0 \\ 0 & 1 & 0 \\ 0 & 0 & 1 \end{bmatrix}$$

행렬 **A**의 행렬식Determinant은 $\det(\mathbf{A})$ 또는 $|\mathbf{A}|$로 표현한다. 예를 들어, 다음은 크기가 2×2인 행렬식이다.

$$\det\left(\begin{bmatrix} a & b \\ c & d \end{bmatrix}\right) = ad - bc$$

행렬의 다양한 특징을 행렬식 계산을 통해 파악할 수 있어 이 부분은 선형대수 도서를 참고하면 도움이 될 것이다.

행렬과 벡터의 곱셈

행렬 $\mathbf{A} \in \mathbb{R}^{n \times k}$와 벡터 $\mathbf{x} \in \mathbb{R}^{k \times 1}$을 곱하면 다음과 같이 벡터 $\mathbf{c} \in \mathbb{R}^{n \times 1}$이 된다. 이 경우, 행렬과 벡터 곱셈 시 행렬 $\mathbf{A}$의 열과 벡터 $\mathbf{x}$의 행이 k로 같기 때문에 연산이 가능하다. 이해를 돕기 위해, 행렬과 벡터의 크기를 소괄호 기호에 반영해 연산하는 과정을 살펴보면 $\mathbf{A}(n \times k)\mathbf{x}(k \times 1) = \mathbf{Ax} = \mathbf{c}(n \times 1)$이 된다.

$$\mathbf{A} = \begin{bmatrix} a_{11} & a_{12} & \cdots & a_{1k} \\ a_{21} & a_{22} & \cdots & a_{2k} \\ . & . & \cdots & . \\ . & . & \cdots & . \\ . & . & \cdots & . \\ a_{n1} & a_{n2} & \cdots & a_{nk} \end{bmatrix} \qquad \mathbf{x} = \begin{bmatrix} x_1 \\ x_2 \\ . \\ . \\ . \\ x_k \end{bmatrix}$$

$$\mathbf{Ax} = \begin{bmatrix} a_{11} & a_{12} & \cdots & a_{1k} \\ a_{21} & a_{22} & \cdots & a_{2k} \\ . & . & \cdots & . \\ . & . & \cdots & . \\ . & . & \cdots & . \\ a_{n1} & a_{n2} & \cdots & a_{nk} \end{bmatrix} \begin{bmatrix} x_1 \\ x_2 \\ . \\ . \\ . \\ x_k \end{bmatrix} = \begin{bmatrix} c_1 \\ c_2 \\ . \\ . \\ . \\ c_n \end{bmatrix} = \mathbf{c}$$

다음 행렬 $\mathbf{A} \in \mathbb{R}^{n \times k}$와 $\mathbf{B} \in \mathbb{R}^{k \times m}$을 곱한 결과는 $\mathbf{A} \in \mathbb{R}^{n \times k}$의 행과 $\mathbf{B} \in \mathbb{R}^{k \times m}$의 열의 내적으로 표현할 수 있고 연산은 $\mathbf{A}(n \times k)\mathbf{B}(k \times m) = \mathbf{C}(n \times m)$이다.

$$\mathbf{A} = \begin{bmatrix} a_{11} & a_{12} & \cdots & a_{1k} \\ a_{21} & a_{22} & \cdots & a_{2k} \\ . & . & \cdots & . \\ . & . & \cdots & . \\ . & . & \cdots & . \\ a_{n1} & a_{n2} & \cdots & a_{nk} \end{bmatrix} \qquad \mathbf{B} = \begin{bmatrix} b_{11} & b_{12} & \cdots & b_{1m} \\ b_{21} & b_{22} & \cdots & b_{2m} \\ . & . & \cdots & . \\ . & . & \cdots & . \\ . & . & \cdots & . \\ b_{k1} & b_{k2} & \cdots & b_{km} \end{bmatrix} \qquad \mathbf{C} = \begin{bmatrix} c_{11} & c_{12} & \cdots & c_{1m} \\ c_{21} & c_{22} & \cdots & c_{2m} \\ . & . & \cdots & . \\ . & . & \cdots & . \\ . & . & \cdots & . \\ c_{n1} & c_{n2} & \cdots & c_{nm} \end{bmatrix}$$

다음은 행렬 **A**와 행렬 **B**를 곱한 예시다.

$$\mathbf{A} = \begin{bmatrix} a_{11} & a_{12} \\ a_{21} & a_{22} \end{bmatrix} \quad \mathbf{B} = \begin{bmatrix} b_{11} & b_{12} \\ b_{21} & b_{22} \end{bmatrix}$$

$$\mathbf{AB} = \begin{bmatrix} a_{11} & a_{12} \\ a_{21} & a_{22} \end{bmatrix}\begin{bmatrix} b_{11} & b_{12} \\ b_{21} & b_{22} \end{bmatrix} = \begin{bmatrix} a_{11}b_{11} + a_{12}b_{21} & a_{11}b_{12} + a_{12}b_{22} \\ a_{21}b_{11} + a_{22}b_{21} & a_{21}b_{12} + a_{22}b_{22} \end{bmatrix}$$

선형 종속

행렬 $\mathbf{B} = \begin{bmatrix} 2 & -1 \\ 4 & -2 \end{bmatrix}$의 두 열 $\mathbf{b}_1 = [2 \ \ 4]^{\mathrm{T}}$, $\mathbf{b}_2 = [-1 \ \ -2]^{\mathrm{T}}$에 대해 $\mathbf{b}_1 = -2\mathbf{b}_2$로 나타낼 수 있다. 이 경우 두 열은 선형 종속Linear Dependence이다. 벡터 $\mathbf{b}_1$과 $\mathbf{b}_2$의 선형 조합Linear Combination은 $a_1\mathbf{b}_1 + a_2\mathbf{b}_2(a_1, a_2 \in \mathbb{R})$로 표현하고 $\mathbf{b}_1 + 2\mathbf{b}_2 = 0$이 성립한다. 선형 종속은 벡터 $\mathbf{v}_1, \mathbf{v}_2, \cdots, \mathbf{v}_k$의 모음에서 계수 $a_1, a_2, a_3, \cdots, a_k$ $(a_i \in \mathbb{R}, 1 \le i \le k)$가 모두 0이 아닌 경우 다음을 만족하는 경우를 의미한다.

$$\sum_{i=1}^{k} a_i \mathbf{v}_i = 0$$

$\sum_{i=1}^{k} a_i \mathbf{v}_i = 0$의 관계가 $a_i = 0(i = 1, \cdots, k)$일 때만 성립하면 $\mathbf{v}_1, \cdots, \mathbf{v}_k$는 선형 독립Linear Independence이다.

행렬 계수

$n \times m$ 행렬의 계수Rank는 선형 독립 열의 최대 개수다. 예를 들어, $\mathbf{B} = \begin{bmatrix} 2 & -1 \\ 4 & -2 \end{bmatrix}$인 경우 두 열이 선형 종속이므로 rank(**B**)는 1이다.

역행렬

역행렬 계산은 머신러닝에서 특이값 분해Singular Value Decomposition, SVD 등의 다양한 알고리즘에서 중요한 역할을 한다. $n \times n$ 정방 행렬 **A**에 대해 다음의 관계가 성립하는 행렬 $\mathbf{A}^{-1}$을 역행렬Inverse Matrix이라고 한다.

$$\mathbf{A}^{-1}\mathbf{A} = \mathbf{A}\mathbf{A}^{-1} = \mathbf{I}$$

역행렬의 특징은 다음과 같다.

$$(\mathbf{A}^{-1})^{-1} = \mathbf{A}$$
$$(\mathbf{AB})^{-1} = \mathbf{B}^{-1}\mathbf{A}^{-1}$$

$\det(\mathbf{A}) = 0$이면 역행렬이 존재하지 않는데, 역행렬이 존재하지 않는 행렬을 특이 행렬Singular Matrix이라 한다. 크기가 큰 행렬에서는 역행렬을 찾기 위한 계산 비용이 많이 든다.

행 혹은 열이 직교 정규 벡터Orthonormal Vector의 집합인 행렬을 직교 행렬Orthogonal Matrix이라고 한다. 직교 정규 벡터들은 서로 직교하는 길이가 1인 벡터들을 의미한다. $\mathbf{A}$가 $n \times m$이고 $n \le m$이면 $\mathbf{AA}^{\mathrm{T}} = \mathbf{I}_n$이고 $n \ge m$인 경우 $\mathbf{A}^{\mathrm{T}}\mathbf{A} = \mathbf{I}_m$이다. $\mathbf{A}$가 정방 직교 행렬인 경우 $\mathbf{A}^{-1} = \mathbf{A}^{\mathrm{T}}$ 관계가 성립한다.

텐서

텐서Tensors는 스칼라의 n차원 배열이다. 벡터는 1차원 텐서 $\mathbf{v} \in \mathbb{R}^n$, 행렬은 2차원 텐서 $\mathbf{A} \in \mathbb{R}^{m \times n}$이고 다차원 배열인 4차원 텐서는 $\mathbf{T} \in \mathbb{R}^{n_1 \times n_2 \times n_3 \times n_4}$이다. 2차원 이상의 텐서는 특수 글꼴의 대문자로 표시되는데 문맥상 텐서임을 파악할 수 있으면 행렬과 유사한 표기법을 사용하기도 한다. 컴퓨터에서 이미지는 빨간색, 녹색, 파란색의 세 가지 색상의 혼합으로 표시하므로(RGB 색상 코드) 3차원 텐서로 나타낼 수 있다.

3 미분과 적분

함수 $f: \mathbb{R} \to \mathbb{R}$의 도함수Derivative는 다음과 같이 정의한다.

$$\frac{d}{dx} f(x) = \lim_{h \to 0} \frac{f(x+h) - f(x)}{h}$$

$\frac{d}{dx} f(a)$가 극한값이 존재하면, f는 a에서 미분 가능하다(점에서의 미분 가능성). $\frac{d}{dx} f(c)$가 $\forall c \in [a, b]$에 대해 존재하면, f는 이 구간에서 미분 가능하다. 미분 $\frac{d}{dx} f(x)$를 x에 대한 $f(x)$의 순간 변화율로 해석할 수도 있다. 즉, x의 작은 변화에 대해 $f(x)$의 변화율을 나타낸다.

x가 독립 변수이고 y가 종속 변수인 $y = f(x)$에 대한 미분은 다음과 같이 표현할 수 있다. 여기서 $\frac{d}{dx}$, D, D_x는 미분 연산을 나타내는 미분 연산자Differentiation Operator다.

$$\frac{d}{dx}f(x) = \frac{dy}{dx} = \frac{df}{dx} = Df(x) = D_x f(x)$$

[표 2-1]은 자주 사용되는 미분식을 정리한 것으로, 기억하고 있으면 큰 도움이 될 것이다.

표 2-1 자주 사용하는 미분식

상수값에 대한 미분	$\frac{d}{dx}c = 0$
선형 함수에 대한 미분	$\frac{d}{dx}(ax) = a$
거듭제곱Power에 대한 미분	$\frac{d}{dx}x^n = nx^{n-1}$ (n은 양의 정수)
지수 함수에 대한 미분	$\frac{d}{dx}e^x = e^x$
로그에 대한 미분	$\frac{d}{dx}\log(x) = \frac{1}{x}$
덧셈 규칙에 대한 미분	$\frac{d}{dx}(g(x) + h(x)) = \frac{d}{dx}g(x) + \frac{d}{dx}h(x)$
곱셈 규칙에 대한 미분	$\frac{d}{dx}(g(x)\,h(x)) = g(x)\left(\frac{d}{dx}h(x)\right) + \left(\frac{d}{dx}g(x)\right)h(x)$
체인룰Chain rule	$\frac{d}{dx}g(h(x)) = \frac{d}{dh}g(h(x))\,\frac{d}{dx}h(x)$

함수 $f(x)$의 1차 미분(1계 도함수)의 미분은 $f(x)$의 2차 미분(2계 도함수Second Derivative)이다.

$$\frac{d^2 f}{dx^2} = \frac{d}{dx}\left(\frac{df}{dx}\right)$$

2차 미분은 $f(x)$의 변화율이 어떻게 변하고 있는지 정량화한다. 예를 들어, 물리학에서 함수가 물체의 변위를 설명하는 경우, 1계 도함수는 물체의 속도, 즉 위치의 변화율을 나타내고 2계 도함수는 물체의 가속도, 즉 속도의 변화율을 표시한다.

미분 연산을 여러 번 적용하면 $f(x)$의 n계 도함수는 다음과 같다.

$$f^{(n)}(x) = \frac{d^n f}{dx^n} = \left(\frac{d}{dx}\right)^n f(x)$$

함수 $f: \mathbb{R}^n \rightarrow \mathbb{R}$의 경우처럼 여러 개의 변수가 정의역을 구성하는 함수를 다변량 함수Multivariate Function라고 한다. $y = f(\mathbf{x}) = f(x_1, x_2, \cdots, x_n)$은 변수가 n개인 다변량 함수다. 입력은 n차원 벡터 $\mathbf{x} = [x_1\ x_2\ \cdots\ x_n]^{\mathrm{T}}$이고 출력은 스칼라 y다.

i번째 파라미터 x_i에 대한 y의 편미분Partial Derivative은 다음과 같다.

$$\frac{\partial y}{\partial x_i} = \lim_{h \rightarrow 0} \frac{f(x_1, x_2, \cdots, x_i + h, \cdots, x_n) - f(x_1, x_2, \cdots x_i, \cdots, x_n)}{h}$$

$\dfrac{\partial y}{\partial x_i}$를 계산하려면, $x_1, x_2, \cdots, x_{i-1}, x_{i+1}, \cdots, x_n$을 상수로 취급하고 x_i에 대해서만 y의 도함수를 계산한다. 편미분의 표기법은 다음과 같다.

$$\frac{\partial y}{\partial x_i} = \frac{\partial f}{\partial x_i} = \frac{\partial}{\partial x_i} f(\mathbf{x}) = f_{x_i} = D_i f = D_{x_i} f$$

TIP | ∂y는 partial y라고 읽으며, y를 x_i에 대한 편미분하는 상황은 partial derivative of y with respect to x_i 혹은 partial y over partial x_i라고 읽는다. ∂ 기호는 파셜(partial) 외에도 델(del), 라운드(round)라고도 읽는다.

함수의 기울기Gradient 관련 벡터를 구하려면 모든 입력 변수에 대한 다변량 함수의 편미분을 구해야 한다. n차원 입력 벡터 $\mathbf{x} = [x_1\ x_2\ \cdots\ x_n]^{\mathrm{T}}$에 대한 다변량 함수 $f(\mathbf{x})$의 기울기는 다음과 같이 편미분 결과로 구성된 벡터로 정의된다.

$$\nabla f(\mathbf{x}) = \left[\frac{\partial f(\mathbf{x})}{\partial x_1} \quad \frac{\partial f(\mathbf{x})}{\partial x_2} \quad \cdots \quad \frac{\partial f(\mathbf{x})}{\partial x_n}\right]^{\mathrm{T}}$$

기울기의 기호는 ∇으로 나블라Nabla라고 읽는다. 머신러닝에서 경사하강법 알고리즘은 손실 함수를 최소화하기 위해, 모델 파라미터 θ에 대한 손실 함수 L의 기울기의 반대 방향인 $-\nabla L(\theta)$을 사용한다.

구간 $[a, b]$에 정의된 함수 $f(x)$에 대해 함수의 정적분Definite Integral은 다음과 같이 표시한다.

$$\int_a^b f(x)dx$$

정적분은 [그림 2-11]의 $f(x)$ 그래프에서 가로축과 점 a와 b 사이의 면적을 의미한다.

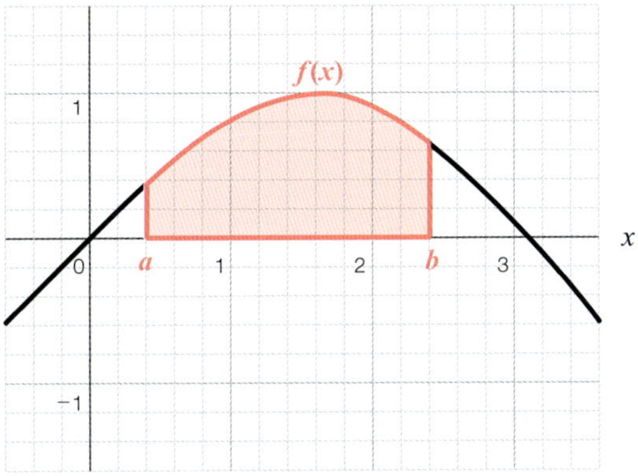

그림 2-11 **정적분 그래프 예**

4 최적화

최적화Optimization는 함수를 최소화하거나 최대화하는 인수값을 찾는 것이다. 대부분의 최적화 알고리즘은 목적 함수 $f(x)$를 최대화하기 위해 목적 함수의 음수를 최소화하도록 공식화한다(예 minimize $-f(x)$). 최소화 문제에서 목적 함수는 손실 함수Loss Function, 비용 함수Cost Function, 오류 함수Error Function 등으로 다양하게 불리는데 이 책에서는 손실 함수라는 용어를 사용한다.

최적화는 머신러닝의 핵심 요소다. 최적화 알고리즘의 성능이 모델의 학습 효율성에 직접적인 영향을 준다. 이러한 최적화 문제를 해결하기 위한 알고리즘의 설계와 분석은 머신러닝 분야의 발전에 기여했다.

최적화와 머신러닝 학습이 관련은 있으나 목표는 다소 차이가 있다. 수학적 관점에서 최적화는 제약 조건 하에서 목적 함수의 값을 최소화하는 과정을 의미한다. 반면, 머신러닝에서는 최적화를 통해 모델의 일반화 성능, 즉 학습되지 않은 데이터에 대한 예측 능력을 향상시키려는 목적을 가진다. 머신러닝 모델은 최적화 기법을 활용하여 학습 데이터에 대한 목적 함수(손실 함수) 값을 최소화하고, 테스트 데이터를 정확히 설명할 수 있는 함수를 찾고자 한다.

전역 최솟값과 지역 최솟값

[그림 2-12]는 전역 최솟값Global Minimum과 지역 최솟값Local Minimum의 관계를 보여준다. 머신러닝에서 모델의 파라미터를 최적화하는 과정에서 지역 최솟값, 안장점, 기울기 소실은 주요 어려움 중 하나다. 목적 함수 $f(x)$에 대해, 점 x에서의 $f(x)$가 x의 전체 범위에 대한 목적 함수의 최솟값이면, 이를 전역 최솟값Global Minimum이라 한다. 전역 최솟값은 정의역 D에 속하는 모든 원소에 대하여, 즉 $x \in D$일 때 $f(x) \geq f(a)$이면 $f(a)$가 전역 최솟값이다.

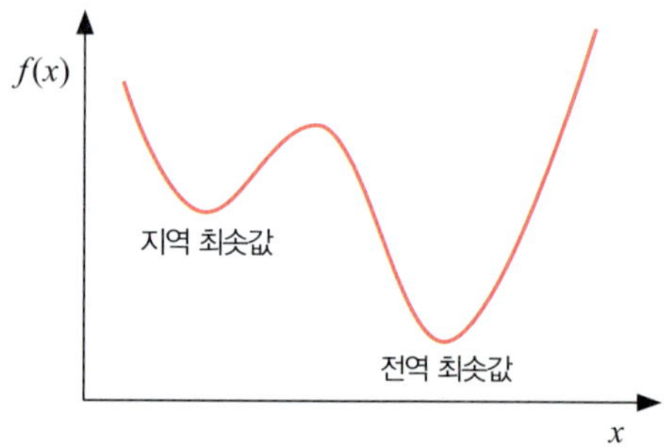

그림 2-12 **전역 최솟값과 지역 최솟값의 관계**

지역 최솟값Local Minimum은 x 주변의 작은 범위에서의 목적 함수의 값보다 $f(x)$ 값이 작은 목적 함수 값을 지칭한다. 지역 최솟값의 정의는 $x \in (a-\epsilon, a+\epsilon)$, $f(x) \geq f(a)$(여기서 $\epsilon > 0$)일 때, $f(a)$를 a에서의 지역 최솟값이라고 한다. 머신러닝의 목적 함수는 흔히 다수의 지역 최솟값을 포함하며, 지역 최솟값에 가까우면 손실 함수의 기울기가 0에 가까워지거나 0이 된다. 머신러닝에서 확보한 해답이 지역 최솟값일 가능성이 높다.

임계점

한 변수의 미분 함수 $f(x)$의 임계점Critical Point은 함수의 도함수가 0인 점으로 $\frac{d}{dx}f(x) = 0$인 x를 의미한다. 임계점으로 최솟값Minimum, 최댓값Maximum, 안장점Saddle Point이 있다. 최솟값은 도함수의 값이 음수에서 양수로 변하는 지점이다. 최댓값은 도함수의 값이 양수에서 음수로 변하는 지점이다. 도함수는 해당 점의 양쪽에서 양수 또는 음수일 수 있다. 안장점은 다변수 실함수 변역에서 어느 방향에서 보면 최댓값이지만 다른 방향에서 보면 최솟값을 갖는 점이다.

최솟값과 최댓값을 통틀어서 극점Extreme Point이라고 한다. 함수 $f(x)$가 이차 미분 가능할 경우 임계점 x에서 $f(x)$의 2차 도함수를 기반으로 지역 최댓값과 지역 최솟값을 결정할 수 있다. $\frac{d^2}{dx^2}f(x) > 0$이면 그 점은 지역 최솟값이고, $\frac{d^2}{dx^2}f(x) < 0$이면 그 점은 지역 최댓값이다. $\frac{d^2}{dx^2}f(x) = 0$이면 안장점일 수도 있지만 아닐 수도 있다.

5 확률

확률을 직관적으로 파악할 수 있도록 다양한 가능성의 결과가 나올 수 있는 상황을 생각해보자. 이 과정을 여러 번 반복해 특정 결과가 발생한 빈도를 관찰하여 해당 결과의 상대적인 확률을 측정할 수 있다. 이때 특정 결과가 자주 나타날수록 그 결과의 확률이 높다고 말한다.

확률은 경험적으로 정의하거나 공리적으로 정의할 수 있다. 예를 들어, 실제 반복되는 실험에서 지나가는 1,000대의 자동차 색상을 기록하였는데 그중 490대는 흰색이라면, 자동차의 색이 흰색일 경험적 확률은 490/1000으로 추정된다. 반면 확률의 공리적 정의에서, 편향이 없는 육면체 주사위를 던졌을 때 5가 나올 확률은 가능한 여섯 가지 결과 중 한 가지 결과에 해당하므로 1/6이다.

머신러닝 문제를 해결하려면 불확실한 양을 처리해야 한다. 확률 이론은 불확실한 양을 표현하고 정량화하기 위한 수학적 틀을 제공한다.

확률 변수

확률에서는 주사위를 던지는 것과 같은 행위를 시행이라고 하는데, 시행의 모든 결과를 모아놓은 집합을 표본 공간Sample Space, S이라고 한다. 확률 변수 X는 표본 공간(정의역)의 한 값을 실수(공역)로 매핑하는 함수다. 다르게 표현하면, 실험을 했을 때 발생할 수 있는 결과를 실수값으로 바꿔주는 함수다. 예를 들어, 확률 변수 X를 주사위를 굴렸을 때 나오는 숫자라고 정의하면, 표본 공간 $S = \{1, 2, 3, 4, 5, 6\}$이다. 이때, $\{X = 5\}$ 또는 $X = 5$는 X를 5로 만드는 값들로 구성된 표본 공간의 부분집합을 의미한다.

사건의 확률은 $P(\{X = 5\})$ 또는 $P(X = 5)$라고 하고 X가 5의 값을 가질 확률을 나타내는 데 사용된다. 또한 X가 가질 수 있는 모든 값 x에 대한 확률값 $P(X = x)$를 나타내는 함수를 확률 분포Probability Distribution라고 한다. $P(X = x)$ 대신에 간단하게 $P(X)$ 혹은 $P(x)$라고 표기하기도 한다. 또한 $X \sim P_X(x)$ 표기법은 확률 변수 X가 확률 분포 $P_X(x)$를 따르는 상황을 의미한다.

확률 변수는 이산 확률 변수와 연속 확률 변수로 구분할 수 있다. 이산 확률 변수Discrete Random Variable는 확률 변수에 부여될 수 있는 값이 유한하거나 확률 변수에 부여될 수 있는 값이 셀 수 있는 값인 경우를 의미한다. 예를 들어, 주사위를 던졌을 때 앞면이 나올 수 있는 수는 이산 확률 변수에 해당한다. 반면에, 연속 확률 변수Continuous Random Variable는 확률 변수에 부여될 수 있는 값이 무한하고 확률 변수에 부여될 수 있는 값이 셀 수 없을 때다. 예를 들어, 사람의 키나 몸무게를 자릿수 제한 없이 측정하는 상황에 해당한다.

확률의 공리

공리란 증명 없이 참으로 간주되는 명제를 의미한다. 주어진 표본 공간 S에서 사건Event A의 확률 $P(A)$는 다음 속성을 만족해야 한다.

- 음이 아닌 실수값이다. 모든 사건 $A \in S$에 대하여, $P(A) \geq 0$이다.
- 표본 공간의 확률은 1이다. 혹은 최소 하나의 결과가 발생할 확률은 1이다$\left(P(S)=1\right)$.
- 배반 사건Disjoint Events의 가산성이 있다. 상호 배타적인$(A_1 \cap A_2 = \varnothing)$인 모든 사건들 A_1, $A_2 \in S$에 대해, 두 사건이 모두 발생할 확률은 개별 확률의 합과 같다. 즉, $P(A_1 \cup A_2) = P(A_1) + P(A_2)$이다. 확률 변수 $P(X)$의 확률은 표본 공간 S에서 가능한 값에 대한 확률 공리를 따라야 한다.

확률 질량 함수와 확률 밀도 함수

이산 확률 변수에 대한 확률을 표시하는 함수를 확률 질량 함수Probability Mass Function, PMF라고 한다. 연속 확률 변수의 확률은 확률 밀도 함수Probability Density Function, PDF로 기술한다. 예를 들어, 분수가 물을 분출하는 두 점 사이의 대기 시간의 확률을 PDF로 표현할 수 있다. 특정 구간 $[a, b]$ 안에 대기 시간이 속할 확률은 아래와 같이 PDF를 이용해 해당 구간에서의 확률로 구할 수 있다.

$$p(X \in [a,b]) = \int_a^b p_X(x)dx$$

다변량 확률 변수

다변량 확률 변수는 여러 확률 변수의 리스트다. 개별 확률 변수는 개별 통계 단위의 서로 다른 속성을 가지기 때문에 확률 벡터로 그룹화해서 나타낼 수가 있다.

$$\mathbf{X} = \begin{bmatrix} X_1 & X_2 & \cdots & X_n \end{bmatrix}^{\mathrm{T}}$$

한편, 한 개의 확률 변수가 아닌 두 개 이상의 확률 변수를 같이 고려해야 하는 경우가 있다. 예를 들어, 각 픽셀을 하나의 확률 변수라고 해보자. 수백 개의 픽셀로 구성된 이미지를 처리하려면 여러 확률 변수로 구성된 확률 분포에 대해 이해할 필요가 있다. 이러한 확률 분포로는 결합, 조건부, 주변 확률 분포가 있다.

베이즈 정리

베이즈 정리Bayes' Theorem는 두 확률 변수의 사전 확률과 사후 확률 사이의 관계를 나타낸다. 베이즈 정리를 식으로 표현하면 다음과 같다. $P(X, Y) = P(Y|X)P(X)$ 또는 $P(Y, X) = P(X|Y)P(Y)$라고도 표현한다.

$$P(X|Y) = \frac{P(Y|X)P(X)}{P(Y)}$$

- $P(X|Y)$: 사후 확률Posterior Probability(사건 Y가 발생했을 때 사건 X가 발생할 확률)
- $P(Y|X)$: 사건 X가 발생했다는 전제하에 사건 Y가 발생할 확률
- $P(X)$: 사전 확률Prior Probability
- $P(Y)$: 증거Evidence

독립

Y의 발생이 X의 발생에 대한 정보를 나타내지 않는 경우, 두 확률 변수 X와 Y는 독립Independence이다. 예를 들어, 주사위 두 개를 동시에 던지는 일은 서로 독립이다. 두 확률 변수 X와 Y가 독립일 경우, $X \perp Y$로 표기한다. 또한 X와 Y가 독립이면, $P(X|Y) = P(X)$와 $P(X, Y) = P(X)P(Y)$를 만족한다.

다른 확률 변수 Z가 주어졌을 때 $P(X, Y|Z) = P(X|Z)P(Y|Z)$를 만족할 경우, 두 확률 변수 X와 Y는 조건부 독립Conditional Independence이다. 조건부 독립은 $X \perp Y | Z$로 표현된다.

기댓값

확률 변수 X가 확률 분포 $P(X)$를 따를 때 X를 정의역으로 하는 함수 $f(x)$의 기댓값은 X에 따라 다음과 같이 정의된다.

- X가 이산 확률 변수인 경우, $E_{X \sim P}[f(X)] = \sum_x P(x)f(x)$

- X가 연속 확률 변수인 경우, $E_{X\sim p}[f(X)] = \int_{-\infty}^{\infty} p(x)f(x)\,dx$
- X의 분포를 확실히 아는 경우, $E_{X\sim P}[f(X)]$ 대신 $E_X[f(X)]$가 가능하다.

평균은 분포의 중심 경향을 나타내는 척도로, $f(X=x_i) = x_i$이면 $E[X] = \sum_i P(x_i)x_i$이다.

분산

확률 변수 X가 확률 분포 $P(X)$를 따를 때 분산은 함수 $f(X)$의 값들이 기댓값 $E[f(X)]$로부터 퍼진 정도를 표시하며 다음과 같이 계산한다.

$$\mathrm{Var}(f(X)) = E[(f(X) - E[f(X)])^2]$$

분산이 작으면 $f(X)$가 기댓값과 가깝다. 분산은 $\mathrm{Var}(f(X))$으로 표시한다. 확률 변수 X의 평균을 μ라고 표시하면 확률 변수의 분산은 $\sigma^2 = \sum_x P(x)(x-\mu)^2$이다. 표준 편차Standard Deviation는 분산의 제곱근 $\sqrt{\mathrm{Var}(X)} = \sigma$이다.

대표적인 확률 분포

■ 베르누이 분포

[그림 2-13]과 같이 두 가지 경우만 가능한 시행을 1회 실시한 결과로 값이 0과 1로 결정되는 확률 변수 X에 대한 확률 분포를 베르누이 분포Bernoulli Distribution라 한다. 예를 들어 동전을 던질 때 앞면이 나올 확률을 p(뒷면이 나올 확률은 $1-p$)라 하면, 그 결과의 확률 분포를 베르누이 분포로 표시한다. 확률 변수 X가 베르누이 분포를 따르는 상황을 $X \sim \mathrm{Bernoulli}(p)$로 표시한다.

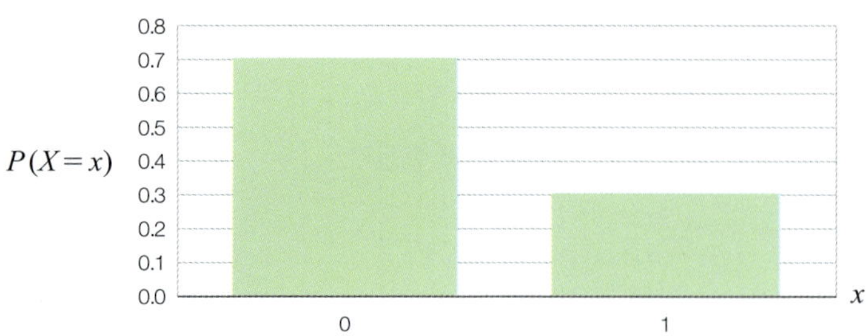

그림 2-13 p가 0.3인 베르누이 분포

■ 균등 분포

균등 분포Uniform Distribution는 확률 변수 X가 가질 수 있는 값들의 확률이 모두 동일한 경우다. 이산 확률 변수 X가 $[a, b]$의 구간에서 정의되면 확률 질량 함수는 $\frac{1}{b-a+1}$이고, 구간 $[a, b]$에서 정의되는 연속 확률 변수 X의 확률 밀도 함수는 $\frac{1}{b-a}$이다. 두 경우 모두 $X \sim U(a, b)$로 표시한다.

■ 가우시안 분포

정규 분포Normal Distribution라고도 하는 가우시안 분포Gaussian Distribution는 평균 μ와 분산 σ^2으로 정의되는 분포다. 확률 변수 X가 정규 분포를 따를 경우 $X \sim N(\mu, \sigma^2)$으로 표기한다. 평균 μ, 분산 σ^2으로 특징되는 가우시안 분포의 확률 밀도 함수는 $p_X(x) = \frac{1}{\sqrt{2\pi\sigma^2}} e^{-\frac{(x-\mu)^2}{2\sigma^2}}$이다. 특히 [그림 2-14]처럼 평균이 0이고 표준 편차가 1인 정규 분포를 표준 정규 분포Standard Normal Distribution라고 한다.

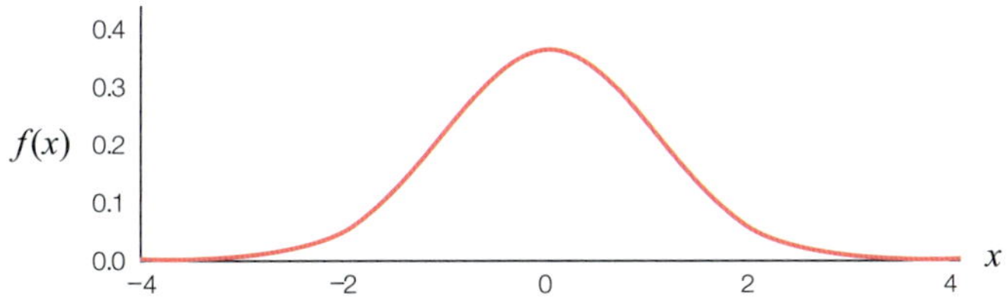

그림 2-14 평균이 0이고 표준 편차가 1인 가우시안 분포

■ 카테고리 분포

카테고리 분포Categorical Distribution, Multinoulli Distribution는 이진 클래스에서 다중 클래스로의 확장으로 볼 수 있는 베르누이 분포의 일반화된 형태다. 이 분포는 C개의 가능한 범주 중 하나를 선택하는 확률 변수의 이산 확률 분포를 설명한다. 예를 들어, 주사위 굴리기와 같은 두 개 이상의 가능한 결과를 가지는 경우에 해당하는 범주형 확률 변수에 적용된다.

머신러닝에서 다중 분류 문제에서는 일련의 데이터 $\{\mathbf{x}_1, \mathbf{x}_2, \cdots, \mathbf{x}_N\}$을 가지고 있으며, 데이터 $\mathbf{x}_i$에 해당되는 실제값 $\mathbf{y}_i = [y_{i1}, y_{i2}, \cdots, y_{iC}]^T$는 한 요소만 1이고, 나머지 모든 요소는 0인 원-핫 인코딩One-hot Encoding을 나타낸다.

- 데이터 $\mathbf{x}_i$에 대한 모델 예측값 $\hat{\mathbf{y}}_i$은 확률로 $[p_{i1}, p_{i2}, \cdots, p_{iC}]^T$로 표시한다. 이때, C는 다중 분류에서 분류하고자 하는 총개수다.
- $j = 1, 2, 3, \cdots C$에 대해 $0 \le p_{ij} \le 1$과 $\sum p_{ij} = 1$이다.
- 데이터 $\mathbf{x}_i$에 대한 예측 확률은 $P(\mathbf{x}_i) = p_{i1}^{y_{i1}} \cdot p_{i2}^{y_{i2}} \cdots p_{iC}^{y_{iC}} = \prod_j p_{ij}^{y_{ij}}$이다.

- 유사하게 모든 데이터셋에 대한 확률은 $\prod_i \prod_j p_{ij}^{y_{ij}}$로 계산할 수가 있으며, 이는 각 데이터가 서로 독립이라는 가정하에 성립한다.

여기서 잠깐 **원–핫 인코딩**

원–핫 인코딩One–hot Encoding은 범주형 데이터를 표현할 때 사용하는 기법 중 하나다. 각 범주를 고유한 정수값 대신 이진 벡터로 변환하여 표현한다. 변환된 벡터는 주로 1 하나와 다수의 0으로 구성되며, 1이 위치한 인덱스가 원래 변수의 범주를 나타낸다. 예를 들어, "빨간색", "녹색", "파란색"으로 색상이 세 가지인 경우 원–핫 인코딩을 사용해 이 범주를 다음과 같이 표현할 수 있다.

빨간색: [1, 0, 0]
녹색: [0, 1, 0]
파란색: [0, 0, 1]

SECTION 02

예제로 풀어보는 머신러닝 수학

01 $\mathbb{R}^3$에서 벡터 $\mathbf{x}=[1\ 2\ 3]^T$, $\mathbf{y}=[-2\ 3\ 6]^T$에 대하여 $\mathbf{x}+\mathbf{y}$, $\mathbf{x}-\mathbf{y}$, $(-3)\mathbf{x}$를 구하시오.

02 $\mathbb{R}^3$에서 벡터 $\mathbf{x}=[3\ 6\ 2]^T$, $\mathbf{y}=[-1\ 2\ 3]^T$에 대하여 $\mathbf{x}+2\mathbf{y}$, $2\mathbf{x}-\mathbf{y}$, $(-2)\mathbf{x}$를 구하시오.

03 $\mathbb{R}^3$에서 벡터 $\mathbf{x}=[5\ 2\ 4]^T$, $\mathbf{y}=[3\ 2\ 1]^T$에 대하여 $2\mathbf{x}+\mathbf{y}$, $\mathbf{x}-2\mathbf{y}$, $(-2)\mathbf{y}$를 구하시오.

04 $\mathbb{R}^3$에서 벡터 $\mathbf{x}=[1\ 2\ 3]^T$, $\mathbf{y}=[-2\ 3\ 6]^T$에 대하여 $\|\mathbf{x}\|_1$, $\|\mathbf{y}\|_2$, $\|\mathbf{x}\|_\infty$를 구하시오.

05 $\mathbb{R}^3$에서 벡터 $\mathbf{x}=[3\ 6\ 2]^T$, $\mathbf{y}=[-1\ 2\ 3]^T$에 대하여 $\|\mathbf{x}\|_1$, $\|\mathbf{y}\|_2$, $\|\mathbf{x}\|_\infty$를 구하시오.

06 $\mathbb{R}^3$에서 벡터 $\mathbf{x}=[5\ 2\ 4]^T$, $\mathbf{y}=[3\ 2\ 1]^T$에 대하여 $\|\mathbf{x}\|_1$, $\|\mathbf{y}\|_2$, $\|\mathbf{x}\|_\infty$를 구하시오.

07 세 개의 벡터 $\mathbf{x} = [1\ 2\ 3]^T$, $\mathbf{y} = [-2\ 3\ 6]^T$, $\mathbf{z} = [1\ 2\ 4]^T$에 대하여 $\mathbf{x}$는 코사인 유사도가 $\mathbf{y}$와 $\mathbf{z}$ 중 어느 벡터와 더 가까운지 수식적으로 판단하시오.

08 세 개의 벡터 $\mathbf{x} = [5\ 2\ 4]^T$, $\mathbf{y} = [3\ 2\ 1]^T$, $\mathbf{z} = [3\ 5\ 3]^T$에 대하여 $\mathbf{x}$는 코사인 유사도가 $\mathbf{y}$와 $\mathbf{z}$ 중 어느 벡터와 더 가까운지 수식적으로 판단하시오.

09 $\mathbf{A} = \begin{bmatrix} 1 & 2 & 3 \\ 3 & 1 & 4 \end{bmatrix}$, $\mathbf{B} = \begin{bmatrix} 5 & 2 & 2 \\ -1 & 3 & 3 \end{bmatrix}$, $\mathbf{C} = \begin{bmatrix} 1 & 3 \\ 2 & 7 \end{bmatrix}$일 때, $\mathbf{A} + \mathbf{B}$, $3\mathbf{A}$, $(-1)\mathbf{C}$를 구하시오.

10 $\mathbf{A} = \begin{bmatrix} 4 & 1 & 2 \\ 1 & 6 & 3 \end{bmatrix}$, $\mathbf{B} = \begin{bmatrix} 1 & 3 & 4 \\ -2 & 1 & 2 \end{bmatrix}$, $\mathbf{C} = \begin{bmatrix} 1 & 2 \\ 3 & 4 \end{bmatrix}$일 때, $\mathbf{A} + 2\mathbf{B}$, $2\mathbf{A}$, $(-2)\mathbf{C}$를 구하시오.

11 $\mathbf{A} = \begin{bmatrix} 1 & 2 & 3 \\ 3 & 1 & 4 \end{bmatrix}$, $\mathbf{B} = \begin{bmatrix} 5 & 2 & 2 \\ -1 & 3 & 3 \end{bmatrix}$, $\mathbf{C} = \begin{bmatrix} 1 & 3 \\ 2 & 7 \end{bmatrix}$일 때, $\mathbf{AB}^T$와 $\mathbf{CA}$를 구하시오.

12 $\mathbf{A} = \begin{bmatrix} 1 & 2 \\ 4 & 5 \end{bmatrix}$, $\mathbf{B} = \begin{bmatrix} 6 & 3 \\ 4 & 6 \end{bmatrix}$, $\mathbf{C} = \begin{bmatrix} 4 & 3 \\ 1 & 6 \end{bmatrix}$일 때, $\mathbf{AB}^T$와 $\mathbf{AC}$를 구하시오.

SECTION 03

머신러닝을 위한 넘파이 라이브러리

이 책에서는 구글 코랩Colab(https://colab.research.google.com/?hl=ko)을 실습 환경으로 활용한다. 코랩은 필요한 대부분의 패키지와 라이브러리를 제공하여 파이참Pycharm 등 다른 환경보다 비교적 수월하게 실습할 수 있다. 웹 브라우저를 통해 파이썬 프로그래밍과 인공지능 실습이 용이하며, GPU도 제공하고 있어 학부 수준의 수업에서 다루는 내용은 충분히 실습할 수 있는 장점이 있다.

이 절에서는 수학 연산을 위한 파이썬 라이브러리[1]인 넘파이Numpy의 사용법을 다룬다. 넘파이는 수치해석과 통계 관련 기능 구현, 머신러닝 및 딥러닝 개발 과정에서 광범위하게 사용된다. 데이터를 머신러닝에 활용할 수 있는 형태로 가공하고 조작하기 위해 넘파이를 이용해 스칼라, 벡터, 행렬 등을 가공하고 조작하는 기능을 코드로 익혀보자.

1 넘파이 라이브러리 불러오기

넘파이 라이브러리를 사용하려면 import를 통해 불러와야 하는데 as를 통해 np라는 이름으로 재지정하여 불러올 수도 있다. 넘파이에 대한 더 자세한 내용은 넘파이 공식 문서(https://numpy.org/doc/stable/user/absolute_beginners.html)를 참고하자.

코드 2.1

```
# 넘파이 라이브러리를 np로 재정의하여 불러온다.
import numpy as np
```

이후 코드의 결과를 바로 확인할 수 있도록 print_obj 함수를 정의한다. 객체Object의 이름과 그 객체가

1 라이브러리는 여러 패키지와 모듈을 모아놓은 것이다. 패키지는 특정 기능과 관련된 여러 모듈의 집합이며, 모듈은 다양한 함수, 변수 등을 하나로 묶은 파일이다.

저장하고 있는 내용(값)을 print("%s:\n%s\n" % (name, obj)) 형태로 출력하도록 [코드 2.2]와 같이 포매팅Formatting[2]한다.

[코드 2.2]의 print("%s: \n%s\n" % (name, obj))에서 "%s: \n%s\n"는 포맷 문자열이다. %s는 문자열(string)의 지시자이고 \n은 줄 바꿈의 지시자다. % (name, obj)는 포맷 문자열에 대한 값을 제공한다. 첫 번째 %s는 name에 할당된 문자열로 대체되고, 두 번째 %s는 obj에 할당된 문자열로 대체된다.

코드 2.2

```
# 객체와 객체의 이름을 입력하면 출력해주는 함수를 정의한다.
def print_obj(obj, name):
    print("%s:\n%s\n" % (name, obj))
```

2 스칼라, 벡터, 행렬

스칼라Scalar, 벡터Vector, 행렬Matrix을 정의하고, 이들의 표현 방식, 차원, 모양의 특징을 확인하는 방법을 알아보자. 여기서 1은 정수를 의미하고 1.은 실수를 의미한다.

코드 2.3

```
# 임의의 배열을 스칼라, 벡터, 행렬 형태로 정의한다.
array0 = np.array(1.)                              # 0차원 배열, 스칼라
array1 = np.array([1., 2., 3.])                    # 1차원 배열, 벡터
array2 = np.array([[1., 2., 3.], [4., 5., 6.]])    # 2차원 배열, 행렬

# 앞서 정의한 print_obj 함수를 이용해 출력한다.
print_obj(array0, "스칼라")
print_obj(array1, "벡터")
print_obj(array2, "행렬")
```

2 포매팅은 문자열 안에 특정 부분을 특정 변수의 위치로 정해줌으로써 해당 변수값에 따라 문자열 자체가 변경될 수 있게 하는 기능이다.

```
스칼라:
1.0

벡터:
[1. 2. 3.]

행렬:
[[1. 2. 3.]
 [4. 5. 6.]]
```

스칼라, 벡터, 행렬의 차원을 array.ndim 속성을 사용해 출력한다.

코드 2.4

```
# 정의한 스칼라, 벡터, 행렬의 차원을 출력한다.
print_obj(array0.ndim, "스칼라의 차원")          # ndim → 차원의 크기 반환
print_obj(array1.ndim, "벡터의 차원")
print_obj(array2.ndim, "행렬의 차원")
```

```
스칼라의 차원:
0

벡터의 차원:
1

행렬의 차원:
2
```

정의된 array0, array1, array2에 대한 스칼라, 벡터, 행렬의 shape, 즉 모양(형태)을 보여준다. s.shape 속성을 사용하여 s에 할당된 각 배열의 모양을 확인할 수 있다. shape는 각 차원의 수와 성분의 수로 구성되므로 배열의 모양은 각 배열에 존재하는 원소(값)의 수를 의미한다.

코드 2.5

```
# 정의한 스칼라, 벡터, 행렬의 shape를 출력한다.
print_obj(array0.shape, "array0의 shape")
print_obj(array1.shape, "array1의 shape")
print_obj(array2.shape, "array2의 shape")

array3 = np.array([[1, 2, 3]])
print_obj(array3.shape, "array3의 shape")
```

```
array0의 shape:
()

array1의 shape:
(3,)

array2의 shape:
(2, 3)

array3의 shape:
(1, 3)
```

3 텐서

텐서Tensor는 데이터를 다차원 배열로 표현한 것이다. 머신러닝에서 텐서는 스칼라, 벡터, 행렬을 포함해 더 높은 차원의 데이터 구조를 일반화한 개념이다. 스칼라는 0차원 텐서, 벡터는 1차원 텐서, 행렬은 2차원 텐서, 3차원 이상 텐서는 텐서라고 불린다. 통상적으로 텐서라고 하면 3차원 이상의 텐서를 의미하는 경우가 많다.

코드 2.6

```
# 3차원 이상 배열로 구성된 텐서의 차원과 shape를 출력한다.
tensor1 = np.array([[[1., 2., 3.], [4., 5., 6.]], [[7., 8., 9.], [10., 11., 12.]]])
tensor2 = np.array([[[[1., 2., 3.], [1., 2., 3.]], [[4., 5., 6.], [4., 5., 6.]]],
                    [[[7., 8., 9.], [7., 8., 9.]], [[10., 11., 12.], [10., 11., 12.]]]])

print_obj(tensor1, "tensor1")
print_obj(tensor1.ndim, "tensor1.ndim")
print_obj(tensor1.shape, "tensor1.shape")

print_obj(tensor2, "tensor2")
print_obj(tensor2.ndim, "tensor2.ndim")
print_obj(tensor2.shape, "tensor2.shape")
```

```
tensor1:
[[[ 1.  2.  3.]
  [ 4.  5.  6.]]

 [[ 7.  8.  9.]
  [10. 11. 12.]]]

tensor1.ndim:
3

tensor1.shape:
(2, 2, 3)
```

```
tensor2:
[[[[ 1.  2.  3.]
   [ 1.  2.  3.]]

  [[ 4.  5.  6.]
   [ 4.  5.  6.]]]

 [[[ 7.  8.  9.]
   [ 7.  8.  9.]]

  [[10. 11. 12.]
   [10. 11. 12.]]]]

tensor2.ndim:
4

tensor2.shape:
(2, 2, 2, 3)
```

4 넘파이 배열

넘파이 배열은 넘파이에서 제공하는 기본 데이터 구조로 고성능의 다차원 배열을 제공하며, 다양한 수학 연산을 위한 편리한 기능들을 지원한다. 파이썬의 리스트는 여러 가지 자료형을 포함할 수 있고, 원소 구조가 달라도 상관없는 반면, 넘파이 배열은 한 가지의 동일한 자료형이어야 하고, 배열의 원소 구조가 동일하다. [코드 2.7]에서 np.ones(10)은 모든 원소가 1이고 원소의 개수가 10개인 벡터를 생성할 때 사용된다.

코드 2.7

```
# 원소가 1이고 크기가 10인 벡터를 넘파이 배열로 생성한다.
ones = np.ones(10)
print_obj(ones, "np.ones(10)")
```

```
np.ones(10):
[1. 1. 1. 1. 1. 1. 1. 1. 1. 1.]
```

np.full((2, 5), 5)는 2×5인 배열(또는 텐서)에 모든 수를 5 값으로 채운다. np.full((1, 1, 1), −1)은 $1 \times 1 \times 1$인 배열(또는 텐서)에 모든 수를 −1 값으로 채운다.

코드 2.8

```
# 원소가 0이고 크기가 2×5인 행렬을 넘파이 배열로 생성한다.
zeros = np.zeros((2, 5))
print_obj(zeros, "np.zeros((2, 5))")
```

```
np.zeros((2, 5)):
[[0. 0. 0. 0. 0.]
 [0. 0. 0. 0. 0.]]
```

코드 2.9

```
# 파라미터에 배열의 크기와 값을 입력한다.
# 입력된 크기만큼의 배열을 만들고 입력한 값으로 배열을 채운다.
full = np.full((2, 5), 5)
print_obj(full, "np.full((2, 5), 5)")

full2 = np.full((1, 1, 1), -1)
print_obj(full2, "np.full((1, 1, 1), -1)")
```

```
np.full((2, 5), 5):
[[5 5 5 5 5]
 [5 5 5 5 5]]

np.full((1, 1, 1), -1):
[[[-1]]]
```

np.random.random 함수의 입력값에 배열의 shape를 지정하면, 그 shape에 해당되는 배열이 생성되고 모든 원소는 랜덤값이며 0~1 사이의 실수값을 갖는다. 예를 들어, np.random.random((2, 3, 4))는 모든 원소가 랜덤이고 2×3×4인 배열(또는 텐서)을 생성할 때 사용된다. 이때 랜덤 수는 0~1 사이의 실수이고 소숫점 8번째 자리까지 표현된다.

코드 2.10

```
random = np.random.random((2, 3, 4))
print_obj(random, "np.random.random((2, 3, 4))")
```

```
np.random.random((2, 3, 4)):
[[[0.77523832 0.77767867 0.92797329 0.52448693]
  [0.7549115  0.75415252 0.61896005 0.19362576]
  [0.75918926 0.56778424 0.37682148 0.9385796 ]]

 [[0.70175314 0.06670689 0.29630871 0.10817918]
  [0.96296323 0.24031736 0.69584492 0.96526498]
  [0.36010759 0.84690692 0.6972837  0.40899331]]
```

np.arange 함수의 입력값에 숫자를 입력할 경우, 0부터 1씩 증가시키며 숫자의 크기만큼 값을 채운다. 예를 들어, np.arange(10)은 원소가 0부터 9까지 수로 되어 있는 배열을 생성할 때 사용된다. arange 함수는 일정한 간격의 정수 또는 실수 배열을 만들 때 사용된다. 간격에 대한 별도의 숫자가 없을 경우 기본 간격은 1이다. 처음 인덱스는 숫자 0부터 시작된다.

코드 2.11

```
arange = np.arange(10)
print_obj(arange, "np.arange(10)")
```

```
np.arange(10):
[0 1 2 3 4 5 6 7 8 9]
```

np.arange(10).astype(float)는 원소가 0부터 9까지 수로 되어 있는 배열을 생성한 후에 그 배열의 원소값을 실수형(float)으로 변환해준다. 참고로 np.astype 함수는 변수의 자료형을 변경하고 싶을 때 사용하는 함수다. arange 함수를 통해서 만들어진 배열의 내부 값은 정수형(int)인데, 다음과 같이 실수형(float)으로 변경이 가능하다.

코드 2.12

```
astype = np.arange(10).astype(float)
print_obj(astype, "np.arange(10).astype(float)")
```

```
np.arange(10).astype(float):
[0. 1. 2. 3. 4. 5. 6. 7. 8. 9.]
```

np.arange(10).reshape((5, 2))는 0부터 9까지의 원소를 갖는 배열을 생성한 후, 이 배열을 5×2 배열 또는 행렬로 변형하는 데 사용된다. np.reshape 함수는 이미 모양이 결정되어 있는 배열의 모양을 재설정하는 함수다. 이 함수를 사용하여 배열의 모양을 변경할 때는 새로운 모양이 배열에서 실제로 변경 가능한 모양이어야 한다.

코드 2.13

```
reshape = np.arange(10).reshape((5, 2))
print_obj(reshape, "np.arange(10).reshape((5, 2))")
```

```
np.arange(10).reshape((5, 2)):
[[0 1]
 [2 3]
 [4 5]
 [6 7]
 [8 9]]
```

5 인덱스와 슬라이싱

인덱싱과 슬라이싱은 벡터, 행렬, 텐서가 주어졌을 때 특정 원소나 영역을 선택하는 유용한 기능이다.

인덱스는 데이터 구조 내 특정 위치의 원소에 접근하기 위해 사용된다. 각 원소는 고유한 인덱스 번호로 식별되며, 이 번호는 원소의 순서와 위치를 결정한다. 예를 들면, 리스트 [*a*, *b*, *c*, *d*]에서 *a*는 첫 번째 원소, *b*는 두 번째 원소로 인덱스는 각각 0과 1이다. 즉, *i*번째 원소의 인덱스는 $i-1$로 표현된다.

인덱스는 배열이나 다른 데이터 구조의 각 원소 위치를 나타내는데 이는 일반적으로 목차나 순서 같은 역할을 한다. 대부분의 프로그래밍 언어에서 인덱스는 0부터 시작하여, 양수는 배열의 앞에서부터, 음수는 뒤에서부터 순서대로 접근을 가능하게 한다. 예를 들어 배열 array_index[2]는 array_index 배열의 세 번째 원소를 나타내며, 이 값은 인덱스가 2인 위치에 해당하는 값이다.

슬라이싱은 콜론(:)을 이용한 인덱싱 기법이다. 시작 인덱스와 종료 인덱스를 지정해 해당 범위의 원소들을 선택할 수 있고, 이들 인덱스는 필요에 따라 생략할 수 있다. 시작 인덱스를 생략하면 자동으로 0으로 간주되며, 종료 인덱스를 생략할 경우 배열의 마지막 인덱스까지 포함된다. 시작과 종료 인덱스를 모두 생략하면, 전체 범위가 선택된다.

슬라이싱에서는 또한 스텝을 지정하여 선택된 범위 내 원소들을 일정 간격으로 나타낼 수 있다. 예를 들어 array_index[2:5]를 실행하면, 인덱스 2부터 4까지에 해당하는 원소 [2, 3, 4]가 반환된다. 여기서 2:5는 인덱스 2 이상 5 미만을 의미해 시작 인덱스 2부터 종료 인덱스 4까지를 나타낸다.

파이썬에서 슬라이싱을 이용해 인덱스에 간격을 지정할 수 있다. 이때 콜론(:)을 두 번 사용하여 [::] 형태로 표현한다. 예를 들어 array_index[0:10:2]는 인덱스 0부터 9까지 2의 간격으로, array_index[2:8:3]는 인덱스 2부터 7까지 3의 간격으로 원소를 선택한다. 이는 '시작 인덱스:종료 인덱스:간격' 형태로 명령을 지정함을 의미한다. 또한 간격에 음수를 지정하면, 배열이나 리스트를 역순으로 탐색할 수 있다.

인공지능이나 딥러닝 실습 시 인덱스나 슬라이싱이 사용되기 때문에 이에 대해서 잘 이해할 필요가 있다.

코드 2.14

```
# 인덱스는 목차, 순서, 색인 등 몇 번째인지 순서를 의미한다.
# 배열에 있는 데이터는 인덱스를 통해서 접근이 가능하다.
# 일반적으로 0 이상의 인덱스는 앞에서부터의 접근이고, 0 이하의 인덱스는 뒤에서부터의 접근이다.
array_index = np.arange(10)
print_obj(array_index, "np.arange(10)")
print_obj(array_index[0], "array_index[0]")
print_obj(array_index[1], "array_index[1]")
print_obj(array_index[-1], "array_index[-1]")
print_obj(array_index[-3], "array_index[-3]")

# 콜론(:)을 통해서 범위 형태의 인덱스를 지정할 수 있다.
# 일반적으로 콜론 앞뒤의 인덱스 범위 내의 데이터 전체에 접근한다.
print_obj(array_index[0:10], "array_index[0:10]")
print_obj(array_index[0:], "array_index[0:]")
print_obj(array_index[:],"array_index[:]")
print_obj(array_index[:10], "array_index[:10]")
print_obj(array_index[7:], "array_index[7:]")
print_obj(array_index[:5], "array_index[:5]")
print_obj(array_index[2:5], "array_index[2:5]")

# 하나의 인덱스에 두 개의 콜론(:)이 사용된다면, 마지막 콜론 뒤의 숫자는 스텝을 의미한다.
# 스텝은 인덱싱 범위 내에서 얼마만큼 건너뛰며 데이터에 접근할 것인지를 의미한다.
print_obj(array_index[0:10:2], "array_index[0:10:2]")
print_obj(array_index[0:10:3], "array_index[0:10:3]")
print_obj(array_index[2:6:3], "array_index[2:6:3]")
print_obj(array_index[::-1], "array_index[::-1]")
print_obj(array_index[8:5:-1], "array_index[8:5:-1]")
print_obj(array_index[8:5], "array_index[8:5]")
```

```
np.arange(10):
[0 1 2 3 4 5 6 7 8 9]

array_index[0]:
0

array_index[1]:
1

array_index[-1]:
9

array_index[-3]:
7

array_index[0:10]:
[0 1 2 3 4 5 6 7 8 9]

array_index[0:]:
[0 1 2 3 4 5 6 7 8 9]

array_index[:]:
[0 1 2 3 4 5 6 7 8 9]

array_index[:10]:
[0 1 2 3 4 5 6 7 8 9]
```

```
array_index[7:]:
[7 8 9]

array_index[:5]:
[0 1 2 3 4]

array_index[2:5]:
[2 3 4]

array_index[0:10:2]:
[0 2 4 6 8]

array_index[0:10:3]:
[0 3 6 9]

array_index[2:6:3]:
[2 5]

array_index[::-1]:
[9 8 7 6 5 4 3 2 1 0]

array_index[8:5:-1]:
[8 7 6]

array_index[8:5]:
[]
```

2차원 이상의 배열에도 인덱싱을 동일한 방식으로 적용할 수 있다. 하나의 인덱스에 쉼표(,)를 사용해 표현할 수도 있고 다수의 인덱스를 활용할 수도 있다. 예를 들어, [코드 2.15]처럼 3×3 크기의 행렬(2차원 배열)에서 특정 원소를 인덱싱을 통해 추출할 수 있다.

코드 2.15

```
array_index = np.arange(9).reshape((3, 3))
print_obj(array_index, "array_index")
print_obj(array_index[0][0], "array_index[0][0]")
print_obj(array_index[0, 0], "array_index[0, 0]")
print_obj(array_index[1, 1], "array_index[1, 1]")

array_index = np.arange(4*3*2).reshape((4, 3, 2))
print_obj(array_index, "array_index")
print_obj(array_index[2, 1, 0], "array_index[2, 1, 0]")
```

```
array_index:
[[0 1 2]
 [3 4 5]
 [6 7 8]]

array_index[0][0]:
0

array_index[0, 0]:
0

array_index[1, 1]:
4
```

```
array_index:
[[[ 0 1]
  [ 2 3]
  [ 4 5]]

 [[ 6 7]
  [ 8 9]
  [10 11]]

 [[12 13]
  [14 15]
  [16 17]]

 [[18 19]
  [20 21]
  [22 23]]]

array_index[2, 1, 0]:
14
```

슬라이싱을 효율적으로 사용하면 하나의 행이나 열 단위로 행렬 형태의 데이터에 접근할 수 있다.

코드 2.16

```
array_index = np.arange(24).reshape((6, 4))
print_obj(array_index, "array_index")
print_obj(array_index[:,[0, 2, 3]], "array_index[:, [0, 2, 3]]")
print_obj(array_index[[0, 2, 3], :], "array_index[[0, 2, 3], :]")
```

```
array_index:
[[ 0  1  2  3]
 [ 4  5  6  7]
 [ 8  9 10 11]
 [12 13 14 15]
 [16 17 18 19]
 [20 21 22 23]]

array_index[idx]:
[[ 0  2  3]
 [ 4  6  7]
 [ 8 10 11]
 [12 14 15]
 [16 18 19]
 [20 22 23]]

array_index[idx]:
[[ 0  1  2  3]
 [ 8  9 10 11]
 [12 13 14 15]]
```

6 수학적 연산

행렬의 곱셈은 $n \times m$ 크기의 행렬과 $m \times k$ 크기의 행렬이 곱해져 $n \times k$ 크기의 행렬이 되는 것이다. 예를 들어, 3×2 행렬과 3×2 행렬은 첫 번째 행렬의 열 수와 두 번째 행렬의 행 수가 달라 곱셈이 불가능하다.

파이썬에서는 * 기호와 / 기호를 사용하여 동일한 크기의 행렬에 대한 원소별 곱셈과 나눗셈을 수행할 수 있다. 즉, $\mathbf{A}[i, j] * \mathbf{B}[\mathrm{i}, j]$ 또는 $\mathbf{A}[i, j] / \mathbf{B}[i, j]$ 연산을 통해 각 원소끼리의 곱셈이나 나눗셈 결과를 얻을 수 있다. 특히 행렬의 곱셈 연산은 넘파이의 matmul 함수를 이용하거나 @ 연산자를 통해 표현할 수 있다.

[코드 2.17]은 두 행렬(2차원 배열) mat1과 mat2를 사용하여 사칙연산한 결과를 보여준다. 행렬에 대한 원소별 덧셈, 뺄셈, 곱셈, 나눗셈을 위해서는 행과 열의 크기가 같아야 한다. 반면, 행렬의 곱셈 연산을 할 경우에는 연산자 @ 또는 matmul 앞의 행렬 mat1의 열과 곱셈 연산자 뒤의 행렬 mat2의 행의 크기가 서로 같아야 두 행렬의 곱셈이 수행될 수 있다.

코드 2.17

```
mat1 = np.arange(6).reshape((3, 2))
mat2 = np.ones((3, 2))
print_obj(mat1, "mat1")
print_obj(mat2, "mat2")
print_obj(mat1 + mat2, "mat1 + mat2")
print_obj(mat1 - mat2, "mat1 - mat2")
print_obj(mat1 * mat2, "mat1 * mat2")
print_obj(mat1 / mat2, "mat1 / mat2")
```

```
mat1:
[[0 1]
 [2 3]
 [4 5]]

mat2:
[[1. 1.]
 [1. 1.]
 [1. 1.]]

mat + mat2:
[[1. 2.]
 [3. 4.]
 [5. 6.]]
```

```
mat1 - mat2:
[[-1. 0.]
 [ 1. 2.]
 [ 3. 4.]]

mat1 * mat2:
[[0. 1.]
 [2. 3.]
 [4. 5.]]

mat1 / mat2:
[[0. 1.]
 [2. 3.]
 [4. 5.]]
```

[코드 2.18]은 행렬에 대한 단항Unary 연산(피연산자가 하나인 연산)을 보여준다. 첫 번째 축(axis=0)을 기준으로 합계를 구하거나 두 번째 축(axis=1)에 대한 합계, 평균, 최솟값, 최댓값 등을 구할 때 사용된다. 넘파이 배열의 축Axis 개념은 중첩된 리스트 구조를 통해 이해할 수 있으며, 가장 바깥쪽 리스트를 axis=0으로 하고, 내부로 들어갈수록 axis가 1씩 증가한다.

예를 들어 [[0, 1, 2], [3, 4, 5]]에서 axis = 0은 [0, 1, 2]와 [3, 4, 5]를 연결하는 방향이고, axis = 1은 0 → 1 → 2 또는 3 → 4 → 5로 진행되는 방향을 의미한다. [[[0, 1], [2, 3]], [[4, 5], [6, 7]]]의 경우, axis = 0은 [[0, 1], [2, 3]]에서 [[4, 5], [6, 7]]로 진행되는 방향이다. axis = 1은 [0, 1] → [2, 3] 또는 [4, 5] → [6, 7]로, axis = 2는 0 → 1 또는 2 → 3 또는 4 → 5 또는 6 → 7로 진행되는 방향이다.

코드 2.18

```
mat = np.arange(6).reshape((3, 2))
print_obj(mat, "mat")
print_obj(mat.sum(), "mat.sum()")
print_obj(mat.sum(axis = 0), "mat.sum(axis = 0)")      # axis는 축을 의미
print_obj(mat.sum(axis = 1), "mat.sum(axis = 1)")
print_obj(mat.mean(), "mat.mean()")
print_obj(mat.max(), "mat.max()")
print_obj(mat.min(), "mat.min()")
```

```
mat:
[[0 1]
 [2 3]
 [4 5]]

mat.sum():
15

mat.sum(axis = 0):
[6 9]
```

```
mat.sum(axis = 1):
[1 5 9]

mat.mean():
2.5

mat.max():
5

mat.min():
0
```

[코드 2.19]는 두 벡터의 내적 연산을 보여준다. 벡터 내적은 머신러닝에서 벡터 간의 유사도를 측정하는 데 자주 활용된다. np.dot(mat1, mat2) 함수는 1차원 배열인 벡터 mat1과 벡터 mat2를 내적할 때 사용된다. np.dot 함수의 경우 피연산자가 모두 1차원 배열이면 벡터의 내적을 계산하고, 2차원 배열일 경우 행렬의 곱셈을 수행한다.

코드 2.19

```
mat1 = np.arange(3).astype('float')
mat2 = np.ones(3)
print_obj(mat1, "mat1")
print_obj(mat2, "mat2")
print_obj(np.dot(mat1, mat2), "mat1 dot mat2")
```

```
mat1:
[0. 1. 2.]

mat2:
[1. 1. 1.]

mat1 dot mat2:
3.0
```

[코드 2.20]은 두 행렬의 곱셈 연산을 다룬다. 곱셈 연산자 앞에 있는 행렬 mat1의 열의 크기와 곱셈 연산자 뒤에 있는 행렬 mat2의 행의 크기가 서로 같아야 곱셈이 된다. 여기서 np.matmul(mat1, mat2) 함수가 사용되고, 이는 행렬에서 일반적인 곱셈 연산이다. 텐서 곱셈 연산에 대한 내용은 이 책의 범위를 벗어나므로 생략한다.

코드 2.20

```
mat1 = np.arange(6).reshape((3, 2))
mat2 = np.ones((2, 3))
print_obj(mat1, "mat1")
print_obj(mat2, "mat2")
print_obj(np.dot(mat1, mat2), "mat1 dot mat2")
print_obj(mat1 @ mat2, "mat1 @ mat2")
print_obj(np.matmul(mat1, mat2), "matmul(mat1, mat2)")

mat3 = np.arange(24).reshape((4, 3, 2))
mat4 = np.ones((4, 2, 3))
print_obj(mat3, "mat3")
print_obj(mat4, "mat4")
print_obj(np.dot(mat3, mat4).shape, "mat3 dot mat4")
print_obj((mat3 @ mat4).shape, "mat3 @ mat4")
print_obj(np.matmul(mat3, mat4).shape, "matmul(mat3, mat4)")
```

```
mat1:
[[0 1]
 [2 3]
 [4 5]]

mat2:
[[1. 1. 1.]
 [1. 1. 1.]]

mat1 dot mat2:
[[1. 1. 1.]
 [5. 5. 5.]
 [9. 9. 9.]]

mat1 @ mat2:
[[1. 1. 1.]
 [5. 5. 5.]
 [9. 9. 9.]]

matmul(mat1,mat2):
[[1. 1. 1.]
 [5. 5. 5.]
 [9. 9. 9.]]

mat3:
[[[ 0 1]
  [ 2 3]
  [ 4 5]]

 [[ 6  7]
  [ 8  9]
  [10 11]]

 [[12 13]
  [14 15]
  [16 17]]

 [[18 19]
  [20 21]
  [22 23]]]
```

```
mat4:
[[[1. 1. 1.]
  [1. 1. 1.]]

 [[1. 1. 1.]
  [1. 1. 1.]]

 [[1, 1, 1,]
  [1, 1, 1,]]

 [[1, 1, 1,]
  [1, 1, 1,]]]

mat3 dot mat4:
(4, 3, 4, 3)

mat3 @ mat4:
(4, 3, 3)

matmul(mat3, mat4):
(4, 3, 3)
```

7 형태 변형

이번에는 배열 형태 변형에 대하여 소개한다. 인공지능 관련 실습 때 관련 내용이 종종 사용될 수 있으니 이해하면 유용하다.

[코드 2.21]은 $2\times3\times4$ 텐서(3차원 배열)를 다양한 형태Shape로 변환하는 예를 보여준다. np.shape를 사용할 경우, 배열의 모든 원소의 총 수가 변환 후의 형태에서도 동일해야 한다. 즉, 24개의 원소를 갖는 $2\times3\times4$ 배열을 $3\times2\times4$ 또는 6×4와 같은 다른 형태로 변환할 수 있으며, 이때 각 형태의 원소의 합은 24로 동일하다. 참고로, reshape 함수에 −1을 인자로 사용하면, 최초 자료형의 원소의 개수와 −1이 아닌 인자의 값을 이용하여 −1로 할당된 차원의 정확한 값이 추정된다. reshape(6, −1)과 reshape(−1, 6)의 출력 결과를 확인해보자.

코드 2.21

```
array1 = np.arange(24).reshape((2, 3, 4))
print_obj(array1, "np.arange(24).reshape((2, 3, 4))")
array2 = array1.reshape((6, 4))
print_obj(array2, "array1.reshape((6, 4))")
array3 = array1.reshape((6, -1))
print_obj(array3, "array1.reshape((6, -1))")
array4 = array1.reshape((-1, 6))
print_obj(array4, "array1.reshape((-1, 6))")
```

```
np.arange(24).reshape((2, 3, 4)):
[[[ 0  1  2  3]
  [ 4  5  6  7]
  [ 8  9 10 11]]

 [[12 13 14 15]
  [16 17 18 19]
  [20 21 22 23]]]

array1.reshape((6, 4)):
[[ 0  1  2  3]
 [ 4  5  6  7]
 [ 8  9 10 11]
 [12 13 14 15]
 [16 17 18 19]
 [20 21 22 23]]
```

```
array1.reshape((6, -1)):
[[ 0  1  2  3]
 [ 4  5  6  7]
 [ 8  9 10 11]
 [12 13 14 15]
 [16 17 18 19]
 [20 21 22 23]]

array1.reshape((-1, 6)):
[[ 0  1  2  3  4  5]
 [ 6  7  8  9 10 11]
 [12 13 14 15 16 17]
 [18 19 20 21 22 23]]
```

[코드 2.22]는 기존 1차원 배열보다 더 큰 차원으로 확대하는 방법을 보여준다. 예를 들어, array가 1차원 벡터일 때, array[:, None]을 사용하여 (3,1) 형태의 2차원 배열, 즉 3행 1열 배열로 확대할 수 있다.

코드 2.22

```
array = np.arange(3)
print_obj(array, "array")
print_obj(array[:, None], "array[:, None]")
```

```
array:
[0 1 2]

array[:, None]:
[[0]
 [1]
 [2]]
```

[코드 2.23]은 두 개의 행렬을 결합하는 다양한 방법을 보여준다. 결합하는 축에 따라 결과 행렬이 수직 또는 수평으로 확대된다. 이때, 행렬의 차원과 크기를 고려해야 한다.

np.vstack 함수는 수직으로 결합할 때 사용되고 np.hstack 함수는 수평으로 결합할 때 사용된다. np.concatenate 함수는 axis=0이면 수직으로, axis=1이면 수평으로 결합한다. 하지만 두 개의 2차원 배열이 아닌 3차원 이상의 배열을 다룰 때는 [코드 2.23]에서 설명한 방법을 참고하여 np.concatenate 함수를 적용해야 한다.

코드 2.23

```
array1 = np.ones((3, 2))
array2 = np.zeros((3, 2))
print_obj(array1, "array1")
print_obj(array2, "array2")

print_obj(np.vstack([array1, array2]), "array1 + 2 vstack")
print_obj(np.hstack([array1, array2]), "array1 + 2 hstack")
print_obj(np.hstack([array1, array2, array1]), "array1 + 2 + 1 hstack")

print_obj(np.concatenate([array1, array2], axis = 0), "array1 + 2 concat axis = 0")
print_obj(np.concatenate([array1, array2], axis = 1), "array1 + 2 concat axis = 1")
```

```
array1:
[[1. 1.]
 [1. 1.]
 [1. 1.]]

array2:
[[0. 0.]
 [0. 0.]
 [0. 0.]]

array1 + 2 vstack:
[[1. 1.]
 [1. 1.]
 [1. 1.]
 [0. 0.]
 [0. 0.]
 [0. 0.]]

array1 + 2 hstack:
[[1. 1. 0. 0.]
 [1. 1. 0. 0.]
 [1. 1. 0. 0.]]

array1 + 2 + 1 hstack:
[[1. 1. 0. 0. 1. 1.]
 [1. 1. 0. 0. 1. 1.]
 [1. 1. 0. 0. 1. 1.]]

array1 + 2 concat axis = 0:
[[1. 1.]
 [1. 1.]
 [1. 1.]
 [0. 0.]
 [0. 0.]
 [0. 0.]]

array1 + 2 concat axis = 1:
[[1. 1. 0. 0.]
 [1. 1. 0. 0.]
 [1. 1. 0. 0.]]
```

[코드 2.24]는 전치 행렬을 구하는 코드다. 전치 행렬은 기존 행렬에서 행과 열의 위치를 바꾼 행렬로, array.T를 사용해 표현할 수 있다. 이외에도 np.transpose 함수를 이용해 전치 행렬로 변환하는 것도 가능하다. 예를 들어 6×4 차원의 행렬을 전치 연산하면 4×6 차원의 행렬이 된다.

$$X = \begin{bmatrix} x_{1,1} & x_{1,2} & x_{1,3} & x_{1,4} \\ x_{2,1} & x_{2,2} & x_{2,3} & x_{2,4} \\ x_{3,1} & x_{3,2} & x_{3,3} & x_{3,4} \\ x_{4,1} & x_{4,2} & x_{4,3} & x_{4,4} \\ x_{5,1} & x_{5,2} & x_{5,3} & x_{5,4} \\ x_{6,1} & x_{6,2} & x_{6,3} & x_{6,4} \end{bmatrix} \qquad X^{\mathrm{T}} = \begin{bmatrix} x_{1,1} & x_{2,1} & x_{3,1} & x_{4,1} & x_{5,1} & x_{6,1} \\ x_{1,2} & x_{2,2} & x_{3,2} & x_{4,2} & x_{5,2} & x_{6,2} \\ x_{1,3} & x_{2,3} & x_{3,3} & x_{4,3} & x_{5,3} & x_{6,3} \\ x_{1,4} & x_{2,4} & x_{3,4} & x_{4,4} & x_{5,4} & x_{6,4} \end{bmatrix}$$

코드 2.24

```
array = np.arange(6).reshape((3, 2))
print_obj(array, "array")
print_obj(array.T, "array.T")

array1 = np.arange(24).reshape((4, 3, 2))
print_obj(array1, "array1")
array2 = np.transpose(array1, [0, 2, 1])
print_obj(array2, "Swap axis 1 and 2")
print_obj(array2.shape, "Swapped shape")
array3 = np.transpose(array1, [1, 0, 2])
print_obj(array3, "Swap axis 0 and 1")
print_obj(array3.shape, "Swapped shape")
```

```
array:
[[0 1]
 [2 3]
 [4 5]]

array.T:
[[0 2 4]
 [1 3 5]]

array1:
[[[ 0  1]
  [ 2  3]
  [ 4  5]]

 [[ 6  7]
  [ 8  9]
  [10 11]]

 [[12 13]
  [14 15]
  [16 17]]

 [[18 19]
  [20 21]
  [22 23]]]
```

```
Swap axis 1 and 2:
[[[ 0  2  4]
  [ 1  3  5]]

 [[ 6  8 10]
  [ 7  9 11]]

 [[12 14 16]
  [13 15 17]]

 [[18 20 22]
  [19 21 23]]]

Swapped shape:
(4, 2, 3)

Swap axis 0 and 1:
[[[ 0  1]
  [ 6  7]
  [12 13]
  [18 19]]

 [[ 2  3]
  [ 8  9]
  [14 15]
  [20 21]]

 [[ 4  5]
  [10 11]
  [16 17]
  [22 23]]]

Swapped shape:
(3, 4, 2)
```

8 브로드캐스팅

브로드캐스팅은 비어 있는 배열을 자동으로 채워서 연산을 수행하는 기능이다. [그림 2-15]는 브로드캐스팅의 예다.

❶ 'np.arange(3)'을 사용하면 '[0 1 2]' 배열이 생성된다.

❷ 'np.arange(3)+5'는 'np.arange(3)'의 각 원소에 5를 더하여 '[5 6 7]'을 출력한다.

❸ 'np.ones((3, 3))'은 모든 원소의 값이 1인 3×3 행렬을 생성한다.

❹ 'np.ones((3, 3))+np.arange(3)'은 'np.ones((3, 3))' 행렬에 [[0 1 2] [0 1 2] [0 1 2]]인 배열을 더한 값이 출력된다.

❺ 'np.arange(3).reshape((3, 1))'을 사용하면 $[0, 1, 2]^T$로 출력된다.

❻ 'np.arange(3).reshape((3,1))+np.arange(3)' 연산은 3×1 배열에 1×3 배열을 더하는 것으로, 두 배열이 확장되어 같은 형태의 3×3 배열이 생성되며, 이 과정에서 브로드캐스팅이 적용된다.

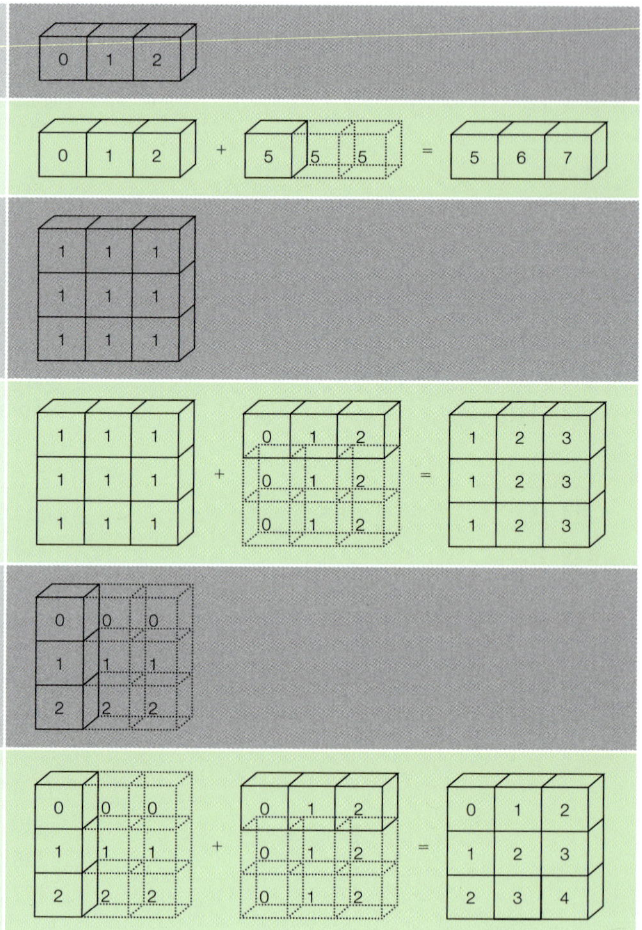

그림 2-15 **브로드캐스팅 예**

[코드 2.25]는 브로드캐스팅에 대한 연산을 보여준다. 브로드캐스팅은 자동으로 비어 있는 배열을 채워서 연산을 수행하는 기능이다. 이를 통해 본래 수학적으로 연산이 불가능한 벡터와 스칼라 간의 연산을 수행할 수 있다.

코드 2.25

```
vector = np.arange(3)
scalar = 2.
print_obj(vector, "vector")
print_obj(scalar, "scalar")
print_obj(vector+scalar, "vector + scalar")
print_obj(vector-scalar, "vector - scalar")
print_obj(vector*scalar, "vector * scalar")
print_obj(vector/scalar, "vector / scalar")
```

```
vector:
[0 1 2]

scalar:
2.0

vector + scalar:
[2. 3. 4.]

vector - scalar:
[-2. -1. 0.]

vector * scalar:
[0. 2. 4.]

vector / scalar:
[0. 0.5 1. ]
```

[코드 2.26]은 브로드캐스팅을 통해 서로 다른 형태를 가진 두 행렬의 덧셈을 가능하게 하는 예를 보여준다.

코드 2.26

```
mat1 = np.arange(6).reshape((3, 2))
mat2 = np.arange(2).reshape(2) + 1
print_obj(mat1, "mat1")
print_obj(mat2, "mat2")
print_obj(mat1 + mat2, "mat1 + mat2")

mat3 = np.arange(12).reshape((2, 3, 2))
mat4 = np.arange(6).reshape((3, 2))
print_obj(mat3, "mat3")
print_obj(mat4, "mat4")
print_obj(mat3 + mat4, "mat3 + mat4")
```

```
mat1:
[[0 1]
 [2 3]
 [4 5]]

mat2:
[1 2]

mat1 + mat2:
[[1 3]
 [3 5]
 [5 7]]

mat3:
[[[ 0  1]
  [ 2  3]
  [ 4  5]]

 [[ 6  7]
  [ 8  9]
  [10 11]]]
```

```
mat4:
[[0 1]
 [2 3]
 [4 5]]

mat3 + mat4:
[[[ 0  2]
  [ 4  6]
  [ 8 10]]

 [[ 6  8]
  [10 12]
  [14 16]]]
```

CHAPTER 03

선형 회귀

01 회귀의 개념과 데이터셋
02 단순 선형 회귀
03 단순 선형 회귀 모델의 학습(경사하강법)
04 다중 선형 회귀
05 예제로 풀어보는 선형 회귀
06 코드로 구현하는 선형 회귀

PREVIEW

3장에서는 머신러닝 모델 중 선형 회귀 모델을 소개한다. 주어진 입력값에 적합한 출력값을 내는 함수를 찾도록 선형 회귀 모델을 학습하고, 이 모델로 예측한 값이 실제값과 유사하도록 파라미터를 업데이트하는 방법을 배운다. 이를 위해 먼저 선형 회귀 모델의 주요 개념과 이론을 살펴본 후, 파라미터를 업데이트하기 위해 필요한 수학적 접근 방법을 예제를 통해 설명한다. 마지막으로 모델의 학습 과정을 실제 코드로 구현하여 선형 회귀 모델을 완성하는 방법을 다룬다.

학습목표

- 선형 회귀에서 다루는 데이터, 모델, 학습 방법의 전체 흐름을 이해한다.
- 선형 회귀에서 다루는 데이터셋의 특징을 파악한다.
- 선형 회귀 모델의 원리를 이해하고 업데이트해야 할 파라미터를 이해한다.
- 모델이 잘 동작하는지 평가하기 위한 손실 함수를 이해한다.
- 손실 함수를 최소화하는 방법 중 경사하강법을 이해한다.

SECTION 01

회귀의 개념과 데이터셋

회귀는 입력 변수Input Variable와 출력 변수Output Variable 간의 관계를 나타내는 기법이다. 따라서 새로운 입력값Input에 대한 출력값Output을 예측하거나 출력 변수에 대한 입력 변수의 효과를 이해할 때 회귀를 사용한다.

[그림 3-1]은 집 크기에 따른 집 가격을 예측하는 회귀의 예다. 집 크기에 따라서 집 가격이 어떻게 변화되는지 알고 싶거나 집 크기가 1,200feet^{2}일 때의 집 가격을 예상하고 싶을 때와 같이 상관관계를 분석하거나 예측하고 싶은 상황에서 회귀를 사용할 수 있다.

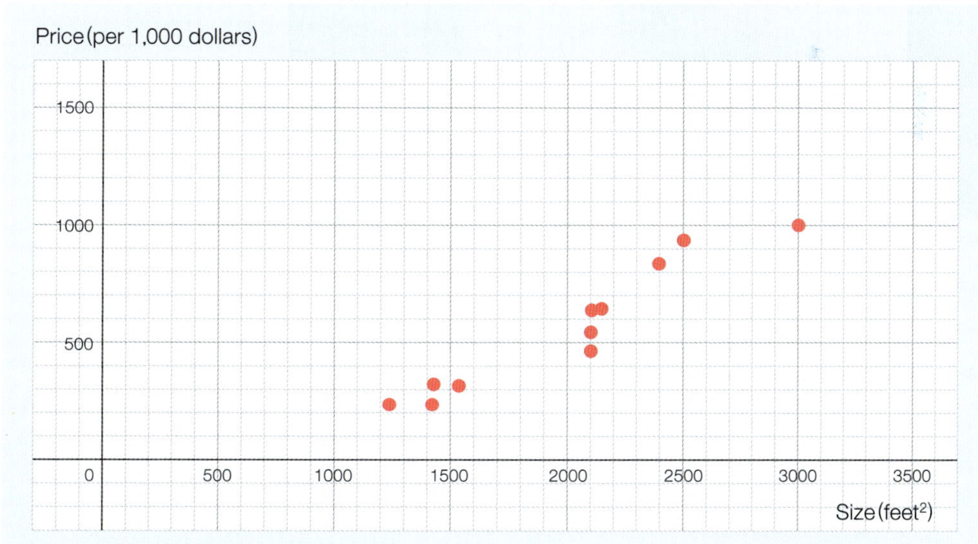

그림 3-1 **회귀에 사용할 수 있는 데이터의 예: 집 크기에 따른 집 가격**

회귀에서는 입력 데이터의 실제값(정답값)이 연속형인 반면, 4장에서 다루는 분류에서의 입력 데이터의 실제값(정답값)은 이산형이다. 이 둘의 차이를 예를 통해 살펴보자. [그림 3-2]에서 회귀 모델이 다루는 데이터는 (a) 입력 데이터와 (b) 입력 데이터의 연속형 실제값이다. (b)는 거리에 따른 수치를 색상으로 표현한 것으로, 거리가 가까울수록 파란색에 가깝고 멀어질수록 빨간색으로 점차 변화하는 그러데이션을 보여준다. 반대로 분류 모델에서는 (a) 입력 데이터와 (c) 입력 데이터의 이산형 실제값을 다룬다. 그림 (c)는 물체별로 픽셀이 다른 색깔로 표시되는데, 예를 들어 책상은 0, 의자는 1로 표시되며, 0은 빨간색, 1은 노란색 등으로 구분하여 나타낸다.

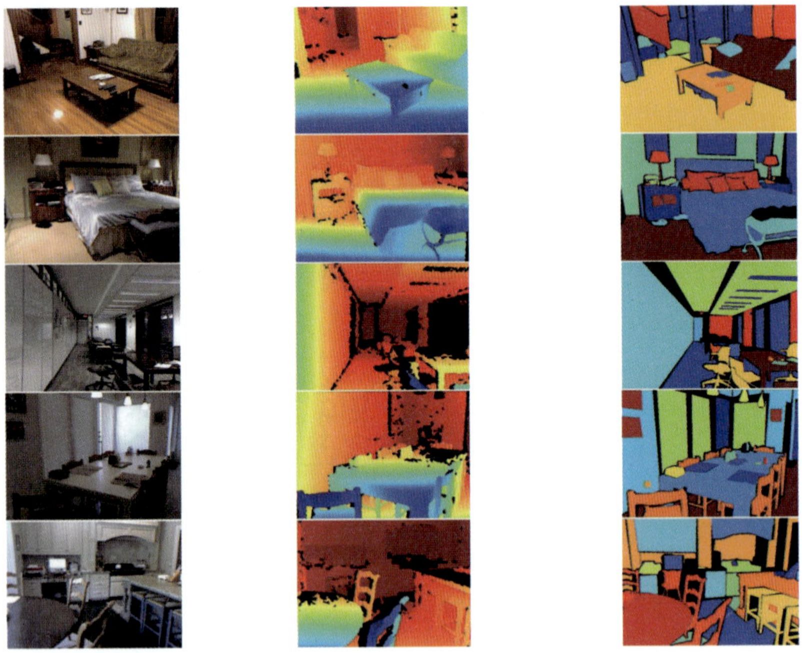

(a) 입력 데이터 (b) 그림 (a)의 연속형 실제값(회귀) (c) 그림 (a)의 이산형 실제값(분류)

그림 3-2 **회귀 문제와 분류 문제 예**

회귀에 사용되는 데이터셋은 다음과 같이 표현한다.

$$D=\left\{\left(\mathbf{x}_i, y_i\right)\right\}_{i=1}^{N}$$

- $\mathbf{x}_i$: 데이터셋의 i번째 입력 데이터. $\mathbf{x}_i=[x_{i1}\ x_{i2}\ x_{i3}\ \cdots\ x_{id}]^{\mathrm{T}}$와 같이 d차원의 벡터 형식($\mathbf{x}\in\mathbb{R}^d$)으로 표현하고 x_{ij}는 $\mathbf{x}_i$의 j번째 특징값
- y_i : 데이터셋의 i번째 입력값에 대응하는 실제값(벡터 형식의 다변량 변수 $\mathbf{y}_i$도 가능하나 이 장에서는 스칼라값으로 한정)
- N : 데이터셋의 크기

회귀 모델의 생성은 주어진 입력값($\mathbf{x}_i$)에 대해 모델이 출력한 예측값($f(\mathbf{x}_i)$)이 실제값(y_i)과 유사한 함수 f를 찾는 과정이다. 따라서 회귀 모델을 생성할 때는 우선 데이터셋을 학습 데이터셋과 테스트 데이터셋으로 구분한 후 학습 데이터셋을 이용해 학습 과정을 진행한다. 즉, 학습 과정에서 회귀 모델의 적절한 파라미터를 정해 회귀 모델을 생성한 후 테스트 데이터셋으로 평가하여 성능이 가장 좋은 회귀 모델을 최종적으로 선정하는 것이다. 이 과정을 그림으로 나타내면 [그림 3-3]과 같다.

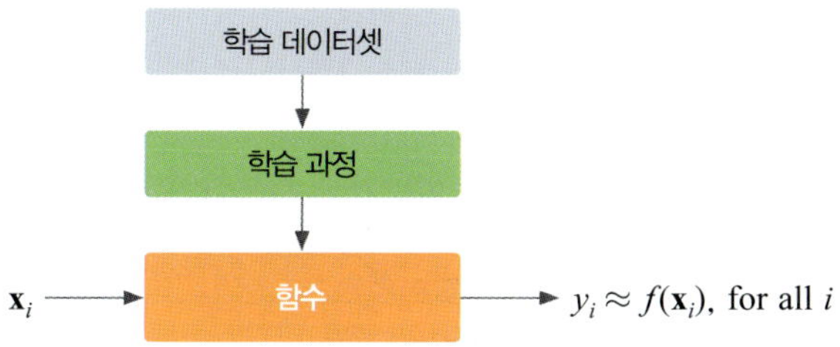

그림 3-3 **회귀 모델 생성 흐름**

여기서 잠깐

다음은 머신러닝에서 자주 혼용되는 용어를 정리한 것이다.

용어 분류	용어
입력 변수Input Variable	특징Feature, 독립 변수Independent Variable
출력 변수Output Variable	종속 변수Dependent Variable
입력 데이터	관측값, 특징 벡터, 샘플, 입력값, 입력 벡터
실제값	정답값, 라벨, 레이블, 클래스
예측값	출력값, 결괏값
회귀	회귀 모델, 회귀 함수
손실 함수	비용 함수, 목적 함수
모델의 파라미터	모델의 가중치, 모델의 매개변수

SECTION 02

단순 선형 회귀

1 단순 선형 회귀의 원리

단순 선형 회귀Simple Linear Regression는 독립 변수 한 개와 종속 변수 한 개로 구성된 가장 기본적인 모델이다.

$$f_{\mathbf{w}}(\mathbf{x}_i) = f_{\mathbf{w}}(x_i) = w_0 + w_1 x_i$$

$$\mathbf{x}_i = \begin{bmatrix} x_{i1} & x_{i2} & x_{i3} & \cdots & x_{ij} & \cdots & x_{id} \end{bmatrix}^{\mathrm{T}} \in \mathbb{R}^d \qquad (\text{단}, x_{i0} = 1)$$

- $\mathbf{x}_i$: 학습/테스트 데이터의 i번째 입력값
- d : 입력값의 차원 수. 단순 선형 회귀의 경우, d가 1이므로 벡터 $\mathbf{x}_i(=[x_{i1}]^{\mathrm{T}})$ 대신 스칼라 x_i로 표현함
- $\mathbf{w}$: 회귀 모델의 파라미터(매개변수 또는 가중치)

단순 선형 회귀 모델의 파라미터 $\mathbf{w}$는 절편과 기울기, 즉 두 개의 요소로 구성된 벡터 $\mathbf{w} = [w_0\ w_1]^{\mathrm{T}}$로 표현한다. 따라서, 단순 선형 회귀 모델은 $f_{\mathbf{w}}(x_i) = w_0 + w_1 x_i$와 같이 표현할 수 있다.

적절한 단순 선형 회귀 모델을 구성하는 방법은 다음과 같다. [그림 3-4]에서 보듯이 입력값과 입력값에 대응하는 실제값이 여러 데이터가 존재할 때, 빨간색 직선 $f_{\mathbf{w}}(x) = w_0 + w_1 x$이 데이터를 잘 예측하는 것을 관찰할 수 있다. 이는 단순 선형 회귀 모델의 파라미터 $\mathbf{w} = [w_0\ w_1]^{\mathrm{T}}$가 적절히 설정될 때, 모델의 예측값 $f_{\mathbf{w}}(x_i)$이 실제값 y_i와 가까워진다는 것을 의미한다.

그렇다면 모델의 예측값이 실제값과 유사해지기 위해서 어떻게 해야 할까? 예측값과 실제값 사이의 차이는 손실 함수Loss Function 또는 비용 함수Cost Function로 정의된다. 이 함수를 최소화하는 파라미터로 업데이트하여 최적의 회귀 모델을 구한다.

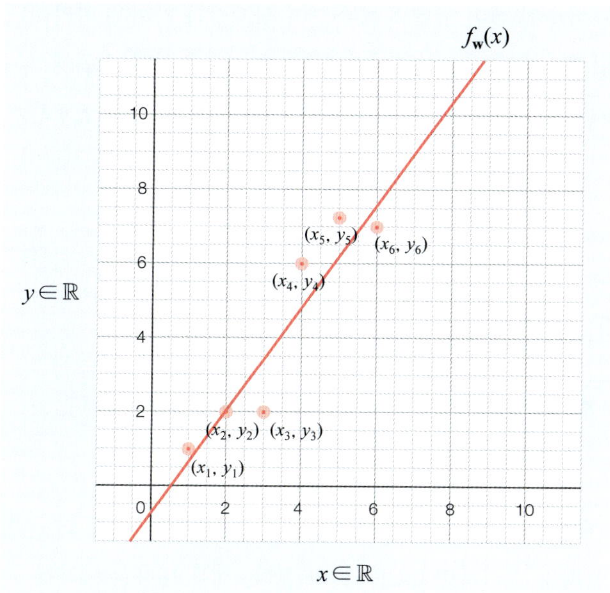

그림 3-4 단순 선형 회귀의 그래프 예

2 손실 함수

단순 선형 회귀의 손실 함수를 구하는 방법은 다양한 종류가 있지만, 회귀에서는 미분이 용이한 다음과 같은 형태의 손실 함수를 많이 사용한다. 손실 함수는 실제값과 예측값을 비교하여 계산하는데, 학습 데이터가 주어졌을 때 선형 회귀 모델의 예측값은 $\mathbf{w}$에 따라 변하므로 다음 정의에서는 손실 함수를 $L(\mathbf{w})$라고 표시한다.

$$L(\mathbf{w}) = \frac{1}{N}\sum_{i=1}^{N}\{y_i - f_{\mathbf{w}}(x_i)\}^2$$

- N : 입력값의 수
- $f_{\mathbf{w}}(x_i)$: i번째 예측값$(=\hat{y}_i)$
- y_i : i번째 실제값

손실 함수의 핵심 아이디어는 학습 데이터셋을 이용해 회귀 모델의 예측값이 실제값과 가까운 파라미터를 구하는 것이다. 따라서 손실 함수를 최소화하는 파라미터를 구하면 된다. 즉, 단순 선형 회귀에서는 $f_{\mathbf{w}}(x_i) = w_0 + w_1 x_i$가 y_i에 가깝도록 $\mathbf{w} = [w_0\ w_1]^{\mathrm{T}}$를 업데이트한 $\mathbf{w}^*$를 알면 최적의 회귀 함수 $f_{\mathbf{w}^*}(x_i) = w_0^* + w_1^* x_i$를 구할 수 있다.

$$\mathbf{w}^* = \underset{\mathbf{w}}{\arg\min}\, L(\mathbf{w}) = \underset{\mathbf{w}}{\arg\min}\, \frac{1}{N}\sum_{i=1}^{N}\{y_i - f_{\mathbf{w}}(x_i)\}^2$$

- $\mathbf{w}^*$: $\underset{\mathbf{w}}{\arg\min}\, L(\mathbf{w})$ 함수의 값으로, 손실 함수 $L(\mathbf{w})$를 최소화하는 모델의 파라미터 값이다. $\mathbf{w}^* = [w_0^*\ w_1^*]^{\mathrm{T}}$이다.

손실 함수 $L(\mathbf{w})$가 작아질수록 학습 데이터에 대한 모델이 출력하는 예측값 $f_{\mathbf{w}}(x_i)$가 실제값 y_i에 더 근접한다는 개념을 데이터, 모델, 모델 학습 방법에 따라 정리하면 [표 3-1]과 같다. 세부 내용은 예제를 풀면서 이해해 보자.

표 3-1 손실 함수의 예(단순 선형 회귀 함수를 더 간단히 하기 위해 $\mathbf{w}_0 = 0$으로 가정)

데이터	$D = \{(x_i, y_i)\}_{i=1}^{N}$	
모델	$f_{\mathbf{w}}(x) = w_0 + w_1 x$	$f_{\mathbf{w}}(x) = w_1 x (w_0 = 0)$
파라미터	$\mathbf{w} = [w_0\quad w_1]^{\mathrm{T}}$	w_1
손실 함수	$L(\mathbf{w}) = \frac{1}{N}\sum_{i=1}^{N}\{y_i - f_{\mathbf{w}}(x_i)\}^2$	
목표	$\mathbf{w}^* = \underset{\mathbf{w}}{\arg\min}\, L(\mathbf{w})$	$w_1^* = \underset{w_1}{\arg\min}\, L(w_1)$

예제 01

다음 $f_{\mathbf{w}}(x)$ 함수에서 $w_1 = 0.5$일 때, w_1에 해당하는 $L(w_1)$ 값을 오른쪽 좌표 공간에 표시하시오.

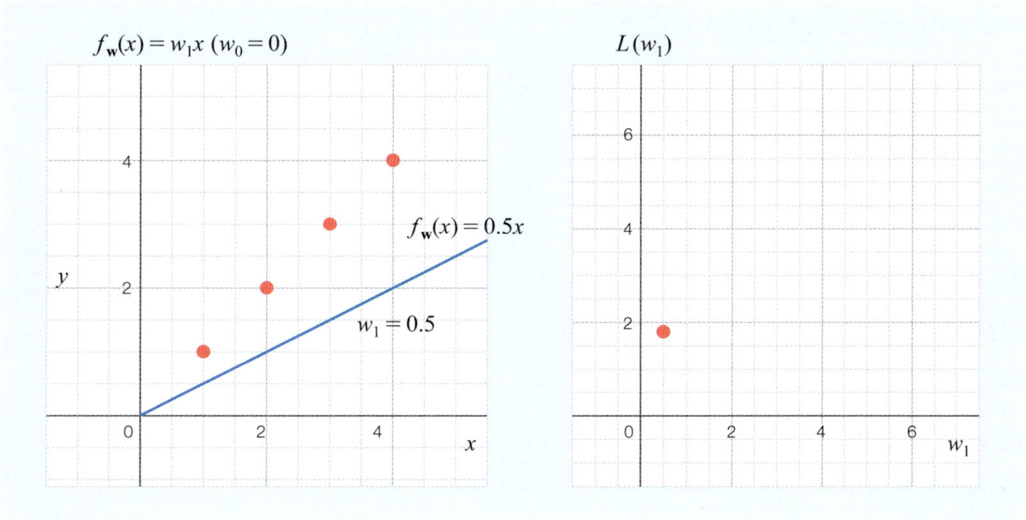

▶▶ 풀이

데이터 $D = \{(x_1, y_1), (x_2, y_2), (x_3, y_3), (x_4, y_4)\} = \{(1, 1), (2, 2), (3, 3), (4, 4)\}$는 4개의 데이터로 구성된다. 이때, $w_1 = 0.5$이면 $f_{\mathbf{w}}(x) = 0.5x$다. 따라서 손실 함수 $L(w_1)$는 다음과 같이 $w_1 = 0.5$일 때 $L(w_1) = L(0.5) = 1.875$로 계산된다.

$$L(w_1) = \frac{1}{4}\left\{(1-0.5)^2 + (2-1)^2 + (3-1.5)^2 + (4-2)^2\right\} = 1.875$$

예제 02

다음 $f_{\mathbf{w}}(x)$ 함수에서 $w_1 = 1.5$일 때, w_1에 해당하는 $L(w_1)$ 값을 오른쪽 좌표 공간에 표시하시오.

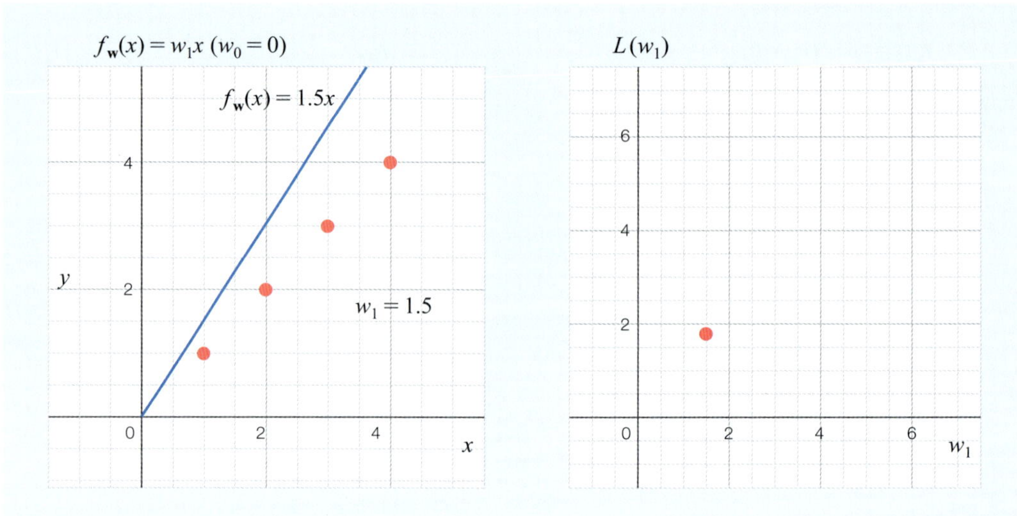

▶▶ 풀이

데이터 $D = \{(x_1, y_1), (x_2, y_2), (x_3, y_3), (x_4, y_4)\} = \{(1, 1), (2, 2), (3, 3), (4, 4)\}$는 4개의 데이터로 구성된다. 이때, $w_1 = 1.5$이면, $f_{\mathbf{w}}(x) = 1.5x$다. 따라서 손실 함수 $L(w_1)$는 다음과 같이 $w_1 = 1.5$일 때 $L(w_1) = L(1.5) = 1.875$로 계산된다.

$$L(w_1) = \frac{1}{4}\left\{(1-1.5)^2 + (2-3)^2 + (3-4.5)^2 + (4-6)^2\right\} = 1.875$$

예제 03

다음 $f_{\mathbf{w}}(x)$ 함수에서 $w_1 = 1$일 때, w_1에 해당하는 $L(w_1)$ 값을 오른쪽 좌표 공간에 표시하시오.

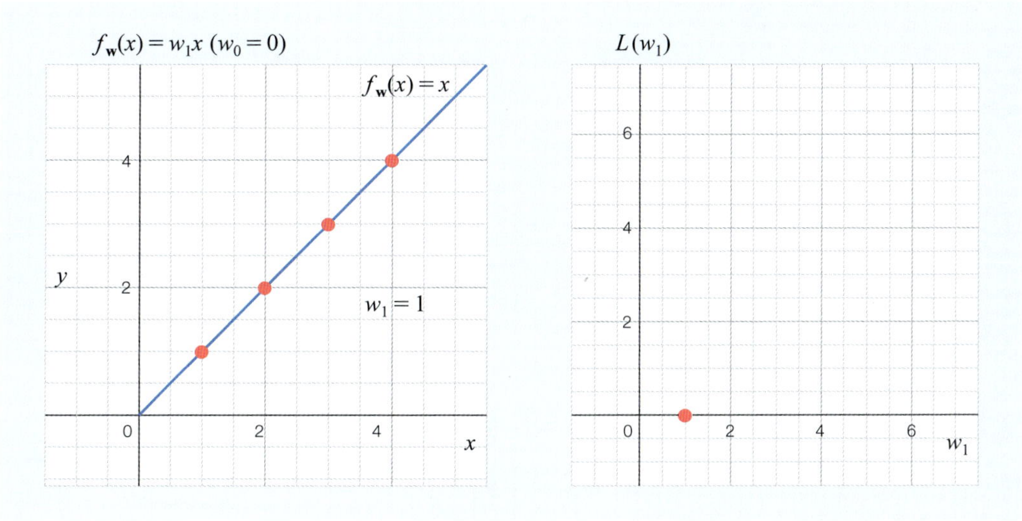

▶▶ 풀이

데이터 $D = \{(x_1, y_1), (x_2, y_2), (x_3, y_3), (x_4, y_4)\} = \{(1, 1), (2, 2), (3, 3), (4, 4)\}$는 4개의 데이터로 구성된다. 이때, $w_1 = 1$이면, $f_{\mathbf{w}}(x) = x$다. 따라서 손실 함수 $L(w_1)$는 다음과 같이 $w_1 = 1$일 때 $L(w_1) = L(1) = 0$이 된다. 즉, 손실 함수는 $w_1 = 1$일 때, 가장 최솟값을 갖는다.

$$L(w_1) = \frac{1}{4}\left\{(1-1)^2 + (2-2)^2 + (3-3)^2 + (4-4)^2\right\} = 0$$

예제 04

다음 $f_{\mathbf{w}}(x)$ 함수에서 $w_0 = 1$, $w_1 = 1.5$일 때, $\mathbf{w}$에 해당하는 $L(\mathbf{w})$ 값을 오른쪽 좌표 공간에 표시하시오.

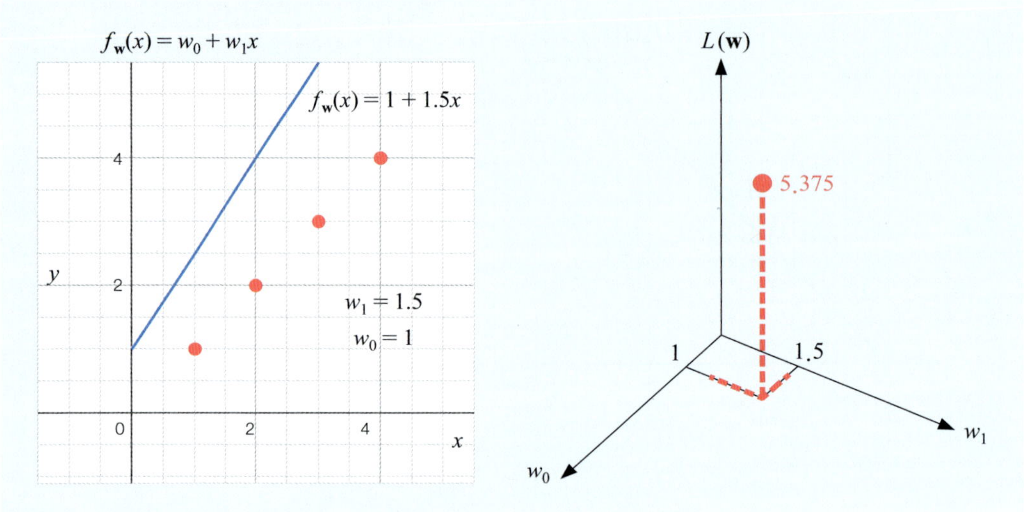

▶▶ 풀이

데이터 $D = \{(x_1, y_1), (x_2, y_2), (x_3, y_3), (x_4, y_4)\} = \{(1, 1), (2, 2), (3, 3), (4, 4)\}$는 4개의 데이터로 구성된다. 이때, $w_0 = 1$, $w_1 = 1.5$이면, $f_{\mathbf{w}}(x) = 1 + 1.5x$다. 따라서 손실 함수 $L(\mathbf{w})$가 다음과 같이 계산되어 $w_0 = 1$, $w_1 = 1.5$일 때 $L(\mathbf{w}) = 5.375$가 된다.

$$L(\mathbf{w}) = \frac{1}{4}\left\{(1-2.5)^2 + (2-4)^2 + (3-5.5)^2 + (4-7)^2\right\} = 5.375$$

앞서 사용한 손실 함수는 평균 제곱 오차Mean Squared Error, MSE이고 이와 유사한 평균 절대 오차Mean Absolute Error, MAE도 사용할 수 있다. 각각의 식은 다음과 같다.

평균 제곱 오차: $\frac{1}{N}\sum_{i=1}^{N}\left\{y_i - f_{\mathbf{w}}(x_i)\right\}^2$

평균 절대 오차: $\frac{1}{N}\sum_{i=1}^{N}\left|y_i - f_{\mathbf{w}}(x_i)\right|$

[그림 3-5]는 모델 파라미터 (w_0, w_1)에 따른 손실 함수의 값의 예시를 보여준다. [그림 3-5]의 경우, 그래프의 형태가 볼록한 형태이고, w_0, w_1의 값이 각각 0일 때 손실 함수의 값이 0으로 가장 작다. 따라서 w_0, w_1의 값이 각각 0일 때 모델의 예측값이 실제값과 가장 유사하다.

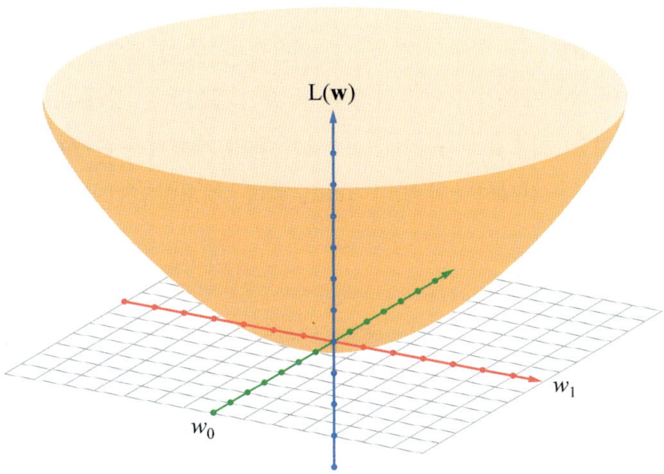

그림 3-5 단순 선형 회귀 함수의 손실 함수 그래프 예

SECTION 03

단순 선형 회귀 모델의 학습 (경사하강법)

단순 선형 회귀 모델의 학습 과정은 주어진 손실 함수를 최소화하는 파라미터를 찾는 과정이다. 파라미터의 최적값을 찾는 가장 단순한 방법은 후보 값 몇 개를 데이터셋에 적용하여 가장 성능이 좋은 파라미터를 선정하는 것이다. 하지만 이 방법은 후보 값을 적절하게 정하기 어렵고, 후보 값이 많아질수록 계산이 반복되므로 비효율적이다. 따라서 경사하강법Gradient Descent이 일반적으로 활용된다.

경사하강법은 주어진 손실 함수를 최소화하기 위해 손실 함수의 기울기를 이용한다. 손실 함수의 기울기는 현재 위치에서의 접선의 기울기를 의미하며, 이 기울기가 양수면 함수의 값이 증가하는 상태이고 음수면 감소하고 있는 상태다. 따라서 현재 한 지점(초기 $\mathbf{w} = [w_0\ w_1]^T$)에서의 음의 기울기 $-\frac{\partial}{\partial \mathrm{w}}L(\mathbf{w})$는 손실 함수를 최대로 감소시키는 방향이 되어 이를 경사하강의 방향이라고 한다. 경사하강법의 절차는 다음과 같다.

❶ 초깃값 $\mathbf{w} = [w_0\ w_1]^T$에서 시작한다. (예 $w_0 = 0,\ w_1 = 1$)

❷ $L(\mathbf{w})$가 최솟값이 될 때까지, $L(\mathbf{w})$를 감소시키는 방향으로 $\mathbf{w} = [w_0\ w_1]^T$를 업데이트한다. 여기서 α는 학습률Learning Rate을 의미한다.

$$w_0 \leftarrow w_0 - \alpha \frac{\partial}{\partial w_0} L(w_0)$$

$$w_1 \leftarrow w_1 - \alpha \frac{\partial}{\partial w_1} L(w_1)$$

따라서 경사하강법을 적용할 때는 초깃값, 기울기, 학습률 세 가지를 고려해야 한다.

초깃값: 어디에서 시작할 것인가?

[그림 3-6]과 같은 형태에서는 초깃값을 무엇으로 설정하느냐에 따라 손실 함수의 전역 최솟값을 찾기 어렵거나 이를 찾는 데 걸리는 시간이 달라진다. 일반적으로 초깃값은 작은 임의의 값을 사용하며, 데이터의 중앙값이나 분산을 통하여 선정할 수도 있다.

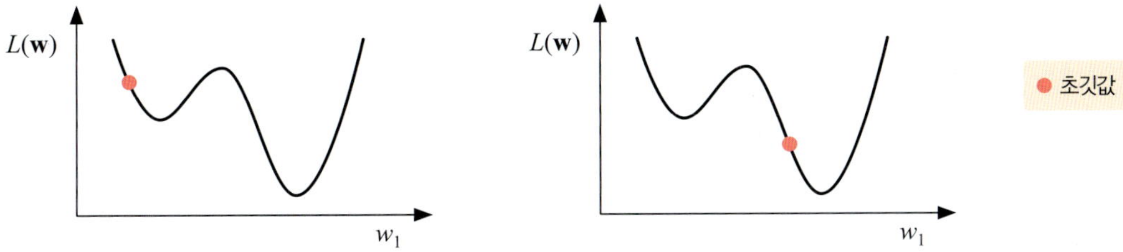

그림 3-6 **초깃값 예**

기울기: 어느 방향으로 업데이트할 것인가?

[그림 3-7]과 같이 손실 함수의 기울기에 따라 탐색 방향이 달라진다. 기울기가 (a)와 같이 양수이면 증가하는 상태이고 (b)와 같이 음수이면 감소하고 있는 상태다.

[그림 3-7]의 (a)와 (b)에서 빨간색 점은 모델의 파라미터 w_1의 현재 위치를 나타낸다. (a)에서 빨간색 점이 손실 함수 값이 작아지는 방향으로 업데이트되려면, 빨간색 점의 기울기가 양수이기 때문에 음의 방향으로 이동해야 하므로 기울기에 마이너스(−)를 곱해준다. 반대로 (b)에서 빨간색 점이 손실 함수 값이 작아지는 방향으로 업데이트되려면, 빨간색 점의 기울기가 음수이기 때문에 양의 방향으로 이동해야 하므로 기울기에 마이너스(−)를 곱해준다. 따라서 모델 파라미터(그림의 빨간색 점)의 업데이트 방향은 기울기가 양수이든 음수이든 상관없이 해당 점에서의 기울기에 마이너스(−)를 곱한 방향이다.

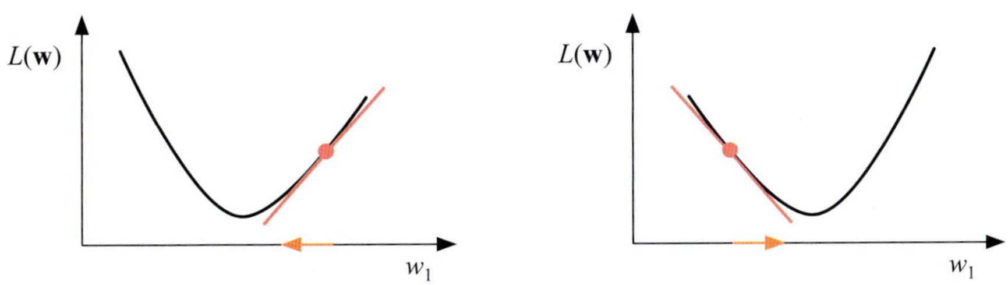

(a) 기울기가 양수인 경우 (b) 기울기가 음수인 경우

그림 3-7 **기울기에 따른 파라미터 w_1의 업데이트 방향**

학습률: 얼마만큼씩 업데이트할 것인가?

[그림 3-8]은 파라미터의 업데이트 정도를 보여주는 학습률의 예다. 학습률은 사람에 의해 정해지는 하이퍼파라미터Hyperparameter지만 최근에는 이러한 학습률도 탐색을 통해 선정하는 연구들이 진행되고 있다. 학습률이 너무 크면 손실 함수가 최소화되지 않고 발산하는 경우가 있으며, 반대로 너무 작으면 최솟값에 도달하는 데 오랜 시간이 걸리거나 도달하기 전에 업데이트가 끝난다. 따라서 경험을 바탕으로

학습률을 적절히 설정하는 것이 중요하므로 학습 과정에서 학습률을 동적으로 결정하는 접근법들도 사용되고 있다.

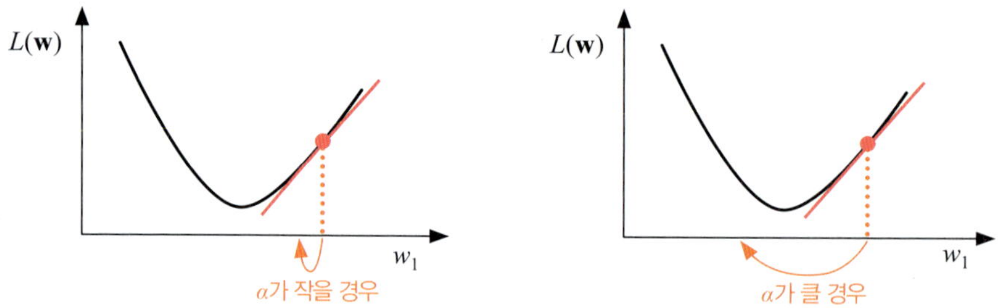

그림 3-8 학습률의 크기에 따른 파라미터 w_1의 변화

SECTION 04

다중 선형 회귀

다중 선형 회귀는 단순 선형 회귀와 달리 다양한 독립 변수를 포함해 정의한다. 즉, 단순 선형 회귀가 한 개의 독립 변수와 한 개의 종속 변수 간의 관계를 정의한다면, 다중 선형 회귀는 두 개 이상의 독립 변수와 한 개의 종속 변수 간의 관계를 정의한다.

[그림 3-9]는 다중 선형 회귀를 위한 예로, 집의 가격(종속 변수)과 관련된 독립 변수로 크기, 방 개수, 층 개수, 집의 연식 등을 고려할 수 있다.

크기(feet^2)	방 개수	층 개수	집 연식	집 가격(1,000달러 기준)
2,105	5	1	40	469
1,325	3	3	30	230
1,425	3	2	20	300
872	2	1	40	170
⋮	⋮	⋮	⋮	⋮

$\mathbf{x}_i = [x_{i1}\ x_{i2} \cdots x_{ij} \cdots x_{id}]^{\mathrm{T}}$　　y_i

그림 3-9 다중 선형 회귀에 사용되는 데이터 예

[그림 3-9]의 예를 다중 선형 회귀 함수로 표현하면 ❶과 같고 이 중 첫 행의 데이터를 식으로 표현하면 ❷와 같다.

❶ $f_{\mathbf{w}}(\mathbf{x}_i) = w_0 + w_1 x_{i1} + w_2 x_{i2} + w_3 x_{i3} + w_4 x_{i4}$

❷ $f_{\mathbf{w}}(\mathbf{x}_1) = w_0 + 2105 w_1 + 5 w_2 + w_3 + 40 w_4$

$x_{i0}=1$로 가정하면 $w_0=w_0x_{i0}$으로 나타낼 수 있으므로, 다중 선형 회귀를 다음과 같이 좀 더 일반적으로 표현할 수 있다.

$$f_{\mathbf{w}}(\mathbf{x}_i)=\mathbf{w}^{\mathrm{T}}\mathbf{x}_i$$

$$\mathbf{x}_i=\begin{bmatrix}x_{i0} & x_{i1} & x_{i2} & x_{i3} & \cdots & x_{ij} & \cdots & x_{id}\end{bmatrix}^{\mathrm{T}}\in\mathbb{R}^{d+1}$$

$$\mathbf{w}=\begin{bmatrix}w_0 & w_1 & w_2 & \cdots & w_j & \cdots & w_d\end{bmatrix}^{\mathrm{T}}\in\mathbb{R}^{d+1}$$

- $\mathbf{x}_i$: 학습/테스트 데이터의 i번째 입력. x_{ij}는 i번째 입력의 j번째 특징값
- $\mathbf{w}$: 회귀 모델의 파라미터(매개변수 또는 가중치)

2절에서 소개한 평균 제곱 오차를 손실 함수로 사용하여 경사하강법을 적용하면 다음 식이 되어 파라미터 $\mathbf{w}=[w_0\ w_1\ w_2\ \cdots\ w_j\ \cdots\ w_d]^{\mathrm{T}}\in\mathbb{R}^{d+1}$을 업데이트할 수 있다. 이 과정은 6절에서 실습을 통해 진행해보자.

$$\begin{aligned}w_j &\leftarrow w_j-\alpha\frac{\partial}{\partial w_j}L(\mathbf{w})\\ &=w_j-\alpha\frac{\partial}{\partial w_j}\frac{1}{N}\sum_{i=1}^{N}\left\{y_i-f_{\mathbf{w}}(\mathbf{x}_i)\right\}^2\\ &=w_j+\alpha\frac{2}{N}\sum_{i=1}^{N}\left\{y_i-f_{\mathbf{w}}(\mathbf{x}_i)\right\}x_{ij}\end{aligned}$$

SECTION 05

예제로 풀어보는 선형 회귀

05 단순 선형 회귀 모델 $f_{\mathbf{w}}(x) = w_0 + w_1 x$가 있다. 학습 데이터를 통해서 모델이 학습해야 하는 파라미터는 무엇인가?

06 단순 선형 회귀 모델은 $f_{\mathbf{w}}(x) = w_0 + w_1 x$이고, 학습 데이터 $D = \{(x_1, y_1), (x_2, y_2)\} = \{(1.0, 1.6), (3.0, 3.4)\}$에 대해 $w_0 = 0.5$, $w_1 = 1.0$을 갖는다고 하자. 학습 데이터에 대한 평균 제곱 오차를 구하시오.

07 단순 선형 회귀 모델은 $f_{\mathbf{w}}(x) = w_0 + w_1 x$이고, 학습 데이터 $D = \{(x_1, y_1), (x_2, y_2)\} = \{(1.0, 1.6), (3.0, 3.4)\}$에 대해 $w_0 = 1$, $w_1 = 1.0$을 갖는다고 하자. 학습 데이터에 대한 평균 제곱 오차를 구하시오.

08 단순 선형 회귀 모델은 $f_{\mathbf{w}}(x) = w_0 + w_1 x$이고, 학습 데이터 $D = \{(x_1, y_1), (x_2, y_2)\} = \{(1.0, 1.6), (3.0, 3.4)\}$에 대해 $w_0 = 0.5$, $w_1 = 0.5$를 갖는다고 하자. 학습 데이터에 대한 평균 제곱 오차를 구하시오.

09 손실 함수 $L(\mathbf{w})=\frac{1}{N}\sum_{i=1}^{N}\{y_i-(w_0+w_1x_i)\}^2$에서 N은 학습 데이터의 수다. 손실 함수를 최소화하는 파라미터 w_0, w_1을 구하기 위해 다음과 같이 경사하강법을 사용하고자 한다. 이때 학습률(α)은 0.1로 한다. w_0와 w_1의 초깃값이 각각 1.0, 0.5일 때, 경사하강법을 1회 적용한 경우의 업데이트된 w_0, w_1 값을 구하시오(계산의 편의를 위해 학습 데이터는 $D=(x_1,y_1)=\{(1.0,\ 1.6)\}$으로 한 개의 데이터로 구성했다).

$$w_0 \leftarrow w_0 - \alpha\frac{\partial}{\partial w_0}L(\mathbf{w})$$

$$w_1 \leftarrow w_1 - \alpha\frac{\partial}{\partial w_1}L(\mathbf{w})$$

10 손실 함수 $L(\mathbf{w})=\frac{1}{N}\sum_{i=1}^{N}\{y_i-(w_0+w_1x_i)\}^2$에서 N은 학습 데이터의 수다. 손실 함수를 최소화하는 파라미터 w_0, w_1를 구하기 위해 다음과 같이 경사하강법을 사용하고자 한다. 이때 학습률(α)은 0.2로 한다. w_0와 w_1의 초깃값이 각각 1.0, 1.0일 때, 경사하강법을 1회 적용한 경우의 업데이트된 w_0, w_1 값을 구하시오(계산의 편의를 위해 학습 데이터는 $D=(x_1,y_1)=\{(1.0,1.6)\}$로 한 개의 데이터로 구성했다).

$$w_0 \leftarrow w_0 - \alpha\frac{\partial}{\partial w_0}L(\mathbf{w})$$

$$w_1 \leftarrow w_1 - \alpha\frac{\partial}{\partial w_1}L(\mathbf{w})$$

SECTION

06 코드로 구현하는 선형 회귀

- 내용 : 선형 회귀 실습
- 파일 : CH03_실습_linear_regression.ipynb
- 실습 순서

  0 사용할 라이브러리와 패키지 불러오기

  1 (데이터) 데이터 불러오기

  2 (데이터) 학습 데이터와 테스트 데이터 구분하기

  3 (모델) 모델 구성하기

  4 (모델 학습) 모델 학습하기

  5 (모델 성능 평가) 모델 성능 평가하기

  6 (결과) 모델 동작 시각화하기

[실습 3–1] scikit–learn 라이브러리를 이용한 선형 회귀 모델

0 사용할 라이브러리와 패키지 불러오기

이번 실습에서는 numpy 외에 matplotlib, pandas, scikit-learn 라이브러리가 사용된다. import 문을 통해 이 라이브러리를 불러오는데, as를 통해 불러온 라이브러리 이름을 재지정할 수 있다.

- numpy: 수학 연산을 위한 기능 제공
- matplotlib: 그래프 등을 통해 데이터를 시각화하는 기능 제공
- pandas: 행과 열로 구성된 2차원 데이터 처리 기능 제공
- scikit-learn: 각종 머신러닝 모델 구현에 활용

코드 3.1

```
# numpy, matplotlib, pandas를 각각 np, plt, pd로 재지정해 불러온다.
# scikit-learn에서 사용할 패키지를 불러온다.
import numpy as np
import matplotlib.pyplot as plt
import pandas as pd
from sklearn.metrics import mean_squared_error
from sklearn.model_selection import train_test_split
from sklearn.linear_model import LinearRegression
```

1 데이터 불러오기

pandas는 DataFrame 객체를 통해 행과 열로 이루어진 데이터를 효율적으로 관리한다. 데이터는 주로 csv 형식으로 저장되며, read_csv 함수로 데이터를 읽을 수 있다. DataFrame의 데이터에는 컬럼 이름을 통해 접근할 수 있는데 이는 데이터 조작과 분석을 보다 직관적으로 만든다. 대괄호([ ])를 이용해 데이터에 접근할 수 있으며, iloc 함수를 통해 특정 행과 열의 숫자값을 지정하여 인덱싱을 수행한다.

코드 3.2

```
# 데이터(Salary_Data,csv)를 불러온다.
dataset = pd.read_csv('Salary_Data.csv')
X = dataset.iloc[:, :-1].values              # iloc 함수로 데이터셋의 특징 벡터를 X에 저장
y = dataset.iloc[:, 1].values                # iloc 함수로 데이터셋의 실제값을 y에 저장
```

2 학습 데이터와 테스트 데이터 구분하기

train_test_split 함수는 학습 데이터를 모델의 학습을 위한 학습 데이터와 학습된 모델의 성능 확인을 위한 테스트 데이터로 분할한다. 학습 데이터와 테스트 데이터를 구성하거나 분할할 때는 이들이 중복되지 않게 한다.

코드 3.3

```
# X(특징 벡터)와 y(실제값)을 학습 데이터셋과 테스트 데이터셋으로 분할한다.
# test_size를 통해 학습 데이터와 테스트 데이터의 비율을 설정한다.
X_train, X_test, y_train, y_test = train_test_split(X, y, test_size = 1/3)
```

3 모델 구성하기

scikit-learn 라이브러리를 통해 구현되어 있는 선형 회귀 모델을 불러온다.

코드 3.4

```
# scikit-learn 라이브러리의 선형 회귀 모델을 불러온다.
regressor = LinearRegression()
```

4 모델 학습하기

scikit-learn 라이브러리는 인터페이스 표준화가 잘 되어 있어 모델 학습 과정은 fit 함수를 사용하고, 학습된 모델을 이용해 값을 예측하는 과정은 predict 함수를 사용한다. regressor.fit(X_train, y_train)은 X_train에 저장된 특징 벡터와 y_train에 저장된 실제값을 이용하여 선형 회귀 모델을 학습한다. regressor.coef_, regressor.intercept_는 scikit-learn의 회귀 모델의 속성으로 모델이 학습된 후 회귀식의 계수(w_1)와 절편(w_0)을 나타낸다.

코드 3.5

```
# fit 함수를 통해 모델을 학습한다.
# fit 함수에는 1) 가중치 초기화 2) 손실 함수 계산 3) 가중치 업데이트가 모두 구현되어 있다.
regressor.fit(X_train, y_train)      # 학습 단계에서는 학습 데이터만 사용됨
w_1 = regressor.coef_
w_0 = regressor.intercept_
print(w_1)
print(w_0)
```

```
[9440.83604639]
25743.697890196905
```

5 모델 성능 평가하기

학습된 모델을 대상으로 테스트 데이터로 평가한다. predict 함수를 통해 선형 회귀로 얻은 예측값을 추출한다. mean_squared_error(y_test, y_pred)은 scikit-learn 라이브러리의 함수로 회귀 분석 모델의 예측 성능을 평가하는 데 사용된다. 이 함수는 실제값과 예측값 간의 차이를 제곱하여 평균한 값을 계산한다.

코드 3.6

```
# predict 함수를 통해 선형 회귀로 얻은 예측값을 추출해 테스트 데이터로 평가한다.
y_pred = regressor.predict(X_test)           # 예측 단계에서는 테스트 데이터만 사용됨
result = mean_squared_error(y_test, y_pred)
print(result)
```

```
21696883.35563027
```

6 모델 동작 시각화하기

데이터나 모델의 동작을 시각화하면 직관적으로 특징을 파악하기 쉽다. matplotlib에는 다양한 그래프들이 포함되어 있어 시각화에 도움이 된다.

plt.scatter(X_train, y_train, color='red')는 matplotlib 라이브러리를 사용하여 산점도를 그리는 명령이다. 이 코드는 주로 데이터 시각화와 관련이 있으며, 데이터의 분포를 확인하거나 두 변수 간의 관계를 파악하는 데 사용된다. 여기서 plt.scatter는 matplotlib의 pyplot 모듈의 함수로 산점도를 그리는 데 사용된다. 산점도는 데이터 포인트를 2차원 평면에 점으로 표현한 그래프다. X_train은 산점도의 가로축에 해당하는 데이터이고, y_train은 산점도의 세로축에 해당하는 데이터다. color='red'는 산점도의 데이터 포인트 색상을 빨간색으로 지정하는 옵션이다. 이 옵션을 통해서 그래프의 점들이 빨간색으로 표시된다.

plt.plot(X_train, regressor.predict(X_train), color='blue')는 matplotlib 라이브러리를 사용하여 선 그래프를 그리는 명령이다. 여기서 plt.plot은 matplotlib의 pyplot 모듈의 함수로 선 그래프를 그리는 데 사용된다. 이 함수는 데이터를 선으로 연결하여 그래프를 만든다. X_train은 선 그래프의 가로축에 해당하는 데이터이고, regressor.predict(X_train)은 regressor 모델이 X_train 데이터에 대해 예측한 결과다. color='blue'는 선 그래프의 색상을 파란색으로 지정하는 옵션이다.

plt.title, plt.xlabel, plt.ylabel은 matplotlib 라이브러리에서 그래프의 제목과 축 레이블을 설정하는 데 사용하는 함수다.

코드 3.7

```
# 학습 데이터셋을 시각화한다(빨간색).
plt.scatter(X_train, y_train, color = 'red')
plt.plot(X_train, regressor.predict(X_train), color = 'blue')
plt.title('Salary vs Experience (Train set)')
plt.xlabel('Years of Experience')
plt.ylabel('Salary')
plt.show()
```

코드 3.8

```
# 테스트 데이터셋을 시각화한다(파란색).
plt.scatter(X_test, y_test, color = 'blue')
plt.plot(X_test, regressor.predict(X_test), color = 'red')
plt.title('Salary vs Experience (Test set)')
plt.xlabel('Years of Experience')
plt.ylabel('Salary')
plt.show()
```

Salary vs Experience (Test set)
120000
100000
80000
60000
40000
Salary
2
4
6
8
10
Years of Experience

[실습 3-2] 함수를 직접 정의해 구현한 선형 회귀 모델

1 데이터 불러오기

직접 구현 실습에서도 scikit-learn 라이브러리를 활용한 방법과 마찬가지로 pandas 라이브러리의 DataFrame 객체를 통해 데이터를 불러온다.

코드 3.9

```
# 데이터(Salary_Data.csv)를 불러온다.
dataset = pd.read_csv('Salary_Data.csv')
X = dataset.iloc[:, :-1].values          # iloc 함수로 데이터셋의 특징 벡터를 X에 저장
y = dataset.iloc[:, 1].values            # iloc 함수로 데이터셋의 실제값을 y에 저장
```

2 학습 데이터와 테스트 데이터 구분하기

앞서 scikit-learn 라이브러리와 동일한 방법으로 데이터를 분할해준다. 동일한 데이터에서 scikit-learn 라이브러리를 활용한 방법과 결과에 어떤 차이가 있는지 확인하자.

코드 3.10

```
# X(특징 벡터)와 y(실제값)을 학습 데이터셋과 테스트 데이터셋으로 분할한다.
# test_size를 통해 학습 데이터와 테스트 데이터의 비율을 설정한다.
X_train, X_test, y_train, y_test = train_test_split(X, y, test_size = 1/3)
```

3 모델 구성하기

모델을 구성하기 위해 필요한 함수 및 변수를 선언해준다. 변수에 해당하는 파라미터 w의 초깃값과 학습률을 설정해준다. w_0, w_1의 값은 10으로 설정하고, 학습률 lr은 0.0025로 설정한다. 모델은 단순 선형 회귀 모델로 w_1 * X + w_0으로 구성했다.

이후 손실 함수를 mean_squared_error_loss 함수로 경사하강법을 gradient_descent 함수로 선언해준다. 각각의 구현 내용과 이론에서 배운 내용을 비교해 보면 동일한 연산임을 확인할 수 있다.

코드 3.11

```
# 선형 회귀를 위해 필요한 함수 및 변수를 선언한다.
w_1 = 10            # 가중치 초기화
w_0 = 10
lr = 0.0025         # 학습률(일반적인 경우 0 < lr < 1)

def linear_regressor(X):
    return w_1 * X + w_0

def mean_squared_error_loss(y_pred, y):
    return (y_pred - y) * (y_pred  - y)

def gradient_descent(X, y, y_pred):
    global w_1, w_0
    w_1 = w_1 - lr * 2 * X * (y_pred - y)
    w_0 = w_0 - lr * 2 * 1 * (y_pred - y)
```

4 모델 학습하기

모델 학습하기에서는 앞서 모델 구성하기에서 선언한 함수를 활용해서 학습을 진행한다. 반복문에 포함된 epoch는 전체 데이터를 학습하는 횟수를 의미하며 이번 실습에서는 100번 반복으로 지정해준다. 이후 모델 예측값 계산, 손실 함수 계산, 경사하강법을 통한 파라미터 업데이트의 순서로 학습이 진행된다. 학습이 모두 완료되면 w_1과 w_0의 값이 변경되는데, 초기에 설정했던 값에서 변화한 결과를 확인할 수 있다.

코드 3.12

```
# 구현한 함수를 통해 모델을 학습한다.
# 이 함수에는 1) 가중치 초기화 2) 손실 함수 계산 3) 가중치 업데이트가 모두 구현되어 있다.
for epoch in range(100):                        # 원하는 만큼 반복 횟수 설정
    for X, y in zip(X_train, y_train):
            y_pred = linear_regressor(X)                    # 모델의 예측값 추출
            loss = mean_squared_error_loss(y_pred, y)       # 손실값 계산
            gradient_descent(X, y, y_pred)      # 손실값을 통한 경사하강법으로 w1, w0 업데이트
print(w_1, w_0)
```

```
[10368.76858209] [22555.16075301]
```

5 모델 성능 평가하기

학습 완료된 선형 회귀 모델을 활용한 예측값과 실제값을 손실 함수인 mean_squared_error 함수를 통해서 확인해 보자.

코드 3.13

```
# linear_regressor 함수를 통해 선형 회귀로 얻은 예측값을 추출해 테스트 데이터로 평가한다.
y_pred = Linear_regressor(X_test).flatten()       # 예측 단계에서는 테스트 데이터만 사용됨
result = mean_squared_error(y_test, y_pred)
print(result)
```

```
49095432.10955065
```

6 모델 동작 시각화하기

마지막으로 모델 동작의 결과를 시각화를 통해서 확인해 보자. 학습 데이터셋과 테스트 데이터셋 모두에 잘 적용됨을 확인할 수 있다.

코드 3.14

```
# 학습 데이터셋을 시각화한다(빨간색).
plt.scatter(X_train, y_train, color = 'red')
plt.plot(X_train, linear_regressor(X_train), color = 'blue')
plt.title('Salary vs Experience (Train set)')
plt.xlabel('Years of Experience')
plt.ylabel('Salary')
plt.show()
print(w_1, w_0)
```

코드 3.15

```
# 테스트 데이터셋을 시각화한다(파란색).
plt.scatter(X_test, y_test, color = 'blue')
plt.plot(X_test, [(w_1 * x + w_0) for x in X_test], color = 'red')
plt.title('Salary vs Experience (Test set)')
plt.xlabel('Years of Experience')
plt.ylabel('Salary')
plt.show()
print(w_1, w_0)
```

CHAPTER 04

로지스틱 회귀

PREVIEW

4장에서는 로지스틱 회귀를 이용해 이진 분류 문제를 해결하는 과정을 설명한다. 로지스틱 회귀는 사건이 발생할 확률과 발생하지 않을 확률에 따른 이진 분류 작업을 수행한다. 로지스틱 회귀를 설명하기에 앞서 먼저 분류의 개념을 익히고 로지스틱 회귀의 주요 내용과 로지스틱 회귀의 학습 과정을 살펴본다.

학습목표

- 데이터를 나타내는 특징 공간에서 입력 데이터를 표현하는 방법을 이해한다.
- 구분선 또는 구분 평면을 사용해 이산형 실제값을 구분하는 방법을 익힌다.
- 시그모이드 함수를 이해하고 확률에 기반한 분류 방법을 익힌다.
- 로지스틱 회귀에서 사용되는 손실 함수의 특징을 이해하고 이를 최소화하기 위해 경사하강법을 적용하는 과정을 익힌다.

SECTION 01

로지스틱 회귀의 데이터

1 이진 분류의 개념

이진 분류Binary Classification는 각 입력 데이터에 대해 두 가지 종류의 이산형 값으로 예측하는 것이다. 이진 분류의 학습 데이터는 지도학습 데이터로 개별 입력 데이터의 특징 벡터와 그에 대응되는 이산형 실제값으로 구성된다. 이때 이산형 실제값은 일반적으로 0 또는 1을 부여한다. 이진 분류 모델의 손실 함수로 이진 크로스 엔트로피Binary Cross Entropy, BCE를 사용하는 경우에는 0과 1 사이 값을 출력하는 시그모이드 함수를 통해 예측값을 출력한다.

이진 분류를 위한 학습 데이터에 대하여 대학의 학과와 학점을 예로 설명해보자. 홍길동 학생이 "인공지능학과"에 재학 중이고 학점은 "3.8"이라고 가정했을 때, 홍길동 학생의 데이터를 (학과 = 인공지능학과, 학점 = 3.8)로 표현할 수 있다. 이렇게 홍길동 학생을 설명하는 학과와 학점 정보를 성분이라고 하며, $[학과 = 인공지능학과\ 학점 = 3.8]^T$와 같이 벡터 형태로 표현된 성분들의 모음은 특징을 나타내는데 사용되며 특징 벡터라고 한다. 홍길동 학생의 특징 벡터를 단순하게 $[인공지능학과\ 3.8]^T$로 표현할 수 있다.

특징 벡터를 "인공지능학과"라는 문자열로 표현하면 컴퓨터가 처리하기 번거로우므로 숫자로 대체하여 표현하기도 한다. "인공지능학과", "물리학과", "수학과", "컴퓨터과학과"를 각각 1, 2, 3, 4로 표기하면, 홍길동 학생은 $[1\ 3.8]^T$라는 특징 벡터로 표현된다. 또한 "수학과"에 재학 중이고 학점이 4.0인 성춘향 학생은 $[3\ 4.0]^T$라는 특징 벡터로 표현할 수 있다.

한 개의 입력 데이터는 특징 벡터를 구성하는 성분의 숫자와 동일한 차원의 좌표 공간에서 하나의 점Point으로 간주된다. 따라서 홍길동 학생을 $[1\ 3.8]^T$, 성춘향 학생을 $[3\ 4.0]^T$라는 특징 벡터로 표현하면 두 개의 특징 벡터는 [그림 4-1]과 같이 학과(가로축)와 학점(세로축)에 해당하는 좌표축으로 구성된 좌표 공간에서 한 점으로 표시된다.

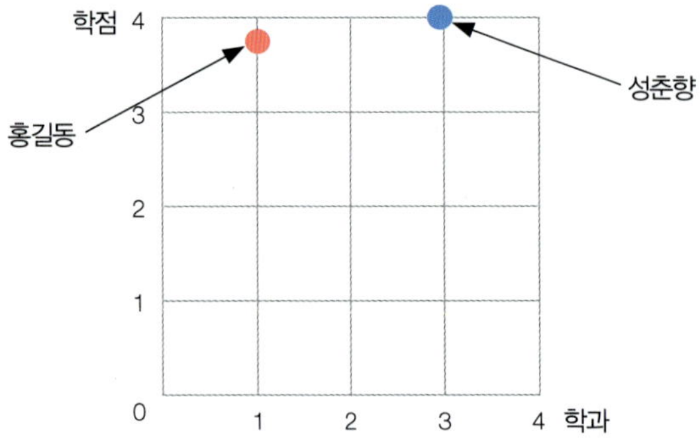

그림 4-1 **좌표 공간에서 입력 데이터의 표현**

이를 좀 더 일반화하여 설명하면, 하나의 입력 데이터가 d개의 성분으로 구성된 특징 벡터로 표현될 경우, 각각의 성분이 숫자로 표시된다면 d개의 좌표축으로 구성된 좌표 공간에서 하나의 점으로 표시할 수 있다. 이때 특징 벡터들이 표시되는 좌표 공간을 특징 공간Feature Space이라고 한다.

각 특징 벡터에 대응하는 이산형 실제값을 정수론 수강 여부로 설정하여 이산형 실제값에 대해 알아보자. 학과와 학점으로 표현하는 인공지능학과 학생 3명과 수학과 학생 3명을 무작위로 선택하여 정수론이라는 과목의 수강 여부를 조사한다고 해보자.

조사를 위해 선택된 인공지능학과 학생들의 특징 벡터는 $[1\ 2.2]^T$, $[1\ 3.8]^T$, $[1\ 3.9]^T$이고 수학과 학생들의 특징 벡터는 $[3\ 2.2]^T$, $[3\ 4.0]^T$, $[3\ 3.2]^T$로 관측되었다. 학생 6명의 정수론 과목의 수강 여부를 조사한 결과, 인공지능학과 학생들은 모두 수강하지 않았고 수학과 학생들은 모두 수강했다. 정수론 과목의 수강생을 파란색 점으로, 정수론 과목을 수강하지 않은 학생은 빨간색 점으로 표시하자. 이렇게 하면 특징 공간에 [그림 4-2]처럼 표시할 수 있다. 또한, 특징 공간에 6명의 학생에 대한 특징 벡터를 표시하면 구분선 1 혹은 구분선 2라고 표시된 직선을 이용해 수강생과 미수강생을 구분할 수 있음을 알 수 있다.

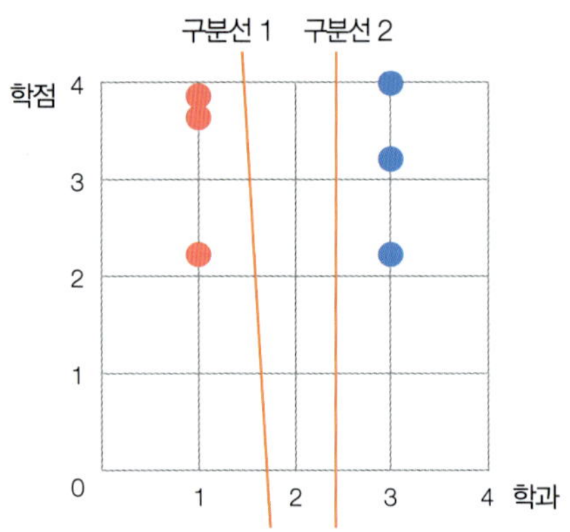

그림 4-2 **정수론 과목 수강 여부 예**

정수론 과목의 수강 여부 관점에서 살펴보면 인공지능학과의 세 학생은 수강하지 않았고, 수학과의 세 학생은 수강했다. 정수론 과목의 수강 여부에 1 또는 0이라는 이산형 실제값을 부여한다면 정수론 과목을 수강한 학생에게 1을, 정수론 과목을 수강하지 않은 학생에게는 0을 부여할 수 있다.

이진 분류 모델에서는 다음 형식의 데이터셋이 학습 데이터로 사용된다. 여기서 $(\mathbf{x}_i,\ y_i)$는 i번째 특징 벡터 $\mathbf{x}_i$와 이에 대응하는 이산형 실제값 y_i이다.

$$D = \{(\mathbf{x}_i,\ y_i)\}_{i=1}^{N}$$

- $\mathbf{x}_i$: 특징 벡터
- y_i : 이산형 값으로 표현된 실제값
- N : 데이터의 크기

실제값이 $y_i \in \{0,\ 1\}$이라면 [그림 4-2]의 학습 데이터는 $D = \{(\mathbf{x}_i,\ y_i)\}_{i=1}^{6} = \{([1\ \ 2.2]^T,\ 0),\ ([1\ \ 3.8]^T,\ 0),\ ([1\ \ 3.9]^T,\ 0),\ ([3\ \ 2.2]^T,\ 1),\ ([3\ \ 4.0]^T,\ 1),\ ([3\ \ 3.2]^T,\ 1)\}$의 형태가 된다.

여기서 잠깐

특징 벡터 $\mathbf{x}_i$의 표기 방법을 아래와 같이 네 가지 종류로 구성하였다.

- i번째 순서를 명시해야 하는 경우 $\mathbf{x}_i$로 표시했다.
- i번째 순서를 명시할 필요가 없는 경우 $\mathbf{x}$로 표시했다.
- 특징 벡터 $\mathbf{x}_i$가 한 개의 성분이고 i번째 순서를 명시해야 하는 경우 x_i로 표시했다.
- 특징 벡터 $\mathbf{x}_i$가 한 개의 성분이고 i번째 순서를 명시할 필요가 없는 경우 x로 표시했다.

2 이진 분류의 방법

선형 판별 함수를 이용한 이진 분류

분류 문제에서 입력으로 주어진 특징 벡터 $\mathbf{x}$에 실제값을 부여하는 함수를 판별 함수Discriminant라고 한다. 다양한 판별 함수가 존재하지만 4장에서는 선형 판별 함수Linear Discriminant Function를 소개한다.

입력으로 $\mathbf{x}=[x_1\ x_2\ \cdots\ x_d]^{\mathrm{T}}$가 주어지면 1의 값을 갖는 성분 $x_0=1$을 추가한 $\mathbf{x}=[x_0\ x_1\ \cdots\ x_d]^{\mathrm{T}}$와 $d+1$개의 성분으로 구성된 파라미터 $\mathbf{w}$를 $\mathbf{w}\cdot\mathbf{x}=\mathbf{w}^{\mathrm{T}}\mathbf{x}=\sum_{i=0}^{d} w_i x_i$처럼 결합할 수 있다. 선형 판별 함수 $g(\mathbf{x})$는 다음과 같이 정의된다.

$$g(\mathbf{x})=\mathbf{w}\cdot\mathbf{x}=\mathbf{w}^{\mathrm{T}}\mathbf{x}$$

- $\mathbf{w}=[w_0\ w_1\ \cdots\ w_d]^{\mathrm{T}}$: 파라미터
- $\mathbf{x}$: 특징 벡터

여기서 잠깐 **편리한 행렬과 벡터 연산**

선형 판별 함수의 계산 과정을 프로그래밍 언어로 구현할 때는 바이어스 w_0의 존재를 고려하여 원래 d개의 성분으로 구성된 특징 벡터 $\mathbf{x}=[x_1\ \cdots\ x_d]^{\mathrm{T}}$에 $x_0=1$인 새로운 성분을 추가하여, $\mathbf{x}=[1\ \ x_1\ \cdots\ x_d]^{\mathrm{T}}$의 형태로 특징 벡터를 변형한다. 이 경우 가중치도 $\mathbf{w}=[w_0\ \ w_1\ \cdots\ w_d]^{\mathrm{T}}$와 같이 $d+1$개의 성분을 갖는 벡터로 취급된다. $\mathbf{x}$와 $\mathbf{w}$를 $d+1$개의 성분을 갖는 벡터로 변형하면 $g(\mathbf{x})=w_0+w_1\times x_1+w_2\times x_2+\cdots+w_d\times x_d=\mathbf{w}^{\mathrm{T}}\mathbf{x}$로 표시할 수 있다.

$w_0+w_1\times x_1+w_2\times x_2+\cdots+w_d\times x_d$와 $\mathbf{w}^{\mathrm{T}}\mathbf{x}$는 같은 결과를 도출하지만, 프로그래밍 언어에 따라 내부적인 구현 방식이 달라질 수 있으며 구현 방식에 따라 실행 속도도 크게 변할 수 있다.

이진 분류를 위하여 다양한 방법을 사용할 수 있는데, 학습 데이터 $D=\{(\mathbf{x}_i,\ y_i)\}_{i=1}^{N}$가 주어졌을 때 데이터에 기반하여 선형 판별 함수 $g(\mathbf{x})$의 파라미터 $\mathbf{w}$를 결정할 수 있다. 선형 판별 함수 $g(\mathbf{x})$의 구체적인 형태가 결정되면, 특징 벡터 $\mathbf{x}$가 주어졌을 때 $g(\mathbf{x})>0$이면 해당 특징 벡터에 대한 모델의 예측값(이산형)은 1로 하고 그 외의 경우는 특징 벡터에 대한 모델의 예측값(이산형) 0으로 결정하는 접근법으로 이진 분류 문제를 해결할 수도 있다.

[그림 4-2]의 정수론 과목 수강 여부 예를 선형 판별 함수를 이용해 이진 분류해보자. 학과와 학점에 해당하는 성분으로 구성된 특징 벡터로 표현했을 때 [그림 4-2]와 같이 특징 공간에 존재하는 6개의 점으로 입력 데이터를 표현할 수 있다. i번째 특징 벡터를 $\mathbf{x}_i$로 표현하면 다음과 같은 형태로 정의된 두 개의 선형 판별 함수 $g_1(\mathbf{x}_i)$와 $g_2(\mathbf{x}_i)$를 고려해보자(다음 식에서 x_{i1}은 학과, x_{i2}는 학점에 해당한다).

$$g_1(\mathbf{x}_i)=10\times x_{i1}+x_{i2}-20$$

$$g_2(\mathbf{x}_i)=x_{i1}-2.4$$

$\mathbf{x}_1 = [1 \ \ 2.2]^T$, $\mathbf{x}_2 = [1 \ \ 3.8]^T$, $\mathbf{x}_3 = [1 \ \ 3.9]^T$, $\mathbf{x}_4 = [3 \ \ 2.2]^T$, $\mathbf{x}_5 = [3 \ \ 4.0]^T$, $\mathbf{x}_6 = [3 \ \ 3.2]^T$에 선형 판별 함수를 적용해 이진 분류를 해보자. $g_1(\mathbf{x}_1) = -7.8 < 0$, $g_1(\mathbf{x}_2) = -6.2 < 0$, $g_1(\mathbf{x}_3) = -6.1 < 0$이므로 인공지능학과의 세 학생에 대한 모델의 예측값은 0이다. 즉, 정수론 미수강에 해당하는 이산형 값 0을 부여할 수 있다. $g_1(\mathbf{x}_4) = 12.2 > 0$, $g_1(\mathbf{x}_5) = 14 > 0$, $g_1(\mathbf{x}_6) = 13.2 > 0$이므로 수학과 학생들에 대한 모델의 예측값은 1이며 정수론 수강에 해당하는 이산형 값 1을 부여할 수 있다. 다른 선형 판별 함수 $g_2(\mathbf{x})$에 대해서도 $g_2(\mathbf{x}_1) < 0$, $g_2(\mathbf{x}_2) < 0$, $g_2(\mathbf{x}_3) < 0$, $g_2(\mathbf{x}_4) > 0$, $g_2(\mathbf{x}_5) > 0$, $g_2(\mathbf{x}_6) > 0$의 관계가 성립한다. 따라서 [그림 4-2]의 예에서 $g_1(\mathbf{x}_i)$와 $g_2(\mathbf{x}_i)$는 학생 6명의 정수론 수강 여부를 정확하게 분류할 수 있음을 알 수 있다.

[그림 4-2]의 예와 같이 특징 벡터가 두 개의 성분으로 구성될 때, 특징 벡터를 $\mathbf{x} = [x_1 \ \ x_2]^T$와 같이 나타내면 선별 판별 함수 $g(\mathbf{x}) = \mathbf{w}^T\mathbf{x}\left(\mathbf{w} = [w_0 \ \ w_1 \ \ w_2]^T\right)$의 형태로 표현된다. 여기서 $g(\mathbf{x}) = 0$은 x_1과 x_2에 해당하는 두 개의 좌표축으로 표시되는 좌표 공간에서 직선에 해당한다. 또한 $g(\mathbf{x}) > 0$의 여부를 확인하는 판별 규칙은 $g(\mathbf{x}) = 0$을 이용해 분할된 특징 공간에서 특징 벡터 $\mathbf{x}$의 위치를 확인하여 선형 판별 함수에 의한 예측값(이산형)을 결정한다. 특징 벡터를 구성하는 성분의 수에 따라 이진 분류가 어떤 방식으로 이루어지는지 간단하게 살펴보자.

특징 벡터 $\mathbf{x} = [x_1]^T = x$를 구성하는 성분의 개수가 한 개인 경우, 선별 판별 함수 $g(x) = x - w_0$와 같은 형태로 표시된다. 이때 w_0는 두 개의 실제값을 구분하는 구분점을 의미한다. 특징 벡터 성분의 개수가 한 개인 상황은 [그림 4-3]과 같이 표현할 수 있다. 즉, 특징 공간이 1차원일 경우 점에 의해 특징 공간이 분할된다.

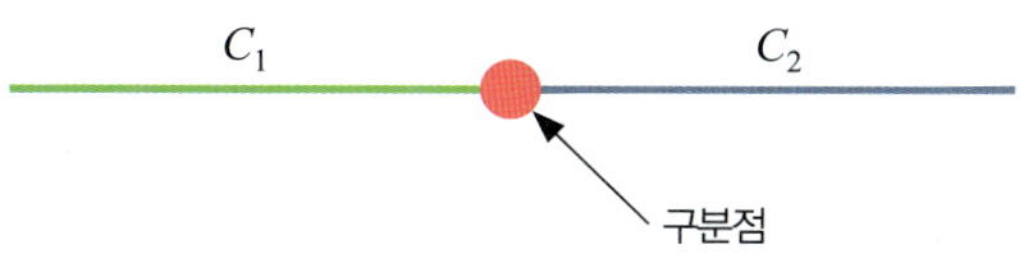

그림 4-3 한 개의 성분으로 특징 벡터가 구성될 때 이진 분류

특징 벡터 $\mathbf{x} = [x_1 \ \ x_2]^T$를 구성하는 성분의 개수가 두 개인 경우는 직선의 형태로 선형 판별 함수가 표시된다. 선형 판별 함수를 이용한 이진 분류는 [그림 4-4]와 같이 표현할 수 있다. 즉, 특징 공간이 2차원일 경우 $g(\mathbf{x}) = 0$이 표시하는 직선에 의해 특징 공간이 분할된다.

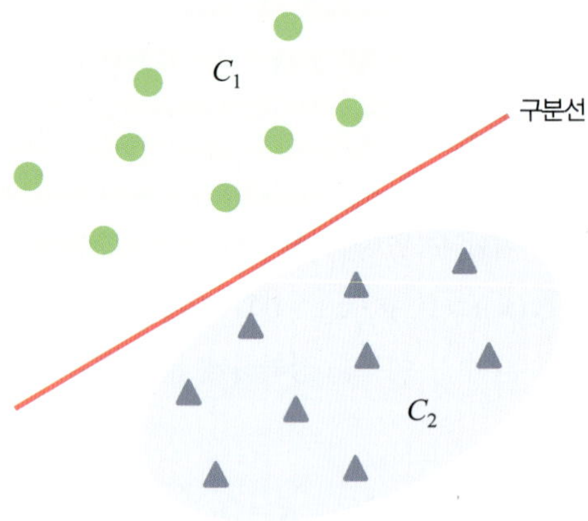

그림 4-4 두 개의 성분으로 특징 벡터가 구성될 때 이진 분류

특징 벡터 $\mathbf{x} = [x_1 \quad x_2 \quad x_3]^{\mathrm{T}}$를 구성하는 성분의 개수가 세 개인 경우는 선형 판별 함수 $g(\mathbf{x})$에 대하여 $g(\mathbf{x}) = 0$은 평면을 나타낸다. 즉, 특징 공간이 3차원일 경우 $g(\mathbf{x}) = 0$이 표시하는 평면에 의해 특징 공간이 분할된다. 특징 공간을 구성하는 성분의 개수가 네 개 이상이면 선형 판별 함수 $g(\mathbf{x})$에 대하여 $g(\mathbf{x}) = 0$은 초평면Hyperplane을 나타내게 되는데, 초평면의 자세한 개념은 31쪽을 참고하자. 선형 판별 함수를 이용한 이진 분류 과정을 정리하면 [표 4-1]과 같다.

표 4-1 선형 판별 함수를 이용한 이진 분류

학습	특징 벡터가 d개의 성분으로 구성될 때, 학습 데이터 $D = \{(\mathbf{x}_i, y_i)\}_{i=1}^{N}$를 이용해 선형 판별 함수 $g(\mathbf{x}_i) = \mathbf{w}^{\mathrm{T}}\mathbf{x}_i$를 구성하는 $w_0, w_1, \ldots, w_d$의 구체적인 값을 결정
예측(이산형)	실제값을 모르는 입력 데이터 $\mathbf{x}'$이 주어졌을 때 $g(\mathbf{x}') > 0$이면 이산형 값 1을 부여, 그 외에는 이산형 값 0을 부여

특징 벡터의 차원에 따라 $g(\mathbf{x}) = 0$이 의미하게 되는 점, 직선, 평면, 초평면은 특징 공간을 두 개로 분할한다. 선형 판별 함수를 이용하여 이진 분류 문제를 해결할 때는 $g(\mathbf{x}) = 0$이 의미하는 점, 직선, 평면, 초평면이 서로 다른 실제값에 속하는 특징 벡터들을 높은 정확도로 분류할 수 있을 것이라고 가정한다.

특히, $g(\mathbf{x}) = 0$이 이산형 실제값 1과 이산형 실제값 0에 속하는 특징 벡터들을 정확하게 구분할 수 있을 때, 이런 상황을 선형 구분 가능Linear Separability하다고 표현한다. 선형 구분 가능하지 않더라도 선형 판별 함수를 사용하는 경우도 있는데, 선형 판별 함수는 다른 판별 함수보다 상대적으로 계산이 간단하기 때문에 계산 비용을 고려하여 선형 판별 함수를 선택하기도 한다.

사후 확률을 이용한 이진 분류

사후 확률Posterior Probability은 데이터가 관측되었을 때 모델의 파라미터가 (또는 가설이) 참일 조건부 확률이다. 예를 들어 특징 벡터 $\mathbf{x}$와 이에 대응되는 이산형 실제값 y가 있다고 하자. $\mathbf{x}$라는 특징 벡터를 관찰한 후 해당 특징 벡터에 대응되는 이산형 실제값이 1일 확률을 $P(y=1|\mathbf{x})$의 사후 확률로 표현한다. 즉 $P(y=1|\mathbf{x})$는 특징 벡터 $\mathbf{x}$의 이산형 실제값 y가 1인 가능성을 확률로 표현한 것이다.

예를 들어, A 대학의 체조 동아리 학생들과 체조 동아리가 아닌 학생들의 몸무게를 조사했다. 이 데이터의 분포가 [그림 4-5]와 같다면, 체조 동아리 회원들과 비회원 학생들의 몸무게 분포에 대한 모델을 추정할 수 있고, 이 추정된 분포 모델로 학생들이 체조 동아리 회원인지 아닌지를 분류하는 작업을 수행할 수 있다.

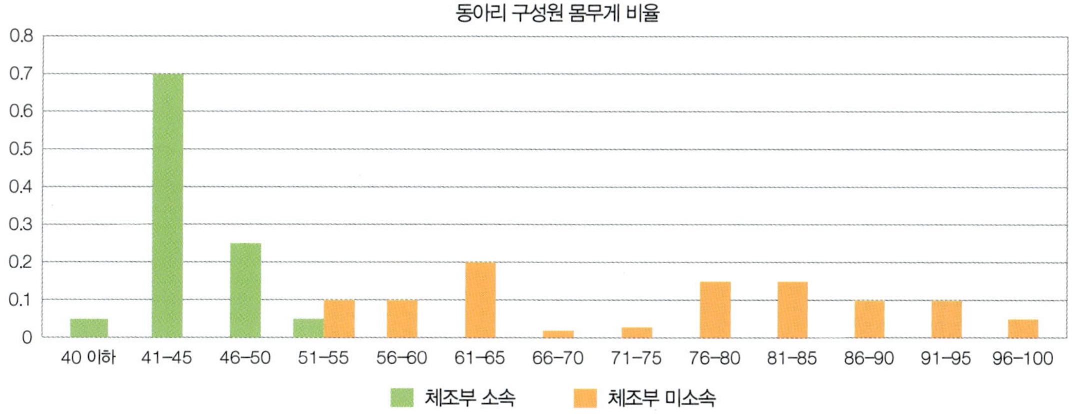

그림 4-5 **체조부 소속인 학생과 미소속인 학생의 몸무게 분포**

몸무게가 52kg인 학생이 체조 동아리의 회원인지를 추정하는 과정을 생각해보자. 체조 동아리 가입 여부를 모르는 학생의 몸무게를 x, 이에 대응되는 이산형 실제값을 y로 두자. 여기서 y는 학생이 체조 동아리 회원일 경우 1, 비회원일 경우 0이 된다고 하자.

이 예의 경우 사후 확률 $P(y=1|x)$와 $P(y=0|x)$를 계산하여 $P(y=1|x) > P(y=0|x)$이면 학생을 체조 동아리 회원으로, 그렇지 않으면 비회원으로 결정할 수 있다. 베이즈 정리를 적용해 $P(y=1|x)$를 다음 식으로 계산할 수 있다. 단, 학생이 체조 동아리 회원이면서 동시에 비회원인 경우는 존재하지 않는다고 가정한다.

$$P(y=1|x) = \frac{P(y=1,x)}{P(x)} = \frac{P(x|y=1)P(y=1)}{P(x|y=1)P(y=1)+P(x|y=0)P(y=0)}$$

사후 확률을 계산하기 위해 사전 확률 $P(y=1)$, $P(y=0)$과 조건부 확률 $P(x|y=1)$, $P(x|y=0)$에 대한 정보가 필요한데 이 $P(y=1)$과 같은 사전 확률이나 $P(x|y=1)$과 같은 조건부 확률은 잘 알려진 확률 분포를 이용하여 표현한다. 확률 분포를 활용해 다양한 작업을 수행할 수 있다.

여기서 잠깐

- **조건부 확률**

$P(B|A)=\frac{P(A,B)}{P(A)}$는 사건 A가 이미 발생했을 때 사건 B가 발생할 확률을 의미한다. 여기서 $P(A,B)$는 $P(A\cap B)$와 같은 의미다. 조건부 확률의 정의에 따라 $P(A,B)=P(B|A)P(A)$임을 알 수 있다.

- **베이즈 정리**

사건 $A_1, \cdots, A_n$가 주어졌을 때 임의의 두 사건 A_i와 A_j에 대하여 $P(A_i, A_j)=0$이라고 하자.

$$P(A_k|B)=\frac{P(A_k,B)}{P(B)}=\frac{P(B|A_k)P(A_k)}{\sum_{i=1}^{n}P(A_i,B)}=\frac{P(B|A_k)P(A_k)}{\sum_{i=1}^{n}P(B|A_i)P(A_i)}$$

SECTION 02

로지스틱 회귀 모델

1 시그모이드 함수

시그모이드 함수는 실수값을 받아서 0과 1 사이 값을 반환하는 비선형 함수다. 이 함수는 로지스틱 함수로도 알려져 있으며, 다양한 머신러닝 모델에서 광범위하게 사용된다. 따라서 로지스틱 회귀 모델을 이해하기에 앞서 시그모이드 함수의 특성을 먼저 이해해야 한다.

시그모이드 함수는 간단하게 $\sigma(z)$로 표현되며, 두 가지 주요 특성을 가진다. 첫째, 함수의 정의역에 있는 모든 값을 0과 1 사이로 변환해준다. 둘째, 어떤 입력값에 대해서도 미분이 가능하다. 시그모이드 함수는 다음과 같이 정의된다.

$$\sigma(z) = \frac{1}{1+\exp(-z)} = \frac{\exp(z)}{1+\exp(z)}$$

시그모이드 함수를 미분한 형태는 다음과 같다.

$$\frac{d}{dz}\sigma(z) = \frac{\exp(z)(1+\exp(z)) - \exp(z)\exp(z)}{(1+\exp(z))^2}$$

$$= \frac{\exp(z)}{(1+\exp(z))^2} = \frac{\exp(z)}{1+\exp(z)}\frac{1}{1+\exp(z)} = \sigma(z)(1-\sigma(z))$$

시그모이드 함수의 주요 용도는 다음과 같다.

- 시그모이드 함수는 정의역 값을 확률로 간주하는 과정에서 활용된다. [그림 4-6]과 같이 시그모이드 함수는 정의역 값을 0과 1 사이 값으로 매핑한다.
- 시그모이드 함수는 인공신경망의 활성화 함수Activation Function로 사용된다. 활성화 함수에 대한 자세한 내용은 5장에서 살펴보자.

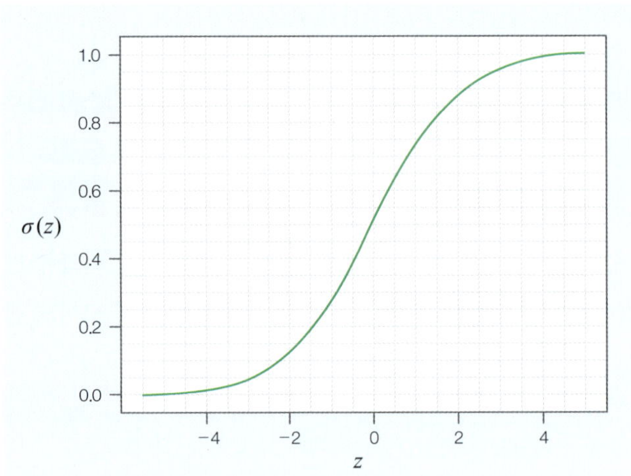

그림 4-6 **입력값 z에 대한 시그모이드 함수 $\sigma(z)$**

2 로지스틱 회귀의 개념

로지스틱 회귀Logistic Regression는 회귀라는 키워드를 사용하고 있지만, 분류 문제를 해결하기 위한 모델로 활용된다. 이 모델의 작동 원리를 이해하기 위해서는 먼저 몇 가지 기본 개념에 대한 이해가 필요하다.

사건의 발생 가능성을 언급할 때 다양한 표현 방식을 사용할 수 있다. 예를 들어 다가오는 월드컵에서 대한민국 대표팀이 8강에 진출할 가능성을 논의하는 상황을 가정해보자. 이때 "대한민국 대표팀이 8강에 진출할 확률은 1/5도 되지 않는다."라는 표현을 사용할 수도 있고, "대한민국 대표팀이 8강에 진출하지 못할 가능성이 8강에 진출할 가능성보다 크다."와 같은 표현도 가능하다. 후자의 표현과 관련하여 오드Odds라는 개념을 소개한다. 특정 사건이 p의 확률로 발생할 때 해당 사건의 오드는 식 ❶과 같이 정의된다. 즉, 사건이 발생할 확률을 사건이 발생하지 않을 확률로 나눈 값이다. 대한민국 축구 대표팀이 월드컵 8강에 진출할 확률이 1/5로 판단된다면, 해당 사건의 오드는 1/4이 된다. 로그 오드Log-odds는 오드의 로그 값으로 ❷와 같이 정의되고, 입력값 p에 대한 로그 오드는 [그림 4-7]과 같다.

❶ $\text{Odds} = \dfrac{p}{1-p}$

❷ $\text{log odds} = \ln\dfrac{p}{1-p}$

- p : 해당 사건이 일어날 확률

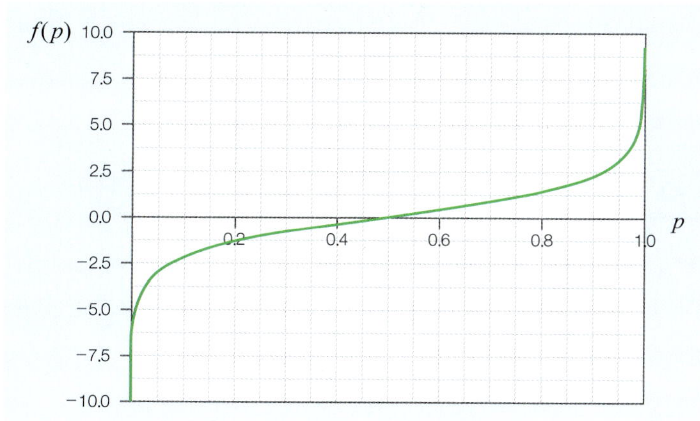

그림 4-7 **입력값 p에 대한 로그 오드** $\left(f(p) = \ln\frac{p}{1-p}\right)$

다가오는 월드컵에서 대한민국 축구 대표팀이 8강에 진출할 확률을 추정하기 위해 축구 대표팀의 A매치 전적, 조별 리그의 팀별 성적, FIFA 순위 등 다양한 정보를 활용할 수 있다. 이러한 정보를 대한민국 축구 대표팀의 벡터 성분으로 취급하고, 이를 $\mathbf{x}$로 표시하자. 8강에 진출하는 경우를 이산형 값 1로, 8강에 진출하지 못하는 경우를 이산형 값 0으로 표현한다. 이를 통해 축구 대표팀의 성과를 평가하는 데 필요한 각종 정보인 $\mathbf{x}$에 기반하여, 대한민국 대표팀이 월드컵 8강에 진출할 가능성을 설명할 수 있다. 이 과정은 $\mathbf{x}$가 주어졌을 때, 8강 진출에 대한 사후 확률을 계산하는 것으로 볼 수 있으며, 이는 조건부 확률로 표현된다.

$$P(y=1\mid\mathbf{x}) = \frac{P(y=1,\mathbf{x})}{P(\mathbf{x})}$$

대한민국 축구 대표팀이 8강에 진출하거나 진출하지 못하는 이진 분류 상황을 고려해보자. 사후 확률 $P(y=1|\mathbf{x})$를 계산하기 위해 1절에서 언급한 $P(y=1)$, $P(y=0)$, $P(\mathbf{x}|y=1)$, $P(\mathbf{x}|y=0)$을 활용할 수도 있다. 하지만 로지스틱 회귀에서는 로그 오드를 $\mathbf{x}$에 대한 선형 함수를 이용해 근사하는 방법을 사용한다. 특징 벡터 $\mathbf{x}=[x_1]^{\mathrm{T}}$가 한 개의 성분으로 구성된 경우, 특징 벡터 $\mathbf{x}$는 x로 대체하고 파라미터 w_0와 w_1을 활용해 로그 오드를 다음 선형 함수로 표현하면, 결과적으로 시그모이드 함수를 이용해 사후 확률 $P(y=1|x)$를 표현할 수 있다.

$$\ln\frac{P(y=1|x)}{1-P(y=1|x)}=w_0+w_1x$$

- w_0, w_1 : 파라미터

$$P(y=1|x)=\frac{\exp(w_0+w_1x)}{1+\exp(w_0+w_1x)}=\frac{1}{1+\exp\big(-(w_0+w_1x)\big)}=\sigma(w_0+w_1x)$$

- $\sigma(\cdot)$: 시그모이드 함수
- w_0, w_1 : 파라미터

특징 벡터 $\mathbf{x}$가 d개의 성분으로 표시되는 경우 다음 식을 이용해 로그 오드를 근사한다.

$$\ln\frac{P(y=1|\mathbf{x})}{1-P(y=1|\mathbf{x})}=\mathbf{w}^{\mathrm{T}}\mathbf{x}$$

- $\mathbf{w}=[w_0\ w_1\ \cdots\ w_d]^{\mathrm{T}}$: 파라미터

이미 설명했듯 바이어스 w_0를 고려할 경우 특징 벡터 $\mathbf{x}$에 1의 성분을 추가하여 $\mathbf{x}=[1\ \ x_1\ \ x_2\ \cdots\ x_d]^{\mathrm{T}}$와 같이 표현한다. 이 경우 앞의 로그 오드의 근사 표현을 내적 연산의 형태로 간단하게 표현할 수 있으며 시그모이드 함수를 이용해 사후 확률 $P(y=1|\mathbf{x})$를 표현할 수 있다.

$$P(y=1\,|\,\mathbf{x})=\frac{\exp(\mathbf{w}^{\mathrm{T}}\mathbf{x})}{1+\exp(\mathbf{w}^{\mathrm{T}}\mathbf{x})}=\frac{1}{1+\exp(-\mathbf{w}^{\mathrm{T}}\mathbf{x})}=\sigma(\mathbf{w}^{\mathrm{T}}\mathbf{x})$$

- $\sigma(\cdot)$: 시그모이드 함수
- $\mathbf{w}=[w_0\ w_1\ \cdots\ w_d]^{\mathrm{T}}$: 파라미터

이진 분류의 경우 $P(y=0\,|\,\mathbf{x})$는 $1-P(y=1\,|\,\mathbf{x})$이므로 $1-P(y=0\,|\,\mathbf{x})$은 다음 형태로 표현된다.

$$P(y=0\,|\,\mathbf{x})=1-\sigma(\mathbf{w}^{\mathrm{T}}\mathbf{x})$$

이진 분류에서 $P(y=1\,|\,\mathbf{x})$와 $P(y=0\,|\,\mathbf{x})$를 계산할 수 있으면 $P(y=1\,|\,\mathbf{x})$와 $P(y=0\,|\,\mathbf{x})$ 중 큰 값을 이용해 $\mathbf{x}$에 해당하는 모델의 예측값(이산형)을 1과 0 중에서 결정할 수 있다. 즉 모델의 출력인 $P(y=1\,|\,\mathbf{x})$를 이용하여 $P(y=1\,|\,\mathbf{x})$과 $P(y=0\,|\,\mathbf{x})$을 비교한 후 $P(y=1\,|\,\mathbf{x})>P(y=0\,|\,\mathbf{x})$이면 특징 벡터 $\mathbf{x}$의 모델 예측값(이산형)을 1로 결정하고 그렇지 않으면 특징 벡터 $\mathbf{x}$의 모델 예측값(이산형)을 0으로 결정할 수 있다. 그런데 $P(y=0\,|\,\mathbf{x})=1-P(y=1\,|\,\mathbf{x})$이므로 $P(y=1\,|\,\mathbf{x})>0.5$일 경우, 특징 벡터 $\mathbf{x}$에 대한 모델 예측값(이산형)을 1로 결정할 수가 있고, 그렇지 않으면 0으로 결정할 수 있음을 알 수 있다.

3 우도의 표현

파라미터가 θ인 확률 분포로 데이터 D의 확률 분포를 설명할 때는 $P(D\,|\,\theta)$의 식을 사용한다. 학습 데이터 D가 주어졌을 경우 θ가 변함에 따라 $P(D\,|\,\theta)$의 값이 변하게 되는데, $P(D\,|\,\theta)$가 우도를 나타내는 식이며, 우도는 θ의 함수다. 우도는 이미 발생한, 즉 결과를 알고 있는 사건과 관련된 개념이다. 이진 분류에서 학습 데이터를 $D=\{(\mathbf{x}_i,\ y_i)\}_{i=1}^{N}$과 같은 형태로 표현하면, i번째 특징 벡터($\mathbf{x}_i$)의 이산형 실제값이 $y_i=1$인 경우는 $(\mathbf{x}_i,\ y_i)$가 $(\mathbf{x}_i,\ 1)$로 표현되고, i번째 특징 벡터($\mathbf{x}_i$)의 이산형 실제값이 $y_i=0$인 경우는 $(\mathbf{x}_i,\ y_i)$가 $(\mathbf{x}_i,\ 0)$으로 표현된다. $P(y=0\,|\,\mathbf{x}_i)=1-P(y=1\,|\,\mathbf{x}_i)$이므로, i번째 특징 벡터($\mathbf{x}_i$)에 대응하는 이산형 실제값(y_i)을 확률 변수로 간주하면 $\mathbf{x}_i$가 주어졌을 때 y_i의 확률 분포, 즉 $p(y_i=1\,|\,\mathbf{x}_i)$의 확률과 $p(y_i=0\,|\,\mathbf{x}_i)$의 확률을 $P(y_i=1\,|\,\mathbf{x}_i)^{y_i}\big(1-P(y_i=1\,|\,\mathbf{x}_i)\big)^{1-y_i}$로 표현할 수 있다.

i번째 특징 벡터 $\mathbf{x}_i$가 한 개 성분일 경우, 특징 벡터 $\mathbf{x}_i$를 x_i로 대체하여 표현하는 상황을 생각해보자. 먼저, $P(y_i=1\,|\,x_i)$는 $\sigma(w_0+w_1x_i)$로 계산된다. 따라서 y_i의 확률 분포, 즉 $p(y_i=1\,|\,x_i)$의 확률과

$p(y_i=0|x_i)$의 확률을 $\sigma(w_0+w_1x_i)^{y_i}(1-\sigma(w_0+w_1x_i))^{1-y_i}$로 표현할 수 있다. 그러므로 $P(y_i=1|x_i)=\sigma(w_0+w_1x_i)$의 파라미터 w_0, w_1을 이용하여 학습 데이터 $D=\{(\mathbf{x}_i, y_i)\}_{i=1}^{N}$에 대한 우도를 다음 식으로 표현할 수 있다.

$$\begin{aligned}\prod_{i=1}^{N} p(y_i|x_i) &= \prod_{i=1}^{N} P(y_i=1|x_i)^{y_i}(1-P(y_i=1|x_i))^{1-y_i} \\ &= \prod_{i=1}^{N} \sigma(w_0+w_1x_i)^{y_i}(1-\sigma(w_0+w_1x_i))^{1-y_i} \\ &= \sigma(w_0+w_1x_1)^{y_1}(1-\sigma(w_0+w_1x_1))^{1-y_1}\times\cdots\times\sigma(w_0+w_1x_N)^{y_N}(1-\sigma(w_0+w_1x_N))^{1-y_N}\end{aligned}$$

이때, 학습 데이터(D)는 동일하므로 w_0, w_1 값에 따라 우도가 변할 수 있으며, 우도를 가장 크게 하는 w_0, w_1을 찾는 과정을 최대 우도 추정Maximum Likelihood Estimation, MLE이라고 한다.

4 로지스틱 회귀에서 학습 목표

지금까지 이진 분류 문제를 해결하기 위해 사후 확률 $P(y=1|\mathbf{x})$를 $\sigma(\mathbf{w}^{\mathrm{T}}\mathbf{x})$로 근사하는 접근법과 학습 데이터 D의 우도 개념을 계산하는 방법을 학습했다. 또한, 입력 데이터(특징 벡터) $\mathbf{x}$와 이에 대응되는 이산형 실제값 y가 주어졌을 때, $P(y=1|\mathbf{x})$와 $P(y=0|\mathbf{x})$를 비교하여 입력 데이터 $\mathbf{x}$에 대한 로지스틱 회귀 모델의 예측값을 결정할 수 있다는 것을 알아보았다. 지금부터는 로지스틱 회귀 모델에서는 주어진 학습 데이터 D에 대해 분류 성능을 최대화하는 파라미터 $\mathbf{w}$를 찾고자 한다. 이를 위해, 우도를 최대화하는 $\mathbf{w}$를 찾아야 한다. 우도는 확률값들의 곱으로 표현되며, 이를 계산하는 과정이 복잡할 수 있기 때문에 우도에 로그 함수를 적용하고, -1을 곱한 음의 로그 우도Negative Log Likelihood, NLL를 사용한다. 이에 따라, 로지스틱 회귀에서 손실 함수 $L(\mathbf{w})$는 다음과 같이 정의된다.

$$L(\mathbf{w}) = -\frac{1}{N}\sum_{i=1}^{N}\ln P(y_i|\mathbf{x}_i)$$

- N : 데이터의 크기
- $\mathbf{w}$: 파라미터 벡터

$L(\mathbf{w})$(NLL)은 작을수록 좋은 값이므로, 우도를 최대화하려는 원래의 목표가 $L(\mathbf{w})$의 최소화로 변경되었다. 좀 더 간단하게 과정을 이해할 수 있도록 i번째 특징 벡터 $\mathbf{x}_i$가 1개 성분일 경우, 특징 벡터 $\mathbf{x}_i$를 x_i로 대체하고 파라미터 w_0와 w_1에 의하여 사후 확률 $P(y_i = 1 | x_i)$가 결정되는 상황을 살펴보자. 모델의 파라미터가 $\mathbf{w} = [w_0 \;\; w_1]^{\mathrm{T}}$이므로 로지스틱 회귀의 학습 목표는 다음의 식과 같이 표현된다.

$$\mathbf{w}^* = \arg\min_{\mathbf{w}} L(\mathbf{w}) = \arg\min_{\mathbf{w}} -\frac{1}{N}\sum_{i=1}^{N} \ln P(y_i \mid x_i)$$

위 수식에서 $\mathbf{w}^* = [w_0^* \;\; w_1^*]^{\mathrm{T}}$는 NLL을 최소화하는 w_0와 w_1을 의미한다. w_0^*와 w_1^*은 argmin이라는 연산자에 의하여 결정되는데 $\mathbf{w}^* = \arg\min_{\mathbf{w}} f(\mathbf{w})$에서 argmin은 가능한 모든 $\mathbf{w}$ 중에서 $f(\mathbf{w})$를 가장 작은 값으로 만드는 $\mathbf{w}$를 반환하는 연산자다. 따라서 위 수식은 가능한 모든 w_0와 w_1 중에서 NLL을 가장 작게 만드는 w_0와 w_1을 반환한다. 로지스틱 회귀의 학습 목표식에서 $\ln P(y_i|x_i)$는 다음과 같이 표현된다.

$$\begin{aligned}
\ln P(y_i \mid x_i) &= \ln\left(\sigma(w_0 + w_1 x_i)^{y_i}\left(1 - \sigma(w_0 + w_1 x_i)\right)^{1-y_i}\right) \\
&= \ln\left(\sigma(w_0 + w_1 x_i)^{y_i}\right) + \ln\left(\left(1 - \sigma(w_0 + w_1 x_i)\right)^{1-y_i}\right) \\
&= y_i \ln \sigma(w_0 + w_1 x_i) + (1 - y_i)\ln\left(1 - \sigma(w_0 + w_1 x_i)\right)
\end{aligned}$$

이제 $L(\mathbf{w})$는 다음과 같은 수식으로 표현할 수 있다.

$$\begin{aligned}
L(\mathbf{w}) &= -\frac{1}{N}\sum_{i=1}^{N} \ln P(y_i \mid w_0, w_1) \\
&= -\frac{1}{N}\sum_{i=1}^{N} \left\{ y_i \ln \sigma(w_0 + w_1 x_i) + (1 - y_i)\ln\left(1 - \sigma(w_0 + w_1 x_i)\right)\right\}
\end{aligned}$$

이진 분류 문제에서 손실 함수로 이진 크로스 엔트로피[Binary Cross Entropy, BCE]를 많이 사용한다. BCE는 이미 살펴본 NLL과 매우 흡사한데, BCE는 다음과 같이 정의된다.

$$
\begin{aligned}
\text{BCE} &= -\frac{1}{N}\sum_{i=1}^{N}\left\{y_i \ln \hat{y}_i + (1-y_i)\ln(1-\hat{y}_i)\right\} \\
&= -\frac{1}{N}\sum_{i=1}^{N}\left\{y_i \ln P(y_i=1\,|\,x_i) + (1-y_i)\ln\left(1-P(y_i=1\,|\,x_i)\right)\right\}
\end{aligned}
$$

- $\hat{y}_i$는 모델의 출력으로 x_i에 대하여 계산된 확률값인 $P(y_i=1\,|\,x_i)$를 의미하고 로지스틱 회귀에서는 $\sigma(w_0+w_1x_i)$로 계산됨

학습 과정을 배치 학습과 온라인 학습으로 나누기도 하는데, 위의 정의는 배치 학습에서 사용하는 손실 함수이며 온라인 학습에서는 개별 데이터에 대하여 $\text{BCE}(y_i, \hat{y}_i) = -\left\{y_i \ln \hat{y}_i + (1-y_i)\ln(1-\hat{y}_i)\right\}$를 계산하여 학습 과정에 활용하기도 하므로 BCE 손실 함수가 사용되는 상황에 주의하자.

주어진 학습 데이터 $D=\left\{(x_i, y_i)\right\}_{i=1}^{N}$을 이용해 우리가 원하는 w_0와 w_1을 찾아야 한다. 선형 회귀에서 이미 공부했듯 어떤 함수를 최소화 혹은 최대화하는 파라미터를 찾을 때 편미분을 활용한다. 로지스틱 회귀를 활용한 분류에서는 $L(\mathbf{w})$ 혹은 이진 크로스 엔트로피의 평균을 최소화하는 w_0와 w_1을 찾고자 함에 유의하자. 먼저 $L(\mathbf{w})$을 전개해보자.

$$
\begin{aligned}
L(\mathbf{w}) &= -\frac{1}{N}\sum_{i=1}^{N}\ln\left(P(y_i\,|\,w_0, w_i)\right) \\
&= -\frac{1}{N}\sum_{i=1}^{N}\left\{y_i \ln\sigma(w_0+w_1x_i) + (1-y_i)\ln\left(1-\sigma(w_0+w_1x_i)\right)\right\} \\
&= -\frac{1}{N}\sum_{i=1}^{N}\left\{y_i \ln\left(\frac{1}{1+\exp(-w_0-w_1x_i)}\right) + (1-y_i)\ln\left(1-\frac{1}{1+\exp(-w_0-w_1x_i)}\right)\right\} \\
&= -\frac{1}{N}\sum_{i=1}^{N}\left\{y_i \ln\left(\frac{1}{1+\exp(-w_0-w_1x_i)}\right) + (1-y_i)\ln\left(\frac{\exp(-w_0-w_1x_i)}{1+\exp(-w_0-w_1x_i)}\right)\right\} \\
&= -\frac{1}{N}\sum_{i=1}^{N}\left\{\ln\left(\frac{1}{1+\exp(w_0+w_1x_i)}\right) + y_i \ln\left(\frac{1}{\exp(-w_0-w_1x_i)}\right)\right\} \\
&= -\frac{1}{N}\sum_{i=1}^{N}\left\{-\ln\left(1+\exp(w_0+w_1x_i)\right) + y_i(w_0+w_1x_i)\right\}
\end{aligned}
$$

이제 $L(\mathbf{w})$을 w_0와 w_1에 대하여 편미분하자.

$$\frac{\partial L(\mathbf{w})}{\partial w_0} = -\frac{1}{N}\sum_{i=1}^{N}\left\{ y_i - \frac{\exp(w_0 + w_1 x_i)}{1+\exp(w_0 + w_1 x_i)} \right\}$$

$$= -\frac{1}{N}\sum_{i=1}^{N}\left\{ y_i - \frac{1}{1+\exp\left(-(w_0 + w_1 x_i)\right)} \right\}$$

$$= -\frac{1}{N}\sum_{i=1}^{N}\left\{ y_i - \sigma(w_0 + w_1 x_i) \right\}$$

$$= -\frac{1}{N}\sum_{i=1}^{N}\left\{ y_i - P(y_i = 1 \mid x_i) \right\}$$

$$\frac{\partial L(\mathbf{w})}{\partial w_1} = -\frac{1}{N}\sum_{i=1}^{N}\left\{ y_i x_i - \frac{\exp(w_0 + w_1 x_i)}{1+\exp(w_0 + w_1 x_i)} x_i \right\}$$

$$= -\frac{1}{N}\sum_{i=1}^{N}\left\{ y_i - \sigma(w_0 + w_1 x_i) \right\} x_i$$

$$= -\frac{1}{N}\sum_{i=1}^{N}\left\{ y_i - P(y_i = 1 \mid x_i) \right\} x_i$$

많은 경우 편미분 결과를 0으로 만드는 파라미터 값을 찾는 것은 쉽지 않다. 이런 상황에서는 경사하강법을 이용해 파라미터 값을 결정한다.

5 경사하강법을 이용한 파라미터의 업데이트

로지스틱 회귀 모델을 학습시키는 과정에서 경사하강법은 파라미터를 업데이트하는 주요한 방법으로 사용된다. 이 과정은 선형 회귀 모델 학습에서 살펴본 바와 유사하게 진행된다. 경사하강법을 통한 학습 과정은 다음과 같이 요약할 수 있다.

표 4-2 경사하강법을 이용한 로지스틱 회귀의 학습 - 방법 1

단계 1 (초기화)
w_0와 w_1을 임의의 실수값으로 초기화
단계 2 (종료 조건을 만족할 때까지 반복)
$w_0 \leftarrow w_0 - \alpha \frac{\partial L(\mathbf{w})}{\partial w_0}$, $w_1 \leftarrow w_1 - \alpha \frac{\partial L(\mathbf{w})}{\partial w_1}$
즉, 현재 w_0, w_1 값과 학습 데이터에 기반하여 상기 두 식을 계산한 후 w_0와 w_1을 업데이트(α는 학습률을 의미)
$\frac{\partial L(\mathbf{w})}{\partial w_0} = -\frac{1}{N}\sum_{i=1}^{N}\{y_i - \sigma(w_0 + w_1 x_i)\}$, $\frac{\partial L(\mathbf{w})}{\partial w_1} = -\frac{1}{N}\sum_{i=1}^{N}\{y_i - \sigma(w_0 + w_1 x_i)\}x_i$

파라미터 **w**가 여러 개의 성분으로 구성된 경우, 경사하강법은 [표 4-2]의 파라미터 업데이트 과정을 j번째 파라미터 w_j에 대한 업데이트 과정으로 일반화하여 표현할 수 있다. 파라미터 w_j의 업데이트 식 및 $L(\mathbf{w})$의 편미분 결과는 다음과 같다.

$$w_j \leftarrow w_j - \alpha \frac{\partial L(\mathbf{w})}{\partial w_j}$$

$$\frac{\partial L(\mathbf{w})}{\partial w_j} = -\frac{1}{N}\sum_{i=1}^{N}\left(y_i - \sigma(\mathbf{w}^{\mathrm{T}}\mathbf{x}_i)\right)x_{ij}$$

- x_{ij} : $\mathbf{x}_i$의 j번째 성분
- $\mathbf{x}_i = [x_{i1}\ x_{i2}\ x_{i3} \cdots x_{ij} \cdots x_{id}]^{\mathrm{T}}$

파라미터 업데이트를 종료하는 시점은 여러 방법을 통해 결정될 수 있다. 일반적으로 사용되는 방법은 다음과 같다.

❶ 업데이트 횟수를 고정한다. 예를 들어, 500번 혹은 1,000번과 같이 파라미터를 업데이트하는 횟수를 고정한 후 해당 횟수 동안만 파라미터를 업데이트한다.

❷ 원하는 성능이 달성될 때까지 파라미터를 업데이트한다. 예를 들어, 손실 함수 $L(\mathbf{w})$의 값이 기준 이하가 되거나 성능 측도(정확도 등)가 기준 이상을 달성할 때까지 파라미터를 업데이트한다.

❸ 그레디언트(편미분 벡터)의 노름이 기준 이하가 될 때 파라미터를 업데이트한다.

세 번째 종료 조건은 파라미터의 업데이트 정도가 유의미한 기준을 만족하지 못하면 업데이트를 중단한다는 의미다. [표 4-2]에서는 주어진 학습 데이터 D를 구성하는 N개의 입력 데이터에 대하여 $L(\mathbf{w}) = -\frac{1}{N}\sum_{i=1}^{N}\ln\left(P(y_i|\mathbf{w})\right)$을 먼저 계산한 후 파라미터를 업데이트하는 접근법을 취하고 있다. 이처럼 주어진 학습 데이터 D 전체를 활용하여 $L(\mathbf{w})$를 계산한 후 파라미터를 업데이트하는 접근법을 배치[Batch] 학습이라고 한다. 배치 학습과 달리 개별 입력 데이터에 대하여 손실 함수의 그레디언트를 이용하여 파라미터를 업데이트할 수도 있다. 이를 온라인 학습이라 하는데, [표 4-3]에서는 개별 입력 데이터를 이용하여 파라미터를 업데이트하는 과정을 보여주고 있다.

표 4-3 **경사하강법을 이용한 로지스틱 회귀의 학습 – 방법 2**

단계 1 (초기화)
w_0와 w_1을 임의의 실수값으로 초기화

단계 2 (종료 조건을 만족할 때까지 반복)
학습 데이터 D를 구성하는 모든 입력 데이터에 대하여 i번째 입력 데이터에 해당하는 특징 벡터 x_i를 이용해 가중치 업데이트 (특징 벡터 $\mathbf{x}_i$가 한 개 성분일 경우, 특징 벡터 $\mathbf{x}_i$를 x_i로 대체하여 표현함) $w_0 \leftarrow w_0 - \alpha\frac{\partial \mathrm{BCE}(y_i,\hat{y}_i)}{\partial w_0}$ $w_1 \leftarrow w_1 - \alpha\frac{\partial \mathrm{BCE}(y_i,\hat{y}_i)}{\partial w_1}$ 즉, 현재 w_0, w_1 값과 학습 데이터에 기반하여 다음 두 식을 계산한 후 w_0와 w_1을 업데이트하되, 개별 입력 데이터에 대하여 매번 가중치 업데이트가 발생함에 주의 $\frac{\partial \mathrm{BCE}(y_i,\hat{y}_i)}{\partial w_0} = -\left\{y_i - \sigma(w_0 + w_1 x_i)\right\}$ $\frac{\partial \mathrm{BCE}(y_i,\hat{y}_i)}{\partial w_1} = -\left\{y_i - \sigma(w_0 + w_1 x_i)\right\}x_i$

SECTION 03

예제로 풀어보는 로지스틱 회귀

01 다음 조건 하에서 $P(y=1|\mathbf{x})$의 로그 오드를 $\ln\frac{P(y=1|\mathbf{x})}{1-P(y=1|\mathbf{x})}=-185+1.5x_1-x_2$ 식으로 근사할 때, 키가 180cm이고 몸무게가 80kg인 사람이 운동부일 조건부 확률 $P(y=1|\mathbf{x}=[80\ \ 180]^{\mathrm{T}})$를 구하시오.

> **조건**
>
> 키(x_1)와 몸무게(x_2) 두 특성을 활용하여 운동부인 경우($y=1$)와 운동부가 아닌 경우($y=0$)로 구분하려 한다. 이때 키는 cm, 몸무게는 kg 단위로 표현한다.

02 예제 **01**의 조건을 바탕으로 키와 몸무게를 측정한 결과, 운동부 소속일 확률이 0.65로 계산되었다. 이 경우의 로그 오드 값을 구하시오.

03 예제 **01**의 조건을 바탕으로 9개의 입력 데이터를 수집했다. 운동부 소속으로 분류된 4명의 키와 몸무게는 $[170\ \ 60]^{\mathrm{T}}$, $[150\ \ 45]^{\mathrm{T}}$, $[185\ \ 100]^{\mathrm{T}}$, $[175\ \ 70]^{\mathrm{T}}$로 기록되었고, 운동부가 아닌 그룹에 속한 5명의 데이터는 $[170\ \ 90]^{\mathrm{T}}$, $[160\ \ 75]^{\mathrm{T}}$, $[171\ \ 92]^{\mathrm{T}}$, $[180\ \ 110]^{\mathrm{T}}$, $[150\ \ 60]^{\mathrm{T}}$로 나타났다. 운동부인 경우와 운동부가 아닌 경우를 구분하는 구분선을 구하시오.

04 $\mathbf{x}=[x_1\ \ x_2]^{\mathrm{T}}$에 대해 함수 $g(\mathbf{x})$를 $g(\mathbf{x})=-170+1.5x_1-x_2$로 정의하자. 예제 **03**에 주어진 9개의 입력 데이터에 대해 $g(\mathbf{x})$의 부호를 결정하시오.

05 예제 **04**에서 계산한 $g(\mathbf{x})$를 이용해 9개의 입력 데이터가 운동부에 속할 확률을 계산하시오.

06 예제 **04**에서 정의한 $g(\mathbf{x})$에 대해 운동부일 확률이 0.5가 되는 $g(\mathbf{x})$ 값을 구하시오.

07 $\ln\frac{P(y=1|\mathbf{x})}{1-P(y=1|\mathbf{x})} = -170+1.5x_1-x_2$ 식을 이용해 운동부인지 여부를 판단한다. 예제 **03**에 주어진 9개의 입력 데이터에 대해 이진 크로스 엔트로피로 정의된 손실 함수값을 계산하시오.

08 예제 **04**에 주어진 입력 데이터를 이용해 로지스틱 회귀 모델의 파라미터를 추정하고자 한다. $P(y=1|\mathbf{x})$의 로그 오드를 $w_0+w_1x_1+w_2x_2$로 근사할 때 학습을 통해 추정해야 하는 모델의 파라미터를 구하시오.

09 예제 **08**에서 w_0를 -200, w_1을 2.5, w_2를 -2.5로 초기화했다. 예제 **03**에 주어진 9개의 입력 데이터에 대해 이진 크로스 엔트로피로 정의된 손실 함수를 계산한 후, 경사하강법을 이용해 w_0, w_1, w_2를 1회 업데이트한 값을 계산하시오. 이때 학습률은 0.01로 설정한다.

10 예제 **08**에서 w_0를 -200, w_1을 2.5, w_2를 -2.5로 초기화했다. 예제 **03**에 주어진 9개의 입력 데이터에 대해 개별 입력 데이터마다 손실 함수를 계산한 후 w_0, w_1, w_2를 업데이트하는 방식을 사용했을 때, 다음을 참고해 w_0, w_1, w_2의 최종 업데이트 값을 계산하시오. 이때 학습률은 0.01로 설정한다.

> **참고**
>
> - 손실 함수의 업데이트 식$\left(w_j \leftarrow w_j - \alpha\frac{\partial L(\mathbf{w})}{\partial w_j}\right)$을 계산할 때 $L(\mathbf{w})=\mathrm{BCE}(y_i, \hat{y}_i)$로 설정한 후 w_j를 업데이트한다.
> - 입력 데이터 $(\mathbf{x}_i, y_i)$에 대하여 $w_j \leftarrow w_j + \alpha\left(y_i - \sigma(\mathbf{w}^{\mathrm{T}}\mathbf{x}_i)\right)x_{ij}$을 이용하여 w_j를 업데이트한 후 입력 데이터 $(\mathbf{x}_{i+1}, y_{i+1})$에 기반하여 w_j를 업데이트하는 과정에 활용한다.
> - $(\mathbf{x}_1, y_1)=([170\ 60]^{\mathrm{T}}, 1)$, $(\mathbf{x}_2, y_2)=([150\ 45]^{\mathrm{T}}, 1)$, $(\mathbf{x}_3, y_3)=([185\ 100]^{\mathrm{T}}, 1)$, $(\mathbf{x}_4, y_4)=([175\ 70]^{\mathrm{T}}, 1)$, $(\mathbf{x}_5, y_5)=([170\ 90]^{\mathrm{T}}, 0)$, $(\mathbf{x}_6, y_6)=([160\ 75]^{\mathrm{T}}, 0)$, $(\mathbf{x}_7, y_7)=([171\ 92]^{\mathrm{T}}, 0)$, $(\mathbf{x}_8, y_8)=([180\ 110]^{\mathrm{T}}, 0)$, $(\mathbf{x}_9, y_9)=([150\ 60]^{\mathrm{T}}, 0)$으로 설정한 후 $(\mathbf{x}_1, y_1)$부터 차례대로 업데이트하는 과정 반영

11 예제 **08**에서 w_0를 -200, w_1을 2.5, w_2를 -2.5로 초기화했다. 예제 **03**에 주어진 9개의 입력 데이터에 대해 이진 크로스 엔트로피로 정의된 손실 함수를 계산한 후, 경사하강법을 이용해 w_0, w_1, w_2를 1회 업데이트한 값을 계산하시오. 이때 학습률은 0.5로 설정한다.

12 입력 데이터가 d-차원 벡터($\mathbf{x} = [x_1\ x_2\ \cdots\ x_d]^{\mathrm{T}}$, $x_0 = 1$)로 주어지고, 이에 대응하는 파라미터의 벡터를 $\mathbf{w}$라고 표시할 때, 손실 함수 BCE를 j번째 파라미터 w_j에 대해 편미분하시오.

SECTION 04

코드로 구현하는 로지스틱 회귀

- 내용 : 로지스틱 회귀 실습
- 파일 : CH04_실습_logistic_regression.ipynb
- 실습 순서
  - 0 사용할 라이브러리와 패키지 불러오기
  - 1 (데이터) 데이터 불러오기 및 특성 스케일링하기
  - 2 (데이터) 학습 데이터와 테스트 데이터 구분하기
  - 3 (모델) 모델 구성하기
  - 4 (모델 학습) 모델 학습하기
  - 5 (모델 성능 평가) 모델 성능 평가하기
  - 6 (결과) 모델 동작 시각화하기

[실습 4-1] scikit-learn 라이브러리를 이용한 로지스틱 회귀 모델

0 사용할 라이브러리와 패키지 불러오기

4장 실습에서도 3장처럼 numpy, matplotlib, pandas, scikit-learn 라이브러리가 사용된다.

코드 4.1

```
# numpy, matplotlib, pandas를 각각 np, plt, pd로 재지정해 불러온다.
# scikit-learn(sklearn) 불러오고, 사용할 패키지를 불러온다.
import numpy as np
import matplotlib.pyplot as plt
from matplotlib.colors import ListedColormap
import pandas as pd
from sklearn.preprocessing import StandardScaler
from sklearn.model_selection import train_test_split
from sklearn.linear_model import LogisticRegression
```

1 데이터 불러오기 및 특성 스케일링하기

실습 데이터는 User ID, Gender, Age, EstimatedSalary, Purchased의 항목으로 구성되어 있다. 그중 Age와 EstimatedSalary를 특징 벡터(X)로 활용하고, Purchased를 실제값(y)으로 활용한다.

이번 실습에서는 주어진 데이터의 분포를 특성 스케일링을 통해 표준화하는 과정이 포함되어 있다. 표준화를 통해 데이터로부터 도출되는 확률 분포의 추정 능력이 향상되고, 연산량도 줄어들게 된다. StandardScaler 함수는 x라는 값을 z라는 값으로 변환하는데 변환 공식은 z=(x−u)/s(u는 입력 데이터의 평균, s는 입력 데이터의 표준 편차)로 표현된다.

코드 4.2

```
# 데이터(Social_Network_Ads.csv) 불러오고 특성 스케일링을 통해 표준화한다.
dataset = pd.read_csv('Social_Network_Ads.csv')
X = dataset.iloc[:, [2, 3]].values
y = dataset.iloc[:, 4].values

sc = StandardScaler()
X = sc.fit_transform(X)            # 전체 데이터 X를 평균과 분산을 표준 정규 분포 형태로 변환
```

2 학습 데이터와 테스트 데이터 구분하기

train_test_split 함수는 학습 데이터를 모델의 학습을 위한 학습 데이터와 학습된 모델의 성능 확인을 위한 테스트 데이터로 분할하는 동작을 한다. 학습 데이터와 테스트 데이터를 구성하거나 분할할 때는 학습 데이터와 테스트 데이터에 중복된 항목이 없도록 분할된다.

코드 4.3

```
# X(특징 벡터)와 y(실제값)을 학습 데이터와 테스트 데이터로 분할한다.
# test_size를 통해 학습 데이터와 테스트 데이터의 비율을 설정한다.
X_train, X_test, y_train, y_test = train_test_split(X, y, test_size = 0.25)
```

3 모델 구성하기

scikit-learn 라이브러리를 통해 구현되어 있는 로지스틱 회귀 모델을 불러온다.

코드 4.4

```
# scikit-learn 라이브러리의 로지스틱 회귀 모델을 불러온다.
classifier = LogisticRegression()
```

4 모델 학습하기

scikit-learn 라이브러리는 인터페이스가 표준화가 잘 되어 있어 모델 학습 과정은 fit 함수를 사용하고, 학습된 모델을 이용해 회귀 값을 예측하는 과정은 predict 함수를 사용한다. classifier.coef_와 classifier.intercept_를 통해서 모델의 파라미터를 얻을 수 있다. classifier.coef_는 바이어스를 제외한 로지스틱 회귀 모델의 파라미터 w_1를 나타낸다. classifier.intercept_는 로지스틱 회귀 모델의 절편(바이어스) w_0를 나타낸다.

코드 4.5

```
# fit 함수를 통해 모델을 학습한다.
# fit 함수에는 1) 가중치 초기화 2) 손실 함수 계산 3) 가중치 업데이트가 모두 구현되어 있다.
classifier.fit(X_train, y_train)            # 학습 단계에서는 학습 데이터만 사용됨
w_1 = classifier.coef_
w_0 = classifier.intercept_
print(w_1)
print(w_0)
```

```
[[2.13738116 0.97392839]]
[-1.1644157]
```

5 모델 성능 평가하기

분류 작업을 수행하는 모델의 성능을 평가할 때는 다양한 성능 측도를 사용하는데 이번 실습에서는 정확도를 사용한다. 정확도는 실제값과 예측값(이산형)이 일치하는 데이터의 비율을 나타낸다.

scikit-learn.metrics.accuracy_score 함수는 분류 모델의 정확도를 계산하는 데 사용된다.

코드 4.6

```
# predict 함수를 통해 로지스틱 회귀로 얻은 예측값을 추출해 테스트 데이터로 평가한다.
y_pred = classifier.predict(X_test)                    # 예측 단계에서는 테스트 데이터만 사용됨
result = sklearn.metrics.accuracy_score(y_test, y_pred) # 모델의 정확도
print(result)
```

```
0.85
```

6 모델 동작 시각화하기

데이터나 모델의 동작을 시각화하면 직관적으로 특징을 파악하기 쉽다. 결과 그림에서 각 점의 색깔은 데이터의 실제값을 의미한다. 데이터의 실제값이 0이면 빨간색 점으로, 실제값이 1값이면 초록색 점으로 표시된다. 2차원 평면에서 한 개의 직선은 모델의 결정 경계선이다. 이 한 개의 직선은 빨간색과 초록색의 두 가지 영역으로 구분한다. 빨간색 영역에 있는 점(데이터)들은 모델에 의해 0으로 예측되고, 초록색 영역에 있는 점들은 모델에 의해서 1로 예측된다. 따라서 점의 색깔과 영역의 색깔이 다른 점(데이터)은 실제값과 예측값이 다르다는 것을 의미한다.

[코드 4.7]과 [코드 4.8]에서 np.meshgrid 함수는 두 개 이상의 1차원 배열을 입력으로 받아, 각각의 배열을 축으로 하여 2차원 격자를 생성한다. 2차원 좌표에서 데이터를 시각화하기 위해 사용된다. plt.contourf 함수는 matplotlib 라이브러리의 함수로, 2차원 데이터의 등고선을 색상으로 채운 형태로 그리는 데 사용된다. 주로 함수 값이 일정한 영역을 시각화하거나 분류 모델의 결정 경계를 시각화할 때 사용된다.

ravel 함수는 넘파이 배열을 1차원 배열로 평탄화[flatten]할 때 사용된다. cmap=ListedColormap(('red', 'green'))은 색상 맵을 지정하며, 두 가지 종류의 실제값(0 또는 1)을 빨간색과 초록색으로 시각화한다. plt.xlim 함수와 plt.ylim 함수는 matplotlib 라이브러리에서 각각 가로축과 세로축의 표시 범위를 설정할 때 사용된다.

코드 4.7

```
# 학습 데이터셋을 시각화한다.
X_set, y_set = X_train, y_train
X1, X2 = np.meshgrid(np.arange(start = X_set[:, 0].min() - 1, stop = X_set[:, 0].max() + 1, step = 0.01),
        np.arange(start = X_set[:, 1].min() - 1, stop = X_set[:, 1].max() + 1, step = 0.01))
plt.contourf(X1, X2, classifier.predict(np.array([X1.ravel(), X2.ravel()]).T).reshape(X1.shape),
             alpha = 0.3, cmap = ListedColormap(('red', 'green')))
plt.xlim(X1.min(), X1.max())
plt.ylim(X2.min(), X2.max())
for i, j in enumerate(np.unique(y_set)):
    plt.scatter(X_set[y_set == j, 0], X_set[y_set == j, 1],
                                    c = ListedColormap(('red', 'green'))(i), label = j)
plt.title('Logistic Regression (Training set)')
plt.xlabel('Age')
plt.ylabel('Estimated Salary')
plt.legend()
plt.show()
```

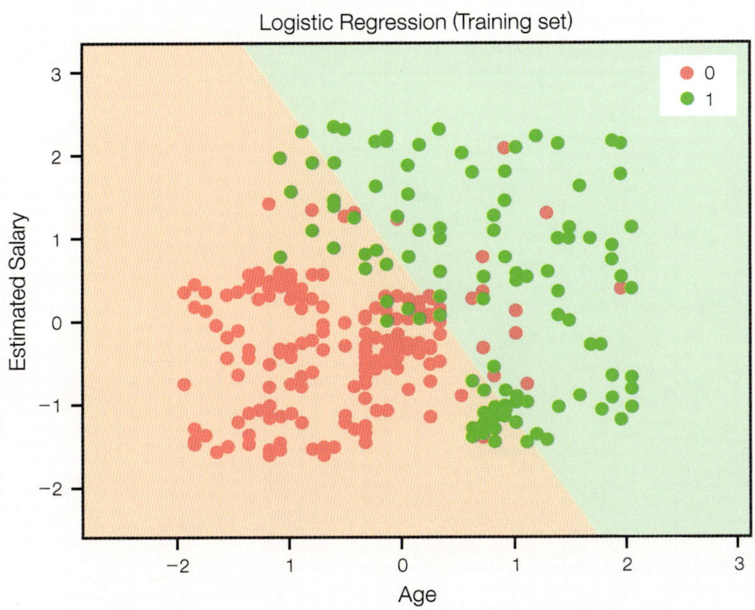

코드 4.8

```
# 테스트 데이터셋을 시각화한다.
X_set, y_set = X_test, y_test
X1, X2 = np.meshgrid(np.arange(start = X_set[:, 0].min() - 1, stop = X_set[:, 0].max() + 1, step = 0.01),
        np.arange(start = X_set[:, 1].min() - 1, stop = X_set[:, 1].max() + 1, step = 0.01))
plt.contourf(X1, X2, classifier.predict(np.array([X1.ravel(), X2.ravel()]).T).reshape(X1.shape),
             alpha = 0.3, cmap = ListedColormap(('red', 'green')))
plt.xlim(X1.min(), X1.max())
plt.ylim(X2.min(), X2.max())
for i, j in enumerate(np.unique(y_set)):
    plt.scatter(X_set[y_set == j, 0], X_set[y_set == j, 1],
                c = ListedColormap(('red', 'green'))(i), label = j)
plt.title('Logistic Regression (Test set)')
plt.xlabel('Age')
plt.ylabel('Estimated Salary')
plt.legend()
plt.show()
```

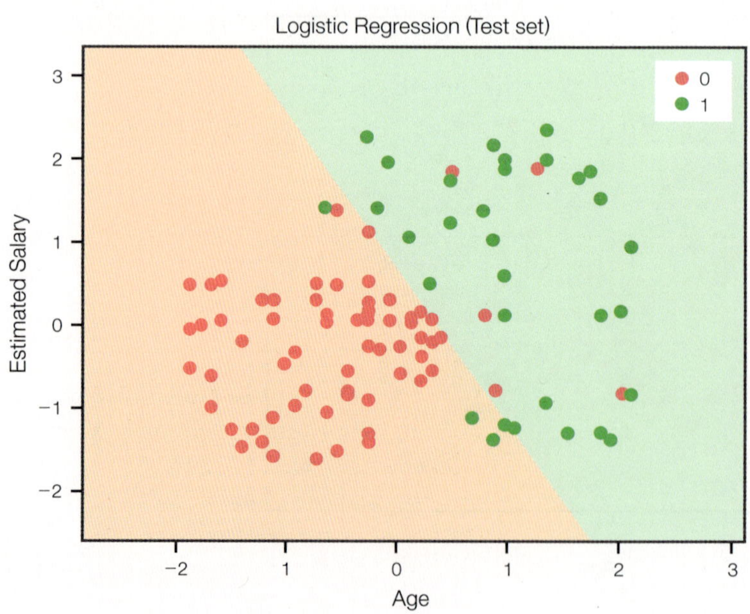

[실습 4-2] 함수를 직접 정의해 구현한 로지스틱 회귀 모델

1 데이터 불러오기 및 특성 스케일링하기

직접 구현 실습에서도 앞선 scikit-learn 라이브러리를 이용한 방식과 마찬가지로 데이터를 불러오고 특성을 표준화한다.

코드 4.9

```
# 데이터(Social_Network_Ads.csv) 불러오고 특성 스케일링을 통해 표준화한다.
dataset = pd.read_csv('Social_Network_Ads.csv')
X = dataset.iloc[:, [2, 3]].values
y = dataset.iloc[:, 4].values

sc = StandardScaler()
X = sc.fit_transform(X)          # 학습 데이터 X를 평균과 분산을 표준 정규 분포 형태로 변환
```

2 학습 데이터와 테스트 데이터 구분하기

[코드 4.10]에서는 앞서 전처리 완료한 데이터를 학습 데이터셋과 테스트 데이터셋으로 분할한다.

코드 4.10

```
# X(특징 벡터)와 y(실제값)을 학습 데이터셋과 테스트 데이터셋으로 분할한다.
# test_size를 통해 학습 데이터와 테스트 데이터의 비율을 설정한다.
X_train, X_test, y_train, y_test = train_test_split(X, y, test_size = 0.25)
```

3 모델 구성하기

[코드 4.11]은 로지스틱 회귀 모델의 구성과 관련된 코드다. sigmoid 함수는 입력값 x에 대한 시그모이드 값을 계산해 출력하며, 이는 로지스틱 회귀에서 예측값(확률)을 계산하는 데 사용된다.

BCE_loss 함수는 실제값 y와 예측값 y_hat 간의 손실 함수 값을 계산한다. gradient 함수는 주어진 특징 벡터 X, 실제값 y, 예측값 y_hat을 바탕으로 모델의 파라미터를 업데이트한다.

코드 4.11

```
# 로지스틱 회귀를 위해 필요한 함수 및 변수를 선언한다.
w_2 = 1                             # 가중치 초기화
w_1 = 1
w_0 = 1
lr = 0.1                            # 학습률(일반적인 경우 0 < lr < 1)

def sigmoid(x):
    return 1.0/(1 + np.exp(-x))     # exp(x)는 지수 함수(e^(x))와 동일한 표현

def BCE_loss(y, y_hat):             # Binary Cross Entropy loss
    loss = np.mean(y * (np.log(y_hat)) + (1-y) * np.log(1-y_hat))
    return -loss

def gradient_descent(X, y, y_hat):  # 로지스틱 회귀의 업데이트 식 확인
    global w_2, w_1, w_0
    w_2 = w_2 - lr * (-X[0]) * (y - y_hat)
    w_1 = w_1 - lr * (-X[1]) * (y - y_hat)
    w_0 = w_0 - lr * (-1) * (y - y_hat)
```

4 모델 학습하기

[코드 4.12]는 최적의 모델 파라미터를 계산하기 위해 모델 학습을 100번 반복한다. 각 반복마다 sigmoid 함수를 이용하여 모델 예측값을 추출하고 추출한 예측값과 실제값을 바탕으로 손실 함수 값(이진 크로스 엔트로피 값)을 BCE_loss 함수를 통해 계산한다. 이 손실 함수 값을 최소화하기 위해서 gradient_descent 함수를 이용해 w_2, w_1, w_0를 업데이트한다.

업데이트 된 w_2, w_1, w_0의 출력값을 확인하면 초기에 정해준 값에서 업데이트 된 결괏값을 확인할 수 있다.

코드 4.12

```
# 구현한 함수를 통해 모델을 학습한다.
# 이 함수에는 1) 가중치 초기화 2) 손실 함수 계산 3) 가중치 업데이트가 모두 구현되어 있다.
for epoch in range(100):                            # 원하는 만큼 반복 횟수 설정
    for X, y in zip(X_train, y_train):
        y_hat = sigmoid(X[0] * w_2 + X[1] * w_1 + w_0)  # 모델의 예측값 추출
        loss = BCE_loss(y, y_hat)                   # 손실 함수의 값 계산
        gradient_descent(X, y, y_hat)     # 손실 함수의 값을 통한 경사하강법으로 w1, w0 업데이트
print(w_2, w_1, w_0)
```

```
2.281742949046067 1.270234766096133 -0.9071206326040818
```

5 모델 성능 평가하기

[코드 4.13]에서는 predict 함수를 통해 결과로 얻은 예측값과 실제값의 비교를 진행한다. predict 함수는 가중합과 sigmoid 함수를 통한 예측값을 얻을 수 있는데, 해당 값은 확률 형태의 값이다. 이런 형태의 확률값을 분류 규칙을 통해서 0.5보다 크면 1로 작으면 0으로 분류하는 코드를 작성한다. 이후 accuracy_score 함수를 통해 정확도를 출력하면 결과를 얻을 수 있다.

코드 4.13

```
# predict 함수를 통해 로지스틱 회귀로 얻은 예측값을 추출해 테스트 데이터로 평가한다.
def predict(X):
    global w_2, w_1, w_0
    preds = sigmoid(X[:, 0] * w_2 + X[:, 1] * w_1 + w_0)   # 특징 벡터와 가중치를 활용
    pred_class = []
    pred_class = [1 if i >= 0.5 else 0 for i in preds] # 예측 결과가 0.5 이상이면 1, 그렇지 않으면 0
    return np.array(pred_class)

y_hat = predict(X_test)
result = sklearn.metrics.accuracy_score(y_test, y_hat)
print(result)
```

```
0.85
```

6 모델 동작 시각화하기

모델의 동작을 시각화해서 직관적으로 특징을 파악한다. 각 데이터에 대하여 예측값이 0인 경우에는 빨간색 영역에 위치하고, 예측값이 1인 경우에는 초록색 영역에 위치하는 결과를 얻게 된다.

코드 4.14

```
# 학습 데이터셋을 시각화한다(빨간색).
X_set, y_set = X_train, y_train
X1, X2 = np.meshgrid(np.arange(start = X_set[:, 0].min() - 1, stop = X_set[:, 0].max() + 1, step = 0.01),
        np.arange(start = X_set[:, 1].min() - 1, stop = X_set[:, 1].max() + 1, step = 0.01))
plt.contourf(X1, X2, classifier.predict(np.array([X1.ravel(), X2.ravel()]).T).reshape(X1.shape),
             alpha = 0.3, cmap = ListedColormap(('red', 'green')))
plt.xlim(X1.min(), X1.max())
plt.ylim(X2.min(), X2.max())
for i, j in enumerate(np.unique(y_set)):
    plt.scatter(X_set[y_set == j, 0], X_set[y_set == j, 1],
                c = ListedColormap(('red', 'green'))(i), label = j)
plt.title('Logistic Regression (Training set)')
plt.xlabel('Age')
plt.ylabel('Estimated Salary')
plt.legend()
plt.show()
```

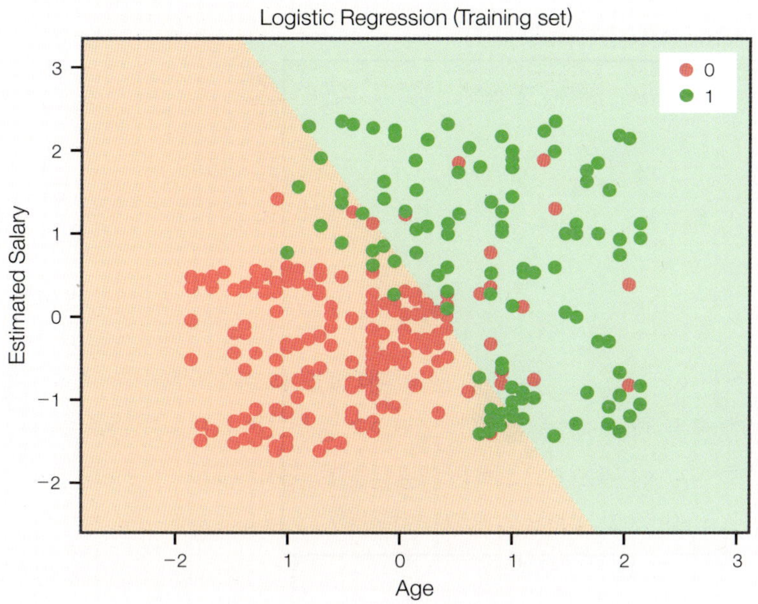

코드 4.15

```
# 테스트 데이터셋을 시각화한다(초록색).
X_set, y_set = X_test, y_test
X1, X2 = np.meshgrid(np.arange(start = X_set[:, 0].min() - 1, stop = X_set[:, 0].max() + 1, step = 0.01),
        np.arange(start = X_set[:, 1].min() - 1, stop = X_set[:, 1].max() + 1, step = 0.01))
plt.contourf(X1, X2, classifier.predict(np.array([X1.ravel(), X2.ravel()]).T).reshape(X1.shape),
             alpha = 0.3, cmap = ListedColormap(('red', 'green')))
plt.xlim(X1.min(), X1.max())
plt.ylim(X2.min(), X2.max())
for i, j in enumerate(np.unique(y_set)):
   plt.scatter(X_set[y_set == j, 0], X_set[y_set == j, 1],
               c = ListedColormap(('red', 'green'))(i), label = j)
plt.title('Logistic Regression (Test set)')
plt.xlabel('Age')
plt.ylabel('Estimated Salary')
plt.legend()
plt.show()
plt.show()
```

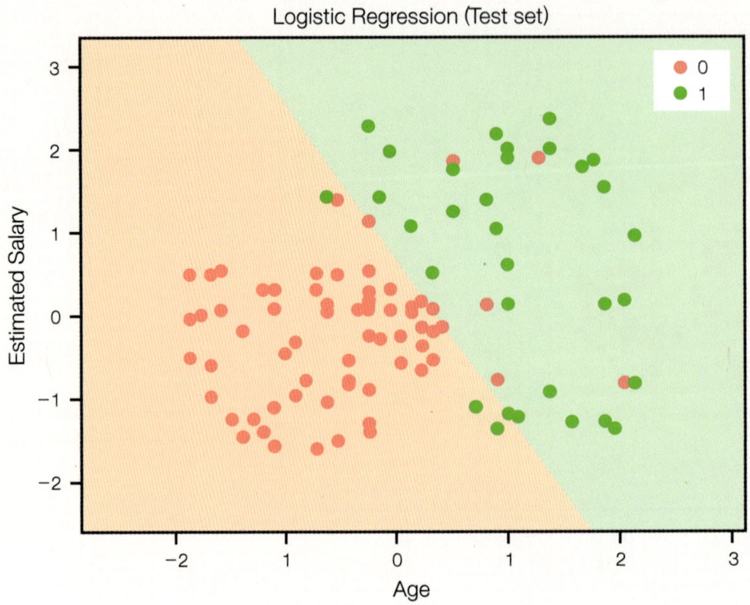
Logistic Regression (Test set)
0
1
Estimated Salary
Age
3
2
1
0
−1
−2
−2
1
0
1
2
3

CHAPTER 05

퍼셉트론

PREVIEW

5장에서는 퍼셉트론의 구조와 학습 원리를 다룬다. 퍼셉트론은 분류와 회귀에 모두 적용할 수 있지만, 단일 퍼셉트론만으로는 데이터를 분석하는 데 제한이 있다. 이러한 이유로 단일 퍼셉트론보다는 다층 퍼셉트론이 더 널리 사용된다. 다층 퍼셉트론은 6장에서 다룰 예정이며, 이를 잘 이해하기 위해서는 5장에서 다루는 퍼셉트론의 기본 구성 요소를 선행적으로 이해해야 한다.

학습목표

- 퍼셉트론의 구조를 시각적으로 표현하는 수준으로 이해할 수 있다.
- 퍼셉트론 구성 단위의 역할을 이해한다.
- 퍼셉트론의 학습 규칙을 이해한다.

SECTION 01

퍼셉트론의 구조

인간의 지능적인 활동은 대부분 두뇌에서 발생한다. 인간의 두뇌 활동을 모사하려는 시도는 1950년대 후반 프랭크 로젠블랫Frank Rosenblatt이 퍼셉트론Perceptron이라는 모델을 발표하면서 시작되었다. 신경세포는 마치 논리 회로처럼 입력을 담당하는 부분과 출력을 담당하는 부분, 신호가 전달되는 부분 등이 존재하며 이와 같은 신경세포 사이의 신호 전달 기제는 큰 관심을 받고 있다.

퍼셉트론은 인공신경망의 기본 정보 처리 단위로, 입력을 받아들이고 이를 가중치와 결합하여 출력을 생성하는 구조로 이루어져 있다. 즉, 입력 데이터의 각 성분을 가중합한 후 활성화 함수Activation Function를 통과시킨 결과를 출력하는 모델이다.

퍼셉트론은 일반적으로 다음과 같은 구조를 갖추고 있다.

- **입력층**: 입력층Input Layer은 외부에서 입력되는 데이터를 받는 층이다. 각 입력은 가중치와 곱해져 다음 층으로 이동한다.
- **가중치**: 가중치Weight는 입력에 곱해지는 값으로 각 입력의 상대적인 중요도를 나타내며 학습 과정을 통해 조절된다.
- **활성화 함수**: 활성화 함수Activation Function는 퍼셉트론 모델의 입력값과 이에 대응하는 가중치를 곱한 가중합 결과에 기반하여 퍼셉트론 모델의 출력을 결정한다.
- **임계값**: 임계값Threshold은 활성화 함수를 통과한 출력값이 도달해야 하는 값이다. 이 값이 넘어가면 퍼셉트론은 활성화된다. 임계값은 특히 퍼셉트론 모델을 이진 분류에 적용할 때 중요한 역할을 한다.

최초 제안된 퍼셉트론 모델은 활성화 함수로 계단 함수를 적용하여 이진 분류를 해결하는 모델이다. 하지만 5장에서는 3장에서 배운 선형 회귀와 4장에서 배운 로지스틱 회귀를 퍼셉트론으로 표현하여 6장에서 배울 다층 퍼셉트론 모델과 이전 학습 내용을 연결하고자 한다. 예를 들어, 4장에서 살펴본 A 대학교의 재학생이 정수론 과목을 수강했는지 여부를 판별하는 이진 분류(수강 혹은 미수강) 모델을 생각해 보자. 이 문제에서는 N명의 재학생에 대한 입력 데이터가 학습 데이터로 주어진다. 입력 데이터가 d개의 성분으로 구성되면 i번째 재학생의 입력 데이터는 $\mathbf{x}_i = [x_{i1} \cdots x_{id}]^{\mathrm{T}}$의 형태로 정해진다. 또한 i번째 재학생의 정수론 과목 수강 여부 y_i와 $\mathbf{x}_i$의 쌍인 $(\mathbf{x}_i, y_i)$의 집합이 학습 데이터를 구성하는데 5장에서는 이를 $D = \{(\mathbf{x}_i, y_i)\}_{i=1}^{N}$ 형태의 학습 데이터로 표시한다.

입력 데이터에 바이어스를 표시할 수 있도록 1의 값을 갖는 성분을 추가하면 $\mathbf{x}_i = [1\ x_{i1} \cdots x_{id}]^{\mathrm{T}}$ 형태가 되는데 여기에 가중치 벡터 $\mathbf{w} = [w_0\ w_1 \cdots w_d]^{\mathrm{T}}$를 고려한 가중합 계산 과정은 결국 벡터 내적 연산 과정과 동일하다.

$$\mathbf{x}_i \mathbf{w} = \sum_{j=0}^{d} w_j x_{ij} = w_0 + w_1 x_{i1} + \cdots + w_d x_{id}$$

- $\mathbf{x}_i$: i 번째 입력 데이터(특징 벡터)
- $\mathbf{w}$: 가중치(파라미터)
- w_j : 가중치의 j번째 성분($j = 0, \ldots, d$)
- x_{ij} : i 번째 입력 데이터의 j번째 성분(바이어스 $x_{i0} = 1$)

또한 로지스틱 회귀는 $\sigma(\mathbf{w}^{\mathrm{T}}\mathbf{x}_i)$의 식으로 표현이 가능하므로 [그림 5-1]과 같은 퍼셉트론으로 표현할 수 있다.

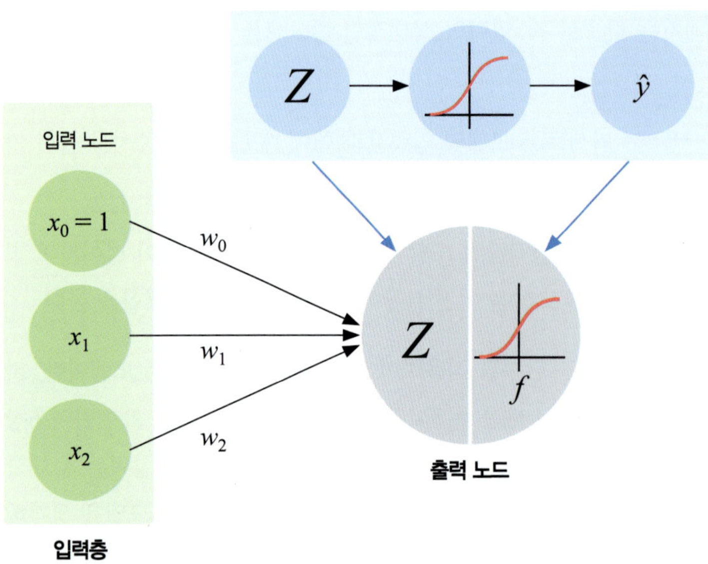

그림 5-1 퍼셉트론의 가시적 표현 예(z는 가중합을 의미)

퍼셉트론과 다층 퍼셉트론의 경우 모델을 가시적으로 표현하는 것이 모델의 구조를 이해하는 데 매우 중요하므로 [그림 5-1]을 통해 간단히 살펴보자. 이진 분류 문제를 해결하기 위한 모델로 입력 데이터가 두 개의 성분으로 구성되고, 이를 $\mathbf{x} = [x_1 \ \ x_2]^{\mathrm{T}}$로 나타낼 수 있다. 모델의 예측값은 0 또는 1의 값으로 표현된다.

[그림 5-1]에서 표시된 퍼셉트론 모델은 두 개의 성분으로 입력 데이터가 구성되며 항상 1의 값을 갖는 바이어스 항이 추가로 존재한다. 활성화 함수Activation Function로 시그모이드 함수를 사용하여 0과 1 사이의 실수값을 출력한다. [그림 5-1]의 가장 왼쪽 입력층에서는 세 개의 원을 확인할 수 있다. 퍼셉트론과 다층 퍼셉트론을 시각적으로 표현할 때 이처럼 크거나 작은 원이 그려지는데, 이러한 원을 노드Node라고 한다. 입력층을 구성하는 세 개의 노드는 바이어스와 입력 데이터를 구성하는 두 개의 성분에 대응하며 이를 입력 노드라고 부른다.

[그림 5-1]의 예에서는 특징 벡터가 두 개의 성분으로 설명되어 i번째 입력 데이터는 $\mathbf{x}_i = [x_{i1} \ \ x_{i2}]^{\mathrm{T}}$의 형태로 표시된다. 그러나 가중합 과정에서 바이어스를 고려해야 하므로 실제로는 $\mathbf{x}_i = [1 \ \ x_{i1} \ \ x_{i2}]^{\mathrm{T}}$와 같이 항상 1의 값을 갖는 노드를 포함해야 한다. 1의 값을 갖는 성분을 x_{i0}으로 나타내기도 한다. [그림 5-1]의 예는 i번째 특징 벡터 $\mathbf{x}_i$를 i번째를 생략하고 다음과 같이 특징 벡터 $\mathbf{x}$로 표현했다.

❶ $\mathbf{x} = [x_0 \ \ x_1 \ \ x_2]^{\mathrm{T}}$가 모델의 입력에 해당한다.

❷ x_0는 x_{i0}에서 i 인덱스를 제거한 것(i번째 생략)으로, 1의 값을 갖고 있다.

❸ i번째를 생략할 경우, x_1는 x_{i1}에서 i번째를 제거한 것을 의미하고 x_2는 x_{i2}에서 i번째를 제거한 것을 의미한다.

이제 [그림 5-1]에서 x_0, x_1, x_2는 i번째를 뜻하는 i 인덱스가 생략되었고 바이어스가 포함된 특징 벡터 $\mathbf{x}$의 각 성분값이 입력층의 노드마다 할당되는 것을 볼 수가 있다.

오른쪽의 출력 노드는 입력층의 세 개의 노드와 화살표로 연결되어 있다. 입력 노드와 출력 노드를 연결하는 화살표를 에지Edge라고 부른다. 퍼셉트론 모델에서는 에지를 따라 정보가 흐른다고 간주한다. 즉, [그림 5-1]에서는 입력 노드에서 출력 노드의 방향으로 정보가 흐르는 세 개의 에지가 존재하고 각 에지에는 w_0, w_1, w_2라는 문자가 표시되어 있다. 여기서 w_0, w_1, w_2는 각 에지에 연계된 가중치Weight를 의미한다. 가중치는 입력 데이터의 성분값의 가중합 과정에서 활용되는데, 퍼셉트론 모델의 구체적인 출력값을 결정하는 요소다. 가중치는 $\mathbf{w} = [w_0 \ \ w_1 \ \ w_2]^{\mathrm{T}}$의 형태로 표시되며, 퍼셉트론과 다층 퍼셉트론에서는 모델의 파라미터를 가중치라고 한다.

이제 입력 노드와 출력 노드를 연결하는 에지를 따라 어떤 정보가 전달되는지 살펴보자. 각 에지는 에지의 출발점에 해당하는 입력 노드의 값을 출력 노드에 전달하는데, 그 과정에서 해당 에지와 연계된 가중치가 전달되는 값에 곱해진다.

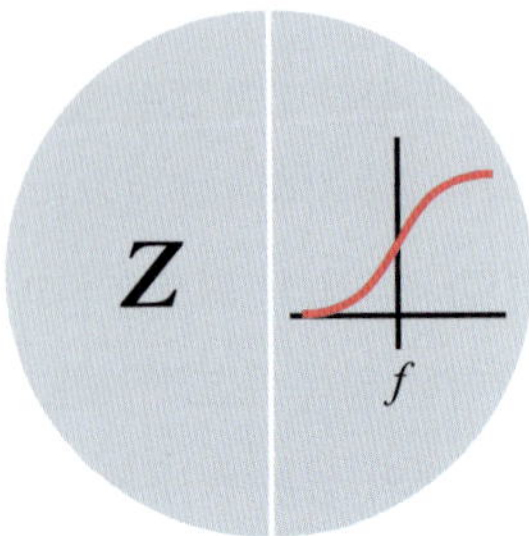

그림 5-2 **출력 노드의 구성**

출력 노드에서는 입력으로 주어진 데이터의 가중합 연산과 활성화 함수 두 가지 동작이 이루어진다. 입력 데이터의 가중합 계산은 출력 노드의 왼쪽 절반에 표시되며 구체적으로는 다음의 식으로 계산한다.

$$z = \mathbf{w}^{\mathrm{T}}\mathbf{x}$$

- $\mathbf{w}^{\mathrm{T}}$: 전치 연산을 적용한 가중치
- $\mathbf{x}$: 입력 데이터

즉, 에지를 통해 전달된 입력 데이터의 성분값에 해당 에지와 연계된 가중치를 곱한 결과를 모두 더하는 과정이 출력 노드의 왼쪽 절반에 해당한다. 입력된 데이터의 가중합 결과는 활성화 함수를 통과하는데, 출력 노드의 오른쪽 절반이 활성화 함수의 동작을 의미한다.

[그림 5-3]에서는 다양한 활성화 함수 중 4장에서 이미 살펴본 시그모이드 함수의 동작을 표시하고 있다. [그림 5-1]의 퍼셉트론 모델은 입력으로 주어진 데이터의 가중합 결과인 z를 시그모이드 함수에 입력하여 0과 1 사이의 값을 생성하는데, 계산 결과를 0.5와 비교하여 0과 1의 값을 판단하는 기능을 추가하면 4장에서 살펴본 로지스틱 회귀와 동일하다.

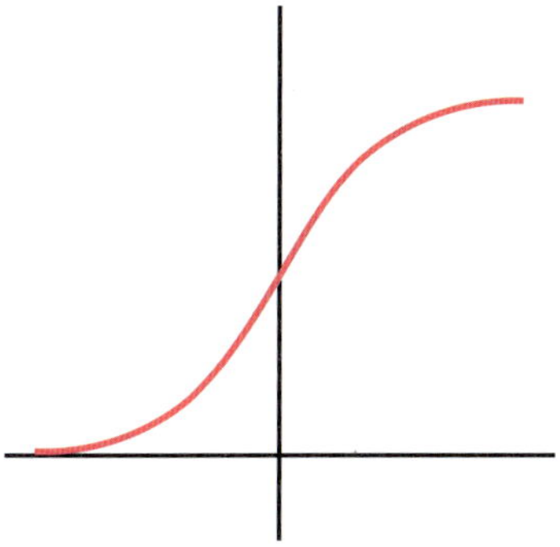

그림 5-3 시그모이드 함수의 가시적 표현

퍼셉트론 모델의 출력 노드에서는 입력으로 주어진 값들의 가중합을 활성화 함수에 입력하여 모델의 출력을 결정한다. 이와 같은 일련의 과정을 [그림 5-4]와 같이 세 개의 노드를 이용하여 가중합 과정, 활성화 함수의 동작, 모델의 예측값($\hat{y}$)으로 자세하게 표현하기도 한다. 모델을 그릴 때 출력 노드를 하나의 노드로 표시하기도 하고, 파란색 박스로 묶여진 것처럼 여러 개의 노드로 그리는 것도 가능하다. 한 개의 실수를 출력하는 모델의 예측값을 $\hat{y}$의 형태로 표시했는데 i번째 입력 데이터($\mathbf{x}_i$)에 대한 모델 예측값의 경우 $\hat{y}_i$로 표현한다. 이때 $\hat{y}_i$는 입력으로 주어진 입력 데이터 $\mathbf{x}_i$에 대한 퍼셉트론의 예측값을 나타내며, 이를 통해 예측값 $\hat{y}_i$와 실제값 y_i를 비교하여 퍼셉트론 모델의 성능을 측정하게 된다.

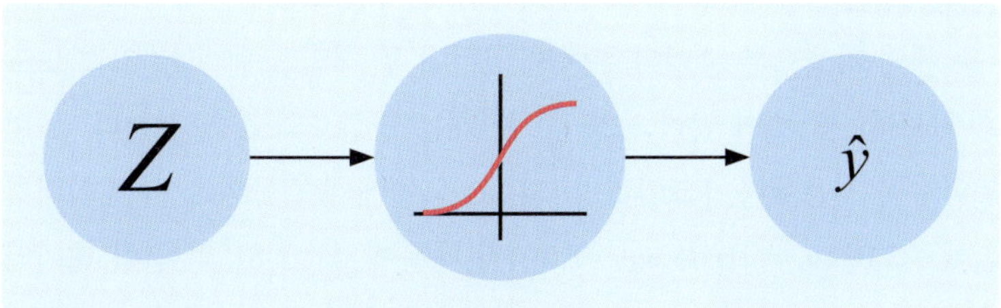

그림 5-4 출력 노드 동작을 가중합, 활성화 함수, 예측값으로 세분화한 표현

SECTION 02

활성화 함수

활성화 함수Activation Function는 퍼셉트론의 입력값과 이에 대응하는 가중치를 곱하여 계산된 가중합 결과에 기반하여 퍼셉트론의 출력을 결정하는 함수다. 이진 분류에서는 퍼셉트론의 내부에서 입력 데이터의 성분에 대한 가중합 결과를 입력하여 출력값(예측값)을 결정하므로 퍼셉트론과 다층 퍼셉트론에서 모두 활성화 함수가 중요한 역할을 한다.

A 대학교의 재학생을 학과와 학점이라는 두 개의 특징으로 설명하는 예를 생각해보자. 학과를 x_1, 학점을 x_2라고 표시할 때 A 대학교의 재학생에 대한 특징 벡터는 $[x_1\ \ x_2]^T$라는 형태의 입력 데이터로 표현될 수 있다. 인공지능학과를 숫자 1로, 수학과를 숫자 3으로 나타낸다면, 인공지능학과에 재학 중이고 학점이 3.8인 홍길동은 $[1\ \ 3.8]^T$라는 입력 데이터로 표현된다. 또한 수학과에 재학 중이고 학점이 4.0인 성춘향은 $[3\ \ 4.0]^T$라는 입력 데이터로 표현된다.

[그림 5-5]의 퍼셉트론 모델과 홍길동, 성춘향의 입력 데이터를 이용하여 퍼셉트론의 출력이 결정되는 과정을 살펴보자. [그림 5-5]에는 두 개의 퍼셉트론 모델이 주어져 있는데 두 개의 모델 모두 입력 노드 세 개, 출력 노드 한 개로 구성되어 있으며, 세 개의 입력 노드 중 한 개는 항상 1의 값을 갖는다. 또한 출력 노드의 활성화 함수로는 부호 함수를 사용했다. [그림 5-5]의 (a) 모델에 홍길동의 입력 데이터가 주어지면 해당 모델의 가중치는 $w_0 = -5.0$, $w_1 = 10.0$, $w_2 = 1.0$이기 때문에, $[1\ \ 3.8]^T$의 입력 데이터에 대하여 $w_1 \times x_1 + w_2 \times x_2 + w_0 = 10.0 \times 1 + 1.0 \times 3.8 - 5.0 = 8.8$의 값이 먼저 계산된다. 8.8의 값이 부호 함수에 주어지면 1의 값이 예측값으로 출력되므로 홍길동의 입력 데이터에 해당하는 예측값은 1이 된다. 성춘향의 경우 $[3\ \ 4.0]^T$의 입력 데이터에 대하여 $w_1 \times x_1 + w_2 \times x_2 + w_0 = 29$가 계산되므로 역시 1의 값이 예측값으로 출력된다.

[그림 5-5]의 (b) 모델의 동작을 살펴보자. (b) 모델에 홍길동의 입력 데이터가 주어지면 $w_1 \times x_1 + w_2 \times x_2 + w_0 = -6.2$가 계산되므로 활성화 함수(부호 함수)를 거친 퍼셉트론의 출력은 -1이 된다. 성춘향의 경우 가중합 결과 14의 값이 계산되므로 성춘향에 대응하는 퍼셉트론 모델의 출력은 1이 된다. 즉, 노드와 에지의 구조 그리고 활성화 함수가 동일해도 가중치의 값에 따라 동일한 입력 데이터에 대한

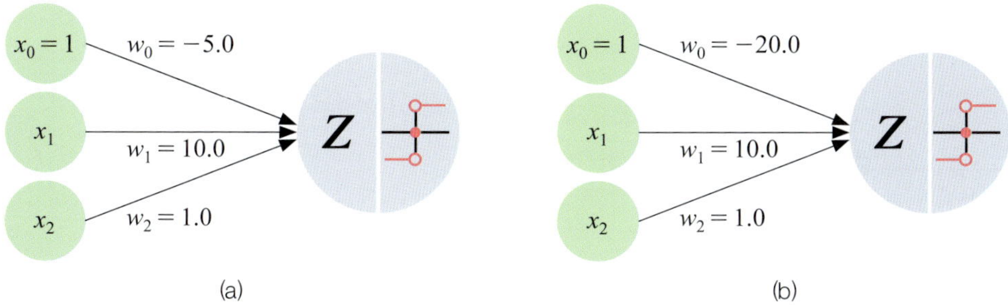

그림 5-5 **퍼셉트론 모델 예**

퍼셉트론 모델의 출력이 변함을 알 수 있다. 홍길동은 정수론 과목을 수강하지 않았고 성춘향은 정수론 과목을 수강했다고 가정하자. 이때 [그림 5-5]의 (a) 모델은 홍길동과 성춘향에 대하여 같은 값을 출력하므로 정수론 과목의 수강 여부의 판단에 도움이 되지 못한다. 하지만 (b) 모델은 홍길동에 대하여 −1을 출력하고, 성춘향에 대하여 1의 값을 출력하므로 두 학생에 대해서는 정수론 과목의 수강 여부를 판단하는 과정에 도움이 될 수도 있다.

퍼셉트론 모델에서 입력 노드의 개수는 입력 데이터의 성분 수와 일치해야 한다. 바이어스를 고려하는 경우에는 입력 데이터의 성분 수에 1을 더한 값이 입력 노드의 개수가 된다. 출력 노드의 개수도 실제값 성분의 수에 결정되므로, 노드의 개수 및 노드와 노드 사이의 연결(에지) 구조는 입력 데이터와 그에 대응하는 실제값에 의해 결정된다. 따라서 동일한 입력 데이터에 대하여 퍼셉트론 모델의 예측값을 변화시키는 요인은 가중치의 값과 활성화 함수다.

퍼셉트론과 다층 퍼셉트론에서는 다양한 종류의 활성화 함수를 사용하는데, 퍼셉트론에서 사용하는 기본적인 활성화 함수는 부호 함수, 계단 함수, 시그모이드 함수, 항등 함수 등이 있다. 이 중 부호 함수와 계단 함수, 항등 함수에 대해서 살펴보자. 다층 퍼셉트론에서 널리 사용되는 활성화 함수인 소프트맥스 함수와 렐루Rectified Linear Unit, RELU 함수는 6장에서 자세하게 설명한다.

부호 함수를 엄밀하게 정의하면 다음과 같다.

$$\mathrm{sgn}(x) = \begin{cases} 1 \ \text{if} \ x > 0 \\ 0 \ \text{if} \ x = 0 \\ -1 \ \text{if} \ x < 0 \end{cases}$$

부호 함수와 유사한 활성화 함수로 [그림 5-6]과 같이 계단 함수가 존재한다.

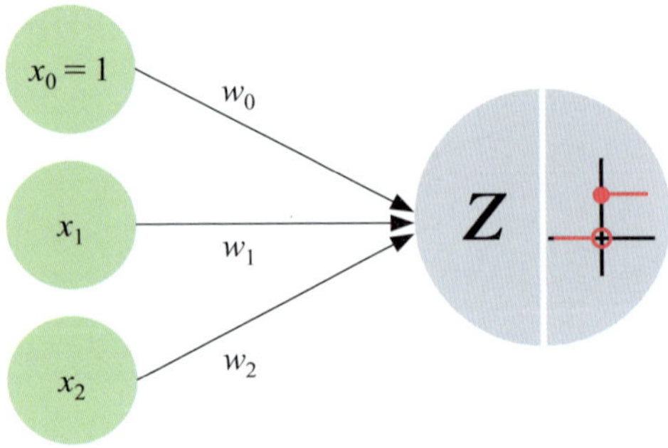

그림 5-6 계단 함수를 활성화 함수로 사용한 퍼셉트론의 예

퍼셉트론에서 사용하는 계단 함수는 입력값이 0보다 크거나 같으면 1을, 그렇지 않으면 0을 출력하는 함수다.

$$f(x) = \begin{cases} 1 \text{ if } x \geq 0 \\ 0 \text{ if } x < 0 \end{cases}$$

항등 함수는 이름에서 알 수 있듯 다음과 같이 정의된다.

$$f(x) = x$$

즉, 활성화 함수에 입력으로 주어진 값(퍼셉트론의 경우 입력 데이터의 가중합 결과)이 그대로 예측값으로 출력된다.

퍼셉트론에서 사용하는 활성화 함수를 f, i번째 입력에 해당하는 입력 데이터를 $\mathbf{x}_i$, 퍼셉트론의 가중치를 $\mathbf{w}$라고 표시하면 퍼셉트론 모델의 예측값 $\hat{y}_i$는 다음 식처럼 표시된다.

$$\hat{y}_i = f(\mathbf{w}^{\mathrm{T}}\mathbf{x}_i)$$

- $\hat{y}_i$: i번째 입력 데이터 $\mathbf{x}_i$에 대한 모델의 예측값

SECTION 03

퍼셉트론의 학습 과정

[그림 5-5]의 예를 통해 동일한 구조를 갖는 모델이더라도 가중치의 구체적인 값에 따라 퍼셉트론의 예측값이 달라짐을 알아보았다. 퍼셉트론 모델에서도 학습을 통해 주어진 문제를 잘 해결할 수 있는 가중치를 결정해야 한다. 퍼셉트론의 가중치 값을 결정하는 다양한 방법이 있으나 경사하강법을 사용해 퍼셉트론의 가중치를 결정하는 과정을 살펴보자.

퍼셉트론의 학습 방식 중 경사하강법에 기초한 학습 방식을 델타 규칙Delta Rule이라고 한다. 퍼셉트론 학습 과정에서는 활성화 함수에 대한 미분이 이루어지므로 활성화 함수의 종류에 따라 그레디언트의 계산 결과가 다르게 표현된다. 먼저 활성화 함수로 항등 함수를 사용한 결과를 살펴보자. 활성화 함수의 미분을 활용한 학습 과정은 6장 다층 퍼셉트론에서 자세히 살펴볼 것이다.

입력 데이터가 d개의 성분으로 구성되고($\mathbf{x} = [x_1 \ x_2 \ \cdots \ x_d]^{\mathrm{T}}$), 활성화 함수로 항등 함수를 채택했다면, 퍼셉트론은 입력 데이터의 가중합 결과($\hat{y} = \sum_{j=0}^{d} w_j x_j$, 여기서 $x_0 = 1$)를 예측값으로 출력한다. 퍼셉트론 모델의 성능을 다양한 성능 측도로 측정할 수 있는데, 다음과 같이 정의된 MSEMean Squared Error를 이용하여 모델의 성능을 측정해보자.

$$L(\mathbf{w}) = \frac{1}{N}\sum_{i=1}^{N}(y_i - \hat{y}_i)^2$$

- $L(\mathbf{w})$: 학습 데이터 $D = \{(\mathbf{x}_i, y_i)\}_{i=1}^{N}$이 주어졌을 때 i번째 입력 데이터에 대한 퍼셉트론의 예측값 $\hat{y}_i$와 실제값 y_i의 차이의 제곱의 평균으로 계산되는 손실 함수

여기서 활성화 함수가 항등 함수이므로 입력 데이터 $\mathbf{x}_i$에 대한 퍼셉트론 모델의 예측값 $\hat{y}_i$는 입력 데이터의 가중합으로 계산된다($\hat{y}_i = \sum_{j=0}^{d} w_j x_{ij}$, $x_{i0} = 1$). 퍼셉트론 학습의 목표는 주어진 학습 데이터 D에 대하여 손실 함수 MSE의 계산 결과를 가장 작게 만드는 가중치 $\mathbf{w}$를 찾는 것이다. w_j를 업데이트할 때는 경사하강법을 활용할 수 있다.

$$w_j \leftarrow w_j - \alpha \frac{\partial L(\mathbf{w})}{\partial w_j}$$

- α : 학습률

i번째 입력 데이터 $\mathbf{x}_i$가 두 개의 성분으로 구성된 경우 $\mathbf{x}_i = [x_{i1}\ \ x_{i2}]^{\mathrm{T}}$와 같이 구성된다. 바이어스 노드를 감안하면 우리가 실제로 고려해야 하는 입력은 $\mathbf{x}_i = [1\ \ x_{i1}\ \ x_{i2}]^{\mathrm{T}}$의 형태가 된다고 간주할 수 있다. 활성화 함수로 항등 함수를 사용하는 예에서 퍼셉트론은 $\mathbf{x}_i$에 대하여 $\hat{y}_i = \sum_{j=0}^{2} w_j x_{ij}$의 예측값을 출력한다. 가중치에 대한 손실 함수 $L(\mathbf{w})$의 편미분 결과는 다음과 같이 정리할 수 있다.

$$\begin{aligned}
\frac{\partial L(\mathbf{w})}{\partial w_1} &= \frac{\partial}{\partial w_1} \frac{1}{N} \sum_{i=1}^{N} (y_i - \hat{y}_i)^2 \\
&= \frac{1}{N} \frac{\partial}{\partial w_1} \left\{ \left(y_1 - \left(w_0 + w_1 x_{11} + w_2 x_{12} \right) \right)^2 + \cdots + \left(y_N - \left(w_0 + w_1 x_{N1} + w_2 x_{N2} \right) \right)^2 \right\} \\
&= \frac{2}{N} \left\{ \left(y_1 - \left(w_0 + w_1 x_{11} + w_2 x_{12} \right) \right) \left(-x_{i1} \right) + \cdots + \left(y_N - \left(w_0 + w_1 x_{N1} + w_2 x_{N2} \right) \right) \left(-x_{N1} \right) \right\} \\
&= \frac{2}{N} \left\{ \left(y_1 - \hat{y}_1 \right) \left(-x_{i1} \right) + \cdots + \left(y_N - \hat{y}_N \right) \left(-x_{N1} \right) \right\} \\
&= \frac{2}{N} \sum_{i=1}^{N} \left\{ \left(y_i - \hat{y}_i \right) \left(-x_{i1} \right) \right\}
\end{aligned}$$

마찬가지로 w_0 및 w_1에 대한 편미분 결과는 다음과 같다.

$$\frac{\partial L(\mathbf{w})}{\partial w_0} = \frac{2}{N} \sum_{i=1}^{N} \left\{ \left(y_i - \hat{y}_i \right) \left(-x_{i0} \right) \right\} = \frac{2}{N} \sum_{i=1}^{N} \left\{ -\left(y_i - \hat{y}_i \right) \right\}$$

$$\frac{\partial L(\mathbf{w})}{\partial w_2} = \frac{2}{N} \sum_{i=1}^{N} \left\{ \left(y_i - \hat{y}_i \right) \left(-x_{i2} \right) \right\}$$

편미분 결과를 활용하면 w_j ($j = 0, 1, 2$)의 업데이트는 다음과 같은 방식으로 이루어진다.

$$w_0 \leftarrow w_0 + \frac{2\alpha}{N} \sum_{i=1}^{N} \left\{ \left(y_i - \hat{y}_i \right) \right\}$$

$$w_1 \leftarrow w_1 + \frac{2\alpha}{N} \sum_{i=1}^{N} \left\{ \left(y_i - \hat{y}_i \right) x_{i1} \right\}$$

$$w_2 \leftarrow w_2 + \frac{2\alpha}{N} \sum_{i=1}^{N} \left\{ \left(y_i - \hat{y}_i \right) x_{i2} \right\}$$

지금까지의 결과를 종합하여 항등 함수를 활성화 함수로 사용하는 퍼셉트론 모델의 델타 규칙을 정리하면 [표 5-1]과 같다. [표 5-1]에서는 학습 데이터로 주어진 N개의 입력 데이터에 대하여 $L(\mathbf{w})$를 계산한 후 가중치를 업데이트한다. 학습 데이터 전체에 대하여 손실 함수를 계산한 후 모델의 성능을 결정짓는 가중치를 업데이트하는 접근법을 배치 학습이라고 한다. 학습 데이터 전체에 대하여 손실 함수를 계산하는 것이 아니라 개별 데이터에 대하여 손실 함수를 계산한 후 가중치를 업데이트하는 접근법을 취할 수도 있는데, 이런 접근법을 온라인 학습이라고 한다.

표 5-1 델타 규칙

입력	학습 데이터 $D = \{(\mathbf{x}_i, y_i)\}_{i=1}^{N}$ 학습률 α
초기화	가중치의 성분을 임의의 실수로 초기화
반복	• 종료 조건이 만족될 때까지 a. 학습 데이터 D에 대하여 $L(\mathbf{w})$를 계산 b. 가중치 $\mathbf{w}$의 모든 성분에 대하여 가중치 업데이트 $w_j \leftarrow w_j - \alpha \frac{\partial L(\mathbf{w})}{\partial w_j}$

활성화 함수로 시그모이드 함수를 사용하는 경우 퍼셉트론 학습 규칙은 어떻게 표시될까? 이때는 먼저 손실 함수의 구체적인 형태를 알아야 한다. 만약 4장에서와 같이 손실 함수가 BCE[Binary Cross Entropy]로 정의되었고 활성화 함수가 시그모이드 함수, 그리고 입력되는 입력 데이터 $\mathbf{x}_i$가 x_{i1}과 x_{i2}의 두 개의 성

분을 갖는 경우를 살펴보자. 이때는 [그림 5-1]의 모델에 해당하며 가중치의 업데이트 식은 다음과 같이 표현된다.

$$w_0 \leftarrow w_0 + \frac{\alpha}{N}\sum_{i=1}^{N}\left\{y_i - \sigma(\mathbf{w}^{\mathrm{T}}\mathbf{x}_i)\right\}$$

$$w_1 \leftarrow w_1 + \frac{\alpha}{N}\sum_{i=1}^{N}\left\{(y_i - \sigma(\mathbf{w}^{\mathrm{T}}\mathbf{x}_i))x_{i1}\right\}$$

$$w_2 \leftarrow w_2 + \frac{\alpha}{N}\sum_{i=1}^{N}\left\{(y_i - \sigma(\mathbf{w}^{\mathrm{T}}\mathbf{x}_i))x_{i2}\right\}$$

이 경우 퍼셉트론의 학습 규칙이 4장에서 학습한 내용과 동일함을 알 수 있다. BCE 손실 함수에 대하여 유도한 가중치의 업데이트 식을 [표 5-1]에 적용하면 로지스틱 회귀와 동일한 기능을 하는 퍼셉트론의 가중치를 학습하게 된다.

SECTION 04

퍼셉트론과 논리 게이트

논리 회로는 주어진 입력에 기반하여 정보를 처리하는 장치로 다양한 종류의 논리 게이트로 구성된다. 주요 논리 게이트에는 AND 게이트, OR 게이트, XOR 게이트, NOR 게이트, NAND 게이트, NOT 게이트 등이 있다. [표 5-2]~[표 5-7]에서 주요 논리 게이트의 동작을 표현했다. 참고로 논리 게이트의 입력으로는 x_1과 x_2로 구성된 입력 데이터 $\mathbf{x} = [x_1 \ \ x_2]^T$가 주어지면 x_1과 x_2는 0과 1 중 하나의 값을 갖는다.

표 5-2 AND 게이트

입력		출력(실제값)
x_1	x_2	
0	0	0
0	1	0
1	0	0
1	1	1

표 5-3 OR 게이트

입력		출력(실제값)
x_1	x_2	
0	0	0
0	1	1
1	0	1
1	1	1

표 5-4 XOR 게이트

입력		출력(실제값)
x_1	x_2	
0	0	0
0	1	1
1	0	1
1	1	0

표 5-5 NOR 게이트

입력		출력(실제값)
x_1	x_2	
0	0	1
0	1	0
1	0	0
1	1	0

표 5-6 NAND 게이트

입력		출력(실제값)
x_1	x_2	
0	0	1
0	1	1
1	0	1
1	1	0

표 5-7 NOT 게이트

입력	출력(실제값)
x	
0	1
1	0

논리 게이트의 동작을 [그림 5-7]처럼 시각적으로 표현할 수 있다. (a) AND 게이트를 예로 들면 x_1과 x_2의 값이 모두 1일 때만 1의 값이 출력되고 그 외의 경우는 모두 0의 값을 출력하는 동작을 시각적으로 표시한 것이다. 논리 게이트의 동작을 퍼셉트론을 이용하여 표현할 수 있는지 알아보자.

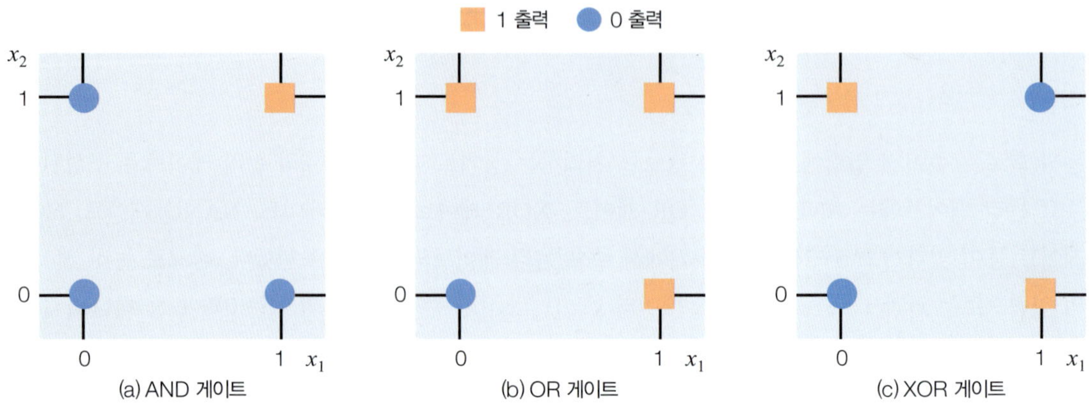

그림 5-7 논리 게이트 동작의 시각적 표현

[그림 5-8]의 퍼셉트론 모델을 살펴보자. 바이어스가 포함되지 않는 입력 데이터 $\mathbf{x} = [x_1 \ x_2]^T$가 주어졌을 때, 모델에서는 바이어스에 해당하는 입력 노드를 단순하게 1로 표기했다. 바이어스에 해당하는 입력 노드와 출력 노드를 연결하는 에지에는 -1.5의 가중치가, 성분 x_1에 해당하는 입력 노드와 출력 노드를 연결하는 에지에는 1의 가중치가, 성분 x_2에 해당하는 입력 노드와 출력 노드를 연결하는 에지에는 1의 가중치가 할당되었다. 또한 출력 노드에서는 활성화 함수로 계단 함수를 사용했다.

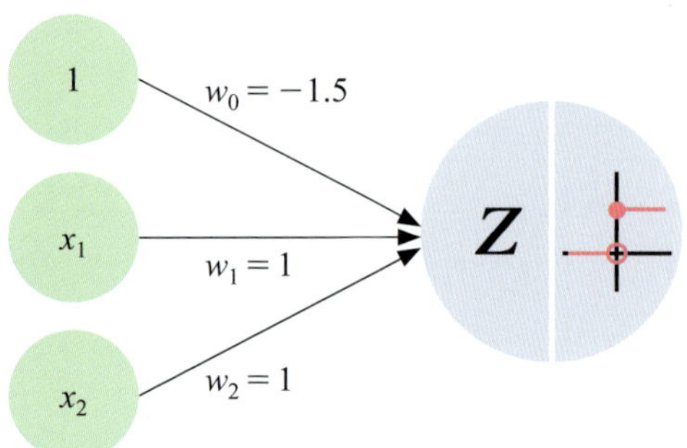

그림 5-8 AND 게이트 동작의 퍼셉트론 표현

[그림 5-8]의 퍼셉트론에 $\mathbf{x}_1 = [0\ \ 0]^{\mathrm{T}}$, $\mathbf{x}_2 = [0\ \ 1]^{\mathrm{T}}$, $\mathbf{x}_3 = [1\ \ 0]^{\mathrm{T}}$, $\mathbf{x}_4 = [1\ \ 1]^{\mathrm{T}}$의 입력 데이터가 주어지는 상황을 살펴보자. i번째 입력 데이터 $\mathbf{x}_i$에 대한 가중합 과정을 $z(\mathbf{x}_i)$라고 표현하면, 다음과 같이 계산된다.

$$z(\mathbf{x}_1) = w_0 + w_1 x_{11} + w_2 x_{12} = -1.5 + 0 + 0 = -1.5$$

$$z(\mathbf{x}_2) = -0.5,\ z(\mathbf{x}_3) = -0.5,\ z(\mathbf{x}_4) = 0.5$$

계단 함수로 결정된 활성화 함수를 f로 표시할 경우 $\mathbf{x}_1$에 해당하는 예측값은 $f\big(z(\mathbf{x}_1)\big) = f(-1.5) = 0$, $\mathbf{x}_2$에 해당하는 예측값은 $f\big(z(\mathbf{x}_2)\big) = f(-0.5) = 0$, $\mathbf{x}_3$에 해당하는 예측값은 $f\big(z(\mathbf{x}_3)\big) = f(-0.5) = 0$, $\mathbf{x}_4$에 해당하는 예측값은 $f\big(z(\mathbf{x}_4)\big) = f(0.5) = 1$이다. 즉 [그림 5-8]의 퍼셉트론 모델로 AND 게이트의 동작을 표현할 수 있음을 알 수 있다.

[그림 5-9]의 퍼셉트론에 $\mathbf{x}_1 = [0\ \ 0]^{\mathrm{T}}$, $\mathbf{x}_2 = [0\ \ 1]^{\mathrm{T}}$, $\mathbf{x}_3 = [1\ \ 0]^{\mathrm{T}}$, $\mathbf{x}_4 = [1\ \ 1]^{\mathrm{T}}$의 입력 데이터가 입력으로 주어지는 상황을 살펴보자. i번째 입력 데이터 $\mathbf{x}_i$에 대한 가중합 과정을 $z(\mathbf{x}_i)$라고 표현하면, 다음과 같이 계산된다.

$$z(\mathbf{x}_1) = w_0 + w_1 x_{11} + w_2 x_{12} = -0.5 + 0 + 0 = -0.5$$

$$z(\mathbf{x}_2) = 0.5,\ z(\mathbf{x}_3) = 0.5,\ z(\mathbf{x}_4) = 1.5$$

계단 함수로 결정된 활성화 함수를 f로 표시할 경우 $\mathbf{x}_1$에 해당하는 예측값은 $f\big(z(\mathbf{x}_1)\big) = f(-0.5) = 0$, $\mathbf{x}_2$에 해당하는 예측값은 $f\big(z(\mathbf{x}_2)\big) = f(0.5) = 1$, $\mathbf{x}_3$에 해당하는 예측값은 $f\big(z(\mathbf{x}_3)\big) = f(0.5) = 1$, $\mathbf{x}_4$에 해당하는 예측값은 $f\big(z(\mathbf{x}_4)\big) = f(1.5) = 1$이다. 즉 [그림 5-9]의 퍼셉트론 모델로 OR 게이트의 동작을 표현할 수 있음을 알 수 있다.

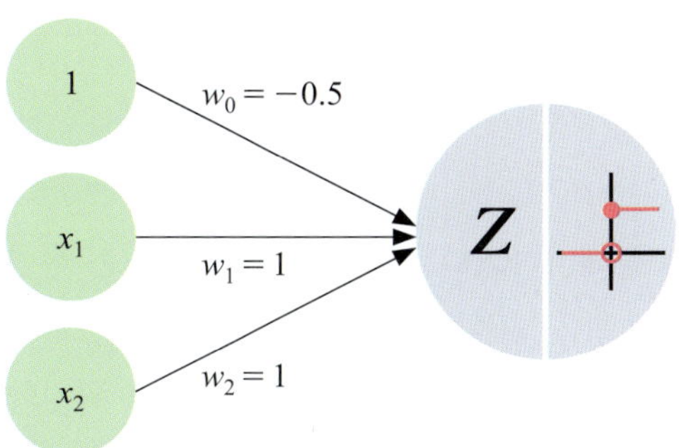

그림 5-9 OR 게이트 동작의 퍼셉트론 표현

논리 게이트 동작의 시각적 표현을 이용하여 퍼셉트론 모델을 해석해보자.

바이어스가 포함되지 않는 입력 데이터 $\mathbf{x}=[x_1\ \ x_2]^{\mathrm{T}}$가 주어졌을 때, [그림 5-10]의 (a)에서 빨간색으로 표시된 직선은 $x_1+x_2-1.5=0$에 해당한다. 이는 [그림 5-8]의 퍼셉트론 모델에서 입력 데이터의 가중합인 $z(\mathbf{x})$가 0임을 나타낸다. $z(\mathbf{x})=0$은 AND 게이트의 입력 데이터가 표시되는 특징 공간을 반으로 나눈다. $z(\mathbf{x})>0$인 영역은 입력 데이터 $[x_1\ \ x_2]^{\mathrm{T}}=[1\ \ 1]^{\mathrm{T}}$를 포함하고, $z(\mathbf{x})<0$인 영역은 $[0\ \ 0]^{\mathrm{T}}$, $[0\ \ 1]^{\mathrm{T}}$, $[1\ \ 0]^{\mathrm{T}}$의 입력 데이터를 포함한다. 특징 공간에서 $z(\mathbf{x})>0$인 영역은 AND 게이트의 예측값이 1인 입력 데이터를 포함하고 있으며, 특징 공간에서 $z(\mathbf{x})<0$인 영역은 AND 게이트의 예측값이 0인 입력 데이터들을 포함하고 있다.

바이어스가 포함되지 않는 입력 데이터 $\mathbf{x}=[x_1\ \ x_2]^{\mathrm{T}}$가 주어졌을 때, [그림 5-10]의 (b)에서 빨간색으로 표시된 직선은 $x_1+x_2-0.5=0$에 해당한다. 이는 [그림 5-9]의 퍼셉트론 모델에서 입력 데이터의 가중합인 $z(\mathbf{x})$가 0임을 나타낸다. $z(\mathbf{x})=0$은 OR 게이트의 입력 데이터가 표시되는 특징 공간을 반으로 나눈다. 여기서 $z(\mathbf{x})>0$인 영역은 입력 데이터 $[x_1\ \ x_2]^{\mathrm{T}}=[0\ \ 1]^{\mathrm{T}}$, $[1\ \ 0]^{\mathrm{T}}$, $[1\ \ 1]^{\mathrm{T}}$를 포함하고, $z(\mathbf{x})<0$인 영역은 $[0\ \ 0]$의 입력 데이터를 포함한다. 특징 공간에서 $z(\mathbf{x})>0$인 영역은 OR 게이트의 예측값이 1인 입력 데이터들을 포함하고 있으며, 특징 공간에서 $z(\mathbf{x})<0$인 영역은 OR 게이트의 예측값이 0인 입력 데이터를 포함하고 있다.

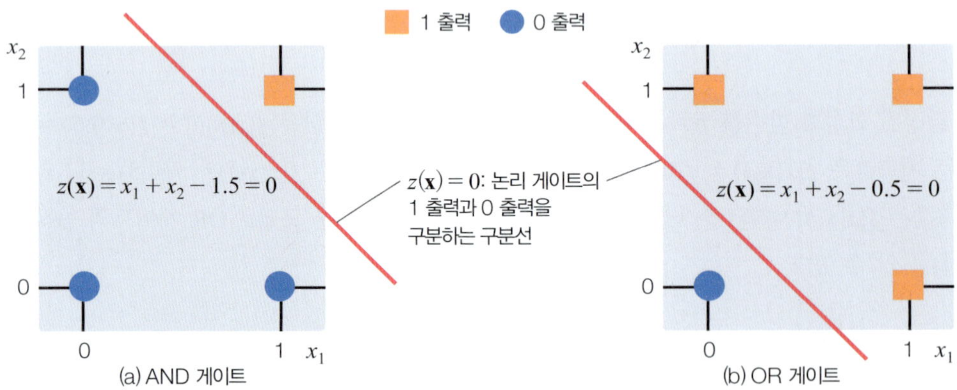

그림 5-10 논리 게이트 동작에 대응하는 퍼셉트론 모델의 해석

즉, 퍼셉트론 모델에서 입력 데이터의 가중합인 $z(\mathbf{x})=\mathbf{w}^{\mathrm{T}}\mathbf{x}$에 대하여 $z(\mathbf{x})=0$을 통해 만들어지는 직선(두 개의 성분으로 구성된 입력 데이터), 평면(세 개의 성분으로 구성된 입력 데이터), 초평면(네 개 이상의 성분으로 구성된 입력 데이터)은 특징 공간을 반으로 분할한다. 계단 함수나 부호 함수를 활성화 함수로 사용하면 입력 데이터가 특징 공간의 어느 영역에 속하는지 판단할 수 있다.

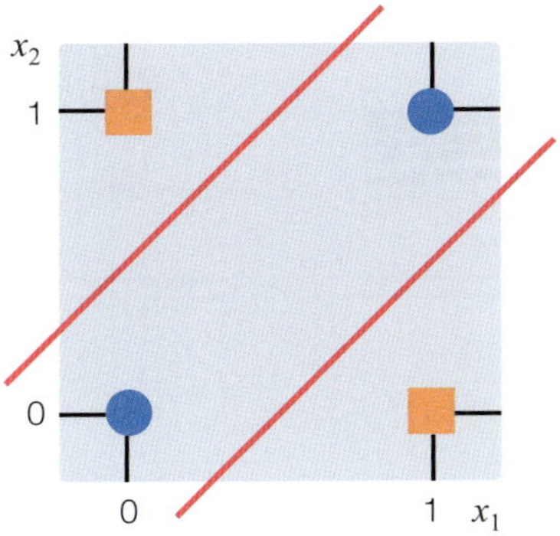

그림 5-11 XOR 게이트 동작의 시각적 해석

XOR 게이트의 경우 [그림 5-11]에서 보듯이 실제값 0에 해당하는 입력 데이터와 실제값 1에 해당하는 입력 데이터가 속한 공간을 나누려면 두 개의 직선이 필요하다. 즉, XOR 게이트의 동작을 하나의 퍼셉트론으로 표현하는 것은 불가능하다는 것을 알 수 있다. XOR 게이트의 동작을 표현하기 위해서는 여러 개의 퍼셉트론이 필요한데, 이러한 접근법은 6장 다층 퍼셉트론에서 소개한다.

SECTION 05

예제로 풀어보는 퍼셉트론

01 d개의 성분으로 구성된 모델의 입력을 $\mathbf{x} = [x_1\ x_2\ \cdots\ x_d]^{\mathrm{T}}$로 나타내고, 활성화 함수를 f, 출력을 $\hat{y}$로 표시할 때, 퍼셉트론 모델을 그리시오. 단, 바이어스 $x_0 = 1$을 함께 표시한다.

02 학생들의 키(x_1)와 몸무게(x_2)를 관측하고, 비만과 정상의 두 개의 그룹으로 분류했다. 비만과 정상의 구분은 별도의 체질량 지수를 측정하여 이루어졌다. 이때, 실수로 표시된 키와 몸무게를 이용하여 비만과 정상 체중에 속할 확률값을 출력하는 퍼셉트론 모델을 그리시오. 단, 모델에는 바이어스 노드를 포함하며, 출력 노드에서는 시그모이드 함수를 사용한다.

03 3km 달리기(x_1)와 팔 굽혀 펴기(x_2)를 성분으로 하는 7건의 입력 데이터를 기반으로 운동 능력을 평가하였다. 그 결과 4건은 운동 능력 저조로, 3건은 운동 능력 양호로 판정되었다. 그래프에서 가로축과 세로축의 수치는 등급을 의미하며, 운동 능력 저조는 파란색 원으로, 양호는 노란색 원으로 표시했다. 이러한 운동 능력 저조와 양호를 구별할 수 있는 퍼셉트론 모델을 그리시오. 단, 활성화 함수는 계단 함수를 사용하고, 가중치는 7건의 입력 데이터를 바탕으로 운동 능력 저조와 양호를 구별할 수 있도록 적절하게 부여한다.

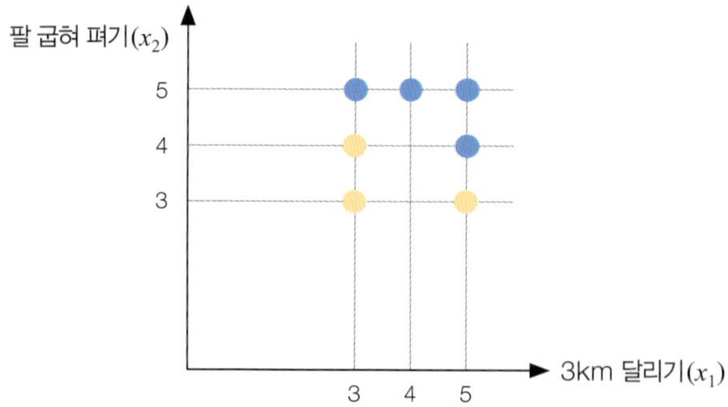

04 다음 그림은 예제 **03**에서 주어진 입력 데이터에 대하여 $f(x_1, x_2) = x_1 + 10x_2 - 38$을 계산한 후 $f(x_1, x_2) > 0$이면 운동 능력 저조로, 그렇지 않으면 운동 능력 양호로 판정하려는 상황을 표시하고 있다. $f(x_1, x_2) = x_1 + 10x_2 - 38$의 결괏값을 비교하여 운동 능력 저조와 운동 능력 양호를 판정하는 퍼셉트론 모델을 그리시오. 단, 활성화 함수는 계단 함수를 사용한다.

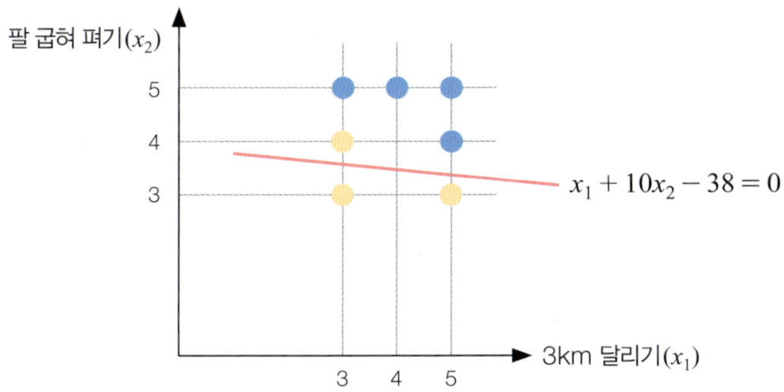

05 예제 **03**에서 주어진 입력 데이터에 대해 운동 능력 저조는 1로, 운동 능력 양호는 0으로 표시하자. 예제 **04**에서 그린 퍼셉트론 모델에 BCE[Binary Cross Entropy]를 손실 함수로 적용했을 때의 손실 함수 값을 계산하시오.

06 예제 **04**에서 그린 퍼셉트론 모델의 가중치를 구체적인 숫자값이 아니라 $w_j (j = 0, 1, 2)$라고 표시하자. 손실 함수를 $\frac{1}{N}\sum_{i=1}^{N} \text{BCE}(y_i, \hat{y}_i)$로 정의했을 때 w_j에 대하여 편미분하시오.

07 예제 **04**에서 그린 퍼셉트론 모델에 대하여 경사하강법을 1회 적용(이때, 학습률은 0.05로 설정)했을 때 가중치들의 업데이트 결과를 구하시오.

08 모델의 입력으로 주어지는 특징 벡터가 두 개의 성분으로 구성되어 있으며, 개별 성분의 값은 0 혹은 1의 값을 갖는다. 바이어스 ($x_0 = 1$)을 포함한 세 개의 입력에 대응하는 가중치를 각각 w_0, w_1, w_2라고 하고(w_0은 바이어스에 대응하는 가중치, w_1은 입력 벡터의 첫 번째 성분인 x_1에 대응하는 가중치를 의미), 활성화 함수로 계단 함수를 사용했다. 모델의 입력을 $x = [x_1\ \ x_2]^T$, 모델의 출력을 y ($y \in \{0, 1\}$)이라고 할 때, $D = \{([0\ \ 0]^T, 1), ([0\ \ 1]^T, 0), ([1\ \ 0]^T, 0), ([1\ \ 1]^T, 0)\}$과 같이 주어진 데이터의 0의 출력값과 1의 출력값을 정확하게 구분할 수 있는 가중치의 예를 제시하시오.

09 예제 08에서 입력으로 주어진 입력 데이터와 가중치의 가중합 계산을 $g(\mathbf{x}) = \mathbf{w}^T\mathbf{x}$로 표시하자 ($w = [w_0\ \ w_1\ \ w_2]^T$). D에서 주어진 정답 출력값 0과 1을 정확하게 구분하는 $g(\mathbf{x})$의 특징을 간단하게 설명하시오.

10 모델의 입력으로 주어지는 특징 벡터가 d개의 성분으로 구성되어 있으며, 활성화 함수는 시그모이드 함수를 사용하는 퍼셉트론을 이진 분류를 활용하기 위하여 학습시키고자 한다. 손실 함수로 BCE 함수를 사용하고 학습 데이터를 구성하는 개별 데이터에 대하여 손실 함수를 계산한 후 가중치를 업데이트하는 접근법을 사용하려고 한다. 이때 j번째 가중치 w_j의 업데이트 식을 작성하시오.

SECTION 06

코드로 구현하는 퍼셉트론

- 내용 : 퍼셉트론 실습
- 파일 : CH05_실습_Perceptron.ipynb
- 실습 순서
  - 0 사용할 라이브러리와 패키지 불러오기
  - 1 (데이터) 데이터 불러오기
  - 2 (데이터) 학습 데이터와 테스트 데이터 구분하기
  - 3 (모델) 모델 구성하기
  - 4 (모델 학습) 모델 학습하기
  - 5 (모델 성능 평가) 모델 성능 평가하기
  - 6 (결과) 모델 동작 시각화하기

[실습 5-1] scikit-learn 라이브러리를 이용한 퍼셉트론

0 사용할 라이브러리와 패키지 불러오기

이번 실습에서는 scikit-learn, numpy, matplotlib 라이브러리의 다양한 함수들이 사용된다. import 문을 통해 이 라이브러리를 불러오는데, as를 통해 불러온 라이브러리 이름을 재지정할 수 있다.

```
# numpy, matplotlib을 각각 np, plt로 재지정해 불러온다.
# scikit-learn에서 사용할 패키지를 불러온다.
from sklearn.datasets import load_digits
from sklearn.linear_model import Perceptron
from matplotlib import pyplot as plt
from sklearn.model_selection import train_test_split
from sklearn.metrics import classification_report
from sklearn.metrics import ConfusionMatrixDisplay
from sklearn.metrics import accuracy_score
import numpy as np
```

1 데이터 불러오기

실습에 사용될 데이터는 scikit-learn 라이브러리의 load_digits 함수를 통해 불러올 수 있는 필기체 숫자 데이터셋이다. 이 데이터셋은 0에서 9까지 10가지 분류 종류가 있는 1,797장의 8×8 픽셀 이미지로 구성되어 있다. 각 픽셀은 0에서 16까지의 정수값을 가지며, 퍼셉트론을 학습시켜서 주어진 이미지의 실제값(숫자)를 예측하는 분류 작업을 수행한다. 이 퍼셉트론 모델의 경우, 출력 노드의 개수가 10개이다.

코드 5.1

```
# 필기체 숫자 데이터셋을 불러온다.
X, y = load_digits(return_X_y = True)

# 상단의 숫자는 실제값(y)를 의미하며, 이미지는 8×8 픽셀로 이루어진 입력 데이터를 의미한다.
rows = 2; cols = 5
fig = plt.figure()
for i in range(10):
    ax = fig.add_subplot(rows, cols, i + 1)
    ax.imshow(X[i].reshape(8, 8))
    ax.set_title(str(i))
plt.show()
```

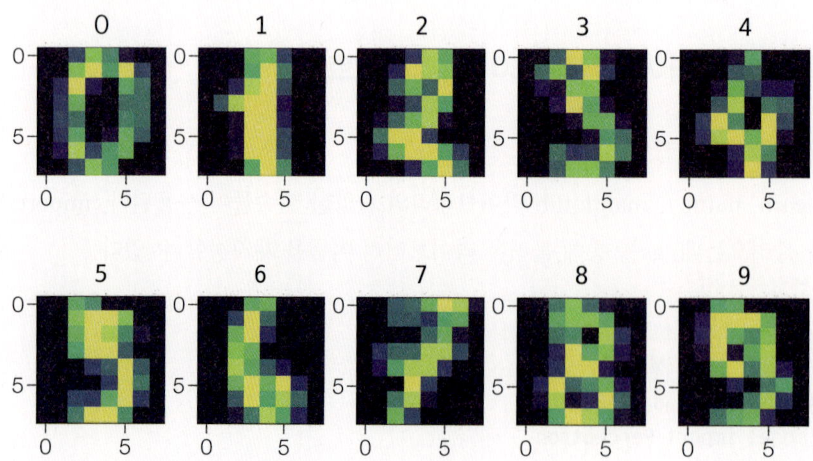

2 학습 데이터와 테스트 데이터 구분하기

실습에 사용될 데이터를 불러온 후, train_test_split 함수를 이용하여 주어진 데이터를 학습 데이터와 테스트 데이터로 구분한다.

코드 5.2

```
# X(입력 데이터)와 y(실제값)을 학습 데이터셋과 테스트 데이터셋으로 분할한다.
X_train, X_test, y_train, y_test = train_test_split(X, y, test_size = 0.25)
```

3 모델 구성하기

scikit-learn 라이브러리를 통해 구현되어 있는 퍼셉트론 모델을 불러온다.

코드 5.3

```
# scikit-learn 라이브러리의 퍼셉트론 모델을 불러온다.
classifier = Perceptron()
```

4 모델 학습하기

scikit-learn 라이브러리는 인터페이스 표준화가 잘 되어 있어 모델 학습 과정은 fit 함수를 통해 수행할 수 있으며, 학습이 완료되면 w와 w_0를 통해 업데이트된 가중치를 확인할 수 있다.

코드 5.4

```
# fit 함수를 통해 모델을 학습한다.
# fit 함수에는 1) 가중치 초기화 2) 손실 함수 계산 3) 가중치 업데이트가 모두 구현되어 있다.
classifier.fit(X_train, y_train)
w = classifier.coef_
w_0 = classifier.intercept_
```

5 모델 성능 평가하기

[코드 5.5]는 학습된 퍼셉트론을 사용하여 테스트 데이터에 대한 예측값을 추출하고 이를 시각화하는 과정을 보여준다. classifier.predict(X_test)를 통해 모델은 주어진 테스트 데이터 X_test에 대한 예측값 y_pred를 계산한다. 2×5 그리드에 이미지를 배치하고, 각 이미지의 제목에 해당 이미지에 대한 모델 예측값을 표시한다.

코드 5.5

```
# predict 함수를 통해 퍼셉트론으로 얻은 예측값을 추출한다.
y_pred = classifier.predict(X_test)

# 학습 결과를 시각화한다.
rows = 2; cols = 5
fig = plt.figure()
fig.tight_layout(w_pad = 100)
for i in range(10):
    ax = fig.add_subplot(rows, cols, i + 1)
    ax.imshow(X_test[i].reshape(8, 8))
    ax.set_title("y_hat = " + str(y_pred[i]))
plt.show()
```

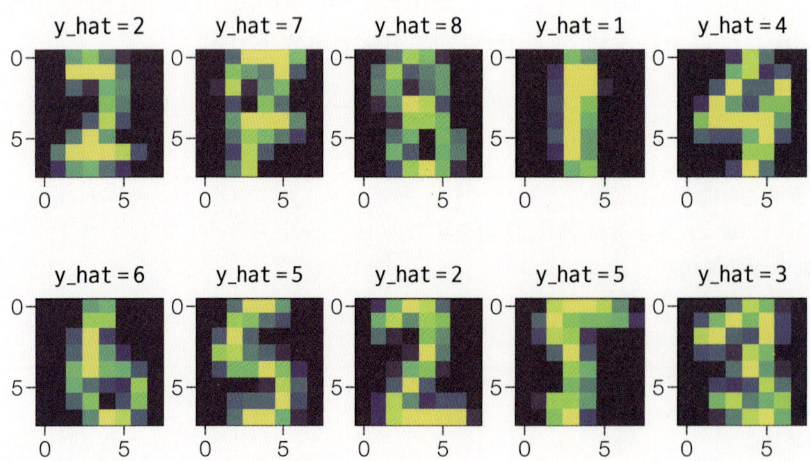

6 모델 동작 시각화하기

학습된 모델의 분류 성능을 시각적으로 확인하는 방법 중 하나는 혼동 행렬Confusion Matrix을 사용하는 것이다. 이는 테스트 데이터에 대하여 모델이 얼마나 정확하게 예측을 수행했는지를 보여준다. 예측이 정확한 경우와 오류가 발생한 경우를 분류별로 구분하여, 모델이 각 분류에서 얼마나 잘 예측했는지 또는 잘못 예측했는지를 나타낸다. 이를 통해 모델의 전반적인 성능을 파악할 수 있다.

코드 5.6

```
# 혼동 행렬을 통해 성능을 확인한다.
target_names = ['digit 0', 'digit 1', 'digit 2', 'digit 3', 'digit 4',
                'digit 5', 'digit 6', 'digit 7', 'digit 8', 'digit 9']
print(classification_report(y_test, y_pred, target_names = target_names))

ConfusionMatrixDisplay.from_predictions(y_test, y_pred)
```

```
              precision    recall  f1-score   support

     digit 0       1.00      1.00      1.00        44
     digit 1       0.89      0.98      0.93        42
     digit 2       0.96      0.98      0.97        47
     digit 3       0.97      0.97      0.97        58
     digit 4       1.00      0.98      0.99        49
     digit 5       0.97      0.87      0.92        45
     digit 6       0.92      1.00      0.96        36
     digit 7       0.94      1.00      0.97        46
     digit 8       0.94      0.84      0.89        38
     digit 9       0.95      0.93      0.94        45

    accuracy                           0.96       450
   macro avg       0.95      0.95      0.95       450
weighted avg       0.96      0.96      0.96       450

<sklearn.metrics._plot.confusion_matrix.ConfusionMatrixDisplay at 0x7814bbbd7df0>
```

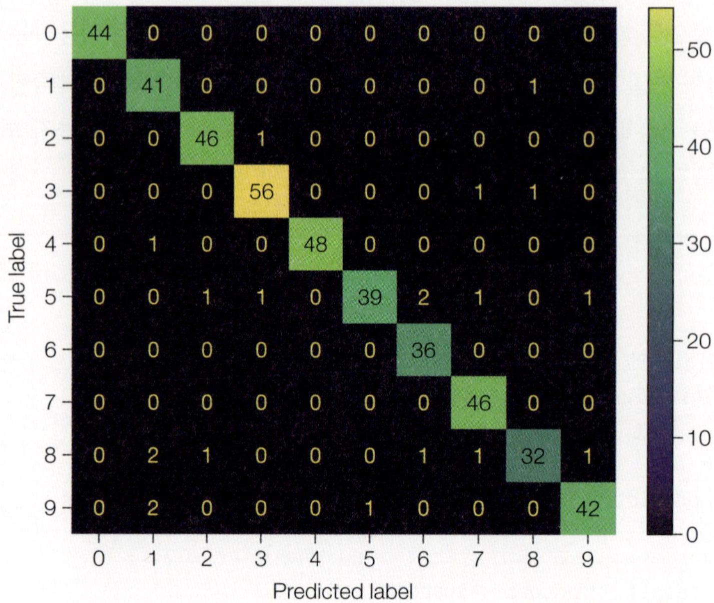
True label
Predicted label
50
40
30
20
10
0

[실습 5-2] 함수를 직접 정의해 구현한 퍼셉트론

직접 구현 실습은 라이브러리를 통해 구현한 것과 달리 퍼셉트론 출력 노드를 한 개로 설정하고 데이터를 다중 분류에서 이진 분류로 전처리하는 과정이 추가된다.

1 데이터 불러오기

직접 구현에서도 scikit-learn에서 구현한 것과 동일한 데이터를 활용한다.

코드 5.7

```
# 필기체 숫자 데이터셋을 불러온다.
X, y = load_digits(return_X_y = True)
```

2 학습 데이터와 테스트 데이터 구분하기

직접 구현에서는 scikit-learn 라이브러리를 이용한 방식과 동일한 데이터셋을 사용하지만, 다중 분류가 아닌 이진 분류의 형태로 문제를 바꿔서 구현한다.

[코드 5.8]은 데이터 X와 실제값 y를 학습 데이터셋과 테스트 데이터셋으로 분할하는 함수 divideData를 구현한 것이다. 주어진 targetClass와 실제값이 동일하면, 실제값은 1로 변환하고 아니면 0으로 변환한다. 이후 변환된 실제값을 사용하여 train_test_split 함수를 통해 데이터를 학습 데이터셋과 테스트 데이터셋으로 나눈다.

코드 5.8

```
# X(입력 데이터)와 y(실제값)을 학습 데이터셋과 테스트 데이터셋으로 분할한다.
# 직접 구현에서는 10개의 숫자 분류가 아닌 이진 분류를 진행한다.
# 따라서 이에 맞는 형태의 데이터로의 변환이 필요하다.
def divideData(X, y, targetClass):
    idx = np.where(y == targetClass)[0]
    newY = np.zeros(len(y))
    newY[idx] = 1
    X_train, X_test, y_train, y_test = train_test_split(X, newY, test_size = 0.25,
                                                        random_state = 42)
    return X_train, X_test, y_train, y_test

X_train, X_test, y_train, y_test = divideData(X, y, 3)
```

3 모델 구성하기

[코드 5.9]는 이진 분류용 퍼셉트론 모델 학습을 위해 필요한 시그모이드 함수, 이진 크로스 엔트로피 함수, 경사하강법 함수 등을 정의한다.

코드 5.9

```
# 퍼셉트론 모델 학습을 위해 필요한 다양한 함수들을 선언한다.
m, n = X_train.shape
w = np.zeros((n, 1))
lr = 0.1
y_train = y_train.reshape(m, 1)

def sigmoid(x):                              # 시그모이드 함수 구현
    return 1.0/(1 + np.exp(-x))

def BCE_loss(y, y_hat):                      # 이진 크로스 엔트로피 함수 구현
    loss = np.mean(y * (np.log1p(y_hat)) + (1 - y) * np.log1p(1 - y_hat))
    return -loss

def gradient_descent(X, y, y_hat):           # 경사하강법 함수 구현
    global w
    dw = -(np.dot(X.T, (y - y_hat)))
    w -= lr*dw
```

4 모델 학습하기

[코드 5.10]은 최적의 모델 파라미터를 계산하기 위해, 모델 학습을 100번 반복한다. 각 반복 간에 sigmoid 함수를 이용하여 모델 예측값을 추출하고 추출한 예측값과 실제값을 바탕으로 손실 함수 값(이진 크로스 엔트로피 값)을 BCE_loss 함수를 통해 계산한다. 이 손실 함수 값을 최소화하기 위해서 gradient_descent 함수를 이용하여 파라미터 **w**를 업데이트한다.

코드 5.10

```
# 구현한 함수를 통해 모델을 학습한다.
# 이 함수에는 1) 가중치 초기화 2) 손실 함수 계산 3) 가중치 업데이트가 모두 구현되어 있다.
for epoch in range(100):
    y_hat = sigmoid(np.dot(X_train, w))
    loss = BCE_loss(y_train, y_hat)
    gradient_descent(X_train, y_train, y_hat)
print(w)
```

```
[[ 0.00000000e+00]
 [-8.40849119e+00]
 [-1.07435274e+02]
 [-8.21119504e+00]
      (중략)
 [ 2.42083573e+02]
 [-6.47053658e+01]
 [-5.00000000e-02]
 [-7.76999547e+00]
 [ 1.79558270e+00]
 [-1.09388637e+01]
 [-3.89313777e+01]
 [-5.84638036e+01]
 [-1.52804616e+02]
 [-2.26550000e+02]]
```

5 모델 성능 평가하기

[코드 5.11]에서는 predict 함수를 통해서 퍼셉트론의 출력값을 받아내고 분류 규칙을 통해서 어떤 결과로 분류되는지 확인한다. 분류 결과가 1인 경우에는 3으로 분류하고, 0인 경우에는 not 3으로 분류한다. 이후 분류 결과를 시각화해서 결과를 확인할 수 있다.

코드 5.11

```
# predict 함수를 통해 퍼셉트론으로 얻은 예측값을 추출해 테스트 데이터로 평가한다.
def predict(X, w):
    preds = sigmoid(np.dot(X, w))
    pred_class = []
    pred_class = [1 if i >= 0.5 else 0 for i in preds]
    return np.array(pred_class)

y_pred = predict(X_test, w)

# 학습 결과를 시각화한다.
rows = 2; cols = 5
fig = plt.figure()
for i in range(10):
    ax = fig.add_subplot(rows, cols, i + 1)
    ax.imshow(X_test[i].reshape(8, 8))
    if y_pred[i] == 1:
        ax.set_title("y_hat = 3")
    else:
        ax.set_title("y_hat = not 3")
plt.show()
```

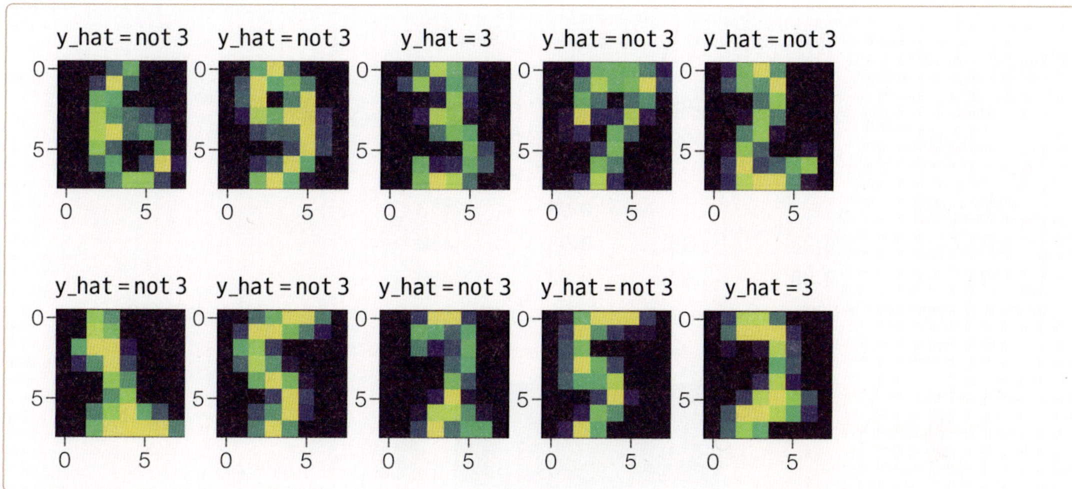

6 모델 동작 시각화하기

[코드 5.12]는 혼동 행렬을 사용하여 모델의 성능을 확인하는 과정을 보여준다. classification_report 함수를 사용하여 분류 보고서를 출력한다. 이 보고서는 정밀도precision, 재현율recall, F1 점수F1-score 등의 성능 지표를 제공한다.

ConfusionMatrixDisplay.from_predictions를 사용하여 예측값과 실제값을 바탕으로 혼동 행렬을 시각화한다.

코드 5.12

```
# 혼동 행렬을 통해 성능을 확인한다.
target_names = ['digit 3', 'Others']
print(classification_report(y_test, y_pred, target_names = target_names))

ConfusionMatrixDisplay.from_predictions(y_test, y_pred)
```

```
              precision    recall  f1-score   support

     digit 3       1.00      0.98      0.99       404
      Others       0.85      0.98      0.91        46

    accuracy                           0.98       450
   macro avg       0.92      0.98      0.95       450
weighted avg       0.98      0.98      0.98       450
<sklearn.metrics._plot.confusion_matrix.ConfusionMatrixDisplay at 0x7814ede2bf10>
```

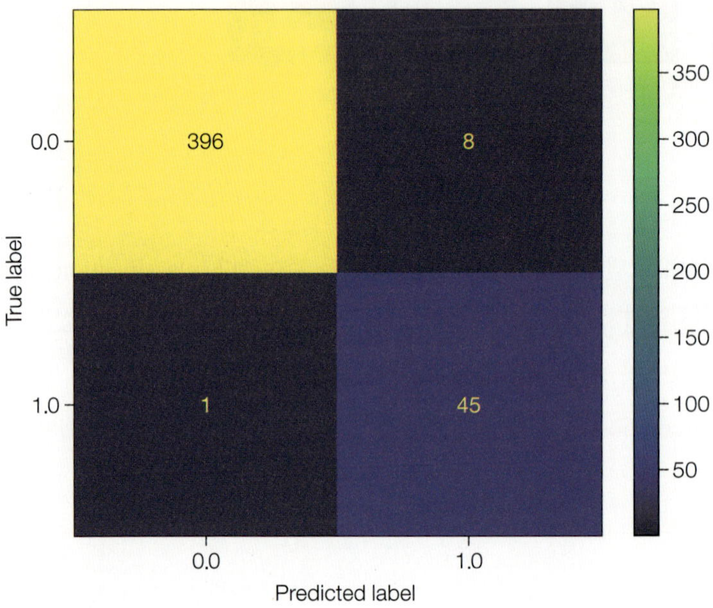

CHAPTER 06

다층 퍼셉트론

PREVIEW

6장에서는 대표적인 인공신경망 모델인 다층 퍼셉트론을 소개한다. 다층 퍼셉트론은 다양한 회귀 및 분류 문제를 해결하는 데 활용되며, 최근 주목받는 딥러닝 모델의 기본 구조로 사용되고 있다. 이 장을 통해 다층 퍼셉트론 모델의 동작 원리를 이해하고, 이를 효과적으로 응용할 수 있는 능력을 키울 수 있다.

학습목표

- 다층 퍼셉트론의 구조, 동작 원리, 활성화 함수, 손실 함수의 개념을 학습한다.
- 다층 퍼셉트론 모델의 파라미터 학습 방법을 이해한다.
- 다층 퍼셉트론 모델의 성능에 영향을 미치는 다양한 요소를 이해한다.
- 다층 퍼셉트론 모델을 다양한 문제에 적용할 수 있는 기본 소양을 기른다.

SECTION 01

다층 퍼셉트론의 핵심

1 데이터

다층 퍼셉트론 모델은 다양한 형태의 데이터에 적용 가능하다. 정형 데이터와 비정형 데이터 모두 활용이 가능한데, 비정형 데이터에는 대표적으로 이미지 데이터, 텍스트 데이터, 음성 데이터, 시계열 데이터가 있다.

- **이미지 데이터**: 일반적으로 컬러 이미지는 RGB(Red, Green, Blue)의 세 채널로 구성된다. 트루컬러 설정에서는 채널당 8비트씩 총 24비트를 이용하여 한 픽셀의 색을 표현한다. 그레이스케일의 경우, 8비트를 이용하여 0부터 255까지의 값을 통해 픽셀의 색을 표현하며, 0은 검은색, 255는 흰색을 의미한다.
- **텍스트 데이터**: 문자와 숫자로 이루어진 데이터다. 토큰화, 불용어 처리, 어간 추출(Stemming) 또는 표제어 추출(Lemmatization)을 거친 후에는 Word2Vec와 같은 단어 임베딩(Embedding) 방법으로 각 단어를 벡터 형태로 변환한다. 이렇게 변환된 벡터들은 언어 모델의 입력 데이터로 사용된다.
- **음성 데이터**: 음파의 진폭과 주파수의 속성을 포함하고 있다. 특정 시간의 음성 구간마다 벡터로 변환하는 전처리 과정을 거친 후 음성 분류 및 다른 언어로의 번역 등의 작업에 활용된다.
- **시계열 데이터**: 시간에 따라 측정되는 연속적인 값들로 구성된다. 주식 가격, 기온, 소비 패턴 등이 대표적인 데이터 예다.

2 다층 퍼셉트론의 순전파와 역전파

다층 퍼셉트론(Multi-Layer Perceptron, MLP)은 퍼셉트론을 여러 층으로 쌓은 인공신경망이다. [그림 6-1]에서 다층 퍼셉트론은 입력층, 은닉층 및 출력층의 세 부분으로 구성되고 각 층은 여러 개의 노드(Node)(뉴런(Neuron))로 구성된다. 다층 퍼셉트론의 학습 과정은 순전파와 역전파로 두 가지 단계가 있다.

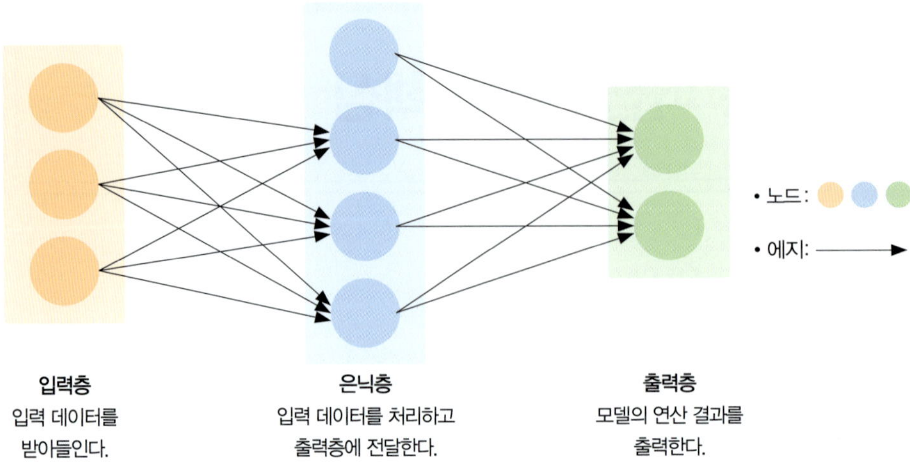

그림 6-1 다층 퍼셉트론의 구조

순전파

순전파Forward Propagation에서 입력층의 노드들은 입력 데이터(특징 벡터)를 받아 다음 은닉층으로 전달한다. 은닉층은 모델의 형태에 따라 다음 은닉층 또는 출력층으로 특징 벡터의 연산 결과를 전달한다. 은닉층의 각 노드는 이전 층의 모든 노드에 연결되며, 노드 사이에는 가중치Weight가 존재한다. 가중치(모델의 파라미터Parameter)는 모델이 정확한 예측을 할 수 있도록 학습 데이터를 통해 업데이트된다. 출력층은 마지막 은닉층의 연산 결과를 입력으로 받아 출력 노드들의 가중합과 활성화 함수의 연산을 거쳐 최종 결과를 출력한다.

은닉층과 출력층의 각 노드는 가중합 연산 이후에 활성화 함수를 통과하는 두 가지 연산을 단계적으로 수행한다. 입력값과 그 입력값에 대응하는 가중치를 곱한 결과를 모두 더한 가중합을 계산하고, 이를 활성화 함수의 입력으로 제공하여 그 입력에 대한 출력값을 노드의 출력으로 정한다. 결과적으로, 활성화 함수는 노드의 가중합을 입력으로 받아 선형(예 항등 함수) 또는 비선형(예 시그모이드 함수, ReLU 함수 등) 함수를 통해 최종 출력값을 결정한다. 다층 퍼셉트론은 이런 비선형 활성화 함수를 사용하여 비선형 문제를 해결할 수 있다.

역전파

역전파Backpropagation 단계에서는 실제값과 모델의 예측값(출력값)을 이용한 손실 함수를 정의하고, 경사하강법을 적용하여 모델의 가중치를 업데이트한다. 개별 가중치의 값을 업데이트할 때, 역전파 알고리즘을 사용한다. 손실 함수는 모델의 예측값과 실제값 사이의 차이를 측정한 것으로 손실 함수의 값이 작을수록 모델의 예측값은 실제값과 유사해진다. 손실 함수를 최소화하는 방향으로 모델의 가중치가 업데이트되며, 이 과정은 출력층에서 시작해 입력층 방향으로 진행된다. 손실 함수를 계산한 후 출력층에 가까운 층부터 입력층에 가까운 층 순으로 가중치를 업데이트하는 과정을 역전파라고 한다.

[그림 6-2]의 (a)는 다층 퍼셉트론의 예로, 입력층은 노드 세 개(한 개는 바이어스), 은닉층은 노드 세 개(한 개는 바이어스), 출력층은 노드 두 개로 구성되었다. 여기서 $h_j^{(k)}$는 k번째 은닉층의 j번째 노드의 출력, 즉 해당 노드에 주어지는 이전 노드들의 출력값에 대한 가중합($z_j^{(k)}$)을 활성화 함수로 계산한 해당 노드의 출력값이다. (b)는 (a)의 순전파의 동작을 수식으로 표현한 것으로, 입력값($\mathbf{x} = [x_1\ x_2]^{\mathrm{T}}$), 각 층의 가중치($\mathbf{W}_0^{\mathrm{T}}$, $\mathbf{W}_1^{\mathrm{T}}$), 각 층의 바이어스($\mathbf{b}^{(0)}$, $\mathbf{b}^{(1)}$)를 행렬 형태로 나타내어 두 행렬의 곱, 두 행렬의 덧셈, 활성화 함수 연산을 통해 다층 퍼셉트론 구조의 연산을 한눈에 보여준다. 수식에서 보라색 부분은 입력층에서 은닉층으로의 계산을, 파란색 부분은 은닉층에서 출력층으로의 계산이다.

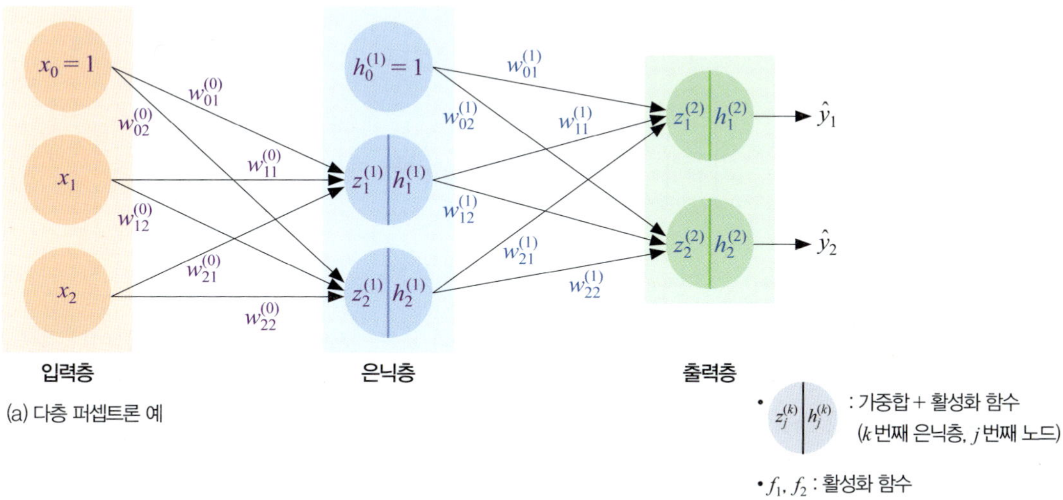

(a) 다층 퍼셉트론 예

$$\begin{bmatrix} \hat{y}_1 \\ \hat{y}_2 \end{bmatrix} = f_2\left(\underbrace{\begin{bmatrix} w_{11}^{(1)} & w_{21}^{(1)} \\ w_{12}^{(1)} & w_{22}^{(1)} \end{bmatrix}}_{\mathbf{W}_1^{\mathrm{T}}} f_1\left(\underbrace{\begin{bmatrix} w_{11}^{(0)} & w_{21}^{(0)} \\ w_{12}^{(0)} & w_{22}^{(0)} \end{bmatrix}}_{\mathbf{W}_0^{\mathrm{T}}} \underbrace{\begin{bmatrix} x_1 \\ x_2 \end{bmatrix}}_{\mathbf{x}} + \underbrace{\begin{bmatrix} w_{01}^{(0)} \\ w_{02}^{(0)} \end{bmatrix}}_{\mathbf{b}^{(0)}}\right) + \underbrace{\begin{bmatrix} w_{01}^{(1)} \\ w_{02}^{(1)} \end{bmatrix}}_{\mathbf{b}^{(1)}}\right)$$

$$f_1\left(\begin{bmatrix} z_1^{(1)} \\ z_2^{(1)} \end{bmatrix}\right) = \begin{bmatrix} f_1(z_1^{(1)}) \\ f_1(z_2^{(1)}) \end{bmatrix} = \begin{bmatrix} h_1^{(1)} \\ h_2^{(1)} \end{bmatrix}$$

$$= f_2(\mathbf{W}_1^{\mathrm{T}} f_1(\mathbf{W}_0^{\mathrm{T}}\mathbf{x} + \mathbf{b}^{(0)}) + \mathbf{b}^{(1)})$$

입력층 → 은닉층

은닉층 → 출력층

(b) (a)의 순전파 계산

그림 6-2 한눈에 살펴보는 다층 퍼셉트론의 순전파 계산

먼저, [그림 6-2]에서 입력층에서 은닉층으로 향하는 순전파 계산(보라색 부분)에 대하여 살펴보자. 입력값은 $\mathbf{x} = [x_1\ x_2]^{\mathrm{T}}$, 입력층과 은닉층 사이의 가중치는 $\mathbf{W}_0^{\mathrm{T}}$, 입력층의 바이어스 노드와 은닉층 사이의 가중치는 $\mathbf{b}^{(0)}$이다. 각 기호에 대하여 좀 더 자세히 살펴보자. 그림에서 x_1으로 표시된 노드와 $h_2^{(1)}$로 표시된 노드를 연결하는 에지에 부여된 가중치는 $w_{12}^{(0)}$로, $h_2^{(1)}$로 표시된 노드와 $h_1^{(2)}$로 표시된 노드를 연결하는 에지에 부여된 가중치는 $w_{21}^{(1)}$로 표시되어 있다. 즉, 입력층을 계층 0, 은닉층을 계층 1, 출력층을 계층 2로 표시한다면, 계층 k의 노드 i와 계층 $k+1$의 노드 j를 연결하는 에지의 가중치를 $w_{ij}^{(k)}$로 나타내고 있다는 것을 알 수 있다. $\mathbf{W}_0$는 계층 0에 존재하는 노드와 계층 1에 존재하는 노드를 연결하는 에지에 부여된 가중치들로 구성된 행렬로, $\mathbf{W}_0$는 $\begin{bmatrix} w_{11}^{(0)} & w_{12}^{(0)} \\ w_{21}^{(0)} & w_{22}^{(0)} \end{bmatrix}$로 표시된다(참고로 $\mathbf{W}_0^{\mathrm{T}}$는 $\mathbf{W}_0$의 전치 행렬이다). 그림에서 $\mathbf{b}^{(0)}$은 $\begin{bmatrix} w_{01}^{(0)} \\ w_{02}^{(0)} \end{bmatrix}$로 표시된다. 따라서 입력층과 은닉층 사이의 가중합($\mathbf{z}_1 = \begin{bmatrix} z_1^{(1)} \\ z_2^{(1)} \end{bmatrix}$)의 계산 과정은 $\mathbf{W}_0^{\mathrm{T}}\mathbf{x} + \mathbf{b}^{(0)}$으로 표시된다. $\mathbf{z}_1$을 활성화 함수 $f_1(\bullet)$에 입력하여 은닉 노드의 출력값을 구할 수 있다. 여기서 $\mathbf{h}_1 = \begin{bmatrix} h_1^{(1)} \\ h_2^{(1)} \end{bmatrix}$은 은닉층에 있는 두 개의 노드에서 각각 출력되는 값들이다.

$$f_1(\mathbf{W}_0^{\mathrm{T}}\mathbf{x} + \mathbf{b}^{(0)}) = f_1\left(\begin{bmatrix} z_1^{(1)} \\ z_2^{(1)} \end{bmatrix}\right) = \begin{bmatrix} f_1(z_1^{(1)}) \\ f_1(z_2^{(1)}) \end{bmatrix} = \begin{bmatrix} h_1^{(1)} \\ h_2^{(1)} \end{bmatrix} \quad \left(\mathbf{W}_0^{\mathrm{T}} = \begin{bmatrix} w_{11}^{(0)} & w_{21}^{(0)} \\ w_{12}^{(0)} & w_{22}^{(0)} \end{bmatrix},\ \mathbf{b}^{(0)} = \begin{bmatrix} w_{01}^{(0)} \\ w_{02}^{(0)} \end{bmatrix}\right)$$

다음으로, 은닉층에서 출력층으로 향하는 순전파 계산(파란색 부분)에 대하여 살펴보자. 앞선 식을 통해서 $\mathbf{h}_1 = \begin{bmatrix} h_1^{(1)} \\ h_2^{(1)} \end{bmatrix}$를 구했다. $\mathbf{h}_1 = \begin{bmatrix} h_1^{(1)} \\ h_2^{(1)} \end{bmatrix}$은 은닉층에 있는 두 개의 노드에서 각각 출력되는 값들이다. 은닉층과 출력층 사이의 가중합($\mathbf{z}_2 = \begin{bmatrix} z_1^{(2)} \\ z_2^{(2)} \end{bmatrix}$)을 계산하는 과정은 $\mathbf{W}_1^{\mathrm{T}}\mathbf{h}_1 + \mathbf{b}^{(1)}$로 표현되며, $\mathbf{z}_2$를 활성화 함수 $f_2(\bullet)$의 입력으로 주어 구한 최종 출력은 다음과 같다.

$$f_2(\mathbf{W}_1^{\mathrm{T}}\mathbf{x} + \mathbf{b}^{(1)}) = f_2\left(\begin{bmatrix} z_1^{(2)} \\ z_2^{(2)} \end{bmatrix}\right) = \begin{bmatrix} f_2(z_1^{(2)}) \\ f_2(z_2^{(2)}) \end{bmatrix} = \begin{bmatrix} h_1^{(2)} \\ h_2^{(2)} \end{bmatrix} = \begin{bmatrix} \hat{y}_1 \\ \hat{y}_2 \end{bmatrix}$$

$\mathbf{h}_2 = \begin{bmatrix} h_1^{(2)} \\ h_2^{(2)} \end{bmatrix}$은 출력층에 있는 두 개 노드의 출력값들을 모아 놓은 행렬이고, 다층 퍼셉트론의 최종 출력값은 $\hat{\mathbf{y}} = \begin{bmatrix} \hat{y}_1 \\ \hat{y}_2 \end{bmatrix}$이다. 따라서 $\mathbf{h}_2 = \begin{bmatrix} h_1^{(2)} \\ h_2^{(2)} \end{bmatrix} = \begin{bmatrix} \hat{y}_1 \\ \hat{y}_2 \end{bmatrix} = \hat{\mathbf{y}}$가 된다.

[그림 6-2]를 통해 행렬 계산식을 이용하여 순전파의 계산 과정을 간단하게 표현할 수 있음을 살펴보았다. 반면, 역전파 과정은 손실 함수를 기반으로 한다. 손실 함수는 모델의 예측값과 실제값 사이의 차이

를 측정한 것으로, 손실 함수의 값이 작을수록 예측값이 실제값과 유사함을 의미한다. 경사하강법을 사용하여 손실 함수를 최소화하는 과정에서, 모델의 가중치는 각 층에 대해 수행된 편미분을 통해 업데이트된다. 이때 손실 함수를 계산한 후 출력층에서 시작하여 입력층 방향으로 가중치를 업데이트하는 과정인 역전파Backpropagation가 이루어진다. 이 역전파는 2절에서 살펴볼 예정이다.

3 XOR 게이트를 통해 알아보는 다층 퍼셉트론의 필요성

5장 퍼셉트론에서는 [그림 6-3]과 같이 하나의 퍼셉트론을 활용하여 AND, OR, NAND와 같은 논리 게이트를 구현하는 과정을 살펴보았다. 그러나 [그림 6-4]와 같은 XOR 문제는 하나의 퍼셉트론으로는 해결이 불가능하다. 반면 다층 퍼셉트론은 두 개 이상의 선 또는 곡선을 표현할 수 있어 서로 다른 논리 게이트를 조합하는 방법으로 XOR 연산이 가능하다.

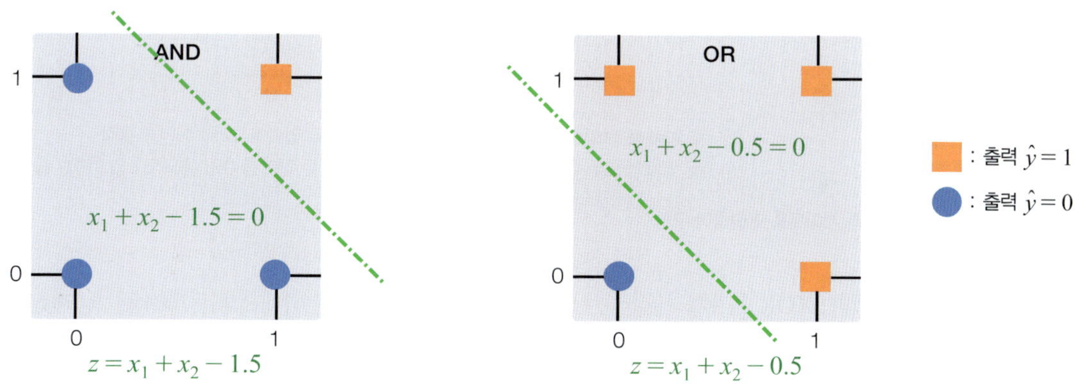

그림 6-3 AND, OR 게이트의 특징 공간과 선형 판별 함수

- $\hat{y} = f(z) = f(w_2x_2 + w_1x_1 + w_0)$
- $f(z) = \begin{cases} z_i > 0\text{일 때, } \hat{y} = 1 \\ z_i \leq 0\text{일 때, } \hat{y} = 0 \end{cases}$

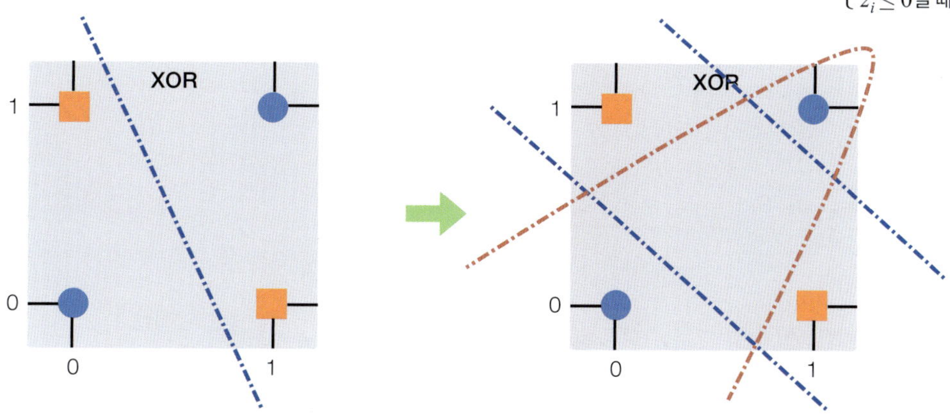

그림 6-4 XOR 문제의 해결 방법

XOR 게이트는 두 개의 입력을 받아서 두 입력값이 같으면 0, 다르면 1을 출력하는 논리 회로다. [그림 6-5]와 같이 입력 x_1과 입력 x_2를 NAND 게이트와 OR 게이트의 입력으로 사용해 나온 출력값 h_1, h_2를 AND 게이트의 입력값으로 사용한다. AND 게이트의 출력값이 XOR 게이트의 출력($\hat{y}$)에 해당한다.

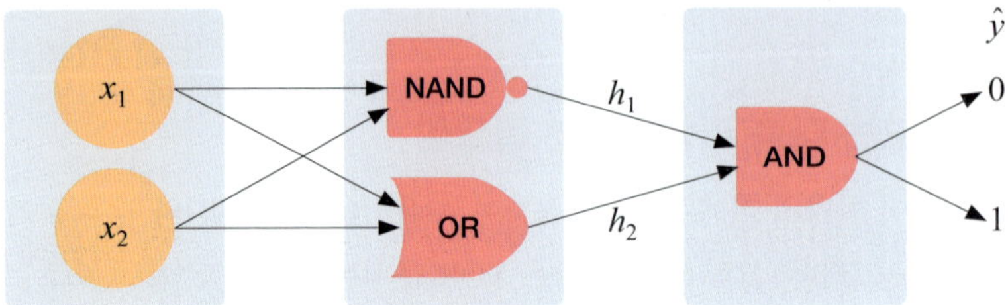

NAND

x_1	x_2	h_1
0	0	1
0	1	1
1	0	1
1	1	0

NOT AND로, 두 입력이
모두 1인 경우에만 0 출력

OR

x_1	x_2	h_2
0	0	0
0	1	1
1	0	1
1	1	1

두 입력 중 1이 하나라도 있으면 1 출력
(두 입력이 모두 0이면 0 출력)

AND

h_1	h_2	$\hat{y}$
1	0	0
1	1	1
1	1	1
0	1	0

두 입력이 모두 1이면 1 출력
(두 입력 중 0이 하나라도 있으면 0 출력)

그림 6-5 XOR 연산의 논리 게이트를 조합하여 구현

다층 퍼셉트론을 활용하여 XOR 문제를 해결하는 방법을 알아보자. [그림 6-6]에서 파란색 선은 h_1 계산에 사용되는 노드와 가중치를 보여주고 빨간색 선은 h_2 계산에 사용되는 노드와 가중치를 보여주며, 주황색 선은 $\hat{y}$ 계산에 사용되는 노드와 가중치를 보여준다. h_1은 $f(-x_1 - x_2 + 1.5)$이고, h_2는 $f(x_1 + x_2 - 0.5)$, $\hat{y}$는 $f(h_1 + h_2 - 1.5)$이다. 이때, 활성화 함수 $f(\cdot)$는 입력값이 0보다 크면 1을 출력하고 0보다 작거나 같으면 0을 출력한다.

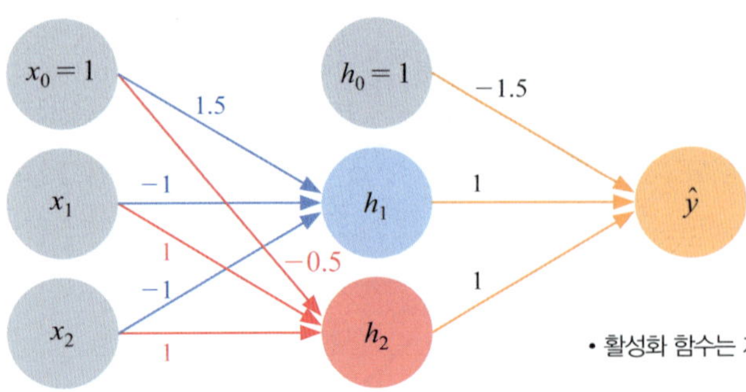

• 활성화 함수는 계단 함수를 사용함: $f(z) = \begin{cases} z > 0\text{일 때, } 1 \\ z \leq 0\text{일 때, } 0 \end{cases}$

그림 6-6 다층 퍼셉트론을 이용한 XOR 게이트의 구현 예

[그림 6-6]에서 구성된 다층 퍼셉트론에 입력되는 모든 입력값의 경우의 수와 해당 결괏값은 [표 6-1]과 같다. 다층 퍼셉트론에 있는 가중치를 적절하게 조절함으로써 XOR와 같은 비선형 문제들을 해결할 수 있다. 이러한 구조를 통해 XOR 연산의 모든 입력값에 대한 각각의 최종 출력값은 XOR 진리표의 결과와 일치한다.

표 6-1 다층 퍼셉트론을 이용한 XOR 연산의 입력값과 해당 출력값

입력값의 경우의 수	수식
$x_1 = 0, x_2 = 0$의 경우 출력값 $\hat{y} = 0$	$h_1 = f(-x_1 - x_2 + 1.5) = f(-0 - 0 + 1.5) = 1$ $h_2 = f(x_1 + x_2 - 0.5) = f(0 + 0 - 0.5) = 0$ $\hat{y} = f(h_1 + h_2 - 1.5) = f(1 + 0 - 1.5) = 0$
$x_1 = 0, x_2 = 1$의 경우 출력값 $\hat{y} = 1$	$h_1 = f(-x_1 - x_2 + 1.5) = f(-0 - 1 + 1.5) = 1$ $h_2 = f(x_1 + x_2 - 0.5) = f(0 + 1 - 0.5) = 1$ $\hat{y} = f(h_1 + h_2 - 1.5) = f(1 + 1 - 1.5) = 1$
$x_1 = 1, x_2 = 0$의 경우 출력값 $\hat{y} = 1$	$h_1 = f(-x_1 - x_2 + 1.5) = f(-1 - 0 + 1.5) = 1$ $h_2 = f(x_1 + x_2 - 0.5) = f(1 + 0 - 0.5) = 1$ $\hat{y} = f(h_1 + h_2 - 1.5) = f(1 + 1 - 1.5) = 1$
$x_1 = 1, x_2 = 1$의 경우 출력값 $\hat{y} = 0$	$h_1 = f(-x_1 - x_2 + 1.5) = f(-1 - 1 + 1.5) = 0$ $h_2 = f(x_1 + x_2 - 0.5) = f(1 + 1 - 0.5) = 1$ $\hat{y} = f(h_1 + h_2 - 1.5) = f(0 + 1 - 1.5) = 0$

다층 퍼셉트론에서 은닉층의 수와 각 층의 노드 수의 구성을 변경하면 더 복잡한 함수를 구현할 수 있다. [그림 6-7]은 텐서플로에서 제공하는 다층 퍼셉트론 실습을 위한 사이트의 동작 예다. 해당 사이트를 이용하면 은닉층의 수와 노드의 수를 조절하여 다양한 비선형 문제들을 해결하는 과정을 직관적으로 파악할 수 있다.

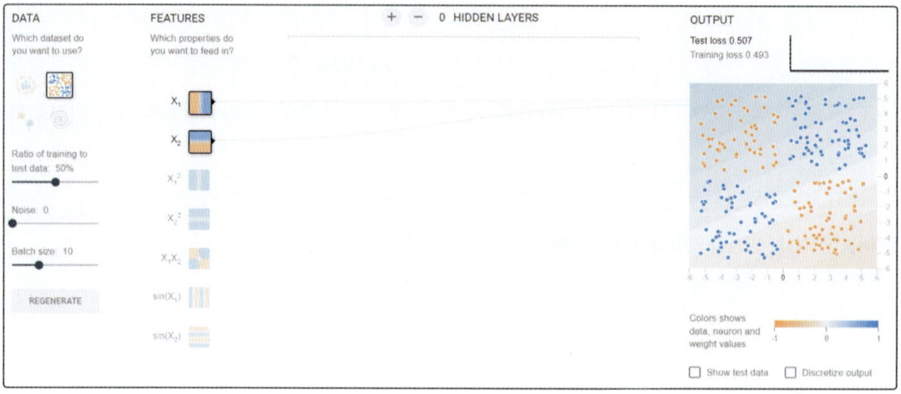

(a) 단층 퍼셉트론

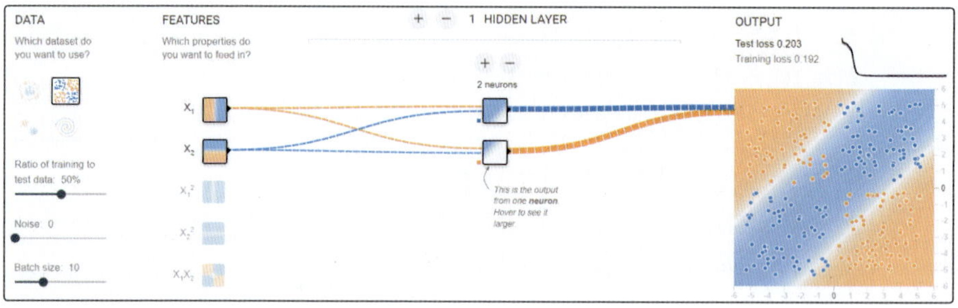

(b) 다층 퍼셉트론(XOR 게이트)

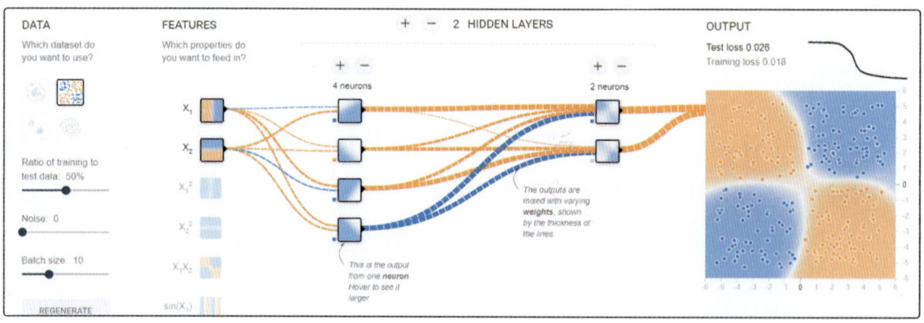

(c) 은닉층이 2개인 다층 퍼셉트론

그림 6-7 노드와 은닉층의 개수 증가에 따른 다층 퍼셉트론의 분류 결과
(출처: https://playground.tensorflow.org)

여기서 잠깐 **다층 퍼셉트론의 주요 용어**

- 특징 벡터: 관찰된 데이터를 벡터 형식으로 수치화한 것이다. 특징 공간상에서 한 개의 특징 벡터는 한 개의 점으로 표현할 수 있다. 예를 들어 과일 데이터를 사과와 오렌지, 두 가지로 분류한다고 했을 때, 과일 데이터를 '색상', '질감', '크기' 특징에 따라 세 개의 차원에 대한 대응값으로 나타낼 수 있으며, 이 값들을 특징 벡터라고 한다. 이때, 지도학습의 데이터의 경우에는 그 특징 벡터에 대응되는 실제값(정답값)인 사과 또는 오렌지가 같이 표시되어 있다.

- 가중치: 다층 퍼셉트론 내부의 노드와 노드 사이의 에지에 할당된 파라미터를 의미한다. 가중치는 각 층과 층 사이에서 각 입력값에 대응되는 상대적인 중요도를 결정한다. 가중치는 모델의 학습을 통해 모델의 예측값이 실제값과 같게 하는 최적의 가중치 값으로 업데이트된다.

- 바이어스: 다층 퍼셉트론에는 입력층과 은닉층에 층별로 입력값이 1인 한 개의 바이어스 노드가 존재한다. 바이어스Bias는 모델 학습 과정에서 발생하는 편향을 보정하는 역할을 한다.

- 가중합: 입력값과 그 입력값에 대응되는 가중치들을 곱하여 합산한 값이다. 다층 퍼셉트론에서는 이전 층의 노드의 출력과 할당된 에지의 가중치를 곱하고 이를 합산하여 활성화 함수의 입력값으로 사용한다.

- 활성화 함수: 다층 퍼셉트론에서 각 층과 층 사이에서 가중합 이후에 연산되는 함수이며 대부분 비선형 함수를 사용한다. 자세한 내용은 6장 4절에서 확인해보자.

- 완전 연결 계층: 다층 퍼셉트론에서 가장 일반적인 계층 구조로, 각 층을 구성하는 각 노드(바이어스 노드 제외)가 이전 층의 모든 노드와 연결된 형태를 의미한다. 완전 연결 계층에서 각 층의 노드는 이전 층의 출력을 가중치와 함께 결합한 후, 활성화 함수를 거쳐 다음 층의 노드에 값을 전달하는 과정을 반복한다. 이 과정을 모든 층에서 순차적으로 반복하여 최종 출력층에서 결과가 도출된다.

SECTION 02 다층 퍼셉트론의 학습 원리

[그림 6-8]은 다층 퍼셉트론의 주요 흐름이다. 여기서 순전파는 다층 퍼셉트론이 입력값 $\mathbf{x}$에 대한 예측값 $\hat{\mathbf{y}}$을 출력하는 과정을 의미한다. 역전파는 실제값 $\mathbf{y}$와 예측값 $\hat{\mathbf{y}}$의 차이를 나타내는 손실 함수를 최소화하도록 모델의 가중치(파라미터) $\mathbf{w}$를 업데이트하는 과정을 의미한다.

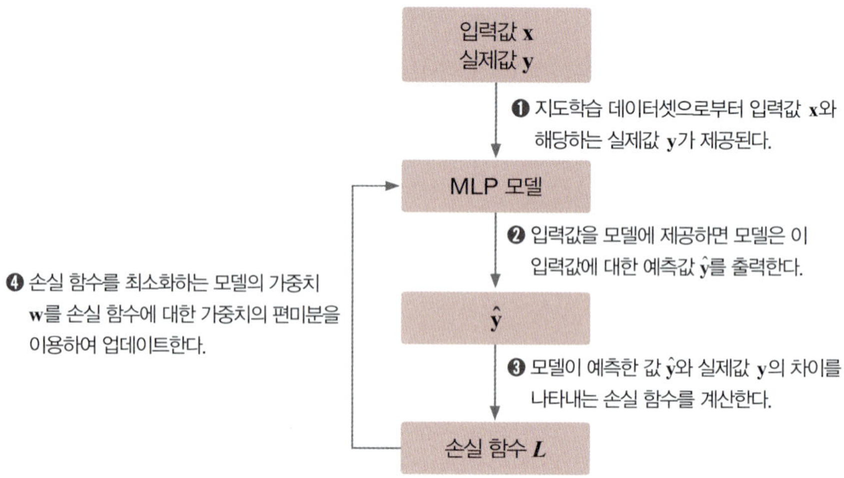

그림 6-8 다층 퍼셉트론의 주요 흐름도

이제 다층 퍼셉트론에서 다루는 데이터에 대해 살펴보고, 입력된 데이터에 대한 예측값을 계산하는 과정인 순전파에 대해 학습한다. 이어서 예측값과 실제값 사이의 차이를 나타내는 손실 함수에 대하여 자세히 알아보고, 마지막으로 가중치의 업데이트 과정을 단계별로 살펴본다.

1 데이터

다층 퍼셉트론은 주어진 입력 데이터의 실제값 유형에 따라 회귀 또는 분류 문제를 해결하는 모델이다. 먼저, 서로 다른 데이터마다 사용되는 특징 벡터와 실제값의 표현 방식을 살펴보자. 참고로 다층 퍼셉트론에 입력으로 들어가는 특징 벡터는 파이썬의 Flatten 함수를 활용하여 1차원 배열로 변경한 후에 입력층의 각 노드에 하나씩 매칭되어 할당된다. 따라서 다양한 종류의 특징 벡터가 어떤 복잡한 행렬 형태로 표현되어도 결국 1차원 배열 형태, 즉 벡터로 변경하는 전처리가 필요하다.

회귀 모델의 입력 데이터

체력 상관계수 연구를 위한 설문조사로 군부대에서 무작위로 장병 300명의 데이터를 수집했을 때, 3km 달리기 측정 기록(y_i, 연속형 실제값)을 BMI 지수(x_{i1})와 스쿼트 1RM 계수(x_{i2})로 설명할 경우, 데이터는 다음과 같이 표현된다.

$$D = \left\{\left(\mathbf{x}_i, y_i\right)\right\}_{i=1}^{300} \qquad \mathbf{x}_i = \left[x_{i1} \quad x_{i2}\right]^{\mathrm{T}} \qquad y_i \in \mathbb{R}$$

이진 분류 모델의 입력 데이터

600 × 800의 해상도로 고양이와 개의 사진을 10,000장 확보한 학습 데이터의 경우, i번째 사진의 특징 벡터는 600 × 800 크기의 픽셀값을 표현하는 벡터로 구성된다. y_i는 0(고양이) 혹은 1(개)의 이산형 실제값이다. 이 경우, 데이터는 다음과 같이 표현된다.

$$D = \left\{\left(\mathbf{x}_i, y_i\right)\right\}_{i=1}^{10000} \qquad \mathbf{x}_i = \left[x_{i1} \quad x_{i2} \quad \cdots \quad x_{i480000}\right]^{\mathrm{T}} \qquad y_i \in \{0, 1\}$$

다중 분류 모델의 입력 데이터

[그림 6-9]와 같이 28 × 28의 해상도로 Fashion-MNIST의 사진을 60,000장 확보한 훈련 데이터의 경우를 보자. i번째 사진의 특징 벡터는 28 × 28 크기(784개)의 픽셀값을 표현하는 벡터로 구성된다. 예를 들어, 특징 벡터 $\mathbf{x}_{10}$은 28 × 28 크기인 행렬을 변환[flatten]한 784개 픽셀값을 가진 벡터다. 즉 $\mathbf{x}_{10} = [0\ 0 \cdots 255 \cdots 0\ 0\ 0]^{\mathrm{T}}$의 형태와 같이 784개의 값을 가진 벡터로 표현된다. Fashion-MNIST의 실제값은 0부터 9까지 10개의 정수값으로 구성되어 있는데, 이와 같이 다중 분류 문제에서는 세 개 이상의 정수값으로 실제값을 나타낸다. 만약 실제값이 문자형인 경우, 이를 이산형 실제값으로 변환하는 전처리 과정이 필요할 수 있다. 다중 분류에서는 i번째 실제값(y_i)을 원-핫 인코딩 방식을 통해 벡터($\mathbf{y}_i$)로 변환한다. $\mathbf{y}_i$는 차원이 실제값의 종류의 수와 같은 벡터로 i번째 실제값에 해당하는 인덱스만 1(True)의 값이고, 나머지 모든 성분은 0(False)의 값이다. 예를 들어, Fashion-MNIST 데이터셋에서 y_i값이 9인 경우, 해당 이미지의 실제값은 원-핫 인코딩을 통해 $y_i = [0\ 0\ 0\ 0\ 0\ 0\ 0\ 0\ 0\ 1]^{\mathrm{T}}$처럼 인덱스가 9인 성분만 값이 1이고 나머지 성분은 값이 0인 벡터로 표시된다. Fashion-MNIST은 0부터 9까지 총 10가지 범주를 표현하므로, $\mathbf{y}_i$는 성분이 10개인 벡터다.

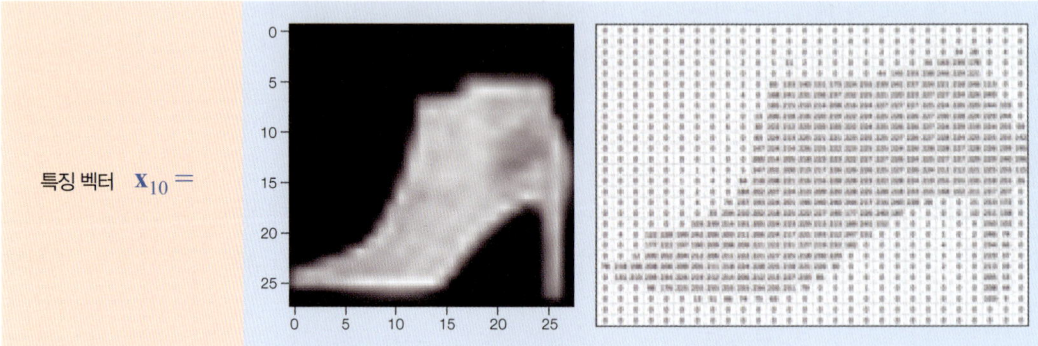

원-핫 인코딩으로 표현

$$\mathbf{y}_{10} = \begin{bmatrix} 0 \\ 0 \\ \vdots \\ 1 \end{bmatrix}$$

실제값	분류 대상(문자형)	실제값	분류 대상(문자형)
0	T-shirt/top	5	Sandal
1	Trouser	6	Shirt
2	Pullover	7	Sneaker
3	Dress	8	Bag
4	Coat	9	Ankle boot

그림 6-9 다중 분류를 위한 Fashion-MNIST 데이터 표현의 예

Fashion-MNIST 데이터에서 실제값을 원-핫 인코딩 방식으로 표현할 경우, 특징 벡터와 실제값의 표현 방식은 다음과 같다.

$$\begin{aligned} D &= \left\{ \left(\mathbf{x}_i, \mathbf{y}_i \right) \right\}_{i=1}^{60000} \\ &= \left\{ \left(\mathbf{x}_1 = \begin{bmatrix} 1 & 25 & \cdots & 255 \end{bmatrix}^{\mathrm{T}}, \mathbf{y}_1 = \begin{bmatrix} 1 & 0 & 0 & \cdots & 0 & 0 \end{bmatrix}^{\mathrm{T}} \right), \cdots, \left(\mathbf{x}_{60000}, \mathbf{y}_{60000} \right) \right\} \end{aligned}$$

다중 분류에서 사용되는 데이터는 특징 벡터와 그에 해당하는 실제값의 쌍으로 구성된다. 이 데이터 세트에는 총 N개의 특징 벡터와 실제값의 쌍이 있으며, 각각의 데이터는 i번째 특징 벡터 $\mathbf{x}_i$와 이에 대응하는 실제값의 원-핫 인코딩 벡터 $\mathbf{y}_i$로 구성된다. 이를 수학적으로 표현하면 다음과 같다.

$$D = \left\{ \left(\mathbf{x}_i, \mathbf{y}_i \right) \right\}_{i=1}^{N}$$

MNIST 숫자 이미지 데이터

MNIST Modified National Institute of Standards and Technology 데이터셋은 사람이 직접 손으로 쓴 숫자들로 이루어진 1차원(흑백) 이미지 데이터로, 머신러닝 분야에 널리 사용된다. 60,000개의 학습 데이터셋 Training Dataset

과 10,000개의 테스트 데이터셋Test Dataset으로 구성되어 있고, [그림 6-10]과 같이 각 이미지는 0부터 9까지의 숫자를 나타내는 실제값을 가진다. 이미지는 28 × 28 해상도로 제공되며, 총 784개의 픽셀로 이루어져 있다. 각 픽셀은 0에서 255 사이의 정수값으로 표현되며, 여기서 0은 검은색, 255는 흰색을 의미한다.

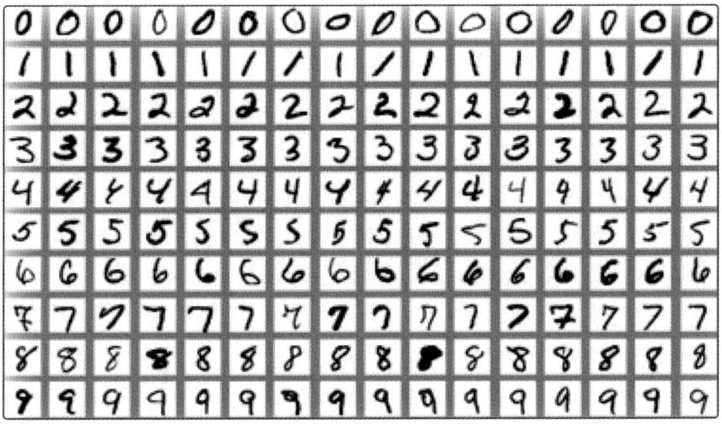

그림 6-10 MNIST 숫자 이미지 데이터

MNIST 숫자 1 이미지를 단순화하여 4 × 4 해상도(16픽셀)로 표현하면 [그림 6-11]의 (a)와 같고, 이 이미지를 컴퓨터가 인식하는 16개의 원소로 구성된 행렬로 표현하면 (b)와 같다. 다층 퍼셉트론의 입력값으로 활용하기 위해서는 행렬을 1차원 배열로 변환하는 과정이 필요하다. 이 변환 과정은 [그림 6-12]에서 [A] 영역에 나타난 것처럼 진행된다.

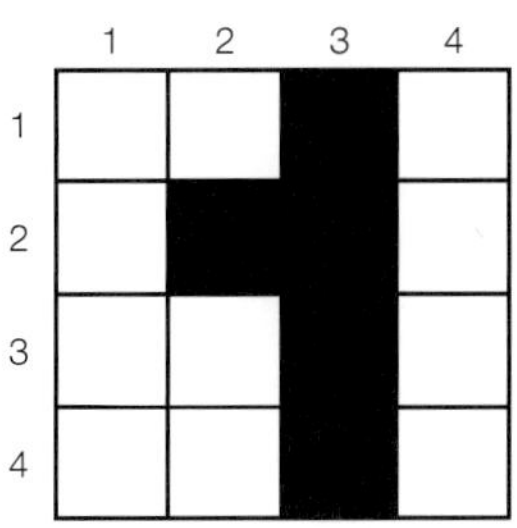

(a) 흑백 숫자 1의 4×4 해상도 표현

$$\left\{ \mathbf{x}_1 = \begin{bmatrix} 255 & 255 & 0 & 255 \\ 255 & 0 & 0 & 255 \\ 255 & 255 & 0 & 255 \\ 255 & 255 & 0 & 255 \end{bmatrix}, \mathbf{y}_1 = \begin{bmatrix} 0 \\ 1 \\ 0 \\ 0 \\ 0 \\ 0 \\ 0 \\ 0 \\ 0 \\ 0 \end{bmatrix} \right\}$$

(b) 16개 원소로 구성된 행렬 표현(첫 번째 데이터 $(\mathbf{x}_1, \mathbf{y}_1)$)

그림 6-11 MNIST 숫자 1 이미지의 특징 벡터와 실제값 표현의 예

[그림 6-11]을 활용하여 [그림 6-12]에서 표시된 다층 퍼셉트론 모델의 세부 구조를 살펴보자.

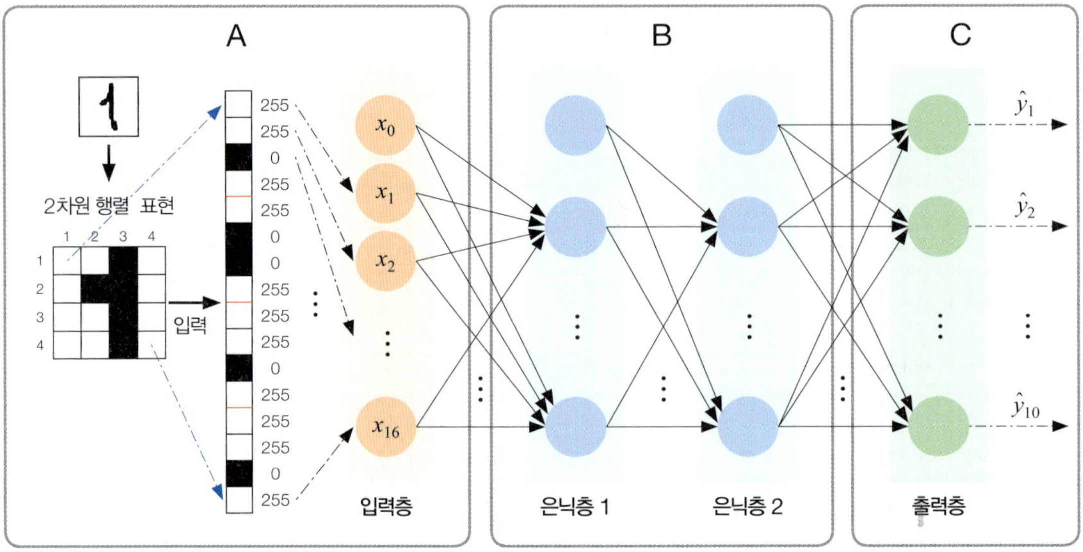

그림 6-12 MNIST 데이터셋 분류를 위한 다층 퍼셉트론 모델 구조의 예

입력층의 노드 수는 바이어스 노드를 제외하면 특징 벡터의 성분 개수와 같다. 2차원 이미지는 1행에서 4행 순으로 1차원 배열로 변환되어 입력층의 노드에 할당된다. 즉 16개 픽셀의 이미지는 16개 노드의 1차원 배열로 표시된다. 각 층(입력층, 은닉층1, 은닉층2, 출력층)은 여러 개의 노드로 구성되어 있는데, 입력층을 제외한 계층들의 노드에서는 해당 노드로 전달된 값들의 가중합을 계산한 후 활성화 함수를 적용하는 연산이 실행된다. 출력층의 노드 수는 다중 분류에서 분류하고자 하는 범주의 수와 동일하다. MNIST 데이터셋의 경우, 0부터 9까지의 숫자를 분류하므로 출력층에는 10개의 노드가 존재한다.

2 순전파

순전파에 대해 입력층, 은닉층, 출력층 순으로 나누어 구조와 각 층에서의 연산에 대해 알아보자.

입력층

[그림 6-13]을 보면, 숫자 1에 대한 이미지 데이터는 4×4 행렬이며, 행렬을 벡터 형식으로 변환하는 전처리 과정을 거친다. 변환된 특징 벡터에는 16개의 픽셀값이 저장되어 있으며 특징 벡터를 구성하는 성분들은 입력층을 구성하는 16개 노드에 각각 할당된다.

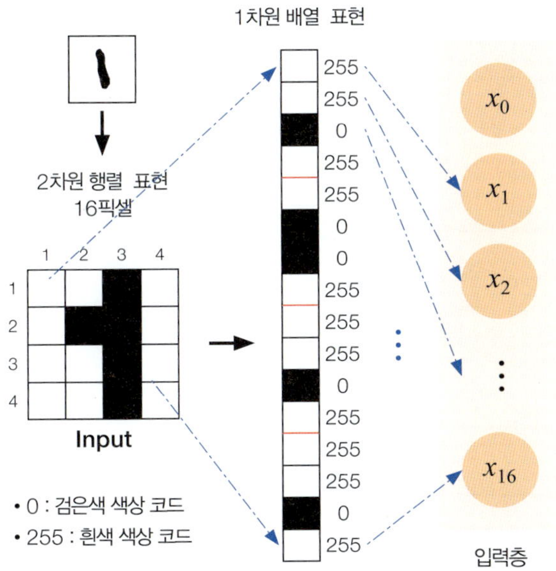

그림 6-13 **입력층**

입력층의 주요 특징은 다음과 같다.

- 입력층은 특징 벡터($\mathbf{x}_i$)의 각 성분에 대응하는 노드(x_1, x_2, . . . , x_{16})와 추가 바이어스 노드(x_0)로 구성된다.
- i번째 특징 벡터와 실제값의 쌍이 ($\mathbf{x}_i$, $\mathbf{y}_i$)로 표현될 경우, $\mathbf{x}_i$의 성분 개수에 바이어스 노드 한 개를 더한 것이 입력층의 총 노드 개수다.

은닉층

입력층을 제외한 계층들의 노드에서는 해당 노드로 전달된 입력값들의 가중합을 계산한 후, 가중합 결과에 활성화 함수를 적용한 값을 출력한다([그림 6-14]). 예를 들어, 은닉층 1에서 $z_1^{(1)}$ 값은 $w_{01}^{(0)}x_0 + w_{11}^{(0)}x_1 + w_{21}^{(0)}x_2 + \ldots + w_{16\ 1}^{(0)}x_{16}$으로 계산된다. 이때, $x_0 = 1$이다. $h_1^{(1)}$ 값은 은닉 노드의 활성화 함수를 $z_1^{(1)}$에 적용한 값($h_1^{(1)} = f_1\left(z_1^{(1)}\right)$, $f_1(\cdot)$는 활성화 함수)이다. 은닉층 2에서 $z_1^{(2)}$ 값은 $w_{01}^{(1)}h_0^{(1)} + w_{11}^{(1)}h_1^{(1)} + \ldots + w_{16\ 1}^{(1)}h_{16}^{(1)}$을 의미한다. 이때, $h_0^{(1)} = 1$이다. $h_1^{(2)}$ 값은 은닉 노드의 활성화 함수를 $z_1^{(2)}$에 적용한 값($h_1^{(2)} = f_2\left(z_1^{(2)}\right)$, $f_2(\cdot)$는 활성화 함수)이다. 통상 은닉층 노드의 활성화 함수인 $f_1(\cdot)$과 $f_2(\cdot)$는 동일한 종류의 활성화 함수를 사용한다.

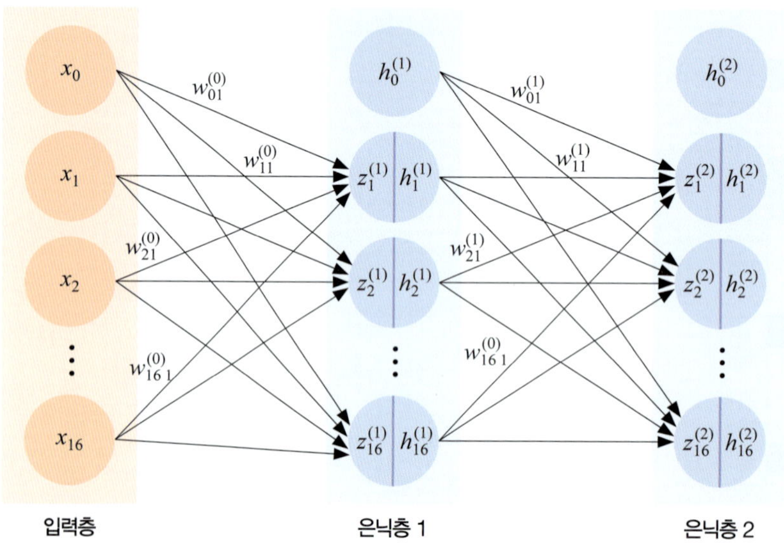

• 은닉층에서도 입력층과 마찬가지로 바이어스 노드($h_0^{(\cdot)}$)가 존재한다.

그림 6-14 **은닉층**

은닉층의 주요 특징은 다음과 같다.

- 은닉층은 여러 개 존재할 수 있고, k번째 은닉층을 구성하는 노드들과 $k+1$번째 은닉층을 구성하는 노드들은 에지로 연결되어 있다.
- 개별 은닉 노드의 동작은 다음과 같다. 입력은 에지로 연결된 이전 층의 노드들의 출력값 및 에지에 부여된 가중치이고, 출력은 입력의 가중합(z)에 대한 활성화 함수(f)의 출력($f(z)$)이다.
- 은닉층 활성화 함수로는 주로 ReLU[Rectified Linear Unit] 함수($f(z) = \text{ReLU}(z) = \max(0, z)$ (0보다 큰 양수는 항등 함수이고, 음수일 때는 0으로 출력)를 사용한다.

출력층

[그림 6-15]에서는 출력값을 계산하는 과정을 보여주고 있다. 출력층을 구성하는 노드의 동작은 은닉층의 노드와 동일하지만, 다중 분류 문제의 경우 활성화 함수로 소프트맥스 함수를 사용한다. 예를 들어, $z_1^{(k+1)}$ 값은 $w_{01}^{(k)}h_0^{(k)} + w_{11}^{(k)}h_1^{(k)} + \ldots + w_{16\ 1}^{(k)}h_{16}^{(k)}$로 계산된다. 이때, $h_0^{(k)} = 1$이다. $\hat{y}_1$ 값은 $h_1^{(k+1)} = \sigma\left(z_1^{(k+1)}\right)$이고 $\sigma(\cdot)$는 소프트맥스 함수다. 소프트맥스 함수를 포함한 활성화 함수의 세부 내용은 6장 4절에서 다룬다.

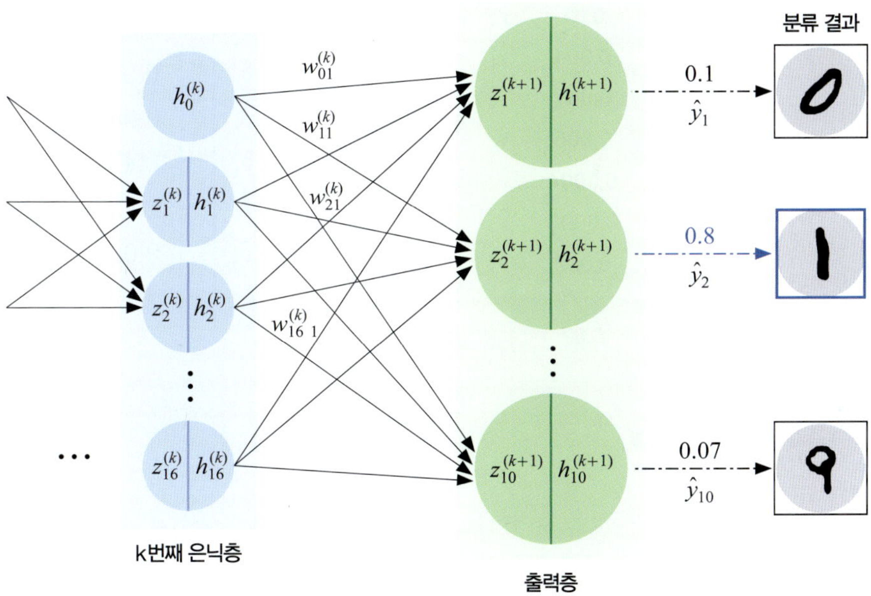

그림 6-15 **출력층**

출력층의 주요 특징은 다음과 같다.

- 입력은 에지로 연결된 이전 층의 노드들의 출력값 및 에지에 부여된 가중치이고, 출력은 입력의 가중합(z)에 대한 활성화 함수(σ)의 출력($\sigma(z)$)이다. 출력층의 활성화 함수는 주로 소프트맥스Softmax 함수가 사용된다.
- 소프트맥스 함수는 통상 세 개 이상의 다중 분류 문제에서 사용되며 출력층의 노드 개수는 다중 분류에서 분류하고자 하는 종류의 수와 같다($\mathbf{y}_i$의 성분 개수). 예를 들어, MNIST 데이터 예제에서는 0부터 9까지 총 10개의 숫자를 분류하는 것이므로 출력층의 노드 개수는 10이다.

[그림 6-16]은 다중 분류 모델의 예측값을 출력하는 과정을 보여준다.

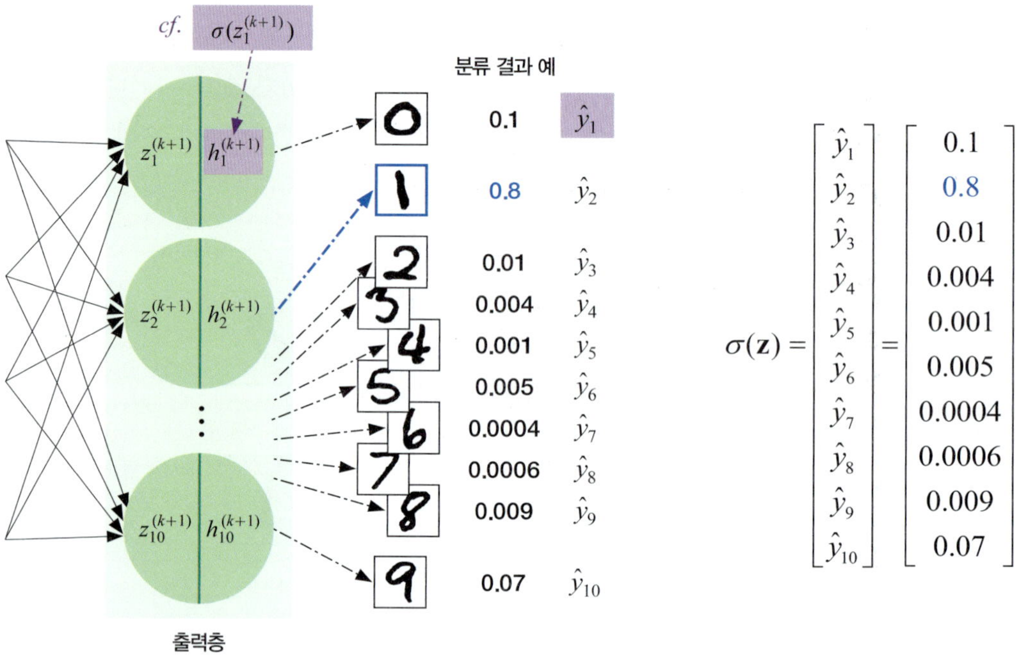

그림 6-16 다중 분류 모델의 예측값을 출력하는 과정 예

[그림 6-16]의 예에서 다중 분류 모델의 예측값을 출력하는 과정은 다음과 같다.

출력층에서 활성화 함수로 소프트맥스 함수를 사용하면 입력 $\mathbf{x}$에 대한 확률 분포를 획득하게 되는데, 입력 $\mathbf{x}$에 대한 확률 분포를 벡터로 구성한 것이 예측값 $\hat{\mathbf{y}}$가 된다.

$$\hat{\mathbf{y}} = [\hat{y}_1 \ \ \hat{y}_2 \ \ \cdots \ \ \hat{y}_C]^{\mathrm{T}}$$

여기서, C는 분류하려는 범주의 종류의 수를 의미한다. 예를 들어, MNIST 데이터셋의 경우, C값은 10이다. [그림 6-16]에서는 입력 $\mathbf{x}$가 숫자 0에 해당할 확률부터 숫자 9에 해당할 확률이 출력되며, 10개의 확률값을 모아 벡터로 구성하면 $\hat{\mathbf{y}}$가 된다. 참고로, $\hat{\mathbf{y}}$에서 가장 높은 확률값인 0.8은 숫자 1에 해당하는 인덱스에서 확인되었으므로 입력 이미지는 숫자 1로 분류된다.

$$\begin{aligned}\hat{\mathbf{y}} &= \sigma(\mathbf{z}) = [\hat{y}_1 \ \ \hat{y}_2 \ \ \hat{y}_3 \ \ \hat{y}_4 \ \ \hat{y}_5 \ \ \hat{y}_6 \ \ \hat{y}_7 \ \ \hat{y}_8 \ \ \hat{y}_9 \ \ \hat{y}_{10}]^{\mathrm{T}} \\ &= [0.1 \ \ 0.8 \ \ 0.01 \ \ 0.004 \ \ 0.001 \ \ 0.005 \ \ 0.0004 \ \ 0.0006 \ \ 0.009 \ \ 0.07]^{\mathrm{T}}\end{aligned}$$

3 손실 함수

지금까지 다층 퍼셉트론 모델의 순전파를 통해 입력된 $\mathbf{x}$에 해당하는 출력값을 획득하는 과정을 살펴보았다. 이제 예측값과 실제값에 대한 차이를 나타내는 손실 함수에 대해서 배워보자.

회귀

실제값 y_i가 연속형이면 회귀 문제로 간주된다. 따라서 이 경우에는 손실 함수로 3장에서 배운 평균 제곱 오차(MSE)를 적용한다. 또한 다른 회귀 손실 함수인 평균 절대 오차(MAE) 방법도 적용할 수 있다. 일반적으로 회귀 문제에서 출력층의 활성화 함수로 항등 함수를 사용한다.

$$\text{MSE} = \frac{1}{N}\sum_{i=1}^{N}(y_i - \hat{y}_i)^2$$

- y_i: i번째 데이터에 대한 실제값
- $\hat{y}_i$: i번째 데이터에 대한 다층 퍼셉트론의 출력, 예측값
- N: 데이터의 총 개수

다층 퍼셉트론을 회귀에 적용하는 간단한 예제를 [그림 6-17]을 통해 살펴보자. 여기에서는 손실 함수로 평균 제곱 오차(MSE)를 사용했다.

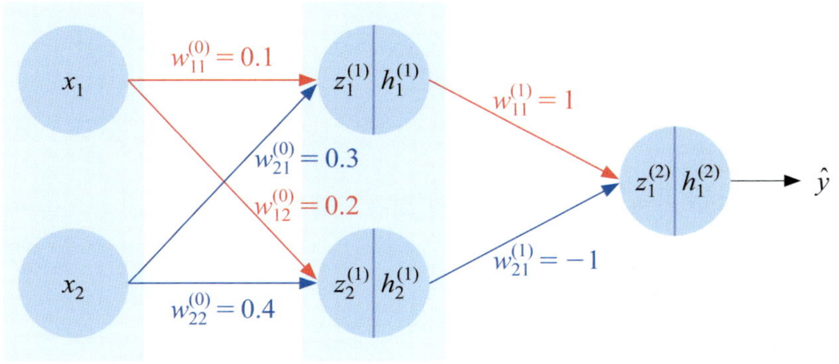

그림 6-17 선형 회귀 모델의 손실 함수 계산 예

먼저, 데이터가 다음과 같이 구성되었다고 가정하자.

$$D = \{(\mathbf{x}_i, y_i)\}_{i=1}^{4}$$

$$\mathbf{x}_1 = [1\ 1]^T,\ y_1 = 0.4,\ \mathbf{x}_2 = [0\ 1]^T,\ y_2 = 0.5$$

$$\mathbf{x}_3 = [1\ 0]^T,\ y_3 = 0.3,\ \mathbf{x}_4 = [0\ 0]^T,\ y_4 = 0.2$$

은닉층의 활성화 함수는 시그모이드 함수를 사용했고 출력층의 활성화 함수는 항등 함수를 사용했다. [그림 6-17]의 다층 퍼셉트론 모델에서 주어진 입력값($\mathbf{x}_1$, $\mathbf{x}_2$, $\mathbf{x}_3$, $\mathbf{x}_4$)에 대응하는 모델의 예측값($\hat{y}_1$, $\hat{y}_2$, $\hat{y}_3$, $\hat{y}_4$)은 다음 과정을 통해서 구할 수 있다. 이때 계산 과정에서 활용한 가중치는 [그림 6-17]을 참고하자.

$\mathbf{x}_1$에 대하여 $h_1^{(1)} = \sigma(0.1 + 0.3) = 0.6,\ h_2^{(1)} = \sigma(0.2 + 0.4) = 0.65,\ z_1^{(2)} = h_1^{(2)} = \hat{y}_1 = -0.05$

$\mathbf{x}_2$에 대하여 $h_1^{(1)} = \sigma(0 + 0.3) = 0.57,\ h_2^{(1)} = \sigma(0 + 0.4) = 0.6,\ z_1^{(2)} = h_1^{(2)} = \hat{y}_2 = -0.03$

$\mathbf{x}_3$에 대하여 $h_1^{(1)} = \sigma(0.1 + 0) = 0.52,\ h_2^{(1)} = \sigma(0.2 + 0) = 0.55,\ z_1^{(2)} = h_1^{(2)} = \hat{y}_3 = -0.03$

$\mathbf{x}_4$에 대하여 $h_1^{(1)} = \sigma(0 + 0) = 0.5,\ h_2^{(1)} = \sigma(0 + 0) = 0.5,\ z_1^{(2)} = h_1^{(2)} = \hat{y}_4 = 0$

예측값과 실제값에 대한 MSE 함수는 약 0.158의 값으로 계산된다.

$$L = \frac{1}{4}\sum_{i=1}^{4}(y_i - \hat{y}_i)^2 = 0.158075$$

MSE와 같은 손실 함수를 최소화하도록 가중치를 업데이트하면 회귀 모델을 구현하고 회귀 문제를 해결할 수 있다.

이진 분류

실제값(y_i)이 0 또는 1의 이산형 값을 갖는 경우, 4장에서 배운 바이너리 크로스 엔트로피(BCE)를 적용한다. 일반적으로 이진 분류에서 출력층의 활성화 함수는 시그모이드 함수를 적용한다.

$$\text{BCE} = -\frac{1}{N}\sum_{i=1}^{N}\left\{y_i \ln \hat{y}_i + \left(1-y_i\right)\ln(1-\hat{y}_i)\right\}$$

- y_i : 0(False) 혹은 1(True)의 값으로 표현된 i번째 데이터의 실제값
- $\hat{y}_i$: i번째 데이터에 대한 다층 퍼셉트론의 출력값으로 i번째 데이터에 대한 예측값

이진 분류 문제를 해결하기 위해서 손실 함수로 바이너리 크로스 엔트로피 함수를 사용한다. [그림 6-18]에서 이진 분류 문제를 해결하는 다층 퍼셉트론 모델의 바이너리 크로스 엔트로피 함수를 계산해 보자.

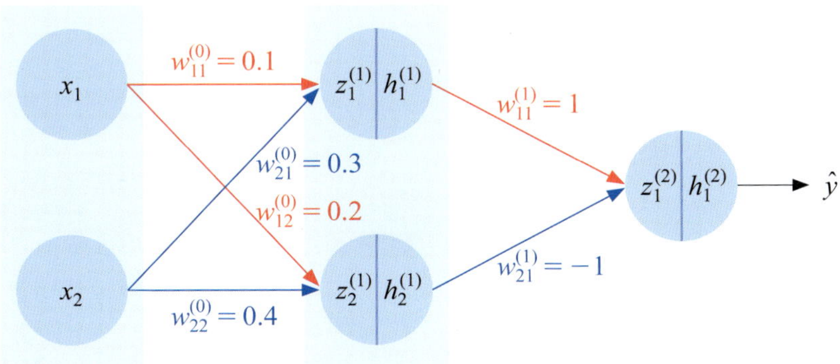

그림 6-18 **로지스틱 회귀(이진 분류) 모델의 손실 함수 계산 예(바이어스는 제외)**

먼저, 데이터를 살펴보면 입력값을 벡터 형태로 표현하고, 이진 분류의 실제값은 0 또는 1을 가진다.

$$D = \left\{\left(\mathbf{x}_i, y_i\right)\right\}_{i=1}^{4}$$

$$\mathbf{x}_1 = [1\ 1]^{\mathrm{T}},\ y_1 = 1,\ \mathbf{x}_2 = [0\ 1]^{\mathrm{T}},\ y_2 = 1$$

$$\mathbf{x}_3 = [1\ 0]^{\mathrm{T}},\ y_3 = 0,\ \mathbf{x}_4 = [0\ 0]^{\mathrm{T}},\ y_4 = 0$$

은닉층의 활성화 함수는 ReLU 함수를 사용했고 출력층의 활성화 함수는 시그모이드 함수를 사용했다. [그림 6-18]의 모델에서 각 입력값($\mathbf{x}_1$, $\mathbf{x}_2$, $\mathbf{x}_3$, $\mathbf{x}_4$)에 대한 모델의 예측값($\hat{y}_1$, $\hat{y}_2$, $\hat{y}_3$, $\hat{y}_4$)을 다음 과정을 통해서 구할 수 있다. 이때 계산 과정에서 활용한 가중치는 [그림 6-18]을 참고하자.

$\mathbf{x}_1$에 대하여 $h_1^{(1)} = \text{ReLU}(0.1 + 0.3) = 0.4,\ h_2^{(1)} = \text{ReLU}(0.2 + 0.4) = 0.6$

$z_1^{(2)} = 1,\ h_1^{(2)} = \hat{y}_1 = \sigma(0.4 + 0.6) = 0.73$

$\mathbf{x}_2$에 대하여 $h_1^{(1)} = \text{ReLU}(0 + 0.3) = 0.3,\ h_2^{(1)} = \text{ReLU}(0 + 0.4) = 0.4$

$z_1^{(2)} = 0.7,\ h_1^{(2)} = \hat{y}_2 = \sigma(0.3 + 0.4) = 0.69$

$\mathbf{x}_3$에 대하여 $h_1^{(1)} = \text{ReLU}(0.1 + 0) = 0.1,\ h_2^{(1)} = \text{ReLU}(0.2 + 0) = 0.2$

$z_1^{(2)} = 0.3,\ h_1^{(2)} = \hat{y}_3 = \sigma(0.3) = 0.57$

$\mathbf{x}_4$에 대하여 $h_1^{(1)} = \text{ReLU}(0 + 0) = 0,\ h_2^{(1)} = \text{ReLU}(0 + 0) = 0$

$z_1^{(2)} = 0,\ h_1^{(2)} = \hat{y}_4 = \sigma(0) = 0.5$

예측값과 실제값에 대한 BCE 함수를 계산해보면 다음과 같다.

$$L = -\frac{1}{N}\sum_{i=1}^{4}\left\{y_i \ln \hat{y}_i + \left(1 - y_i\right)\ln\left(1 - \hat{y}_i\right)\right\}$$

$$= -\frac{1}{4}\left\{\ln 0.73 + \ln 0.69 + \ln\left(1 - 0.57\right) + \ln\left(1 - 0.5\right)\right\} = 0.56$$

손실 함수인 BCE가 작을수록 예측값은 실제값과 유사하며, 다층 퍼셉트론을 통해 이진 분류 모델을 구현하고 이진 분류 문제를 해결할 수 있다.

다중 분류

실제값 $\mathbf{y}_i$가 이산형 값이고 일반적으로 세 개 이상의 범주에 대하여 분류하는 경우, CCE[Categorical Cross Entropy] 또는 크로스 엔트로피[Cross Entropy]라고 불리는 손실 함수를 적용한다. 일반적으로 출력층의 활성화 함수는 소프트맥스 함수를 사용하고, 실제값은 원-핫 인코딩 형식을 통해 벡터로 표현된다.

$$\text{CCE} = -\frac{1}{N}\sum_{i=1}^{N}\sum_{j=1}^{C} y_{ij} \ln \hat{y}_{ij}$$

$$* \ \mathbf{y}_i = \begin{bmatrix} y_{i1} & y_{i2} & \cdots & y_{ij} & \cdots & y_{iC} \end{bmatrix}^{\mathrm{T}}$$

$$* \ \hat{\mathbf{y}}_i = \begin{bmatrix} \hat{y}_{i1} & \hat{y}_{i2} & \cdots & \hat{y}_{ij} & \cdots & \hat{y}_{iC} \end{bmatrix}^{\mathrm{T}}$$

- y_{ij} : i 번째 입력값에 대한 실제값 $\mathbf{y}_i$의 j 번째 성분값(실제값을 원–핫 인코딩으로 표현)
- $\hat{y}_{ij}$: i 번째 입력값에 대한 예측값 $\hat{\mathbf{y}}_i$의 j 번째 성분값(j 번째 클래스라고 부르기도 함)
- C : 다중 분류에서 분류하고자 하는 총 개수. 즉, $\mathbf{y}_i$의 성분 개수와 동일하다.
- N : 데이터의 총 개수

다중 분류 문제를 해결하기 위해 손실 함수로 크로스 엔트로피 손실 함수를 적용한 다층 퍼셉트론 모델을 [그림 6–19]를 통해 살펴보자. 활성화 함수 측면에서, 은닉층의 활성화 함수는 ReLU 함수를 사용했고 출력층의 활성화 함수는 소프트맥스 함수를 사용했다.

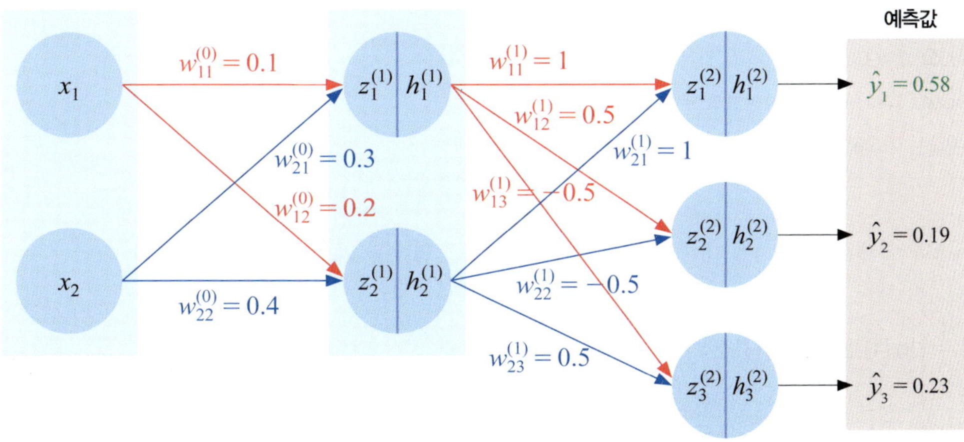

그림 6–19 다중 분류 모델의 손실 함수 계산 예

[그림 6–19]의 데이터를 살펴보면 입력값을 벡터 형태로 표현하고, 그 입력값에 대응하는 실제값은 다음과 같다. 이때 다중 분류의 실제값은 원–핫 인코딩 방식으로 표현되어 있다.

$$D = \left\{\left(\mathbf{x}_i, \mathbf{y}_i\right)\right\}_{i=1}^{2}$$

$$\mathbf{x}_1 = [1 \ 1]^{\mathrm{T}}, \ \mathbf{y}_1 = [1 \ 0 \ 0]^{\mathrm{T}}, \ \mathbf{x}_2 = [0 \ 1]^{\mathrm{T}}, \ \mathbf{y}_2 = [0 \ 1 \ 0]^{\mathrm{T}}$$

[그림 6-19]에서 입력 데이터가 $\{(\mathbf{x}_1, \mathbf{y}_1), (\mathbf{x}_2, \mathbf{y}_2)\}$로 두 개가 주어졌을 때, 각 데이터에 대한 모델의 예측값 $\hat{\mathbf{y}}_1$과 $\hat{\mathbf{y}}_2$를 [표 6-2]와 같이 구할 수 있다. 이때 계산 과정에서 활용한 가중치 값은 [그림 6-19]를 참고하자.

표 6-2 입력 데이터 $\{(\mathbf{x}_1, \mathbf{y}_1), (\mathbf{x}_2, \mathbf{y}_2)\}$에 대한 모델의 예측값 $\hat{\mathbf{y}}_1$과 $\hat{\mathbf{y}}_2$ 계산

$\hat{\mathbf{y}}_1$ 값 구하기
$h_1^{(1)} = \text{ReLU}(0.1 + 0.3) = 0.4$
$h_2^{(1)} = \text{ReLU}(0.2 + 0.4) = 0.6$
$\hat{y}_{11} = \text{softmax}(0.4 \times 1 + 0.6 \times 1) = \text{softmax}(1) = 0.58$
$\hat{y}_{12} = \text{softmax}(0.4 \times 0.5 + 0.6 \times -0.5) = \text{softmax}(-0.1) = 0.19$
$\hat{y}_{13} = \text{softmax}(0.4 \times -0.5 + 0.6 \times 0.5) = \text{softmax}(0.1) = 0.23$
$\hat{\mathbf{y}}_1 = [0.58 \quad 0.19 \quad 0.23]^{\mathrm{T}}$
$\hat{\mathbf{y}}_2$ 값 구하기
$h_1^{(1)} = \text{ReLU}(0.3) = 0.3$
$h_2^{(1)} = \text{ReLU}(0.4) = 0.4$
$\hat{y}_{21} = \text{softmax}(0.3 \times 1 + 0.4 \times 1) = \text{softmax}(0.7) = 0.5$
$\hat{y}_{22} = \text{softmax}(0.3 \times 0.5 + 0.4 \times -0.5) = \text{softmax}(-0.05) = 0.24$
$\hat{y}_{23} = \text{softmax}(0.3 \times -0.5 + 0.4 \times 0.5) = \text{softmax}(0.05) = 0.26$
$\hat{\mathbf{y}}_2 = [0.5 \quad 0.24 \quad 0.26]^{\mathrm{T}}$

예측값$(\hat{\mathbf{y}}_1, \hat{\mathbf{y}}_2)$과 실제값$(\mathbf{y}_1, \mathbf{y}_2)$에 대해 크로스 엔트로피 손실 함수를 계산하면 다음과 같다.

$$L = -\frac{1}{2}\left\{\ln\left(0.58\right) + \ln\left(0.24\right)\right\} = 0.99$$

손실 함수인 크로스 엔트로피가 작을수록 예측값은 실제값과 유사한 값을 내며, 다층 퍼셉트론 모델을 이용하여 다중 분류 문제를 해결할 수 있다.

4 역전파

모델 학습 과정의 목적은 손실 함수 값을 최소화하는 최적의 모델 가중치를 찾는 것이다. 가중치를 찾는 과정에서는 다음 식과 같이 경사하강법Gradient Descent을 이용한다.

$$w_{ij}^{(k)} \leftarrow w_{ij}^{(k)} - \alpha \frac{\partial L}{\partial w_{ij}^{(k)}}$$

- $w_{ij}^{(k)}$: k번째 층의 i번째 노드와 $k+1$번째 층의 j번째 노드를 연결하는 에지에 할당된 가중치
- α : 학습률(학습의 보폭 혹은 가중치의 업데이트되는 정도를 조절함)

3장 선형 회귀와 4장 로지스틱 회귀에서는 파라미터 업데이트 과정이 비교적 간단했으나 다층 퍼셉트론에서는 활성화 함수를 여러 번 거치게 되므로 체인룰을 적용하여 손실 함수에 대한 편미분을 수행한다. 다층 퍼셉트론 모델에서 가중치를 업데이트할 때는 출력층부터 시작하여 업데이트를 하고자 하는 가중치에 도달할 때까지 각 층을 연결하는 가중치에 대한 그레디언트를 계속하여 곱한다. 이런 업데이트 방식을 오차 역전파라고 한다.

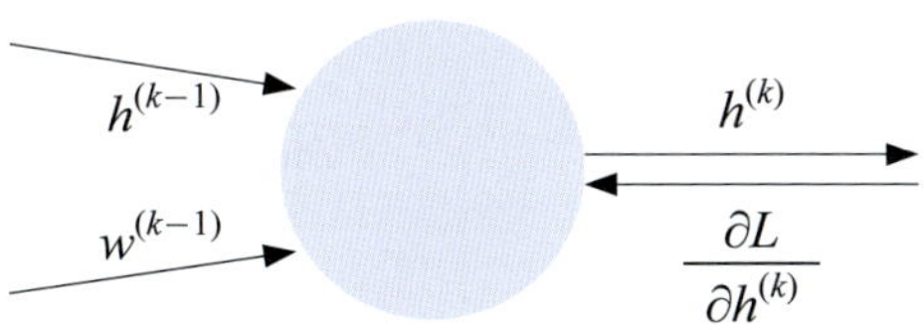

- $w^{(k-1)}$: $k-1$층에서의 가중치
- $h^{(k-1)}$: $k-1$층에서의 출력값 혹은 노드의 입력값
- $h^{(k)}$: $w^{(k-1)}$과 $h^{(k-1)}$의 가중합이 활성화 함수를 통과하여 생성된 노드의 출력값

그림 6-20 오차 역전파에서 가중치 업데이트

$\frac{\partial L}{\partial w^{(k-1)}}$을 계산하는 과정을 살펴보자. [그림 6-20]에서 $\frac{\partial L}{\partial h^{(k)}}$은 출력층에서 입력층으로 미분값을 계산하는 과정에서 미리 값을 알고 있다고 하자. 편미분의 체인룰인 $\frac{\partial L}{\partial w^{(k-1)}} = \frac{\partial L}{\partial h^{(k)}} \frac{\partial h^{(k)}}{\partial w^{(k-1)}}$를 계산하는 과정에서 $\frac{\partial L}{\partial h^{(k)}}$을 알고 있다면, $\frac{\partial h^{(k)}}{\partial w^{(k-1)}}$만 계산하면 $\frac{\partial L}{\partial h^{(k)}}$과 $\frac{\partial h^{(k)}}{\partial w^{(k-1)}}$를 곱하여 $\frac{\partial L}{\partial w^{(k-1)}}$을 구할 수 있다. 참고로 $h^{(k)}$는 $w^{(k-1)}$에 대응되는 입력값에 대한 가중합에 활성화 함수를 적용한 값이기 때문에 $\frac{\partial h^{(k)}}{\partial w^{(k-1)}}$를 계산할 수 있다.

[그림 6-21]은 다층 퍼셉트론의 오차 역전파를 보여주는 예다. 손실 함수 $L(\mathbf{w})$ 값이 계산되었을 때, 손실 함수와 출력층, 출력층과 은닉층, 은닉층과 입력층 간의 순서로 오차 역전파가 진행된다.

손실 함수와 출력층

$L(\mathbf{w})$와 $\hat{\mathbf{y}}$를 이용하여 $\frac{\partial L}{\partial \hat{\mathbf{y}}}$을 구할 수 있다. [그림 6-21]에서는 $\hat{\mathbf{y}} = \mathbf{h}^{(2)}$이기 때문에 $\frac{\partial L}{\partial \hat{\mathbf{y}}} = \frac{\partial L}{\partial \mathbf{h}^{(2)}}$이다. $\frac{\partial L}{\partial \mathbf{h}^{(2)}}$ 값은 저장해둔다.

출력층과 은닉층

출력은 $\mathbf{h}^{(2)} = [h_1^{(2)}\ h_2^{(2)}]^{\mathrm{T}}$이고 입력은 $\mathbf{h}^{(1)} = [h_1^{(1)}\ h_2^{(1)}]^{\mathrm{T}}$와 $\mathbf{W}_1^{\mathrm{T}} = \begin{bmatrix} w_{11}^{(1)} & w_{21}^{(1)} \\ w_{12}^{(1)} & w_{22}^{(1)} \end{bmatrix}$이다. 이에 대해서 $\mathbf{h}^{(1)}$과 $\mathbf{W}_1$에 대한 손실 함수 L의 미분은 $\frac{\partial L}{\partial \mathbf{h}^{(1)}}$와 $\frac{\partial L}{\partial \mathbf{W}_1}$이다. 체인룰을 적용하면 $\frac{\partial L}{\partial \mathbf{h}^{(1)}}$과 $\frac{\partial L}{\partial \mathbf{W}_1}$은 각각 $\frac{\partial L}{\partial \mathbf{h}^{(1)}} = \frac{\partial \mathbf{h}^{(2)}}{\partial \mathbf{h}^{(1)}} \frac{\partial L}{\partial \mathbf{h}^{(2)}}$과 $\frac{\partial L}{\partial \mathbf{W}_1} = \frac{\partial \mathbf{h}^{(2)}}{\partial \mathbf{W}_1} \frac{\partial L}{\partial \mathbf{h}^{(2)}}$로 표현할 수 있다. $\frac{\partial L}{\partial \mathbf{h}^{(1)}}$을 계산할 때 $\frac{\partial L}{\partial \mathbf{h}^{(2)}}$을 알고 있다면 $\frac{\partial \mathbf{h}^{(2)}}{\partial \mathbf{h}^{(1)}}$만 계산하면 된다. 마찬가지로 $\frac{\partial L}{\partial \mathbf{W}_1}$을 계산할 때 $\frac{\partial L}{\partial \mathbf{h}^{(2)}}$을 알고 있다면 $\frac{\partial \mathbf{h}^{(2)}}{\partial \mathbf{W}_1}$만 계산하면 된다. 여기서 $\frac{\partial L}{\partial \mathbf{h}^{(1)}}$을 저장한다.

은닉층과 입력층

출력은 $\mathbf{h}^{(1)} = [h_1^{(1)}\ h_2^{(1)}]^{\mathrm{T}}$이고 입력은 $\mathbf{x} = [x_1\ x_2]^{\mathrm{T}}$와 $\mathbf{W}_0^{\mathrm{T}} = \begin{bmatrix} w_{11}^{(0)} & w_{21}^{(0)} \\ w_{12}^{(0)} & w_{22}^{(0)} \end{bmatrix}$이다. 이에 대하여 $\mathbf{W}_0$에 대한 손실 함수 L의 미분은 $\frac{\partial L}{\partial \mathbf{W}_0}$이다. 체인룰을 적용하면 $\frac{\partial L}{\partial \mathbf{W}_0} = \frac{\partial \mathbf{h}^{(1)}}{\partial \mathbf{W}_0} \frac{\partial L}{\partial \mathbf{h}^{(1)}}$로 표현할 수 있다. $\frac{\partial L}{\partial \mathbf{h}^{(1)}}$을 알고 있으므로 $\frac{\partial \mathbf{h}^{(1)}}{\partial \mathbf{W}_0}$만 계산하면 $\frac{\partial L}{\partial \mathbf{W}_0}$를 구할 수 있다.

[그림 6-21]에 사용된 기호의 의미는 다음과 같다.

- L : 손실 함수를 의미하는 기호다. 손실 함수는 BCE Binary Cross Entropy, CCE Categorical Cross Entropy, MSE Mean Squared Error 등 다양한 함수를 사용할 수 있다.
- $\mathbf{W}_0$: 계층 0(입력층)에 존재하는 노드와 계층 1(은닉층)에 존재하는 노드를 연결하는 에지에 부여된 가중치로 구성된 행렬
- $\mathbf{W}_1$: 계층 1(은닉층)에 존재하는 노드와 계층 2(출력층)에 존재하는 노드를 연결하는 에지에 부여된 가중치로 구성된 행렬
- $\mathbf{b}^{(0)}$: 입력층의 바이어스 노드와 은닉층의 노드를 연결하는 에지의 가중치
- $\mathbf{b}^{(1)}$: 은닉층의 바이어스 노드와 출력층의 노드를 연결하는 에지의 가중치
- $\mathbf{h}^{(1)}$: 은닉층을 구성하는 은닉 노드들의 출력으로 구성된 벡터
- $\mathbf{h}^{(2)}$: 출력층을 구성하는 출력 노드들의 출력으로 구성된 벡터

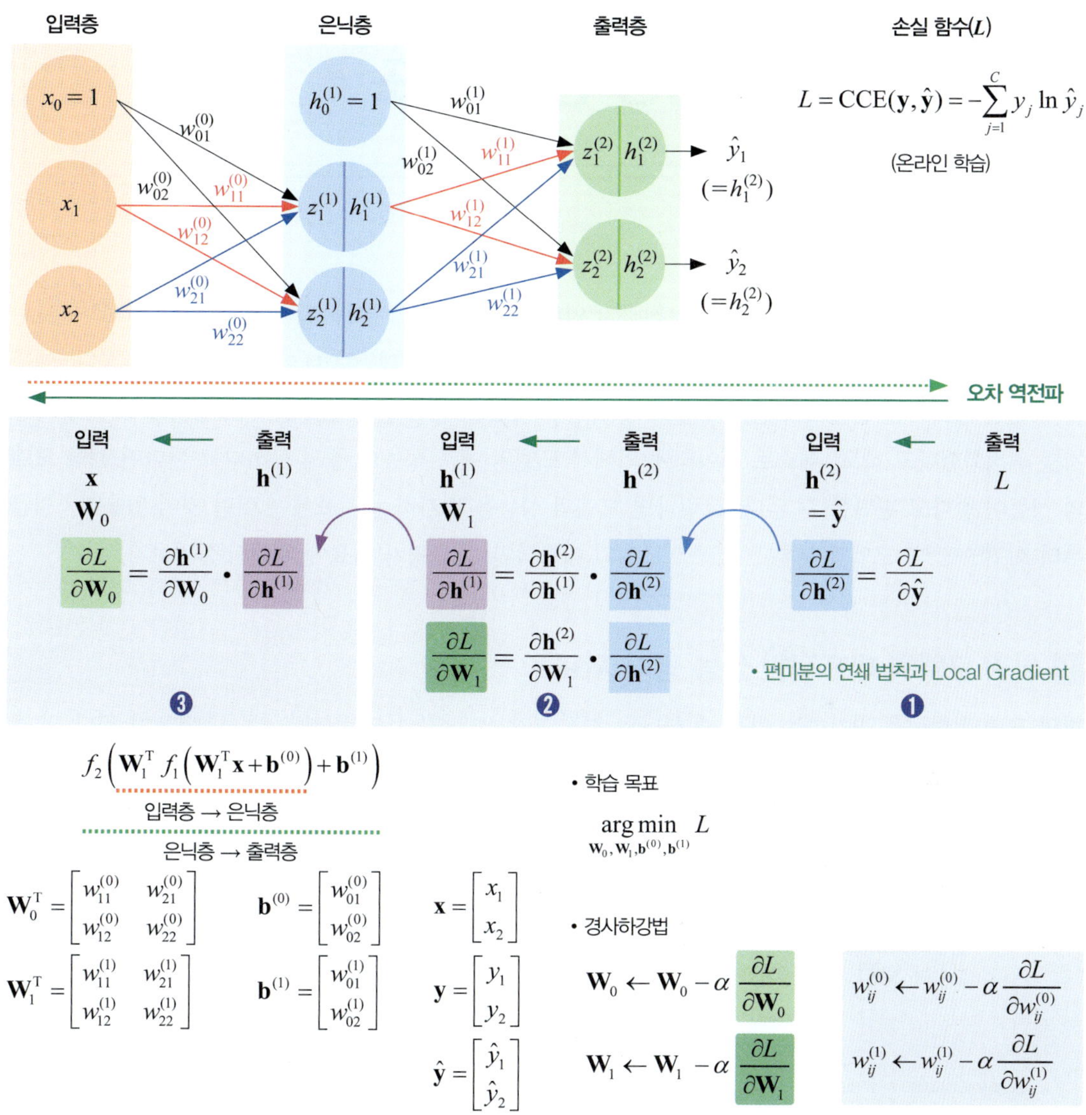

그림 6-21 다층 퍼셉트론의 오차 역전파

SECTION 03

모델 성능 평가 지표

머신러닝 모델의 목적은 학습 과정에서 접하지 않은 데이터를 잘 예측하거나 분류하는 모델을 만드는 것이다. 따라서 모델의 성능을 평가할 때는 학습에 사용하지 않은 테스트 데이터를 활용해야 한다. 예를 들어 훈련 데이터를 활용하여 순전파와 오차 역전파 과정을 통해 손실 함수를 최소화하고 모델의 가중치를 최적화했다고 해도, 테스트 데이터에 의해서 모델의 예측 성능이 좋지 못하다고 한다면 해당 모델의 성능이 좋다고 판단할 수 없다. 그렇다면 모델의 성능을 평가하는 지표에는 어떤 것이 있을까? 지금부터 회귀Regression 모델과 분류Classification 모델의 대표적인 성능 평가 지표에 대해서 살펴보자.

1 회귀 모델의 대표적인 성능 평가 지표

회귀 모델의 성능을 평가하는 지표 중 하나로 결정 계수Coefficient of Determination 또는 R-Squared가 있다. 결정 계수는 회귀 모델의 성능을 평가하는 데 사용되는 대표적인 성능 지표다.

$$R^2 = 1 - \frac{\text{SSR}}{\text{SST}} = 1 - \frac{\sum_{i=1}^{N}\left(y_i - \hat{y}_i\right)^2}{\sum_{i=1}^{N}\left(y_i - \bar{y}\right)^2}$$

- SSRResidual Sum of Squares : 잔차 제곱합으로, 예측값과 실제값 간의 차이를 제곱하여 합한 값
- SSTTotal Sum of Squares : 전체 변동 제곱합으로, 실제값과 평균값 간의 차이를 제곱하여 합한 값
- $\bar{y}$는 y_i의 평균값, $\hat{y}_i$는 x_i에 대한 모델의 예측값

결정 계수는 일반적으로 0에 가까울수록 모델의 예측값과 실제값이 차이가 있다는 것으로 해석되며, 1에 가까울수록 모델 예측값과 실제값이 유사하게 잘 나오는 것으로 판단한다. 하지만 결정 계수는 다중 선형 회귀와 같은 복잡한 모델에서 과적합Overfitting 문제가 발생할 수 있는 한계점이 있다.

결정 계수는 모델의 성능을 간단하게 평가할 수 있는 지표이지만, 단독으로 사용하기보다 다른 평가 지표와 함께 종합적으로 고려하는 것이 바람직하며, 데이터와 모델의 특성에 따라 적절한 성능 평가 지표를 사용해야 한다.

2 분류 모델의 대표적인 성능 평가 지표

분류의 경우, 학습이 완료된 모델에 대해서 테스트 데이터의 실제값과 테스트 데이터에 대한 모델의 예측값을 비교하여 성능을 측정한다. 이때, 일반적으로 혼동 행렬Confusion Matrix을 사용하여 성능을 측정한다. 혼동 행렬은 분류 모델의 성능을 평가하기 위한 표다. 이를 통해 모델이 예측한 결과와 실제 결과 간의 일치 여부를 확인할 수 있다. 이진 분류와 다중 분류의 혼동 행렬과 분류 규칙에 대해서 살펴보자.

이진 분류의 혼동 행렬과 분류 규칙

이진 분류에 대한 혼동 행렬은 [그림 6-22]와 같이 TP, FP, TN, FN 값을 행렬 형태로 나타낸다. [그림 6-22]에서 보는 것처럼 이진 분류 문제에서의 실제값(0과 1)과 예측값(0과 1)의 조합은 TP, FP, TN, FN으로 정리할 수 있다. 이처럼 혼동 행렬을 통해 시각적으로 분류 성능을 파악할 수 있을 뿐만 아니라, 각 값을 활용하여 분류 모델의 성능을 수치로 표현할 수도 있다. 이를 기반으로 하는 분류 성능 지표인 정확도, 재현율, 정밀도, F1-score에 대해서 알아보자. 정확도, 재현율, 정밀도, F1-score는 모델의 목적에 따라 사용자가 선택하여 성능 평가에 활용할 수 있다.

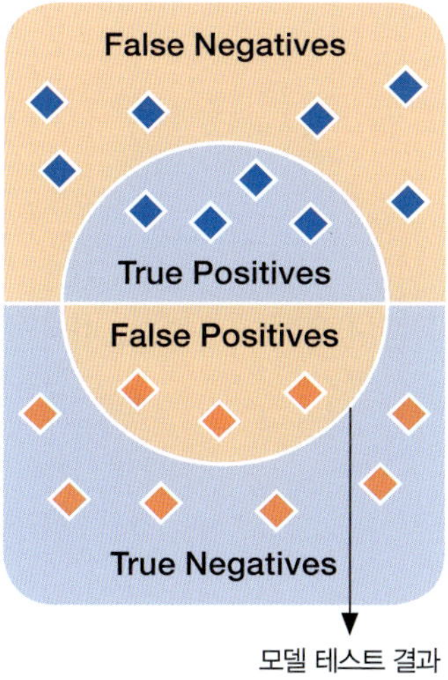

		예측값	
		Negative	Positive
실제값	Negative	TN	FP
	Positive	FN	TP

- True Positive(TP): 실제값이 양성인 테스트 데이터를 양성으로 예측(정답)
- False Positive(FP): 실제값이 음성인 테스트 데이터를 양성으로 예측(오답)
- True Negative(TN): 실제값이 음성인 테스트 데이터를 음성으로 예측(정답)
- False Negative(FN): 실제값이 양성인 테스트 데이터를 음성으로 예측(오답)

그림 6-22 이진 분류에서의 혼동 행렬 예

정확도

정확도Accuracy는 테스트 데이터 중 정확하게 예측된 데이터의 비율을 나타내는 지표로 분류의 성능을 직관적으로 수치화할 수 있다. 그러나 데이터셋이 특정 범주에 편향되어 있다면 정확도만으로 성능을 평가하기 어려울 수 있다.

$$\text{Accuracy} = \frac{TP + TN}{TP + FP + FN + TN}$$

재현율

재현율Recall은 실제값이 양성인 테스트 데이터 중에서 모델이 정확하게 양성으로 판단한 비율을 의미한다. 재현율은 FN을 최소화하는 것이 중요한 경우에 사용된다.

$$\text{Recall} = \frac{TP}{TP + FN}$$

정밀도

정밀도Precision는 모델이 양성으로 판단한 테스트 데이터 중에서 실제로 양성인 비율이다. 정밀도는 FP를 최소화하는 것이 중요한 경우에 사용된다.

$$\text{Precision} = \frac{TP}{TP + FP}$$

F1-score

F1-score는 정밀도와 재현율의 조화 평균으로, 분류 데이터의 불균형이 큰 경우에 유용하다. 따라서 정확도와 같이 자주 사용되는 성능 평가 지표 중 하나다.

$$\text{F1} - \text{score} = 2 \times \frac{\text{Precision} \times \text{Recall}}{\text{Precision} + \text{Recall}}$$

다중 분류의 혼동 행렬과 분류 규칙

[그림 6-23]은 다층 퍼셉트론을 사용한 다중 분류 결과를 시각적으로 나타낸 것이며, 오른쪽 범례를 보면 숫자가 클수록 노란색으로, 숫자가 작을수록 보라색으로 표현된다. [그림 6-23]의 대각선 부분이 밝은 색상으로 표시되어 있으며 이를 통해 실제값과 예측값이 서로 일치하는 경우가 많다는 것을 알 수 있다.

다중 분류에서 예측값은 벡터로 구성되어 있고 그 벡터는 소프트맥스 함수에 의해 각 출력 노드의 확률값이다. 그 확률값 중에 가장 큰 확률값을 갖는 벡터의 인덱스가 예측값에 대한 분류 결과다. 예를 들어, MNIST에서 예측값이 다음과 같다고 하면, $\hat{\mathbf{y}} = [0.1\ 0.8\ 0.01\ 0.0004\ 0.0001\ 0.005\ 0.0004\ 0.0006\ 0.009\ 0.07]^T$에서 가장 높은 확률이 0.8이므로 0.8에 해당되는 인덱스가 1이다. 따라서 예측값 $\hat{\mathbf{y}}$의 이산형으로 변환된 값은 1이다.

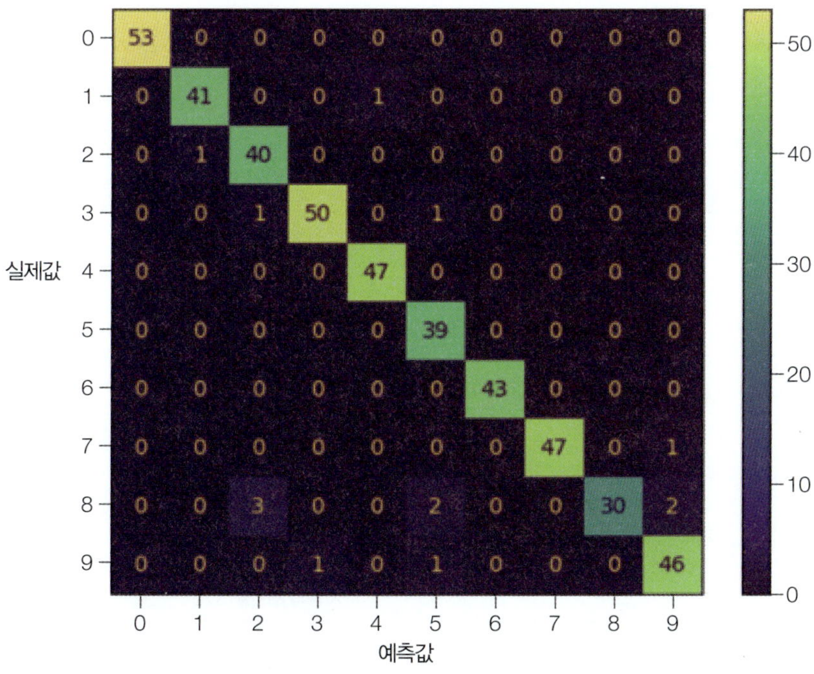

그림 6-23 **다층 퍼셉트론의 다중 분류 결과를 나타낸 혼동 행렬**

다중 분류에서 정확도, 재현율, 정밀도를 구하는 방법에 대해서 간단한 예시를 통해 살펴보자. 사람, 트럭, 동물의 세 가지 범주에 대한 다중 분류 알고리즘을 생각해보자. 알고리즘의 예측값(이산형)과 실제값은 [표 6-3]과 같다.

표 6-3 사람, 트럭, 동물 분류 알고리즘의 예측값(이산형)과 실제값 예

구분		예측값(이산형)		
		사람	트럭	동물
실제값	사람	1	1	1
	트럭	0	2	0
	동물	1	0	3

다중 분류에서 One vs. Rest로 자기 해당 분류는 양성이고 나머지는 모두 음성으로 계산하면 된다. [표 6-3]에서 정확도는 전체 테스트 데이터 수에 대한 대각선의 숫자 합으로 계산된 비율을 의미한다. 아래 표를 보면, 보라색으로 표시한 부분의 합이 분자 값이 되고 전체 숫자의 합이 분모가 된다. 즉, $\frac{1+2+3}{1+1+1+2+1+3} = \frac{6}{9} = \frac{2}{3}$가 정확도다.

구분		예측값(이산형)		
		사람	트럭	동물
실제값	사람	1	1	1
	트럭	0	2	0
	동물	1	0	3

사람, 트럭, 동물에 대한 재현율은 다음과 같다.

구분		예측값(이산형)			
		사람	트럭	동물	
실제값	사람	1	1	1	사람의 재현율: 1/3
	트럭	0	2	0	트럭의 재현율: 2/2
	동물	1	0	3	동물의 재현율: 3/4

범주별 재현율의 평균은 $\frac{1/3+2/2+3/4}{3} = \frac{25/12}{3} = \frac{25}{36}$이며, 이 값이 종합된 평균 재현율 값이다.

사람, 트럭, 동물에 대한 정밀도는 다음과 같다.

구분		예측값(이산형)		
		사람	트럭	동물
실제값	사람	1	1	1
	트럭	0	2	0
	동물	1	0	3
		사람의 정밀도 : 1/2	트럭의 정밀도 : 2/3	동물의 정밀도 : 3/4

범주별 정밀도의 평균은 $\frac{1/2+2/3+3/4}{3}=\frac{23/12}{3}=\frac{23}{36}$이며, 이 값이 종합된 평균 정밀도다. 정밀도와 재현율을 알기 때문에 F1-score 값도 구할 수 있다. 따라서 다중 분류에서 혼동 행렬이 주어질 경우, 정확도, 정밀도, 재현율, F1-score를 모두 구할 수 있다.

SECTION 04

다층 퍼셉트론의 성능 향상을 위한 고려 사항

1 활성화 함수

활성화 함수의 정의와 필요성

활성화 함수는 은닉층의 각 노드와 출력층의 각 노드에서 사용되는 함수로 비선형 또는 선형 함수로 구성된다. 항등 함수는 선형 함수의 한 종류지만, 대부분의 활성화 함수는 비선형 함수로, 비선형 문제를 해결하기 위해 사용된다. 활성화 함수의 주요 역할은 이전 층 노드의 결괏값을 입력으로 받아 다음 층 노드로 전달할 변환값을 생성하는 것이다.

[그림 6-24]의 (a)를 보면 다양한 활성화 함수를 확인할 수 있다. 이 그래프에서 가로축은 입력값을 나타내고, 세로축은 활성화 함수의 출력값을 나타낸다. 계단Step 함수, 시그모이드Sigmoid 함수, 하이퍼볼릭 탄젠트Tanh 함수, 렐루ReLU 함수는 각각 다른 출력값을 나타낸다. 예를 들어, ReLU 함수는 입력값이 음수일 때 0을 출력하고, 0 이상이면 입력값을 그대로 출력한다.

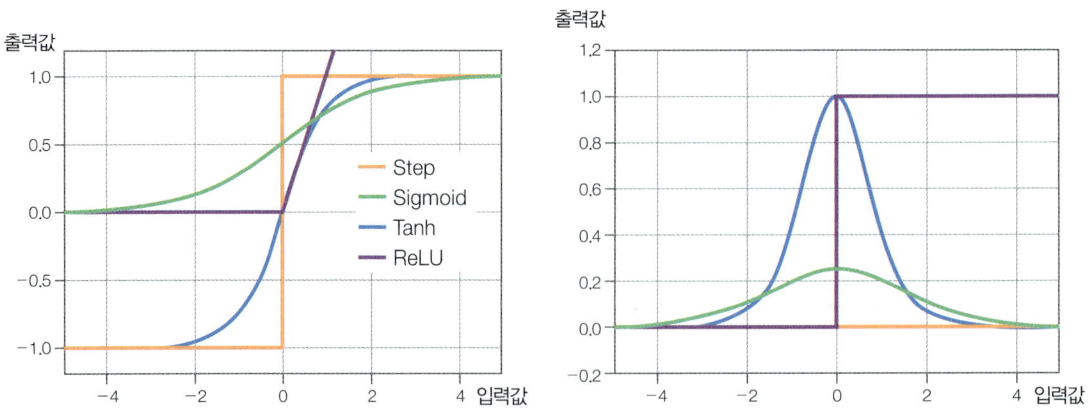

(a) 활성화 함수(순전파에 적용) (b) 활성화 함수의 도함수(역전파에 적용)

그림 6-24 활성화 함수 그래프 예

단점

활성화 함수는 비선형 함수와 치역 범위로 인해 다음과 같은 단점이 존재한다.

- **모델 복잡도와 계산 비용**: 비선형 활성화 함수를 사용하면 모델의 복잡도가 증가하며, 추가적인 은닉층과 비선형 변환으로 과적합을 유발하고 계산량이 증가하여 모델의 학습 속도에 영향을 준다.
- **기울기 소실과 폭주 문제**: 깊은 은닉층을 보유한 모델의 경우 학습 과정에서 활성화 함수의 기울기 값이 지나치게 작아지거나 커져서 가중치 업데이트가 적절히 이루어지지 않는 현상이 발생한다. 이러한 문제를 완화하기 위해 적절한 초기화 및 정규화 같은 기법들을 추가로 사용하게 된다.
- **설명 가능성**: 선형 모델에 비해 비선형 활성화 함수가 적용된 모델의 설명 불가능성이 높아진다. 복잡한 비선형 변환이 적용된 깊은 신경망은 어떻게 입력과 출력 사이의 관계가 형성되었는지 명확하게 이해하기 어려워 신뢰도를 검증하기 어렵다.

활성화 함수 선택 시 고려해야 할 사항

잘못된 활성화 함수를 사용하면 모델의 성능이 저하될 수 있으므로, 모델 성능 향상을 위해 데이터의 특징과 모델 특성에 따라 적절한 활성화 함수를 사용해야 한다.

일반적으로 다층 퍼셉트론의 모든 은닉층에서 ReLU 함수나 유사한 함수를 주로 사용하지만, [표 6-4]에 정리된 다른 활성화 함수를 이용한 다층 퍼셉트론 모델도 존재한다.

[표 6-5]는 출력층에서 주로 사용되는 활성화 함수다. 실제값의 특성에 따라서 항등 함수, 시그모이드 함수, 소프트맥스 함수를 선택한다. 회귀의 경우 주로 항등 함수를 사용하며 이진 분류의 경우 시그모이드 함수를 사용한다. 다중 분류의 경우 소프트맥스 함수를 사용하여 각 출력층 노드가 예측값의 각 성분에 대한 확률값을 제공한다.

표 6-4 은닉층에서 주로 사용되는 활성화 함수

구분	함수	도함수	치역
항등Identity	$f(x)=x$	1	$(-\infty, \infty)$
계단Binary Step	$f(x)=\begin{cases}0 & x<0 \\ 1 & x\geq 0\end{cases}$	0	$[0, 1]$
시그모이드Sigmoid	$\sigma(x)=\dfrac{1}{1+\exp(-x)}$	$\dfrac{d\sigma(x)}{dx}=\sigma(x)\left(1-\sigma(x)\right)$	$(0, 1)$
렐루ReLU	$\mathrm{ReLU}(x)=\max(0, x)$	$\dfrac{d\mathrm{ReLU}(x)}{dx}=\begin{cases}1 & \text{if } x>0 \\ 0 & \text{otherwise}\end{cases}$	$[0, \infty)$
리키렐루Leaky ReLU	$f(x)=\begin{cases}x & \text{if } x>0 \\ 0.01x & \text{otherwise}\end{cases}$	$\dfrac{df(x)}{dx}=\begin{cases}1 & \text{if } x>0 \\ 0.01 & \text{otherwise}\end{cases}$	$(-\infty, \infty)$
PReLUParametric ReLU	$f(x)=\begin{cases}x & \text{if } x>0 \\ ax & \text{otherwise}\end{cases}$ 여기서 α는 학습 파라미터	$\dfrac{df(x)}{dx}=\begin{cases}1 & \text{if } x>0 \\ a & \text{otherwise}\end{cases}$	$(-\infty, \infty)$
하이퍼볼릭 탄젠트Tanh	$\tanh(x)=\dfrac{\exp(x)-\exp(-x)}{\exp(x)+\exp(-x)}$	$\dfrac{d\tanh(x)}{dx}=1-\tanh^2(x)$	$(-1, 1)$

표 6-5 출력층에서 주로 사용되는 활성화 함수

구분	함수	도함수	치역
항등Identity	$f(x)=x$	1	$(-\infty, \infty)$
시그모이드Sigmoid	$\sigma(x)=\dfrac{1}{1+\exp(-x)}$	$\dfrac{d\sigma(x)}{dx}=\sigma(x)\left(1-\sigma(x)\right)$	$(0, 1)$
소프트맥스Softmax	$\sigma(\mathbf{x})_i=\dfrac{\exp(x_i)}{\sum_{j=1}^{C}\exp(x_j)}$ $\sigma(\mathbf{x})_i$와 $\sigma(x_i)$는 같은 의미	$\dfrac{\partial\sigma(\mathbf{x})_i}{\partial x_j}=\sigma(\mathbf{x})_i(\epsilon_{ij}-\sigma(\mathbf{x})_j)$ 여기서 i와 j가 같으면 ϵ_{ij}는 1, 그렇지 않으면 ϵ_{ij}는 0	$(0, 1)$

항등 함수는 입력 신호를 그대로 출력하기 때문에 회귀 문제에서 예측값을 출력하는 데 사용된다. 예를 들어, 집값 예측 문제에서 입력된 특징 벡터들의 가중합 값을 그대로 출력하여 집값을 예측한다. 시그모이드 함수는 이진 분류 문제에 주로 사용된다. 입력 신호를 0과 1 사이의 값으로 변환하여 실제값 1에 속할 확률을 나타낸다. 예를 들어, 암 진단 문제에서 시그모이드 함수는 환자가 암에 걸릴 확률을 출력한다. 소프트맥스 함수는 다중 분류 문제에 주로 사용한다. 최종 출력값에 소프트맥스 함수를 적용하면 출력값들이 확률 분포로 변환된다. 예를 들어, MNIST 손글씨 이미지 분류 문제에서 소프트맥스 함수는 주어진 이미지에 대한 각 출력 노드의 출력값을 확률값으로 변환한다. [그림 6-25]에서 소프트맥스 함수를 이용하여 최종 출력값을 분류 종류별 확률값으로 변환하는 예를 보여주고 있다.

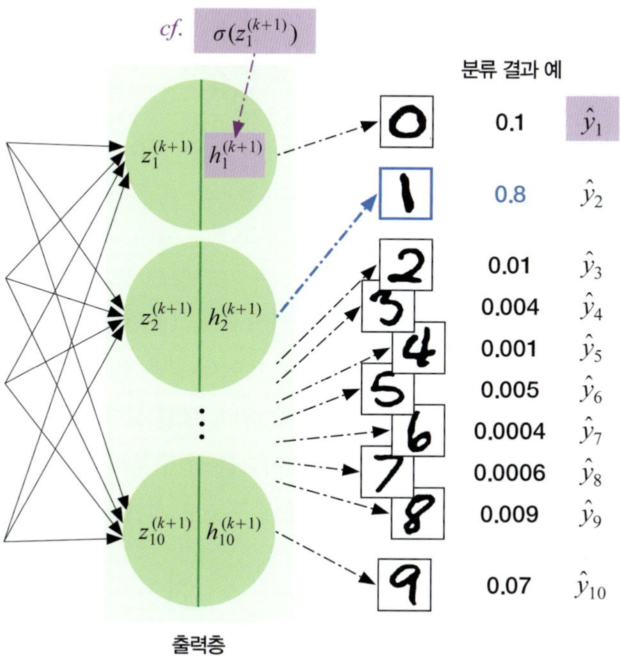

$$\sigma(\mathbf{z}) = \begin{bmatrix} \hat{y}_1 \\ \hat{y}_2 \\ \hat{y}_3 \\ \hat{y}_4 \\ \hat{y}_5 \\ \hat{y}_6 \\ \hat{y}_7 \\ \hat{y}_8 \\ \hat{y}_9 \\ \hat{y}_{10} \end{bmatrix} = \begin{bmatrix} 0.1 \\ 0.8 \\ 0.01 \\ 0.004 \\ 0.001 \\ 0.005 \\ 0.0004 \\ 0.0006 \\ 0.009 \\ 0.07 \end{bmatrix}$$

그림 6-25 소프트맥스 함수를 이용하여 각 출력 노드의 출력값을 확률값으로 변환

2 과소 적합 및 과대 적합 문제

[그림 6-26]은 서로 다른 이진 분류 모델의 분류 결과를 시각화한 것이다. 그림을 통해 과소 적합과 과대 적합의 개념을 살펴보자.

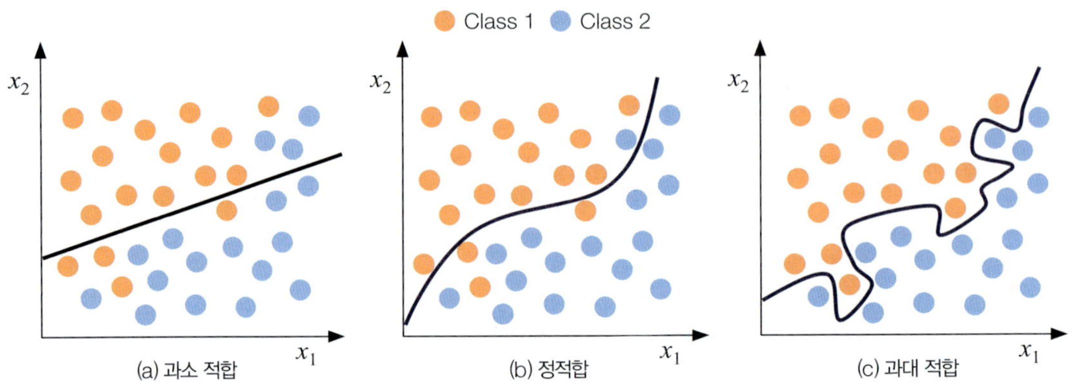

그림 6-26 과소 적합 및 과대 적합 문제 시각화 예

과소 적합

과소 적합Underfitting은 모델 구조가 너무 단순하거나 학습 데이터의 수가 적어서 학습 데이터의 패턴을 제대로 학습하지 못하는 상태를 의미한다. 이러한 문제를 해결하기 위해서는 데이터 양을 늘리거나 모델의 복잡도를 높여 학습 데이터의 패턴을 더 정확하게 학습할 수 있도록 해야 한다. 예를 들어, 과소 적합 모델은 단순 선형 모델로 한 개의 직선을 나타내기 때문에 주어진 학습 데이터를 잘 구분하기에 제한된다. 따라서 이러한 경우, 선형 모델보다는 곡선의 형태를 표현할 수 있는 모델 구조로 개선해야 한다.

정적합

정적합Good fitting은 모델이 주어진 학습 데이터에 대해 적절한 수준으로 학습되어 테스트 데이터에 대해서도 좋은 성능을 내는 경우를 의미한다. 모델의 복잡도 등이 적절하게 설정되어 있어 좋은 성능을 내는 모델이다.

과대 적합

과대 적합Overfitting은 모델이 주어진 학습 데이터는 잘 처리할 수 있지만, 학습 과정에서 접하지 못한 데이터에 대한 예측 성능이 저조한 상황을 의미한다. 과대 적합은 모델의 표현 능력이 너무 높아 주어진 학습 데이터에 존재하는 잡음이나 특이 패턴까지 학습한 경우에 발생할 수 있다.

머신러닝에서 좋은 모델은 학습 과정에서 접하지 못한 데이터도 잘 예측하는 모델이다. 따라서 과소 적합이나 과대 적합 현상을 해결할 수 있도록 학습 데이터의 추가 수집, 모델 변경, 제약 조건의 추가 등의 대책을 적용할 수 있어야 한다. 과소 적합과 과대 적합의 해결과 관련된 내용은 입문의 수준을 벗어나므로 자세히 다루지는 않는다.

3 기울기 소실 문제와 극복 방법

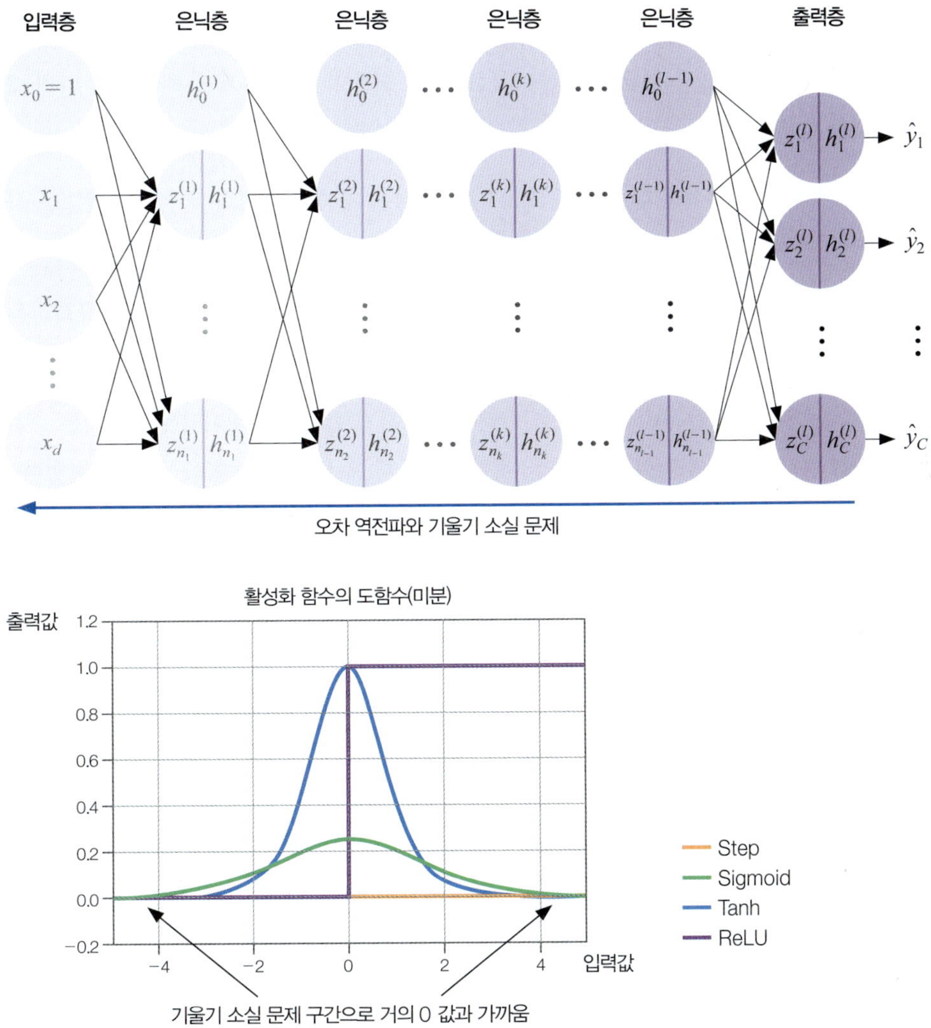

그림 6-27 활성화 함수의 도함수 특성에 의한 기울기 소실 문제

기울기 소실Vanishing Gradient 문제는 역전파 알고리즘에서 사용되는 경사하강법Gradient Descent 과정에서 발생한다. [그림 6-27]의 계단 함수, 시그모이드 함수, Tanh 함수의 경우, 함수의 도함수(미분) 출력값이 0과 1 사이의 값을 갖는다. 출력층에서 멀리 떨어진 층의 경우, 가중치에 대한 손실 함수의 편미분을 계산하는 과정에서 여러 번의 활성화 함수의 도함수(미분) 값이 곱해지는 과정이 필요하다. 따라서 역전파 알고리즘에서 출력층에서 거리가 먼 층에 있는 가중치의 경우, 가중치에 대한 손실 함수의 편미분 값이 거의 0으로 수렴하여 가중치의 업데이트가 되지 않는 문제가 발생한다.

또한 활성화 함수의 미분 값이 작을 경우 가중치의 변화량이 0에 가까워져, 경사하강법에 의한 가중치 업데이트가 되지 않을 수 있다. 특히 역전파 과정에서 입력층 방향으로 가중치 업데이트가 진행될수록 이 문제가 더 심해지는데 이러한 현상을 기울기 소실이라고 한다. 기울기 소실 문제를 해결하기 위해 다음과 같은 방법을 고려할 수 있다.

- **가중치 초기화**: 모델에서 채택한 활성화 함수의 종류에 따라 적절한 가중치 초기화Initialization 방법을 사용하면 학습에 도움이 된다. 다양한 초기화 방법을 이용하여 기울기 소실 문제를 완화할 수 있다.
- **배치 정규화**: 배치 정규화Batch Normalization는 학습 과정에서 배치별로 평균과 분산을 이용해 정규화하는 방법이다. 배치 정규화 방법을 통해서 기울기 손실 문제를 경감할 수 있다.
- **데이터 증강**: 데이터 증강Augmentation은 주어진 학습 데이터를 다양하게 변형하여 데이터셋의 크기를 증가시키는 기법으로, 이를 통해 인공신경망이 더 다양한 패턴을 학습할 수 있고, 과적합을 방지할 수 있다.
- **잡음 주입**: 학습 데이터에 잡음Noise을 추가하여 모델의 일반화 능력을 향상할 수 있다. 예를 들어, 입력 데이터에 가우시안 잡음Gaussian Noise을 추가하거나 일부 노드의 출력값을 제외하는 드롭아웃Dropout을 사용할 수 있다.
- **활성화 함수**: 은닉층에서 ReLU와 같은 활성화 함수Activation Function를 사용하면 기울기 소실 문제를 완화할 수 있다. ReLU는 양수 입력에 대해 선형 변환을 수행하기 때문에, 기울기가 0이 되지 않아 초기 은닉층까지 효과적으로 역전파가 가능하다.
- **앙상블**: 여러 개의 모델을 결합하여 예측을 수행하는 앙상블Ensemble 기법을 사용하면 더 좋은 예측 결과를 얻을 수 있다. 해당 내용은 입문의 수준을 벗어나므로 여기서는 자세히 다루지 않는다.

이러한 기법들을 조합하여 기울기 소실 문제를 완화하고, 일반화 성능이 높은 강건한 다층 퍼셉트론 모델을 개발할 수 있다. 다양한 방법을 적용할 수 있지만, 상황에 따라 적합한 기법을 선택하는 것이 중요하다.

4 경사하강법의 한계

경사하강법의 한계는 기울기가 감소하는 방향으로만 업데이트되므로 지역 최솟값Local Minimum에서 벗어나지 못하고 전역 최솟값Global Minimum에 도달하지 못하는 현상이 발생하는 것이다. [그림 6-28]과 [그림 6-29]를 통해 이러한 현상을 살펴보자.

[그림 6-28]에서는 모델의 파라미터 w_1(가로축), w_2(세로축)가 주어졌을 때, 손실 함수 $L(\mathbf{w})$(높이축) 값이 어떻게 변하는지 보여준다. 경사하강법을 적용할 경우 손실 함수의 미분 값이 0이 되는 지점에 도달하는 순간 더 이상 파라미터를 업데이트하지 않으므로 지역 최솟값 문제가 발생할 수 있다.

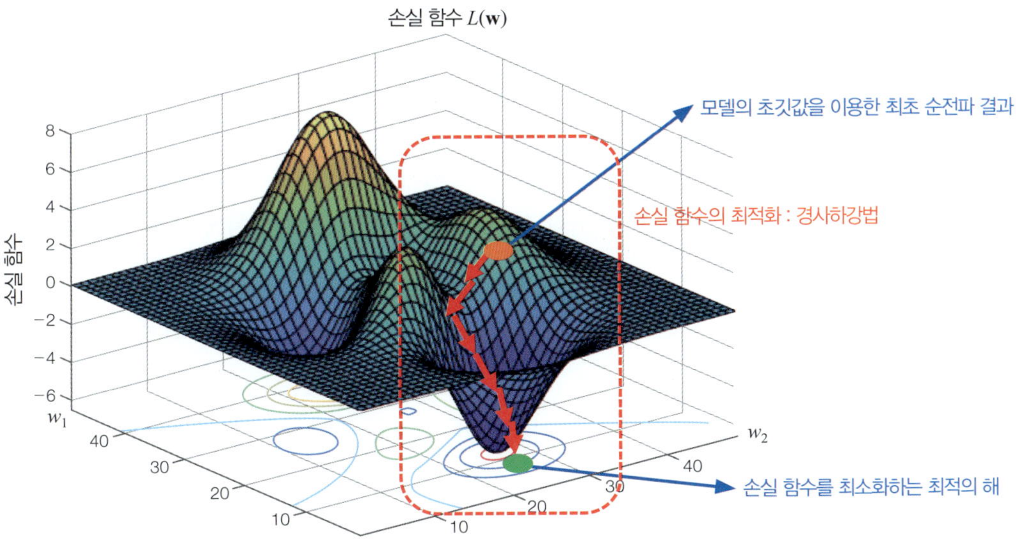

그림 6-28 손실 함수 그래프 예(3차원)

[그림 6-29]는 [그림 6-28]을 2차원으로 표현하여 한 개의 파라미터 w_2에 대한 손실 함수 $L(\mathbf{w})$의 그래프를 보여준다. 이 그래프에서는 w_2에 대한 $L(\mathbf{w})$ 미분 결과가 0이 되는 지점으로 알파(α) 지점과 베타(β) 지점이 나타난다. α 지점에서 $L(\mathbf{w})$가 최소가 되지만, [그림 6-29]의 화살표의 방향으로 파라미터를 업데이트하는 경우 β 지점에서 미분 값이 0이 되어 파라미터 업데이트가 중단된다. 함수 정의역의 일정 구간에서는 최솟값이지만 정의역 전체에서는 최솟값이 아닌 값을 지역 최솟값이라고 한다. 경사하강법을 이용하여 파라미터를 업데이트하는 경우 이러한 지역 최솟값을 찾게 된다.

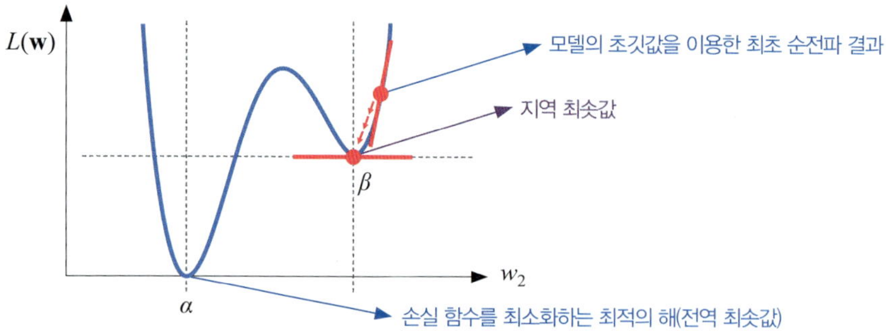

그림 6-29 손실 함수 그래프 단순화 예(2차원)

이러한 지역 최솟값 문제를 극복하기 위해 다음과 같은 해결 방법들을 고려할 수 있다.

경사하강법이 아닌 다른 최적화 기법 이용

경사하강법 외에도 다양한 최적화 기법을 사용하여 경사하강법의 한계를 보완하고 빠르고 효과적인 최적화가 가능하다. 예를 들어, 모델과 데이터에 따라 확률적 경사하강법, 미니배치 경사하강법, 모멘텀, 아담 등을 적용하는 것이 대표적이다.

- **확률적 경사하강법** : 확률적 경사하강법Stochastic Gradient Descent, SGD은 전체 데이터셋을 사용하는 대신 각 학습 단계에서 하나의 데이터 포인트 또는 작은 미니배치(전체 데이터셋의 부분집합)를 사용하여 파라미터를 업데이트하는 방법이다. 계산 속도를 향상시키고 지역 최솟값에서 벗어날 수 있는 장점이 있다.
- **미니배치 경사하강법** : 미니배치 경사하강법Mini-batch Gradient Descent은 전체 데이터에서 배치 사이즈만큼 중복되지 않도록 분할한 후, 이를 이용해 파라미터를 업데이트하는 방식이다. 전체 데이터셋을 한 번에 처리하는 배치 경사하강법과 확률적 경사하강법을 혼합한 방법으로, 배치 경사하강법보다 계산 비용을 줄일 수 있다.

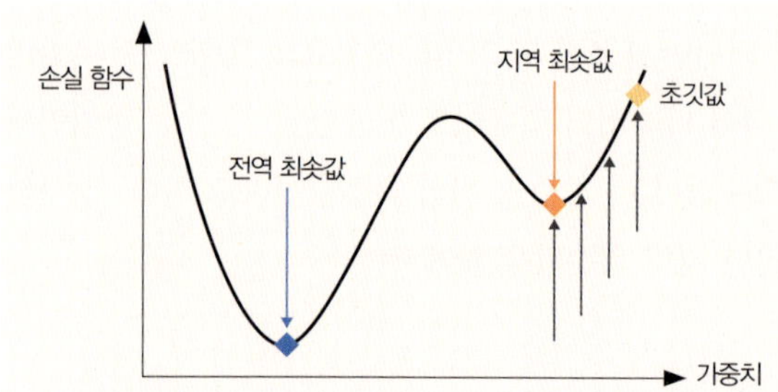

(a) 경사하강법에서 지역 최솟값 문제

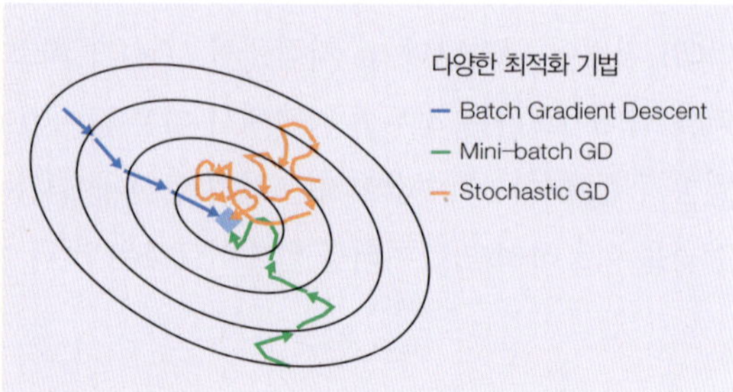

(b) 확률적 경사하강법, 미니배치 경사하강법에 대한 비교

그림 6-30 손실 함수의 최적화 과정을 나타낸 예

- **모멘텀**: 모멘텀Momentum이란 이전 업데이트의 효과를 현재 업데이트에 반영하는 방법이다. t번째 파라미터 업데이트된 값을 $\mathbf{w}^{(t)}$라고 표시하면 $\mathbf{w}^{(t+1)} \leftarrow \mathbf{w}^{(t)} + \mathbf{v}^{(t+1)}$의 식으로 파라미터가 업데이트된다. 이때 $\mathbf{v}^{(t+1)} \leftarrow \beta\mathbf{v}^{(t)} - \alpha\mathbf{g}^{(t)}$($\beta$는 $\mathbf{v}^{(t)}$의 기여 정도를 결정하는 값)로 $\mathbf{v}^{(t+1)}$이 계산되는데, t번째 업데이트 과정에서 그레디언트 $\mathbf{g}^{(t)}$와 $\mathbf{v}^{(t)}$ 값을 함께 고려함으로써 [그림 6-31]과 같이 탐색의 효율을 향상시킬 수 있다.

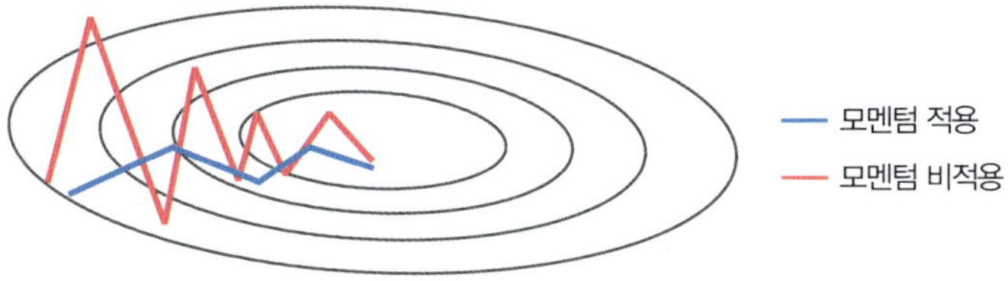

그림 6-31 **모멘텀의 효과**

- **아담**: 아담Adam, Adaptive Moment Estimation Method은 그레디언트의 평균과 분산의 추정치를 이용하여 파라미터를 업데이트한다. 많은 딥러닝 모델의 학습 과정에서 아담을 활용한다. 아담의 동작은 입문의 수준을 벗어나므로 자세한 설명은 생략한다.

하이퍼파라미터 조정

사용자가 직접 설정하는 변수인 하이퍼파라미터Hyperparameter를 조정하여 모델의 성능을 향상시킬 수 있다. 하이퍼파라미터에는 학습률, 배치 크기, 학습 반복 횟수, 신경망의 구조 등이 포함된다. 하이퍼파라미터를 조정하여 모델 학습을 최적화하려면, 실험과 검증을 통해 최적의 조합을 찾아내는 과정이 필요하다. 모델의 학습에 의해 변하는 파라미터와는 달리, 하이퍼파라미터는 사용자가 경험과 사전 지식을 통해 직접 조정하는 파라미터이기 때문이다.

- **학습률**: 경사하강법에서 활용되는 변수(α)로 파라미터의 업데이트 과정에서 그레디언트의 반영 정도를 결정한다. 동일한 그레디언트에 대하여 학습률Learning Rate이 크면 파라미터의 업데이트가 되는 정도가 크고, 학습률이 작으면 업데이트가 되는 정도가 작다.

- **배치 크기**: 미니배치는 한 번에 학습할 입력 데이터의 양을 의미한다. 미니배치가 클수록 데이터의 다양한 특성을 반영할 수 있지만, GPU 메모리의 사용량이 증가하고 학습 속도가 느려질 수 있다. 따라서 GPU 메모리의 크기와 효율성을 고려하여 배치 크기Batch Size를 결정해야 한다.

- **에포크와 학습 반복 횟수**: 1 에포크Epoch는 전체 훈련 데이터셋에 학습 알고리즘을 적용하는 한 번의 완전한 사이클을 의미한다. 미니배치를 사용하는 경우 미니배치별로 순전파와 역전파가 발생하는데, 이

러한 과정을 반복하는 횟수를 반복 횟수Iteration라고 한다. 예를 들어, 1,000개의 데이터로 구성된 데이터셋을 500개 데이터가 포함된 미니배치로 나누었을 때, 1 에포크당 반복 횟수는 2가 된다. 에포크 횟수로 모델 학습을 종료할 경우, 적정한 에포크 횟수 설정이 중요하다. 에포크 횟수가 적으면 학습이 완전하지 못할 가능성이 있으며, 횟수가 많으면 과적합의 위험이 있다.

- **신경망의 구조**: 신경망을 구성하는 은닉층의 수, 노드의 개수, 활성화 함수와 손실 함수의 종류 등을 의미한다. 일반적으로 은닉층 수와 노드의 개수가 증가할수록 모델의 복잡도가 증가하여 정교한 예측이 가능하다. 하지만, 불균형과 잡음에 과적합될 위험이 있으므로 적절한 모델의 구조Architecture를 선택하는 것이 중요하다.

모델과 데이터에 따라 최적의 조합이 다를 수 있기 때문에, 앞에서 언급된 해결 방법들을 적절히 조합하여 모델의 성능을 개선시킨다.

여기서 잠깐 **강건성**

강건성Robustness은 인공지능 모델이 다양한 상황에서 안정적으로 동작하는 일반화된 성능을 의미한다. 일반화 성능이 우수한 인공지능은 외부의 변화나 잡음에 대해 민감하지 않고, 예측 결과의 일관성을 유지한다. 모델 평가 과정에 강건성 확보는 중요한 요소로 평가되며, 다음과 같은 상황에서 강건성이 요구된다.

- 입력 데이터의 변화: 강건한 모델은 입력 데이터가 변경되어도 일관된 예측 결과를 제공한다. 예를 들어, 이미지 분류 모델이 조명 조건의 변화나 노이즈가 추가된 이미지에 대해서도 정확한 분류를 수행할 수 있다면 강건하다고 할 수 있다.
- 이상치 처리: 강건한 모델은 예상하지 못한 전혀 새로운 범주의 입력 데이터에 대해 올바른 예측을 할 수 있다. 이상치Outlier는 주어진 데이터 집합에서 전혀 다른 패턴이나 특징을 가진 값을 의미한다.
- 적대적 공격: 적대적 공격Adversarial Attack은 악의적인 의도로 변형된 입력 데이터를 사용하여 모델의 오동작 또는 오분류를 유발하는 것이다. 강건한 모델은 적대적 공격에 대해 저항력을 가진다.
- 도메인 변화: 도메인 변화Domain Shift란 모델이 분석하는 데이터의 분포가 변하는 경우 발생한다. 예를 들어 훈련 데이터의 분포와 모델을 실제로 사용하는 환경의 데이터 분포가 다를 경우 혹은 모델을 적용하는 환경의 데이터 분포가 변할 경우 발생한다. 강건한 모델은 도메인 변화에 대처하여 일반화 성능을 유지한다.

SECTION 05

꼭 알아야 할 예제

예제 01 크로스 엔트로피 함수의 계산

모델에 i번째 입력 데이터가 주어질 때, 다중 분류 문제의 손실 함수 계산 절차는 다음과 같다. 크로스 엔트로피Cross Entropy 함수는 분류 문제에서 예측값과 실제값 사이의 차이를 측정하는 데 사용되는 손실 함수로 일반적으로 다중 분류Multiclass Classification에서 활용된다.

먼저 모델에 의해 예측된 결과와 실제값(라벨)을 준비한다. 예측값은 확률 형태의 성분으로 구성된 원-핫 인코딩 벡터로 표현된다. [그림 6-32]에서는 5가지 분류를 대표하는 값을 성분으로 하는 원-핫 벡터로 실제값과 예측값을 표현했다.

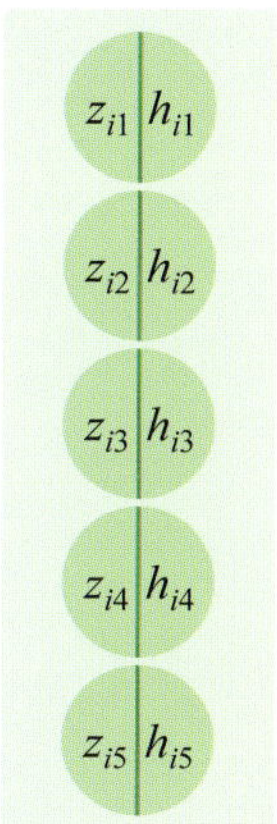

그림 6-32 **출력층 예(5가지 분류)**

다층 퍼셉트론 모델이 출력층에서 다중 분류를 위해 총 5가지 분류에 대한 확률을 계산한다. 이때, 소프트맥스 함수를 사용하여 결과를 출력한다.

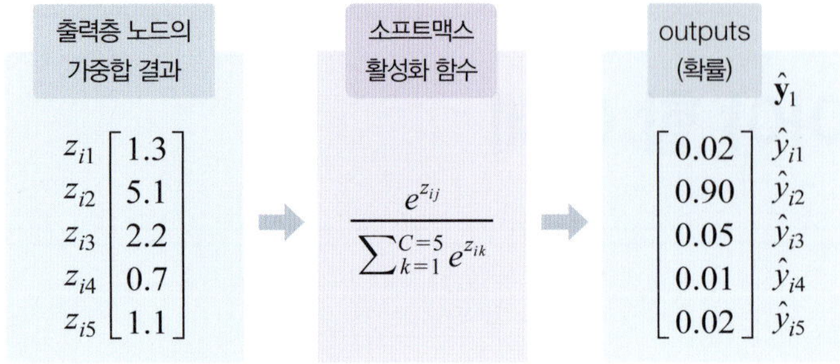

그림 6-33 **출력층의 동작 예**

[그림 6-33]의 소프트맥스에 의한 출력값을 계산하면 다음과 같다.

$$\hat{y}_{i1} = \frac{e^{z_{i1}}}{\sum_{k=1}^{C=5} e^{z_{ik}}} = \frac{e^{1.3}}{e^{1.3} + e^{5.1} + e^{2.2} + e^{0.7} + e^{1.1}} = 0.02$$

$$\hat{y}_{i2} = \frac{e^{z_{i2}}}{\sum_{k=1}^{C=5} e^{z_{ik}}} = \frac{e^{5.1}}{e^{1.3} + e^{5.1} + e^{2.2} + e^{0.7} + e^{1.1}} = 0.9$$

$$\hat{y}_{i3} = \frac{e^{z_{i3}}}{\sum_{k=1}^{C=5} e^{z_{ik}}} = \frac{e^{2.2}}{e^{1.3} + e^{5.1} + e^{2.2} + e^{0.7} + e^{1.1}} = 0.05$$

$$\hat{y}_{i4} = \frac{e^{z_{i4}}}{\sum_{k=1}^{C=5} e^{z_{ik}}} = \frac{e^{0.7}}{e^{1.3} + e^{5.1} + e^{2.2} + e^{0.7} + e^{1.1}} = 0.01$$

$$\hat{y}_{i5} = \frac{e^{z_{i5}}}{\sum_{k=1}^{C=5} e^{z_{ik}}} = \frac{e^{1.1}}{e^{1.3} + e^{5.1} + e^{2.2} + e^{0.7} + e^{1.1}} = 0.02$$

계산된 결과는 예측값의 원-핫 벡터를 구성하는 성분으로 사용한다. 이를 [그림 6-34]와 같이 실제값 원-핫 벡터와 서로 비교하여 연산을 수행하는 것이 크로스 엔트로피 손실 함수다.

$$\hat{\mathbf{y}}_i = \begin{bmatrix} \hat{y}_{i1} \\ \hat{y}_{i2} \\ \hat{y}_{i3} \\ \hat{y}_{i4} \\ \hat{y}_{i5} \end{bmatrix} = \begin{bmatrix} 0.02 \\ 0.90 \\ 0.05 \\ 0.01 \\ 0.02 \end{bmatrix} \Longleftrightarrow \mathbf{y}_i = \begin{bmatrix} y_{i1} \\ y_{i2} \\ y_{i3} \\ y_{i4} \\ y_{i5} \end{bmatrix} = \begin{bmatrix} 0 \\ 1 \\ 0 \\ 0 \\ 0 \end{bmatrix}$$

그림 6-34 예측값과 실제값의 비교

이때, [그림 6-35]와 같이 손실 함수 계산의 편의를 위해 온라인 학습으로 계산됨을 가정한다. 온라인 학습은 N개의 입력 데이터가 들어왔을 때 한 번에 계산하는 배치 학습이 아니라 한 개의 입력 데이터가 들어올 때마다 한 번의 손실 함수 계산을 수행하고 이를 반복한다.

$$-\frac{1}{N}\sum_{i=1}^{N}\sum_{j=1}^{C} y_{ij} \ln \hat{y}_{ij} \Rightarrow -\sum_{j=1}^{C=5} y_{ij} \ln \hat{y}_{ij}$$

그림 6-35 손실 함수 온라인 학습으로 적용

손실 함수의 계산은 의외로 간단하다. 실제값 원-핫 벡터의 성분이 0인 값은 0이기 때문에 계산할 필요가 없다. 따라서 실제값 원-핫 벡터의 성분에서 1인 값에 해당하는 확률값만 이용하여 손실 함수의 계산을 하면 된다. 예를 들어, 실제값을 보면 $y_{i2} = 1$이고 나머지 값은 0이다. 따라서 크로스 엔트로피 손실 함수 값은 $-\ln \hat{y}_{i2} = -\ln(0.9) = 0.105$로 계산된다.

$$L(\mathbf{w}) = -1 \cdot \{0 \cdot \ln(0.02) + 1 \cdot \ln(0.9) + 0 \cdot \ln(0.05) + 0 \cdot \ln(0.01) + 0 \cdot \ln(0.02)\}$$

$$\approx 0.105 \text{ (오차)}$$

예제 02 미분 연쇄 법칙과 계산 그래프를 활용한 역전파 이해하기

[그림 6-36]의 간단한 다층 퍼셉트론 모델을 이용하여 가중치의 업데이트 과정을 단계별로 살펴보자.

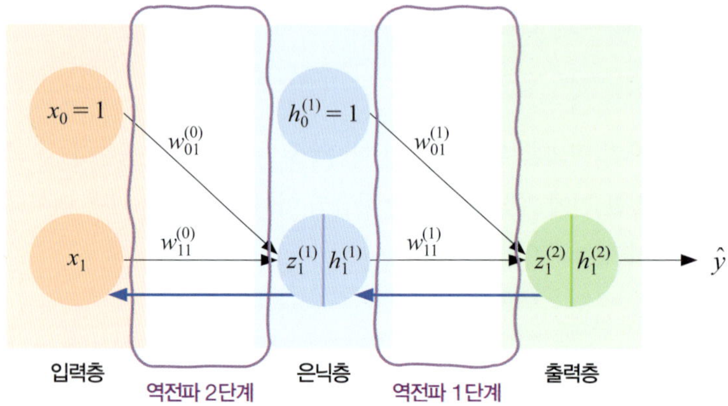

그림 6-36 은닉층이 한 개인 다층 퍼셉트론 구조

참고로 회귀 문제의 경우, 출력층의 활성화 함수는 항등 함수를 사용하고 MSE 또는 MAE를 손실 함수로 사용한다. 반면, 이진 분류 문제의 경우, 출력층의 활성화 함수는 시그모이드 함수를 사용하고, 손실 함수는 바이너리 크로스 엔트로피를 사용한다. 그러나 본 예제에서는 계산의 편의를 위해 가중치, 활성화 함수, 손실 함수, 학습률을 [표 6-6]과 같이 설정했다.

표 6-6 [그림 6-36]의 가중치, 활성화 함수, 손실 함수, 학습률 설정

데이터	$D = \left\{(x_i, y_i)\right\}_{i=1}^{N}$ $(x_1, y_1) = (5, 1)$
가중치 초깃값	$\mathbf{W}_0^{\mathrm{T}} = [w_{11}^{(0)}] = [0.5]$, $\mathbf{W}_1^{\mathrm{T}} = [w_{11}^{(1)}] = [-0.5]$, $\mathbf{b}^{(0)} = [w_{01}^{(0)}] = [-1.0]$, $\mathbf{b}^{(1)} = [w_{01}^{(1)}] = [1.0]$
은닉층의 활성화 함수	ReLU
출력층의 활성화 함수	시그모이드 함수
손실 함수Squared Error Loss	$L_{\text{total}} = \frac{1}{2}(y - \hat{y})^2$
학습률(α)	0.5

다층 퍼셉트론의 가중치인 $w_{11}^{(0)}$, $w_{11}^{(1)}$의 업데이트 식은 다음과 같다.

$$w_{11}^{(0)} = w_{11}^{(0)} - \alpha \frac{\partial L_{\text{total}}}{\partial w_{11}^{(0)}}$$

$$w_{11}^{(1)} = w_{11}^{(1)} - \alpha \frac{\partial L_{\text{total}}}{\partial w_{11}^{(1)}}$$

앞의 식을 구하기 위해서 이미 값을 알고 있는 $w_{11}^{(0)}$, $w_{11}^{(1)}$, α를 제외한 $\frac{\partial L_{\text{total}}}{\partial w_{11}^{(0)}}$, $\frac{\partial L_{\text{total}}}{\partial w_{11}^{(1)}}$를 구하면 된다. $\frac{\partial L_{\text{total}}}{\partial w_{11}^{(1)}}$, $\frac{\partial L_{\text{total}}}{\partial w_{11}^{(0)}}$은 체인룰에 의해서 다음과 같이 풀 수 있다. 순서에 따라 단계적으로 풀어보자.

$$\frac{\partial L_{\text{total}}}{\partial w_{11}^{(1)}} = \frac{\partial z_1^{(2)}}{\partial w_{11}^{(1)}} \times \frac{\partial \hat{y}}{\partial z_1^{(2)}} \times \frac{\partial L_{\text{total}}}{\partial \hat{y}}$$

$$\frac{\partial L_{\text{total}}}{\partial w_{11}^{(0)}} = \frac{\partial z_1^{(1)}}{\partial w_{11}^{(0)}} \times \frac{\partial h_1^{(1)}}{\partial z_1^{(1)}} \times \frac{\partial z_1^{(2)}}{\partial h_1^{(1)}} \times \frac{\partial \hat{y}}{\partial z_1^{(2)}} \times \frac{\partial L_{\text{total}}}{\partial \hat{y}}$$

(1) $\frac{\partial L_{\text{total}}}{\partial w_{11}^{(1)}}$의 계산과 $w_{11}^{(1)}$의 업데이트

▶▶ 풀이

① $\frac{\partial L_{\text{total}}}{\partial \hat{y}}$의 계산

$$\frac{\partial L_{\text{total}}}{\partial \hat{y}} = \frac{\partial}{\partial \hat{y}}\left(\frac{1}{2}(y-\hat{y})^2\right) = \frac{1}{2} \times 2 \times (y-\hat{y}) \times \frac{\partial}{\partial \hat{y}}(y-\hat{y})$$
$$= -(1-0.562) = -0.438$$

② $\frac{\partial \hat{y}}{\partial z_1^{(2)}}$의 계산

$$\frac{\partial \hat{y}}{\partial z_1^{(2)}} = \frac{\partial}{\partial z_1^{(2)}}\left(\sigma(z_1^{(2)})\right) = \frac{\partial}{\partial z_1^{(2)}}\left(\frac{1}{1+\exp(-z_1^{(2)})}\right)$$
$$= \hat{y}(1-\hat{y}) = 0.562(1-0.562) \approx 0.246$$

③ $\frac{\partial z_1^{(2)}}{\partial w_{11}^{(1)}}$의 계산

$$\frac{\partial z_1^{(2)}}{\partial w_{11}^{(1)}} = \frac{\partial}{\partial w_{11}^{(1)}}(w_{11}^{(1)} h_1^{(1)} + w_{01}^{(1)}) = h_1^{(1)} = 1.5$$

④ ①, ②, ③을 활용한 $\frac{\partial L_{\text{total}}}{\partial w_{11}^{(1)}}$의 계산

$$\frac{\partial L_{\text{total}}}{\partial w_{11}^{(1)}} = \frac{\partial L_{\text{total}}}{\partial \hat{y}} \times \frac{\partial \hat{y}}{\partial z_1^{(2)}} \times \frac{\partial z_1^{(2)}}{\partial w_{11}^{(1)}} = -0.438 \times 0.246 \times 1.5 \approx -0.162$$

⑤ $\frac{\partial L_{\text{total}}}{\partial w_{11}^{(1)}}$을 활용한 $w_{11}^{(1)}$의 업데이트

$$w_{11}^{(1)} = w_{11}^{(1)} - \alpha \frac{\partial L_{\text{total}}}{\partial w_{11}^{(1)}} = -0.5 - 0.5(-0.162) = -0.419$$

가중치 $w_{11}^{(1)}$는 오차 역전파를 통해 -0.5에서 -0.419로 업데이트되었다.

(2) $\frac{\partial L_{\text{total}}}{\partial w_{11}^{(0)}}$의 계산과 $w_{11}^{(0)}$의 업데이트

▶▶ 풀이

① $\frac{\partial z_1^{(2)}}{\partial h_1^{(1)}}$의 계산

$$\frac{\partial z_1^{(2)}}{\partial h_1^{(1)}} = \frac{\partial}{\partial h_1^{(1)}}(w_{11}^{(1)} h_1^{(1)} + w_{01}^{(1)}) = w_{11}^{(1)} = -0.5$$

② $\frac{\partial h_1^{(1)}}{\partial z_1^{(1)}}$의 계산

$$\frac{\partial h_1^{(1)}}{\partial z_1^{(1)}} = \frac{\partial}{\partial z_1^{(1)}}\left(\text{ReLU}(z_1^{(1)})\right) = \frac{\partial}{\partial z_1^{(1)}}(z_1^{(1)}) = 1$$

③ $\frac{\partial z_1^{(1)}}{\partial w_{11}^{(0)}}$의 계산

$$\frac{\partial z_1^{(1)}}{\partial w_{11}^{(0)}} = \frac{\partial}{\partial w_{11}^{(0)}}(w_{11}^{(0)}x + w_{01}^{(0)}) = x_1 = 5$$

④ $\frac{\partial L_{\text{total}}}{\partial w_{11}^{(0)}}$의 계산

$$\frac{\partial L_{\text{total}}}{\partial w_{11}^{(0)}} = \frac{\partial z_1^{(1)}}{\partial w_{11}^{(0)}} \times \frac{\partial h_1^{(1)}}{\partial z_1^{(1)}} \times \frac{\partial z_1^{(2)}}{\partial h_1^{(1)}} \times \frac{\partial \hat{y}}{\partial z_1^{(2)}} \times \frac{\partial L_{\text{total}}}{\partial \hat{y}} \approx 0.269$$

⑤ $\frac{\partial L_{\text{total}}}{\partial w_{11}^{(0)}}$을 활용한 $w_{11}^{(0)}$의 업데이트

$$w_{11}^{(0)} = w_{11}^{(0)} - \alpha \frac{\partial L_{\text{total}}}{\partial w_{11}^{(0)}} = 0.5 - 0.5(0.269) = 0.365$$

가중치 $w_{11}^{(0)}$는 오차 역전파를 통해 0.5에서 0.365로 업데이트되었다.

바이어스 $w_{01}^{(0)}$, $w_{01}^{(1)}$의 업데이트 과정은 다음과 같다.

$$\frac{\partial L_{\text{total}}}{\partial w_{01}^{(1)}} = \frac{\partial z_1^{(2)}}{\partial w_{01}^{(1)}} \times \frac{\partial \hat{y}}{\partial z_1^{(2)}} \times \frac{\partial L_{\text{total}}}{\partial \hat{y}} = -0.108$$

$$w_{01}^{(1)} = w_{01}^{(1)} - \alpha \frac{\partial L_{\text{total}}}{\partial w_{01}^{(1)}} = 1.0 - 0.5(-0.108) = 1.054$$

$$\frac{\partial L_{\text{total}}}{\partial w_{01}^{(0)}} = \frac{\partial z_1^{(1)}}{\partial w_{01}^{(0)}} \times \frac{\partial h_1^{(1)}}{\partial z_1^{(1)}} \times \frac{\partial z_1^{(2)}}{\partial h_1^{(1)}} \times \frac{\partial \hat{y}}{\partial z_1^{(2)}} \times \frac{\partial L_{\text{total}}}{\partial \hat{y}} = 0.0539$$

$$w_{01}^{(0)} = w_{01}^{(0)} - \alpha \frac{\partial L_{\text{total}}}{\partial w_{01}^{(0)}} = -1.0 - 0.5 \times 0.0539 = -1.027$$

업데이트 이전의 가중치 및 바이어스의 값은 $\mathbf{W}_0^{\mathrm{T}} = [w_{11}^{(0)}] = [0.5]$, $\mathbf{b}^{(0)} = [w_{01}^{(0)}] = [-1.0]$, $\mathbf{W}_1^{\mathrm{T}} = [w_{11}^{(1)}] = [-0.5]$, $\mathbf{b}^{(1)} = [w_{01}^{(1)}] = [1.0]$이므로, 해당 가중치와 바이어스의 값을 이용한 손실 함수의 값은 0.0959이다.

$$z_1^{(1)} = w_{11}^{(0)} x_1 + w_{01}^{(0)} = 0.5 \times 5 - 1.0 = 1.5$$

$$h_1^{(1)} = \text{ReLU}(z_1^{(1)}) = 1.5$$

$$z_1^{(2)} = w_{11}^{(1)} h_1^{(1)} + w_{01}^{(1)} = -0.5 \times 1.5 + 1.0 = 0.25$$

$$\hat{y}_1 = h_1^{(2)} = \sigma(z_1^{(2)}) = \frac{1}{1+\exp(-0.25)} \approx 0.562$$

$$L_{\text{total}} = \frac{1}{2}(y-\hat{y})^2 = \frac{1}{2}(1-0.562)^2 \approx 0.0959$$

새롭게 업데이트된 가중치 및 바이어스의 값은 $\mathbf{W}_0^{\text{T}} = [w_{11}^{(0)}] = [0.365]$, $\mathbf{b}^{(0)} = [w_{01}^{(0)}] = [-1.027]$, $\mathbf{W}_1^{\text{T}} = [w_{11}^{(1)}] = [-0.419]$, $\mathbf{b}^{(1)} = [w_{01}^{(1)}] = [1.054]$이다. 새로 업데이트된 가중치와 바이어스의 값을 이용하여 계산된 손실 함수의 값은 0.0536이다.

$$z_1^{(1)} = w_{11}^{(0)} x_1 + w_{01}^{(0)} = 0.365 \times 5 - 1.027 = 0.798$$

$$h_1^{(1)} = \text{ReLU}(z_1^{(1)}) = 0.798$$

$$z_1^{(2)} = w_{11}^{(1)} h_1^{(1)} + w_{01}^{(1)} = -0.419 \times 0.798 + 1.054 \approx 0.72$$

$$\hat{y}_1 = h_1^{(2)} = \sigma(z_1^{(2)}) = \frac{1}{1+\exp(-0.72)} \approx 0.673$$

$$L_{\text{total}} = \frac{1}{2}(y-\hat{y})^2 \approx 0.0536$$

최초 파라미터 값으로 계산한 손실 함수의 값은 0.0959였고, 업데이트된 파라미터로 계산한 손실 함수 값은 0.0536으로 0.0423만큼 감소했다. 손실 함수를 최소화하도록 경사하강법을 적용하면 실제값과 모델의 예측값이 유사해지도록 파라미터가 업데이트된다.

SECTION 06 예제로 풀어보는 다층 퍼셉트론

※ 예제 03~06은 이진 분류 상황 또는 소프트맥스 함수를 다루어볼 수 있도록 구성되었다.

03 다층 퍼셉트론의 순전파 과정 제시된 다층 퍼셉트론(MLP) 모델을 사용하여 다음 문제를 풀어보시오.

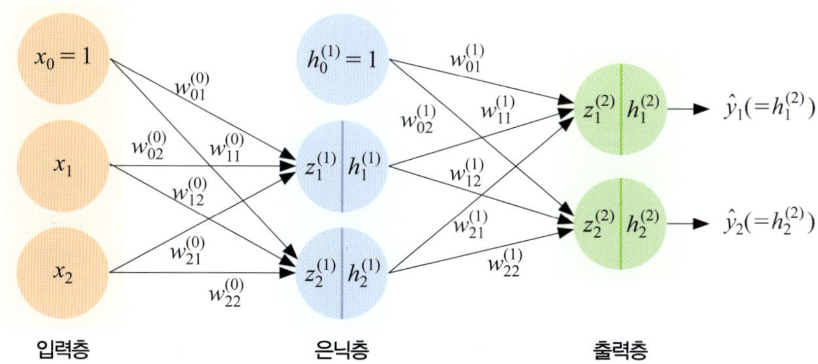

조건

- 은닉층의 활성화 함수: ReLU
- 출력층의 활성화 함수: 소프트맥스
- 데이터 $D=\{(\mathbf{x}_i, \mathbf{y}_i)\}_{i=1}^{N}$

$z_j^{(k)} \mid h_j^{(k)}$ 가중합 + 활성화 함수(k번째 층, j번째 노드)

판단 규칙 가장 큰 출력값에 해당하는 출력 노드의 범주를 선택

$$\mathbf{x}=\begin{bmatrix} x_1 \\ x_2 \end{bmatrix}=\begin{bmatrix} 1 \\ 2 \end{bmatrix} \qquad \mathbf{y}=\begin{bmatrix} y_1 \\ y_2 \end{bmatrix}=\begin{bmatrix} 0 \\ 1 \end{bmatrix} \qquad \hat{\mathbf{y}}=\begin{bmatrix} \hat{y}_1 \\ \hat{y}_2 \end{bmatrix}=\begin{bmatrix} ? \\ ? \end{bmatrix}$$

$$\mathbf{W}_0^{\mathrm{T}}=\begin{bmatrix} w_{11}^{(0)} & w_{21}^{(0)} \\ w_{12}^{(0)} & w_{22}^{(0)} \end{bmatrix}=\begin{bmatrix} 0.2 & 0.3 \\ 0.4 & 0.5 \end{bmatrix} \qquad \mathbf{W}_1^{\mathrm{T}}=\begin{bmatrix} w_{11}^{(1)} & w_{21}^{(1)} \\ w_{12}^{(1)} & w_{22}^{(1)} \end{bmatrix}=\begin{bmatrix} 0.5 & 0.3 \\ 0.4 & 0.2 \end{bmatrix}$$

$$\mathbf{b}^{(0)}=\begin{bmatrix} w_{01}^{(0)} \\ w_{02}^{(0)} \end{bmatrix}=\begin{bmatrix} -0.5 \\ -0.3 \end{bmatrix} \qquad \mathbf{b}^{(1)}=\begin{bmatrix} w_{01}^{(1)} \\ w_{02}^{(1)} \end{bmatrix}=\begin{bmatrix} -0.15 \\ -0.15 \end{bmatrix}$$

(1) 입력층에서 전달하는 값들의 가중합인 $z_1^{(1)}$과 $z_2^{(1)}$을 계산하시오.

(2) 은닉층 노드의 활성화 함수인 ReLU 함수에 $z_1^{(1)}$과 $z_2^{(1)}$을 입력한 결과인 $h_1^{(1)}$과 $h_2^{(1)}$을 계산하시오.

(3) 출력층의 노드에서 $h_1^{(1)}$과 $h_2^{(1)}$의 가중합을 계산한 결과인 $z_1^{(2)}$와 $z_2^{(2)}$를 계산하시오.

(4) 출력층의 활성화 함수인 소프트맥스 함수에 $z_1^{(2)}$와 $z_2^{(2)}$를 입력하여 획득한 모델의 예측값인 $\hat{y}_1$과 $\hat{y}_2$를 계산하시오. 참고로 여기서 $\hat{y}_1$은 $h_1^{(2)}$에 해당하고, $\hat{y}_2$는 $h_2^{(2)}$에 해당한다(소수점 넷째 자리에서 반올림할 것).

(5) 손실 함수로 크로스 엔트로피를 사용하여 실제값과 모델의 출력값의 차이를 계산하시오.

04 다층 퍼셉트론의 역전파 과정 1단계 예제 **03**의 순전파 결과를 활용하여 다음 문제를 풀어보시오.

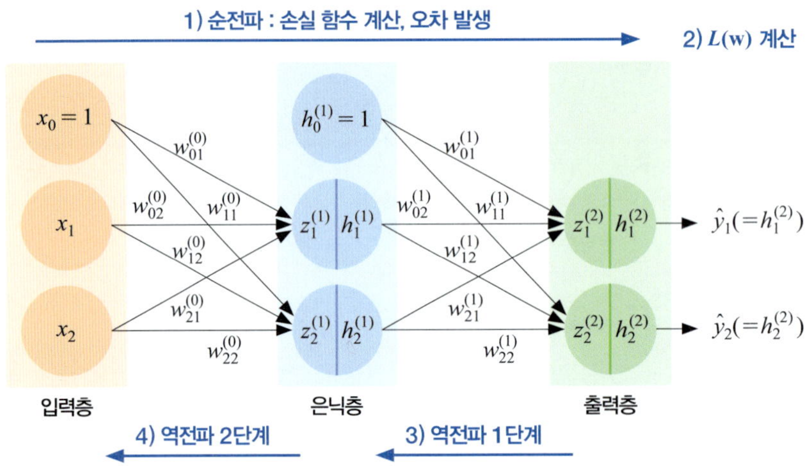

(1) 역전파 1단계에서 업데이트가 수행되는 가중치는 바이어스 가중치를 포함하여 $w_{01}^{(1)}$, $w_{02}^{(1)}$, $w_{11}^{(1)}$, $w_{12}^{(1)}$, $w_{21}^{(1)}$, $w_{22}^{(1)}$ 총 6개다. 우선 $w_{12}^{(1)}$을 업데이트하기 위하여 $\frac{\partial L}{\partial w_{12}^{(1)}}$을 계산하고자 한다. 체인룰을 적용하여 다층 퍼셉트론의 구성 요소에 대한 미분식의 곱으로 $\frac{\partial L}{\partial w_{12}^{(1)}}$을 표현하시오.

(2) 예제 **03**의 결과를 이용하여 $\frac{\partial L}{\partial h_2^{(2)}}$의 값을 계산하시오.

(3) 예제 **03**의 결과를 이용하여 $\frac{\partial h_2^{(2)}}{\partial z_2^{(2)}}$의 값을 계산하시오.

(4) 예제 **03**의 결과를 이용하여 $\frac{\partial z_2^{(2)}}{\partial w_{12}^{(1)}}$의 값을 계산하시오.

(5) (1)~(4)의 결과를 활용하여 $\frac{\partial L}{\partial w_{12}^{(1)}}$의 값을 계산하시오.

(6) 경사하강법을 적용하여 가중치 $w_{12}^{(1)}$을 새로운 값인 $w_{12}^{(1)(new)}$로 업데이트하고자 한다. 학습률 Learning Rate(α)이 0.5일 때 $w_{12}^{(1)(new)}$의 값을 계산하시오.

(7) 이전 문항들의 결과를 반영하여 $w_{01}^{(1)}$, $w_{02}^{(1)}$, $w_{11}^{(1)}$, $w_{21}^{(1)}$, $w_{22}^{(1)}$의 값을 업데이트한 $w_{01}^{(1)(new)}$, $w_{02}^{(1)(new)}$, $w_{11}^{(1)(new)}$, $w_{21}^{(1)(new)}$, $w_{22}^{(1)(new)}$의 값을 구하시오(학습률은 0.5로 설정).

05 **다층 퍼셉트론의 역전파 과정 2단계** 예제 **04**의 (6)과 (7)을 거쳐 역전파 1단계가 완료되었다고 하자. 은닉층에서 입력층으로 진행되는 역전파 2단계에 대한 다음 문제를 풀어보시오.

(1) 역전파 2단계에서 업데이트가 필요한 가중치는 $w_{01}^{(0)}$, $w_{02}^{(0)}$, $w_{11}^{(0)}$, $w_{12}^{(0)}$, $w_{21}^{(0)}$, $w_{22}^{(0)}$로 총 6개다. 가중치를 업데이트할 수 있도록 다층 퍼셉트론 모델을 구성하는 요소들의 미분식들을 곱하여 $\frac{\partial L}{\partial w_{11}^{(0)}}$을 표현하시오.

(2) (1)의 결과를 참고하여 $\frac{\partial L}{\partial w_{01}^{(0)}}$, $\frac{\partial L}{\partial w_{02}^{(0)}}$, $\frac{\partial L}{\partial w_{11}^{(0)}}$, $\frac{\partial L}{\partial w_{12}^{(0)}}$, $\frac{\partial L}{\partial w_{21}^{(0)}}$, $\frac{\partial L}{\partial w_{22}^{(0)}}$의 값을 구하시오. 가중치 업데이트는 손실 함수에 대한 미분 계산이 완료된 후에 수행되므로, 예제 **03**에서 제공된 초기 가중치 값을 그대로 사용해야 한다. 예제 **04**의 (6)과 (7)의 결과를 활용하지 않도록 주의하시오.

(3) (2)의 결과를 참고하여 $w_{01}^{(0)}$, $w_{02}^{(0)}$, $w_{11}^{(0)}$, $w_{12}^{(0)}$, $w_{21}^{(0)}$, $w_{22}^{(0)}$을 업데이트한 $w_{01}^{(0)(new)}$, $w_{02}^{(0)(new)}$, $w_{11}^{(0)(new)}$, $w_{12}^{(0)(new)}$, $w_{21}^{(0)(new)}$, $w_{22}^{(0)(new)}$의 값을 구하시오. 단, 학습률은 0.5로 설정하시오.

06 업데이트된 가중치를 활용한 모델 출력에 대하여 다음 문제를 풀어보시오.

(1) 예제 **04**와 예제 **05**의 결과를 거쳐 업데이트된 가중치들을 이용하여 모델의 출력을 계산한 후 손실 함수의 값을 구하시오.

(2) 예제 **03**에서 구한 손실 함수의 값과 비교하여 손실 함수 값의 변화량을 계산하시오.

07 다음 그림과 같은 숫자(MNIST) 데이터 $\mathbf{x}_i$가 다층 퍼셉트론 모델의 입력으로 주어졌을 때, 다음 문제를 풀어보시오. MNIST 데이터셋은 0부터 9까지 숫자의 필기체 이미지를 모은 것으로 실제값 $\mathbf{y}_i$는 원-핫 인코딩 방식으로 표현된다.

TIP | 픽셀값은 입력 노드에 행 단위 순서로 매칭된다.

이미지 : x_i

255	255	153	120	255
255	0	0	0	153
153	0	153	0	153
255	0	255	0	153
255	255	255	0	255
255	255	255	0	255

이미지 데이터 해상도 :
가로 5픽셀, 세로 6픽셀

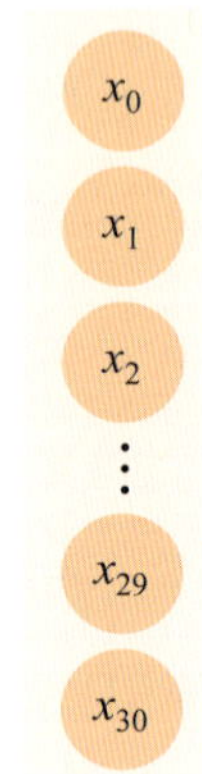

입력층

(1) x_{i0}의 값을 답하시오.

(2) x_{i1}의 값을 답하시오.

(3) x_{i30}의 값을 답하시오.

(4) $\mathbf{y}_i$를 벡터 형태로 표현하시오.

(5) 출력층의 노드 개수

08 다음 그림은 분류 문제 해결을 위한 다층 퍼셉트론 모델 구조다. 주어진 조건을 표현할 수 있는 다층 퍼셉트론의 구조를 그리시오.

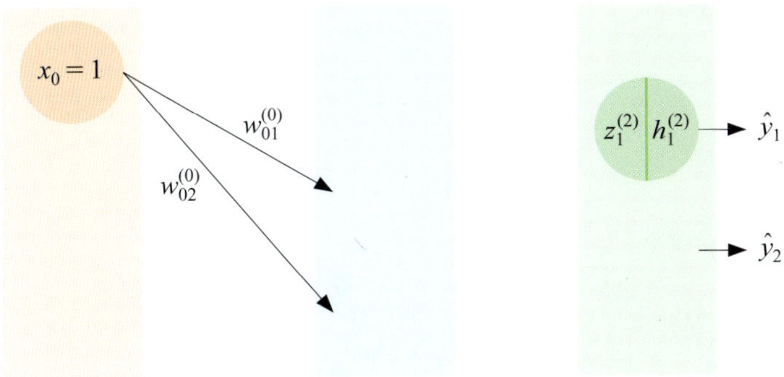

$z_j^{(k)}$ $h_j^{(k)}$ 가중합 + 활성화 함수(k번째 은닉층, j번째 노드)

조건 1 **데이터**

1. 입력 데이터의 특징 벡터 $\mathbf{x}_i$는 x_{i1}, x_{i2} 두 개의 성분값으로 구성된 벡터다.
2. 입력 데이터의 실제값은 $\mathbf{y}_i = [y_{i1}\ y_{i2}]^{\mathrm{T}}$이다.

조건 2 **모델**

1. 모델을 구축할 때, 은닉층은 한 개, 바이어스를 제외하고 은닉층의 노드는 두 개로 구축한다.
2. 바이어스 노드는 입력층과 은닉층에 반드시 포함된다.
3. 은닉층 활성화 함수는 ReLU, 출력층 활성화 함수는 소프트맥스를 사용한다.

09 예제 08의 순전파 과정에서 최종 출력 결과 $\hat{\mathbf{y}}_i = [\hat{y}_{i1}, \hat{y}_{i2}]^{\mathrm{T}}$가 출력되었다. $\hat{y}_{i1}$의 값이 0.7일 때 $\hat{y}_{i2}$의 값을 구하시오. 모델은 분류를 수행하며, 출력층의 활성화 함수는 소프트맥스 함수를 사용하시오.

10 예제 08의 순전파 과정에서 출력층의 가중합이 $z_{i1}^{(2)} = 5$, $z_{i2}^{(2)} = 4$로 연산되었다면, 출력층의 최종 출력값 $\hat{\mathbf{y}}_i = [\hat{y}_{i1}, \hat{y}_{i2}]^{\mathrm{T}}$의 값을 구하시오. 출력층의 활성화 함수는 소프트맥스 함수를 사용하시오.

11 다음 그림과 같이 MLP 모델에 MNIST 학습 데이터 중 첫 번째 입력 데이터(숫자 1)가 입력되었을 때, 학습 데이터 $(\mathbf{x}_1, \mathbf{y}_1)$를 $\mathbf{x}_1 = [x_{11}\ x_{12}\ x_{13} \cdots x_{1\ 16}]^{\mathrm{T}}$와 $\mathbf{y}_1 = [y_{11}\ y_{12}\ y_{13} \cdots y_{1\ 16}]^{\mathrm{T}}$로 표현할 수 있다. 다음 그림을 참고하여 $\mathbf{x}_1 = [x_{11}\ x_{12}\ x_{13} \cdots x_{1\ 16}]^{\mathrm{T}}$와 $\mathbf{y}_1 = [y_{11}\ y_{12}\ y_{13} \cdots y_{1\ 16}]^{\mathrm{T}}$에서 벡터 성분들의 값을 적으시오.

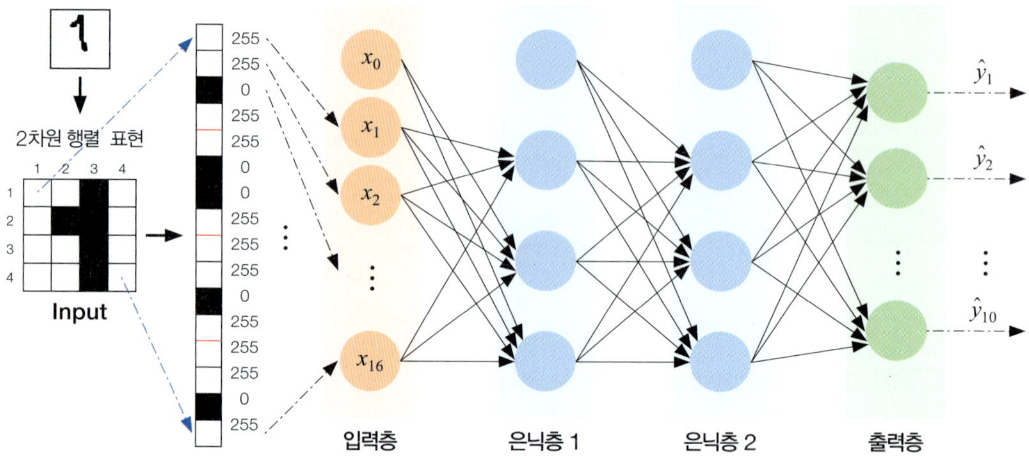

12 다음 다층 퍼셉트론 모델은 바이어스 노드를 포함하여 각 층의 첫 번째 노드만 표시하고 나머지 노드와 에지들을 생략한 구조다. 모델에서 역전파를 통해 가중치 $w_{11}^{(1)}$을 업데이트할 때, 미분의 연쇄 법칙을 활용하여 $\frac{\partial L}{\partial w_{11}^{(1)}}$을 풀어쓰시오.

참고 $w_{11}^{(1)(new)} = w_{11}^{(1)} - \alpha \times \frac{\partial L}{\partial w_{11}^{(1)}}$

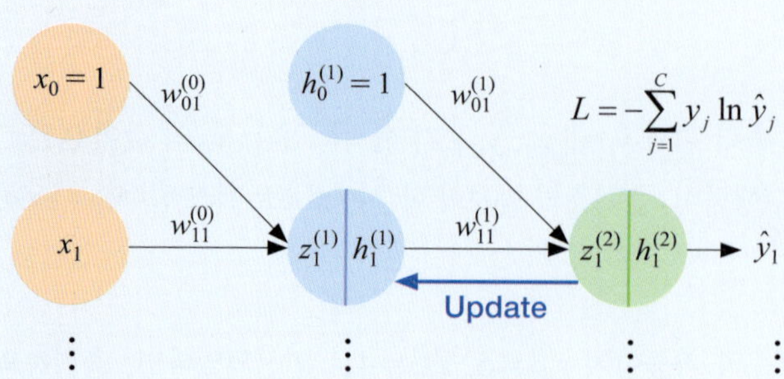

13 다음 그림을 보고 머신러닝 모델의 성능 지표에 대한 다음 질문에 답하시오.

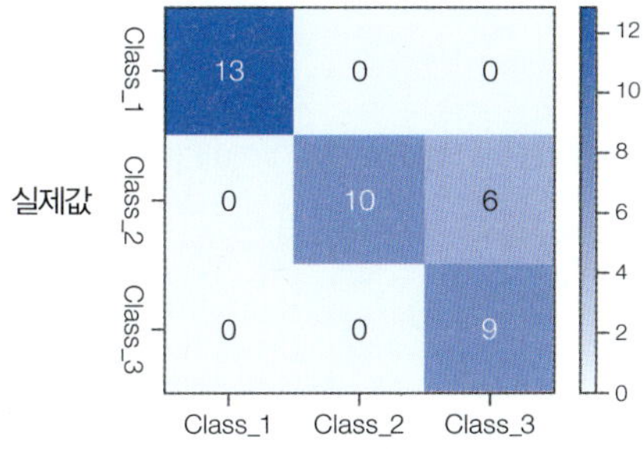

(a)

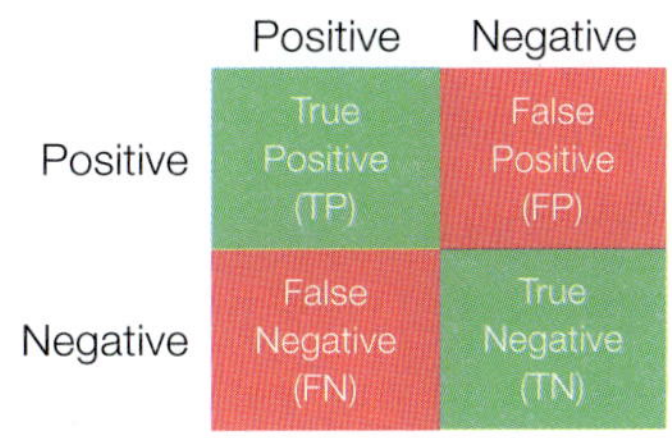

$$\text{Accuracy} = \frac{\text{TP} + \text{TN}}{\text{TP} + \text{FP} + \text{FN} + \text{TN}}$$

(b)

(1) (a)와 같이 다중 분류 문제에서 모델의 성능을 시각화할 수 있는 성능 지표는 무엇인가?

(2) (a)에 표시된 수치와 (b)의 공식을 이용하여 다층 퍼셉트론 모델의 검증 데이터에 대한 모델의 정확도를 계산하시오.

14 주어진 각 조건의 분류 문제를 해결하기 위해 다층 퍼셉트론 모델을 적용하기로 했다. 이때, 각 모델을 구성하는 입력층 노드와 출력층 노드의 개수를 쓰시오.

(1) 타이타닉호 생존자 예측 데이터셋(이진 분류 문제)

조건 1 **학습 데이터** $D = \{(\mathbf{x}_i, y_i)\}_{i=1}^{N}$

구분	나이 x_{i1}	성별 x_{i2}	동반 형제 x_{i3}	티켓 등급 x_{i4}	생존 여부 y_i
$i=1$	3	1(여성)	2	1	1(생존)
$i=2$	32	0(남성)	4	2	0(사망)
...	...	...	...	...	...
$i=N$	19	0(남성)	1	3	1(생존)

- 학습 데이터는 이진 분류(생존, 사망)용 데이터이고 정형 데이터다.
- 입력 데이터의 특징 벡터 $\mathbf{x}_i$는 x_{i1}, x_{i2}, x_{i3}, x_{i4} 총 네 개의 성분값으로 구성되어 있는 벡터다.
- 입력 데이터의 실제값은 $y_i \in \{0, 1\}$이다.
- 출력층의 활성화 함수는 시그모이드 함수다.

조건 2 **모델**

- 입력층과 은닉층에는 바이어스 노드가 포함된다.

(2) 2×2 픽셀 흑백 이미지 데이터셋(다중 분류 문제)

조건 1 **학습 데이터** $D=\left\{\left(\mathbf{x}_i, y_i\right)\right\}_{i=1}^{N}$

- 학습 데이터는 네 가지 분류 종류가 있는 데이터이고 2×2 픽셀의 흑백 이미지들로 구성된 데이터다.
- 입력 데이터의 특징 벡터 $\mathbf{x}_i$는 $x_{i1}, x_{i2}, x_{i3}, x_{i4}$ 총 네 개의 성분값으로 구성되어 있는 벡터다.
- 입력 데이터의 실제값의 원-핫 인코딩 표현은 $\mathbf{y}_i=[y_{i1}\ y_{i2}\ y_{i3}\ y_{i4}]^{\mathrm{T}}$이다.

조건 2 **모델**

- 입력층과 은닉층에는 바이어스 노드가 포함된다.

15 다음은 2×2 픽셀의 흑백 이미지들을 분류하는 다층 퍼셉트론 모델에 관한 것이다. 주어진 데이터와 모델의 조건을 참고하여 다음 질문에 답하시오.

조건 1 **학습 데이터**

- 학습 데이터는 네 가지 분류 종류가 있는 데이터이고 2×2 픽셀의 흑백 이미지들로 구성된다.
- 입력 데이터의 특징 벡터 $\mathbf{x}_i$는 $x_{i1}, x_{i2}, x_{i3}, x_{i4}$ 총 네 개의 성분값으로 구성된 벡터다.
- 입력 데이터의 실제값(라벨 또는 클래스)은 $\mathbf{y}_i=[y_{i1}\ y_{i2}\ y_{i3}\ y_{i4}]^{\mathrm{T}}$이다.

조건 2 **모델**

- 은닉층은 두 개 있으며, 각 은닉층에는 바이어스를 제외하고 두 개의 노드가 있다.
- 바이어스 노드는 입력층과 은닉층에 반드시 포함된다.
- 은닉층 활성화 함수는 ReLU, 출력층 활성화 함수는 소프트맥스를 사용한다.

조건 3 **가중치 행렬과 벡터 표현**

- $\mathbf{W}_0^{\mathrm{T}}$: 입력층과 첫 번째 은닉층을 연결하는 에지 중 바이어스와 연결된 에지를 제외한 나머지 에지에 할당된 가중치들로 구성된 벡터
- $\mathbf{W}_1^{\mathrm{T}}$: 첫 번째 은닉층과 두 번째 은닉층을 연결하는 에지 중 바이어스와 연결된 에지를 제외한 나머지 에지에 할당된 가중치들로 구성된 행렬
- $\mathbf{W}_2^{\mathrm{T}}$: 두 번째 은닉층과 출력층을 연결하는 에지 중 바이어스와 연결된 에지를 제외한 나머지 에지에 할당된 가중치들로 구성된 행렬
- $\mathbf{b}^{(0)}$: 입력층의 바이어스와 첫 번째 은닉층을 연결하는 에지에 할당된 가중치들로 구성된 벡터
- $\mathbf{b}^{(1)}$: 첫 번째 은닉층의 바이어스와 두 번째 은닉층을 연결하는 에지에 할당된 가중치들로 구성된 벡터

(1) 인덱스 표기에 주의하여, i번째 입력 데이터에 대한 특징 벡터, 모델의 노드, 가중치, 출력값의 i 인덱스를 생략한 일반화된 구조로, 조건에 맞게 다층 퍼셉트론 구조를 그리시오. 단, 에지를 그릴 때는 가중치 표기는 생략하고 선만 그리시오.

(2) 각 층별 할당된 가중치를 행렬 또는 벡터로 표기하시오.

16 예제 **15**에서 주어진 모델의 순전파 과정에서 두 번째 은닉층의 첫 번째 노드의 가중합 연산($z_1^{(2)}$)을 이전 층 노드들의 출력($h_1^{(1)}$, $h_2^{(1)}$)과 에지에 할당된 가중치($w_{01}^{(1)}$, $w_{11}^{(1)}$, $w_{21}^{(1)}$)의 조합으로 수식을 전개해보시오.

17 예제 **15**의 i번째 입력 데이터의 순전파 과정에서 출력층의 가중합이 $z_{i1}^{(3)}=5$, $z_{i2}^{(3)}=1$, $z_{i3}^{(3)}=3$, $z_{i4}^{(3)}=4$로 연산되었다면, 출력층 활성화 함수(소프트맥스 함수)로 연산되는 최종 출력($\hat{\mathbf{y}}_i=[\hat{y}_{i1}, \hat{y}_{i2}, \hat{y}_{i3}, \hat{y}_{i4}]^{\mathrm{T}}$)를 구하시오.

SECTION 07

코드로 구현하는 퍼셉트론

- 내용 : 다층 퍼셉트론 실습
- 파일 : CH06_실습_MLP1.ipynb
- 실습 순서
  0 사용할 라이브러리와 패키지 불러오기
  1 (데이터) 데이터 정의하기
  2 (모델) 다층 퍼셉트론 모델 불러오기
  3 (모델 학습) 모델 학습하기
  4 (모델 성능 평가) 모델 성능 평가하기

[실습 6–1] scikit-learn 라이브러리를 이용한 다층 퍼셉트론

0 사용할 라이브러리와 패키지 불러오기

[실습 6−1]과 [실습 6−2]에서는 XOR 문제를 해결하는 실습을 진행한다. 이를 위해서는 numpy, scikit-learn 라이브러리가 사용된다.

코드 6.1

```
# numpy를 각각 np로 재지정해 불러온다.
# scikit-learn 패키지 중 사용할 패키지를 불러온다.
import numpy as np
from sklearn.neural_network import MLPClassifier
```

1 데이터 정의하기

먼저 학습 데이터에 해당하는 X와 y를 지정한다. XOR 문제는 두 입력값이 서로 다를 때 1, 같을 때 0을 출력하는 이진 분류 문제로 단순한 선형 모델이나 하나의 퍼셉트론으로는 해결할 수 없는 특수한 경우다. 이 문제를 해결하기 위해서는 다층 퍼셉트론의 사용이 필수적이다. 즉, 두 개 이상의 선을 이용하기 위해 한 개 이상의 은닉층이 필요하다.

코드 6.2

```
# XOR 데이터를 정의한다.
# XOR은 두 입력값이 서로 같으면 0, 서로 다르면 1로 분류하는 논리 회로 게이트다.
X = [[0, 0], [0, 1], [1, 0], [1, 1]]
y = [0, 1, 1, 0]
```

2 다층 퍼셉트론 모델 불러오기

다층 퍼셉트론은 분류와 회귀 작업 모두에 적용 가능한 모델이며, scikit-learn 라이브러리는 이를 위해 MLPClassifier 함수와 MLPRegressor 함수를 각각 제공한다. MLPClassifier 함수를 사용하면 분류 태스크를 수행할 수 있으며, 회귀 태스크는 MLPRegressor 함수를 활용하여 해결할 수 있다.

XOR 게이트 구현을 위해서는 neural_network 모듈에서 제공하는 MLPClassifier 함수가 필요하다. 이 모델을 classifier라는 이름의 인스턴스로 지정하고, 시그모이드 함수를 활성화 함수로 선택하며 학습율을 0.1로 설정했다. 여기서 설정한 파라미터들은 필수적으로 사용해야 하는 지정된 값이 아닌 데이터나 용도에 따라 변경하여 사용할 수 있는 값이다.

코드 6.3

```
# scikit-learn 라이브러리를 통해 구현되어 있는 다층 퍼셉트론 모델을 불러온다.
classifier = MLPClassifier(hidden_layer_sizes = (2, ), activation = 'logistic',
                           learning_rate_init = 0.1)
```

3 모델 학습하기

지정된 학습 데이터를 이용하여 XOR 게이트의 동작을 표현하는 가중치를 탐색한다. 이 과정에는 복잡한 역전파 과정이 진행되지만, scikit-learn 라이브러리를 사용하면 이러한 가중치 탐색 과정을 간단히 구현할 수 있다. fit 함수를 통해 학습이 이루어지며, 학습된 가중치는 classifier.coefs_와 classifier.intercepts_로 확인할 수 있다.

코드 6.4

```
# fit 함수를 통해 학습을 진행한다.
# fit 함수에는 1) 가중치 초기화 2) 손실 함수 계산 3) 가중치 업데이트가 모두 구현되어 있다.
classifier.fit(X, y)
w = classifier.coefs_
w_0 = classifier.intercepts_
print(w)
print(w_0)
```

```
[array([[ 7.75369964,  7.79227793],
       [-7.192455, -7.96359709]]), array([[-9.47106881],
       [ 9.73459615]])]
[array([ 3.6692037, -4.20860248]), array([4.58113485])]
```

4 모델 성능 평가하기

학습이 종료되면 모델의 예측 성능을 확인해보자. XOR 게이트 같은 간단한 경우에는 학습 데이터와 동일한 데이터로 성능을 평가할 수 있으나 일반적으로는 학습에 사용된 데이터와 테스트를 위해 사용되는 데이터가 중복되면 안 된다.

코드 6.5

```
# predict 함수를 통해 다층 퍼셉트론으로 얻은 예측값을 추출한다.
y_pred = classifier.predict(X)      # 테스트 데이터에 대하여 결과 예측
print(y_pred)
```

```
[0 1 1 0]
```

[실습 6-2] 함수를 직접 정의해 구현한 다층 퍼셉트론

1 데이터 정의하기

직접 구현에서도 마찬가지로 XOR 데이터를 활용한다. 다만 이번에는 numpy 라이브러리의 array 형태로 선언해준다.

코드 6.6

```
# XOR 데이터를 정의한다.
# XOR은 두 입력값이 서로 같으면 0, 서로 다르면 1로 분류하는 논리 회로 게이트다.
X = np.array([0, 0, 1, 1, 0, 1, 0, 1]).reshape(2, 4)
y = np.array([0, 1, 1, 0]).reshape(1, 4)
print(X)
```

```
[[0 0 1 1]
 [0 1 0 1]]
```

2 다층 퍼셉트론 모델 불러오기

다층 퍼셉트론 모델을 구현하기 위해서는 가중합, 활성화 함수, 손실 함수, 경사하강법을 구현해야 한다. [코드 6.7]에서 weighted_sum 함수는 가중합을, sigmoid 함수는 활성화 함수를 구현한다. BCE_loss 함수는 손실 함수로 작동하고, gradient_update 함수는 경사하강법을 통해 모델의 가중치를 업데이트하는 역할을 한다.

다층 퍼셉트론 모델의 학습 과정을 이해하기 위해, 모델의 순전파와 역전파 단계별 동작을 파이썬 코드로 구현해보자. 특히 gradient_update 함수는 다소 복잡해보일 수 있지만, 이는 다층 퍼셉트론 모델의 역전파 과정에서 중요한 손실 함수의 체인룰을 구현한 것이다. 역전파 과정에서는 각 노드에서 활성화 함수와 가중합에 대한 미분 값을 계산한다. 이를 통해, gradient_update 함수의 작동 원리를 보다 명확히 이해할 수 있을 것이다.

코드 6.7

```
# 다층 퍼셉트론 모델 선언하기
# scikit-learn 라이브러리를 통해 구현되어 있는 다층 퍼셉트론 모델을 불러온다.
# 1) 가중치 초기화
# 2) 가중합 함수
# 3) 활성화 함수
# 4) 손실 함수
# 5) 가중치 업데이트
np.random.seed(59)
W_0 = np.random.rand(2, 2)
W_1 = np.random.rand(2, 1)
B_0 = np.random.random((1, 2))
B_1 = np.random.random((1, 1))
lr = 0.1

def weighted_sum(X, W, B):
    return np.dot(W.T, X) + B.T

def sigmoid(x):
    return 1 / (1+np.exp(-x))

def BCE_loss(y, y_hat):
    loss = np.mean(y * (np.log1p(y_hat)) + (1 - y) * np.log1p(1 - y_hat))
    return -loss

def gradient_update(X, H, y, y_hat):
    global W_0, B_0, W_1, B_1, lr
    dW_1 = np.dot(H, (y_hat - y).T)
    dB_1 = np.sum(y_hat - y, axis = 1, keepdims = True).T
    dH = np.dot(W_1, y_hat - y)

    dZ_1 = dH * (H * (1 - H))
    dW_0 = np.dot(X, dZ_1.T)
    dB_0 = np.sum(dZ_1, axis = 1, keepdims = True).T

    W_0 = W_0 - lr * dW_0
    W_1 = W_1 - lr * dW_1
    B_0 = B_0 - lr * dB_0
    B_1 = B_1 - lr * dB_1
```

3 모델 학습하기

모델의 학습 과정에서 가중치를 1,000번 업데이트하는 방식을 적용해본다. 가중합과 활성화 함수를 통한 순전파 연산 과정이 이론에서 배운 내용과 동일하기 때문에 코드를 작성하면서 이론 내용을 잘 기억해보자.

코드 6.8

```
# 앞서 구현한 함수 다섯 개를 모두 사용하여 모델을 학습한다.
for epoch in range(1000):
    Z_1 = weighted_sum(X, W_0, B_0)
    H = sigmoid(Z_1)
    Z_2 = weighted_sum(H, W_1, B_1)
    y_hat = sigmoid(Z_2)

    loss = BCE_loss(y, y_hat)
    gradient_update(X, H, y, y_hat)

print(W_0)
print(W_1)
print(B_0)
print(B_1)
```

```
[[5.35774448 2.3563632 ]
 [5.32050553 2.3506189 ]]
[[ 5.87445068]
 [-5.51541982]]
[[-1.80781176 -3.43980731]]
[[-2.70355729]]
```

4 모델 성능 평가하기

학습이 끝난 모델의 동작을 평가하기 위해서는 모델의 출력을 0 혹은 1로 변환하는 함수가 필요하다. 모델의 출력값이 0.5보다 크면 1로, 그렇지 않으면 0으로 변환하여 출력하는 predict 함수를 [코드 6.9]와 같이 구현했다.

라이브러리를 활용한 구현에서는 자동으로 분류 규칙을 통한 분류 결과가 반환된다. 그러나 직접 구현에서는 분류 규칙을 통해 분류 결과를 반환하는 코드를 작성해야 한다.

코드 6.9

```
# predict 함수를 통해 다층 퍼셉트론으로 얻은 예측값을 추출한다.
def predict(X):
    global W_0, W_1, B_0, B_1
    Z_1 = weighted_sum(X, W_0, B_0)
    H = sigmoid(Z_1)
    Z_2 = weighted_sum(H, W_1, B_1)
    y_hat = sigmoid(Z_2).reshape(4)

    pred_class = []
    pred_class = [1 if i > 0.5 else 0 for i in y_hat]
    return np.array(pred_class)

y_pred = predict(X)
print(y_pred)
```

```
[0 1 1 0]
```

- 내용 : MNIST을 이용한 다층 퍼셉트론 실습
- 파일 : CH06_실습_MLP2.ipynb
- 실습 순서
  0 사용할 라이브러리와 패키지 불러오기
  1 (데이터) 데이터 불러오기
  2 (데이터) MNIST 데이터의 특징 확인하기
  3 (모델) TensorFlow 라이브러리를 이용해 다층 퍼셉트론 모델 구현하기
  4 (모델 학습) 손실 함수와 경사하강법을 설정하고 모델 학습하기
  5 (모델 학습) 선언한 모델과 학습 데이터를 바탕으로 학습하기
  6 (모델 성능 평가) 테스트 데이터를 이용해 모델 성능 평가하기
  7 (결과) 정확도와 손실 변화 그래프 관찰하기

[실습 6-3] TensorFlow 라이브러리를 이용한 다층 퍼셉트론

0 사용할 라이브러리와 패키지 불러오기

[실습 6-3]에서는 TensorFlow 라이브러리를 활용하여 숫자 손글씨 이미지를 분류하는 MLP 모델을 구현해보자. 라이브러리 내에서 활용할 주요 기능에는 확률적 경사하강법Stochastic Gradient Descent, SGD과 SparseCategoricalCrossentropy 손실 함수가 포함된다.

코드 6.10

```
# numpy, matplotlib 외에 Tensorflow에서 필요로 하는 다양한 함수를 정의한다.
# 모델을 구성하는 함수, 경사하강법 함수, 손실 함수 및 시각화 함수 등을 선언한다.
import numpy as np
import matplotlib.pyplot as plt
import tensorflow as tf
import os
from keras.datasets import mnist
from tensorflow.keras.layers import Flatten, Dense      # 모델의 세부 구성과 관련된 함수
from tensorflow.keras.models import Sequential          # 모델을 정의하는 함수
from tensorflow.keras.optimizers import SGD             # 경사하강법 함수
from tensorflow.keras.losses import SparseCategoricalCrossentropy   # 손실 함수 정의
from tensorflow.keras.utils import plot_model           # 시각화 함수
from sklearn.metrics import classification_report, confusion_matrix, ConfusionMatrixDisplay
```

여기서 잠깐 **GPU를 사용한 모델 학습**

이번 실습에서는 모델의 파라미터 개수가 많아 연산량이 비약적으로 상승했으므로 병렬 처리 연산이 가능한 GPU를 사용하는 것이 효율적이다. GPU를 사용하면 훨씬 빠른 속도로 학습을 진행할 수 있다. 다음 코드는 다층 퍼셉트론의 동작과는 상관없이, 사용 가능한 GPU가 있는지 확인하고 설정하는 방법을 보여준다. 이 과정에서 try와 except 구문을 사용하여 프로그램 동작 중에 발생하는 예외 상황을 처리한다. 예를 들어, try 문 밑에 tf.config.experimental.list_physical_devices('GPU') 문이 존재하는데 해당 명령을 실행하다가 문제 상황이 발생하면 except RuntimeError as e: 문에 존재하는 print(e)가 실행된다.

```
os.environ["CUDA_VISIBLE_DEVICES"] = "0"
gpus = tf.config.experimental.list_physical_devices('GPU')
if gpus:
   try:
      tf.config.experimental.list_physical_devices('GPU')
   except RuntimeError as e:
      print(e)            # GPU 설정 중 문제 발생 시 오류 메시지 출력
```

1 데이터 불러오기

MNIST 데이터셋은 손글씨 숫자 분류 데이터셋으로, 머신러닝과 딥러닝 모델의 교육에 주로 사용되는 표준 데이터셋이다. 이 데이터셋은 0부터 9까지 10가지 분류 종류가 있는 28×28 픽셀의 흑백 이미지로 구성되어 있으며, 총 60,000개의 학습 데이터셋과 10,000개의 테스트 데이터셋으로 구성되어 있다. 이미지의 각 픽셀값의 범위는 0~255(shape: uint 8)까지다. 0은 검은색, 255는 흰색을 의미한다.

코드 6.11

```
# MNIST 숫자 데이터를 불러온다. 첫 실행 시에는 데이터셋이 자동으로 다운로드된다.
# 학습, 테스트 데이터가 자체적으로 분류되어 있어 특별한 함수를 사용하지 않아도 된다.
(X_train, y_train), (X_test, y_test) = mnist.load_data()
print(X_train.shape)
print(X_test.shape)
print(np.unique(y_train, return_counts = True))    # 데이터에 포함된 클래스별 이미지 수 확인
print(np.unique(y_test, return_counts = True))
```

```
(60000, 28, 28)
(10000, 28, 28)
(array([0, 1, 2, 3, 4, 5, 6, 7, 8, 9], dtype=uint8), array([5923, 6742, 5958, 6131, 5842, 5421,
5918, 6265, 5851, 5949]))
(array([0, 1, 2, 3, 4, 5, 6, 7, 8, 9], dtype=uint8), array([ 980, 1135, 1032, 1010, 982, 892,
958, 1028, 974, 1009]))
```

2 MNIST 데이터의 특징 확인하기

데이터 시각화를 통해서 MNIST 데이터가 어떤 특징을 가지고 있는지, 이미지화하면 어떤 모양을 가지는지 확인해보자.

코드 6.12

```
class_names = ["0", "1", "2", "3", "4", "5", "6", "7", "8", "9"]
images, labels = X_train[:16], y_train[:16]
plt.figure(figsize = (10, 10))
for i in range(16):
    ax = plt.subplot(4, 4, i + 1)
    plt.imshow(images[i])
    plt.title(f"Class: {class_names[labels[i]]}")
    plt.axis("off")
```

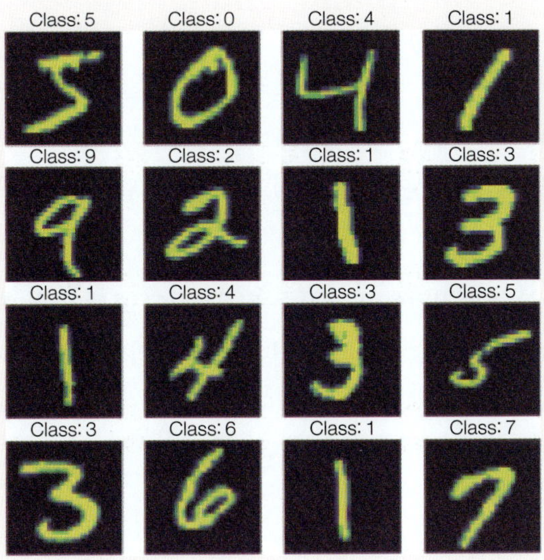

3 TensorFlow 라이브러리를 이용해 다층 퍼셉트론 모델 구현하기

TensorFlow 라이브러리를 사용하여 두 개의 은닉층을 갖는 다층 퍼셉트론 모델을 구현해보자. 첫 번째 은닉층에는 600개, 두 번째 은닉층에는 500개의 노드가 배치된다. 입력 이미지는 28×28 픽셀로 구성되어 있으며 모델 구성에 사용되는 주요 함수들의 역할은 다음과 같다.

- Sequential, Dense: 연속적인 입력Sequential Input으로부터 연속적인 출력Sequential Output을 생성하는 모델을 만들어낸다. MLP의 은닉층과 출력층을 구성하는 Dense 함수가 순차적으로 쌓여가는 모델 설계의 과정을 의미하는 함수다.
- Flatten: Input 함수 대신에 사용되는 것으로 이미지의 픽셀들이 1차원 배열로 각각 하나씩 입력 노드에 매칭되도록 도와준다. 즉, 28×28 픽셀 데이터를 784개의 입력 노드에 매칭시켜주기 위한 함수다.

학습 과정에서 사용할 SparseCategoricalCrossentropy 손실 함수와 0.0001의 학습율, 성능 측도 등을 적용하여 모델을 구성한 후 모델의 특징을 확인해보자. scikit-learn보다 좀 더 자세하게 원하는 형태로 모델의 구현이 가능하며 층마다 사용할 활성화 함수나 노드의 선언이 가능하다.

코드 6.13

```
model = tf.keras.models.Sequential([
    Flatten(input_shape = (28, 28)),
    Dense(600, activation = 'relu'),
    Dense(500, activation = 'relu'),
    Dense(10, activation = 'softmax')
])
```

4 손실 함수와 경사하강법을 설정하고 모델 학습하기

[코드 6.14]는 모델의 손실 함수와 최적화 알고리즘을 정의한 후에 모델을 컴파일하고 모델의 요약 정보를 출력하는 코드다.

compile 함수를 사용하여 모델을 컴파일한다. 손실 함수와 최적화 알고리즘을 지정하고 모델이 평가할 지표metrics를 설정한다. summary 함수를 호출하여 모델의 요약 정보를 출력한다. 모델의 구조와 각 층의 파라미터 개수, 출력 형태 등의 정보를 확인할 수 있다.

코드 6.14

```
# 손실 함수와 경사하강법에 사용될 함수를 정의한다.
# 어떤 함수를 사용할 것인지 직접 선언해주어야 하나, 텐서플로 라이브러리 내에 구현되어 있다.
# 모델 구성이 완료되면, 모델을 컴파일하고, 완성된 모델의 형태를 요약 확인 가능하다.
loss = SparseCategoricalCrossentropy()
optimizer = SGD(learning_rate = 0.0001)
model.compile(loss = loss, optimizer = optimizer, metrics = ['accuracy'])
model.summary()
```

```
Model: "sequential"
_________________________________________________________________
 Layer     (type)      Output Shape    Param #
=================================================================
 flatten   (Flatten)   (None, 784)     0

 dense     (Dense)     (None, 600)     471000

 dense_1   (Dense)     (None, 500)     300500

 dense_2   (Dense)     (None, 10)      5010
=================================================================
Total params: 776510 (2.96 MB)
Trainable params: 776510 (2.96 MB)
Non-trainable params: 0 (0.00 Byte)
_________________________________________________________________
```

여기서 잠깐 **파라미터(가중치)의 개수가 왜 776,510일까?**

입력층과 각 은닉층에는 바이어스 노드가 포함되기 때문에 에지의 개수를 계산할 때 노드의 개수 + 1개로 계산한다. 즉, (785 × 600) + (601 × 500) + (501 × 10)으로 총 파라미터의 개수를 계산해야 한다.

5 선언한 모델과 학습 데이터를 바탕으로 학습하기

scikit-learn에서의 실습과 마찬가지로 텐서플로도 설정한 모델에 fit 함수를 통해서 학습이 가능하다.

코드 6.15

```
history = model.fit(X_train, y_train, epochs = 50, batch_size = 128, validation_data = (X_
test, y_test))
```

```
poch 1/50
469/469 [==========================] - 7s 4ms/step - loss: 5.8181 - accuracy: 0.7998 - val_
loss: 2.6922 - val_accuracy: 0.8781
Epoch 2/50
469/469 [==========================] - 2s 4ms/step - loss: 2.2990 - accuracy: 0.8913 - val_
loss: 2.0185 - val_accuracy: 0.8994
Epoch 3/50
...
중략
...
Epoch 47/50
469/469 [==========================] - 2s 4ms/step - loss: 0.0099 - accuracy: 0.9991 - val_
loss: 0.8234 - val_accuracy: 0.9378
Epoch 48/50
469/469 [==========================] - 2s 3ms/step - loss: 0.0091 - accuracy: 0.9993 - val_
loss: 0.8221 - val_accuracy: 0.9383
Epoch 49/50
469/469 [==========================] - 2s 3ms/step - loss: 0.0083 - accuracy: 0.9994 - val_
loss: 0.8221 - val_accuracy: 0.9382
Epoch 50/50
469/469 [==========================] - 2s 3ms/step - loss: 0.0077 - accuracy: 0.9995 - val_
loss: 0.8224 - val_accuracy: 0.9377
```

6 테스트 데이터를 이용해 모델 성능 평가하기

모델이 학습을 모두 완료했다면 테스트 데이터를 통해 얼마나 잘 맞추는지 검증한다. [코드 6.16]은 모델을 사용하여 테스트 데이터에 대한 예측을 수행하고 이를 바탕으로 정확도와 혼동 행렬을 출력하는 과정을 보여준다.

먼저 classification_report 함수를 사용하여 정확도를 포함한 분류 보고서를 출력한다. 이 보고서는 정밀도, 재현율, F1 점수 등의 성능 지표가 포함된다. 다음으로 confusion_matrix 함수를 사용하여 혼동 행렬을 계산하고 시각화한다.

코드 6.16

```
# 학습이 완료되었으면 테스트 데이터를 통해서 결과물을 확인한다.
# 이후 정확도와 혼동 행렬을 통해 결과를 확인한다.
y_pred = model.predict(X_test, batch_size = 128)
pred_class = np.argmax(y_pred, axis = 1)

print("* Metrics")
print(classification_report(y_test, pred_class, zero_division = 0))

print("* Confusion matrix")
cf = confusion_matrix(y_test, pred_class)
ConfusionMatrixDisplay(cf).plot()
```

```
79/79 [==============================] - 0s 2ms/step
* Metrics
              precision    recall  f1-score   support

           0       0.96      0.97      0.97       980
           1       0.97      0.98      0.98      1135
           2       0.92      0.93      0.93      1032
           3       0.91      0.92      0.92      1010
           4       0.93      0.94      0.93       982
           5       0.90      0.93      0.92       892
           6       0.95      0.94      0.94       958
           7       0.95      0.93      0.94      1028
           8       0.93      0.91      0.92       974
           9       0.93      0.93      0.93      1009

    accuracy                           0.94     10000
   macro avg       0.94      0.94      0.94     10000
weighted avg       0.94      0.94      0.94     10000

* Confusion matrix
<sklearn.metrics._plot.confusion_matrix.ConfusionMatrixDisplay at 0x7b65a03cab30>
```

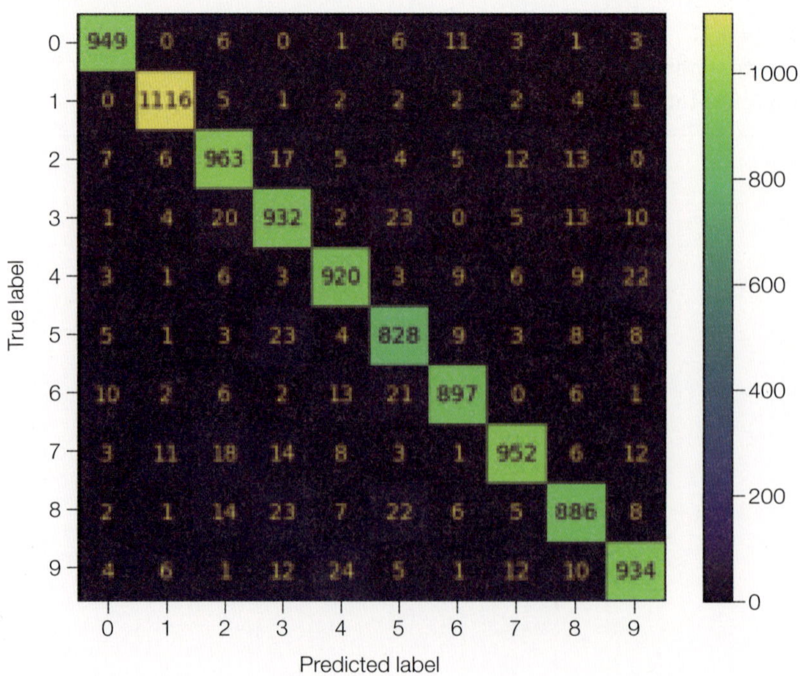

7 정확도와 손실 변화 그래프 관찰하기

[코드 6.17]은 학습 과정에서 에포크Epoch별로 정확도와 손실 함수의 변화를 시각화하는 과정을 나타낸다. 왼쪽 그림은 학습 데이터와 테스트 데이터에 대한 손실 함수의 변화를 나타내는 그래프다. 오른쪽 그림은 학습 데이터와 테스트 데이터에 대한 정확도 변화를 나타내는 그래프다.

history 함수는 케라스 모델의 학습 과정에서 저장되는 학습 이력 객체다. 이 객체에는 에포크별로 저장된 손실 함수 값 및 정확도 값이 포함되어 있다. 이러한 이력 정보는 모델의 학습 과정을 시각화하거나 평가하는 데 사용된다.

코드 6.17

```
# 학습 과정에서 단계별 정확도와 손실 함수의 변화를 추가적으로 확인할 수 있다.
# 일반적으로 해당 그래프를 보면서 단계별 학습이 잘 이루어지고 있는지 확인이 가능하다.
fig, (ax1, ax2) = plt.subplots(1, 2, figsize = (12, 5))

# 학습 및 테스트 과정 시각화(손실 함수의 값)
ax1.plot(history.history['loss'], marker = '.', label = "Train loss")
ax1.plot(history.history['val_loss'], marker = '.', label = "Valid loss")
ax1.set_title('Model loss')
ax1.set_xlabel('Epoch')
ax1.set_ylabel('Loss')
ax1.legend(['Train', 'Test'], loc = 'upper left')

# 학습 및 테스트 과정 시각화(정확도)
ax2.plot(history.history['accuracy'], marker = '.', label = "Train accuracy")
ax2.plot(history.history['val_accuracy'], marker = '.', label = "Valid accuracy")
ax2.set_title('Model accuracy')
ax2.set_xlabel('Epoch')
ax2.set_ylabel('Accuracy')
ax2.legend(['Train', 'Test'], loc = 'upper left')

plt.show()
```

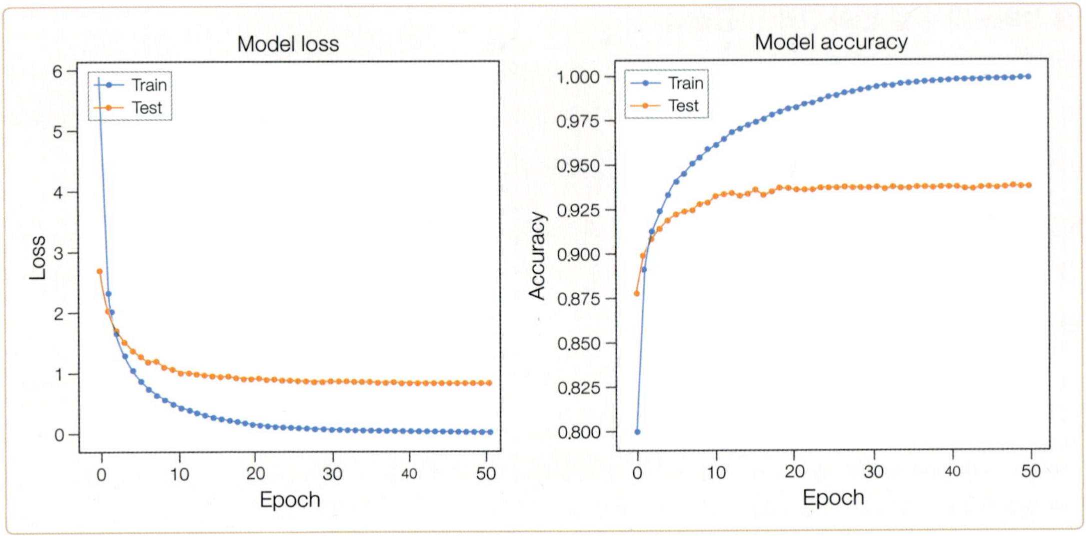
Model loss
Train
Test
Loss
Epoch
Model accuracy
Accuracy

CHAPTER 07

k-최근접 이웃

PREVIEW

7장에서는 사례 기반 학습 방법 중 대표적인 방법인 k-최근접 이웃에 대해서 배운다. 앞에서 모델 기반 학습을 통해 다루었던 분류와 회귀 문제를 7장에서는 사례 기반 학습을 사용하여 해결한다. 7장에서는 사례 기반 학습과 k-최근접 이웃의 개념을 자세하게 알아보고, 데이터 간의 유사도 측정에 활용되는 거리 측도를 학습한다. 또한 실습을 통해 k-최근접 이웃이 분류 문제를 어떻게 해결하는지 살펴본다.

학습목표

- 모델 기반 학습과 사례 기반 학습을 이해한다.
- k-최근접 이웃의 개념 및 동작 원리를 이해한다.
- 데이터 간 유사도 측정 방법인 거리 측도를 이해한다.
- k-최근접 이웃을 활용한 분류와 회귀를 이해한다.

SECTION 01

모델 기반 학습과 사례 기반 학습

1 모델 기반 학습

3장 선형 회귀부터 6장 다층 퍼셉트론에 이르는 학습 방법은 모델 기반 학습 방법에 속한다. 모델 기반 학습은 모델에 해당하는 적절한 함수 f를 선정하고, 학습 데이터로부터 모델 f의 파라미터를 최적화하여 최적의 함수 f^*을 생성하는 방법이다. 이 최적화된 함수 f^*을 사용하여 회귀와 분류 문제를 효과적으로 해결한다.

선형 회귀, 로지스틱 회귀, 다층 퍼셉트론의 학습 과정을 살펴보면 [그림 7-1]과 같이 데이터로부터 모델의 파라미터(가중치) **w**를 학습한 후 최적의 모델(함수)을 생성하여 분류 및 회귀 작업을 수행한다. 이처럼 학습 데이터를 기반으로 분류와 회귀를 진행하는 모델을 만드는 방법론을 모델 기반 학습Model-based Learning이라고 한다. 이 방법에서는 학습 데이터에 근거해 최적의 모델 파라미터(가중치)를 추정하고 학습된 모델을 이용하여 테스트 데이터에 대한 예측값을 제공한다.

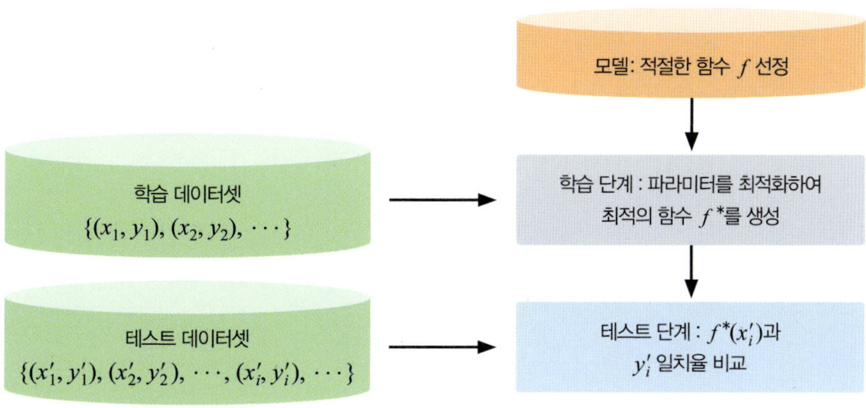

그림 7-1 **모델 기반 학습 예**

2 사례 기반 학습

머신러닝의 학습 방법에는 모델 기반 뿐만 아니라 사례 기반 학습도 있다. 7장에서 소개하는 k-최근접 이웃은 앞서 배운 방법들과 달리 사례 기반 학습을 통해 분류 혹은 회귀 문제를 해결한다.

사례 기반 학습Instance-based Learning은 별도의 모델을 생성하지 않고 테스트 데이터가 입력될 때마다 기존 학습 데이터를 기반으로 예측값을 연산하여 분류 및 회귀에 사용한다. [그림 7-2]와 같이 이 방법은 모델에 해당하는 적절한 함수 f의 파라미터를 최적화하는 과정이 없기 때문에 모델의 파라미터를 탐색하고 업데이트하는 과정 없이 문제를 해결할 수 있다.

사례 기반 학습의 대표적인 예로 k-최근접 이웃이 있다. k-최근접 이웃에서는 모델을 생성하지 않고 어떻게 분류와 회귀 문제를 수행하는지 자세히 알아보자.

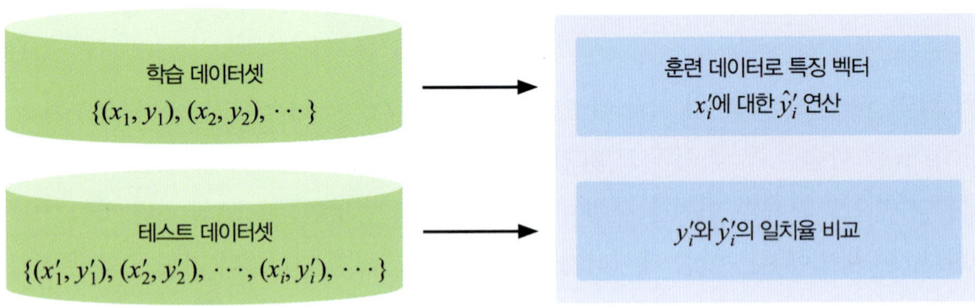

그림 7-2 **사례 기반 학습 예**

SECTION 02

k-최근접 이웃의 주요 개념

k-최근접 이웃k-Nearest Neighbor, kNN도 앞서 배운 방법들과 마찬가지로 지도학습 방법 중 하나다. 따라서 이 방법에서 사용되는 학습 데이터셋은 특징 벡터들과 그에 대응하는 실제값들로 구성되어 있다. 이러한 학습 데이터셋은 특징 공간상에서 벡터 형태로 표현될 수 있다. [그림 7-3]을 통해 특징 공간에서의 예를 살펴보면서 k-최근접 이웃의 기본적인 개념에 대해서 자세히 알아보자.

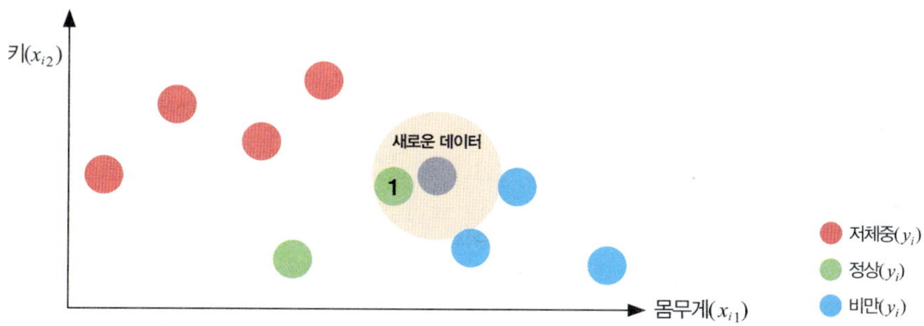

그림 7-3 k-최근접 이웃 예 (k=1)

[그림 7-3]에서 각각의 데이터들은 특징 공간에 점으로 표현되어 있다. 각 데이터는 $\mathbf{x}_i = [x_{i1}\ x_{i2}]^T$와 같이 몸무게($x_{i1}$)와 키($x_{i2}$)라는 성분으로 구성되어 있으며, 가로축과 세로축이 각각 몸무게와 키의 값을 표시하는 공간상에서 한 개의 점으로 표현할 수 있다.

k-최근접 이웃은 지도학습 데이터를 사용하기 때문에 각각의 점들은 정답을 의미하는 이산형 실제값 $y_i \in \{0, 1, 2\}$를 가지고 있다. 이산형 실제값의 경우, 일반적으로 저체중은 0, 정상은 1, 비만은 2와 같이 숫자 형태로 표현한다. 그러나 이 예시에서는 이해를 돕기 위해 이산형 실제값을 저체중, 정상, 비만이라는 문자열로 표현했다. 빨간색 점은 저체중, 초록색 점은 정상, 파란색 점은 비만을 의미한다.

새롭게 입력된 데이터를 저체중, 정상, 비만 중 하나의 카테고리로 분류하고자 한다. 새로운 테스트 데이터가 주어졌을 때, 해당 데이터의 이산형 실제값을 모를 경우 우리는 어떻게 이 데이터를 분류할 수 있을까? 몸무게와 키라는 성분이 저체중, 정상, 비만을 분류하는 데 사용되는 성분이라면, 특징 공간상에서 가장 가까운 데이터가 새로운 데이터와 동일한 이산형 실제값을 가질 것이라고 예측할 수 있다.

k-최근접 이웃은 최근접 이웃이라는 표현처럼 새로운 데이터를 기준으로 가장 가까운 *k*개의 데이터를 통해 분류나 회귀를 진행하는 방법이다. *k* 값이 1인 경우, [그림 7-4]에서 새로운 데이터와 가장 가까운 데이터는 초록색 점인 정상 데이터다. 따라서 새로운 데이터는 정상으로 예측된다.

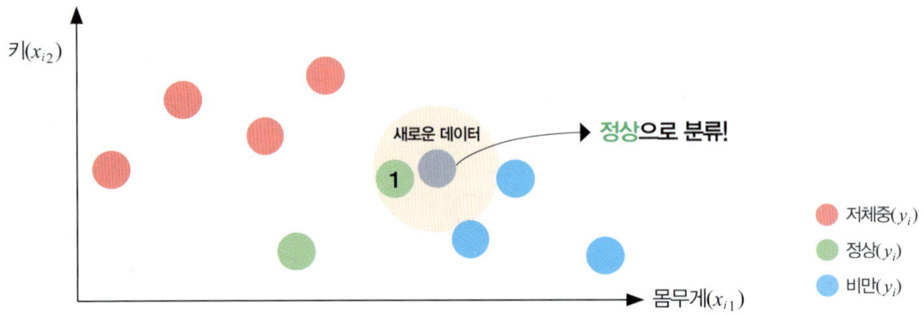

그림 7-4 k-최근접 이웃 예 (k=1)

그렇다면 [그림 7-5]에서 *k* 값이 3인 경우에는 어떻게 분류를 진행할까? 우선 새로운 데이터와 가장 가까운 데이터 세 개를 찾는다. 이번에는 가장 가까운 데이터 세 개의 이산형 실제값이 각각 정상(초록색 점), 비만(파란색 점), 비만(파란색 점)이기 때문에 다수결에 따라 새로운 데이터의 예측값은 비만임을 알 수 있다. 이와 같이, 가장 가까운 *k*개의 데이터 중에서 가장 많이 존재하는 이산형 실제값으로 새로운 데이터를 예측한다.

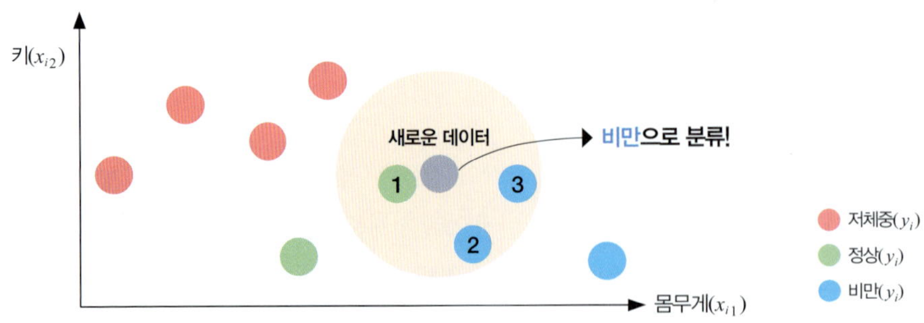

그림 7-5 k-최근접 이웃 예 (k=3)

SECTION 03

거리 측도

본격적인 k-최근접 이웃의 동작을 알아보기에 앞서, 각 데이터의 특징 벡터들 사이의 가까운 정도 혹은 먼 정도를 수치로 표현하는 방법인 거리 계산 방법에 대하여 알아보자.

[표 7-1]과 같은 데이터가 존재한다고 가정하자. 몸무게(x_{i1})와 키(x_{i2})는 각 생도 $\mathbf{x}_i = [x_{i1}\ x_{i2}]^T$의 성분이고, 비만 여부는 이산형 실제값(라벨) $y_i \in \{0, 1\}$을 의미한다. 몸무게와 키 성분값은 등급 수치를 의미하고 비만 여부는 1이 비만, 0이 정상임을 나타낸다. 이때 생도 3과 생도 7이 얼마나 유사한지 어떻게 판단할 수 있을까?

표 7-1 키-몸무게 등급에 따른 비만 여부

	몸무게(x_{i1})	키(x_{i2})	비만 여부(y_i)
생도 1	1	0	0
생도 2	2	1	0
생도 3	3	3	0
생도 4	5	2	1
생도 5	5	4	1
생도 6	6	5	1
생도 7	9	2	1
신입 생도	3	4	?

다양한 방법을 이용하여 데이터 사이의 유사도를 측정할 수 있다. 많은 머신러닝 모델에서는 데이터 사이의 거리를 계산하여 유사도를 측정한다. 거리 측도는 여러 종류가 있지만, 이번 장에서는 특히 널리 사용되는 유클리드 거리와 맨해튼 거리에 대해 알아보자.

1 유클리드 거리

유클리드 거리Euclidean Distance는 가장 많이 사용되는 거리 측도로 대응되는 데이터 간 차이의 제곱합의 제곱근으로 계산한다. 이는 특징 공간에서 두 데이터 사이의 직선거리를 나타낸다. 다음은 두 개의 성분으로 구성된 특징 벡터 사이의 유클리드 거리를 계산하는 과정이다.

$$\text{Euclidean Distance}(\mathbf{x}_1, \mathbf{x}_2) = \sqrt{\sum_{j=1}^{p} (x_{1j} - x_{2j})^2}$$

- p : 데이터(특징 벡터)를 구성하는 성분의 수

다음은 [표 7-1]에서 생도 3과 생도 7 사이의 유클리드 거리를 구하는 식이다. 생도 3과 생도 7의 데이터를 이용하여 유클리드 거리를 계산하면, 두 데이터 사이의 유사도를 숫자로 표현할 수 있다.

$$\text{Euclidean Distance}(\mathbf{x}_3, \mathbf{x}_7) = \sqrt{(3-9)^2 + (3-2)^2} = \sqrt{37} \approx 6.08$$

[그림 7-6]은 생도 3과 생도 7 데이터를 특징 공간에 표시한 그림이다. 유클리드 거리는 생도 3과 생도 7 데이터 사이 직선거리를 의미한다. [그림 7-4]와 [그림 7-5]의 k-최근접 이웃 예에서도 유클리드 거리를 사용하여 설명했다.

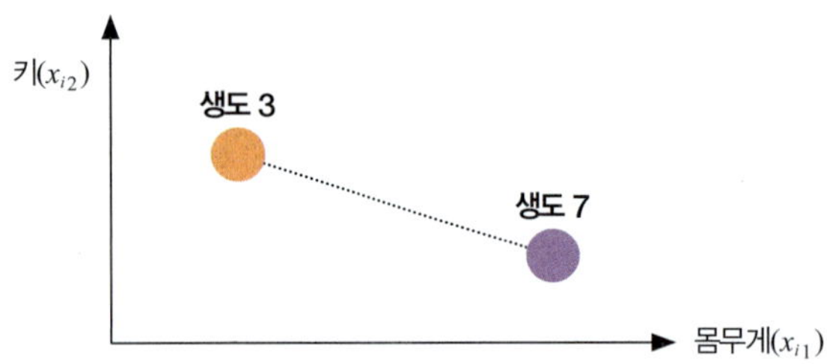

그림 7-6 유클리드 거리 예

2 맨해튼 거리

맨해튼 거리Manhattan Distance는 머신러닝 혹은 프로그래밍에서 종종 사용되는 방식으로 [그림 7–7]에서 뉴욕과 같이 도시 구획이 잘 정리된 도시에서 두 지점 사이의 실제 이동 거리를 측정하는 방법과 유사하여 맨해튼 거리로 불린다. 다음은 두 개의 성분으로 구성된 데이터(특징 벡터) 사이의 맨해튼 거리를 계산하는 과정이다.

$$\text{Manhattan Distance}(\mathbf{x}_1, \mathbf{x}_2) = \sum_{j=1}^{p} \left| x_{1j} - x_{2j} \right|$$

- p : 데이터(특징 벡터)를 구성하는 성분의 수

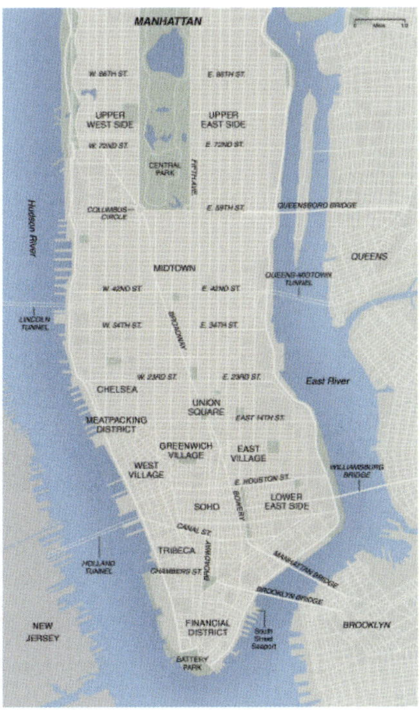

그림 7–7 맨해튼 지도

다음은 [표 7-1]에서 생도 3과 생도 7 사이의 맨해튼 거리를 구하는 식이다. 맨해튼 거리 역시 두 데이터 간의 유사도 측정에 사용될 수 있다. 거리 측도의 선택에 따라 동일한 데이터에 대한 유사도가 다르게 표현될 수 있다.

$$\text{Manhattan Distacne}(\mathbf{x}_3, \mathbf{x}_7) = |3-9| + |3-2| = 7$$

[그림 7-8]은 생도 3과 생도 7 데이터를 특징 공간에 표시한 그림이다. 맨해튼 거리는 앞의 식에서도 알 수 있듯이 생도 3과 생도 7 데이터에서 각 성분의 차이의 절댓값을 모두 더한 것을 의미한다. 유클리드 거리처럼 직선거리를 측정하는 것이 아니라 격자 형태로 이동하는 경우를 고려하여 거리를 측정하는 방식이다.

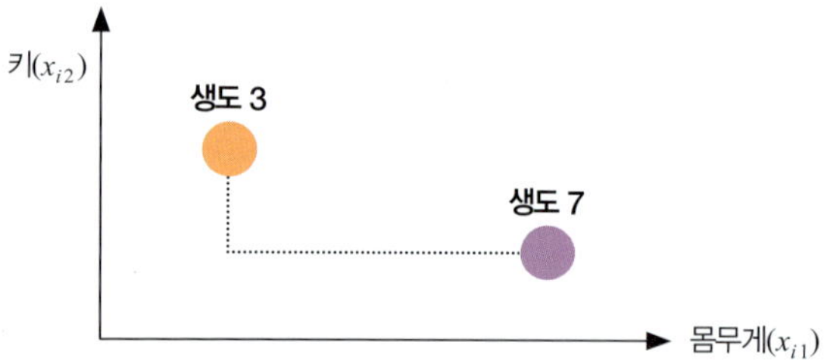

그림 7-8 맨해튼 거리 예

유클리드 거리와 맨해튼 거리 외에도 다양한 거리 측도가 있으며 데이터와 거리 측도 각각의 특징을 잘 고려하여 적합한 거리 측도를 선택하는 것이 중요하다.

SECTION 04 k-최근접 이웃을 통한 분류

지금까지 k-최근접 이웃의 동작 예시와 거리 측도에 대해서 알아보았다. 본격적으로 k-최근접 이웃의 단계별 동작에 대해서 알아보자. k-최근접 이웃을 통한 분류는 1단계부터 3단계까지의 과정을 통해 새로운 데이터의 예측값을 결정한다.

1단계

새로운 데이터의 예측값을 결정하기 위해 모든 학습 데이터와 새로운 데이터 사이의 거리를 계산한다. 여기에서는 다양한 거리 측도 중에서 기본적으로 유클리드 거리를 사용한다.

2단계

모든 학습 데이터와의 거리를 계산한 후, 미리 지정된 k의 수에 따라 가까운 데이터를 탐색한다. [그림 7-9]는 k를 3으로 지정한 예다. 여기서 k 값은 학습 데이터 중에서 새로운 데이터와 가장 가까운 세 개의 데이터를 의미한다. 예를 들어, 새로운 데이터와 가장 거리가 가까운 1번 데이터는 초록색 점인 정상 데이터에 해당하고, 두 번째로 가까운 2번 데이터와 세 번째로 가까운 3번 데이터는 파란색 점인 비만 데이터에 해당한다.

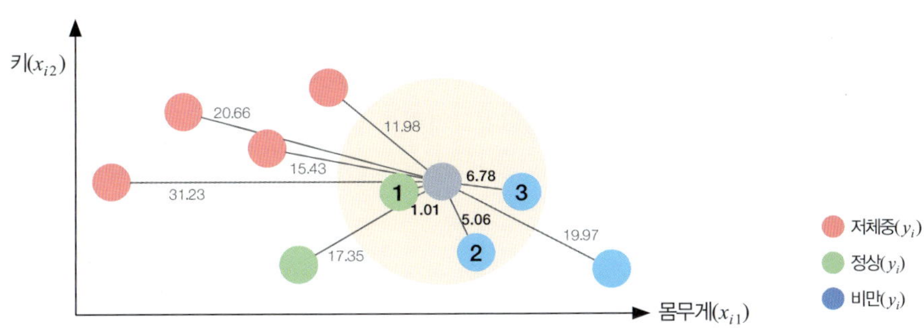

그림 7-9 k-최근접 이웃을 통한 분류 예 (k=3): 1, 2단계

3단계

3단계에서는 새로 입력된 데이터의 이산형 실제값을 결정한다. 이를 위해 2단계에서 찾은 k개의 데이터에서 가장 많은 값을 가지고 있는 이산형 실제값을 사용한다.

[그림 7-10]에서 선택된 k개의 데이터($k = 3$)의 실제값을 살펴보면 한 개는 정상이고 두 개는 비만이다. 따라서 다수결에 따라 새로운 데이터의 예측값은 비만이다.

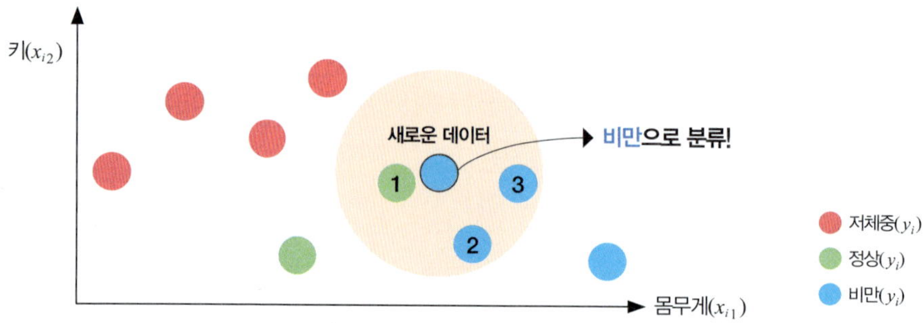

그림 7-10 k-최근접 이웃을 통한 분류 예 (k=3): 3단계

이번에는 자주 접할 수 있는 정형 데이터(표 형식 데이터)를 사용하여 분류를 수행하는 과정을 살펴보자. 실제 데이터 분석 과정에서는 [표 7-2]와 같은 테이블형 데이터를 자주 접하게 된다. [표 7-2]는 유전자 정보에 따른 코로나 확진 여부 데이터로, 각 데이터는 유전자 1부터 유전자 4까지의 성분으로 구성되며 확진 여부가 실제값에 해당한다. 예를 들어, 학습 데이터로 생도 A부터 생도 F까지 6명의 생도의 유전자 발현 데이터가 주어졌다고 가정해보자. 이때, k-최근접 이웃을 사용하여 신입 생도의 확진 여부를 예측할 수 있다. 참고로 확진 여부를 나타내는 이산형 실제값 $y_i \in \{0, 1\}$은 일반적으로 확진은 1, 정상은 0과 같이 숫자 형태로 표현한다. 그러나 여기서는 이해를 돕기 위해 확진 또는 정상이라는 문자열로 표현했다.

이전 예와 마찬가지로 새로운 데이터에 해당하는 신입 생도의 데이터와 생도 A부터 생도 F까지의 데이터 간의 거리를 연산한다. 이번 예에서도 거리 측도는 유클리드 거리를 사용한다.

표 7-2 유전자 발현 정보에 따른 코로나 확진 여부 데이터(분류)

	유전자 1	유전자 2	유전자 3	유전자 4	확진 여부(y_i)
생도 A	2.54	4.33	3.99	2.57	정상
생도 B	3.12	3.87	3.84	3.04	정상
생도 C	2.76	4.17	5.63	3.28	정상
생도 D	3.87	3.56	4.25	3.65	확진
생도 E	3.55	3.91	2.68	4.22	확진
생도 F	4.12	2.86	3.30	3.71	확진
신입 생도	3.24	3.68	3.82	3.77	?

[표 7-3]에서 $k=1$인 경우, 가장 가까운 데이터 하나를 탐색한다. 즉, 새로운 데이터와의 거리가 0.76인 생도 B가 가장 가까운 데이터로 탐색된다. 확진 여부는 탐색된 k개의 데이터의 이산형 실제값에 의해 결정되므로 해당 예시에서 신입 생도는 생도 B와 동일한 이산형 실제값인 정상으로 예측하게 된다.

표 7-3 유전자 발현 정보에 따른 코로나 확진 여부 데이터(k=1)

	유전자 1	유전자 1	유전자 2	유전자 1	확진 여부	새 관측치와의 거리
생도 A	2.54	4.33	3.99	2.57	정상	1.54
생도 B	3.12	3.87	3.94	3.04	정상	0.76
생도 C	2.76	4.17	5.63	3.28	정상	2.00
생도 D	3.87	3.56	4.25	3.65	확진	0.78
생도 E	3.55	3.91	2.68	4.22	확진	1.28
생도 F	4.12	2.86	3.30	3.71	확진	1.31
신입 생도	3.24	3.68	3.82	3.77	정상	

[표 7-4]에서는 [표 7-2]의 데이터에서 $k=3$인 경우에 신입 생도의 확진 여부가 어떻게 예측되는지 보여준다. 마찬가지로 신입 생도의 데이터와 모든 생도의 데이터 간의 거리를 연산한 후에 가장 가까운 세 명의 생도를 탐색한다. 해당 예시에서는 생도 B, 생도 D, 생도 E 순서로 가까운 것을 알 수 있고, 확진 여부는 다수결을 통해서 예측한다. 생도 B의 이산형 실제값은 정상, 생도 D와 생도 E의 이산형 실제값은 확진이기 때문에 신입 생도는 확진으로 예측하게 된다.

표 7-4 유전자 발현 정보에 따른 코로나 확진 여부 데이터(k=3)

	유전자 1	유전자 2	유전자 3	유전자 4	확진 여부	새 관측치와의 거리
생도 A	2.54	4.33	3.99	2.57	정상	1.54
생도 B	3.12	3.87	3.84	3.04	정상	0.76
생도 C	2.76	4.17	5.63	3.28	정상	2.00
생도 D	3.87	3.56	4.25	3.65	확진	0.78
생도 E	3.55	3.91	2.68	4.22	확진	1.28
생도 F	4.12	2.86	3.30	3.71	확진	1.31
신입 생도	3.24	3.68	3.82	3.77	확진	

SECTION 05

k-최근접 이웃을 통한 회귀

지금까지 k-최근접 이웃을 이용한 분류 문제 해결 과정을 살펴보았다. 이번에는 k-최근접 이웃으로 회귀 문제를 어떻게 해결하는지 알아보자. 학습 데이터의 실제값이 이산형이 아닌 연속형 값인 경우 회귀 분석이 수행된다. [그림 7-11]을 보면, 각 데이터는 이산형 실제값이 아닌 기말고사 성적과 같은 연속적인 실제값을 가진다. k-최근접 이웃에 기반한 분류와 회귀는 모두 거리 연산을 통해 가장 가까운 k개의 데이터를 찾는 공통점을 갖고 있다. 하지만 k개의 최근접 데이터의 실제값 중 가장 빈도가 높은 이산형 값을 예측값으로 선택하는 분류와 달리, 회귀에서는 탐색된 k개 데이터의 실제값의 평균을 예측값으로 사용한다. 이 책에서는 평균값을 사용하는 방법만 설명하지만, 거리에 따라 가중치를 다르게 부여하는 방법도 있음을 알아두자.

[그림 7-11]을 살펴보면, 학습 데이터가 존재하는 상황에서 새로운 데이터가 들어왔을 때, 가장 가까운 k개의 데이터를 탐색한다. $k=3$인 경우에는 가장 가까운 데이터들의 기말고사 점수는 72점, 69점, 87점임을 확인할 수 있으며, 세 값의 평균값인 76점으로 새로운 데이터에 대한 실제값을 예측할 수 있다.

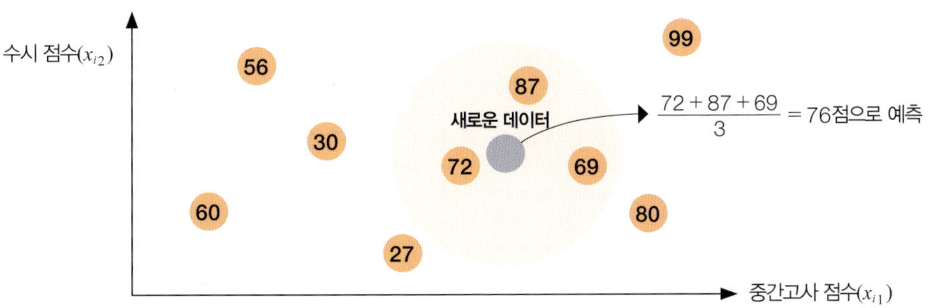

그림 7-11 k-최근접 이웃을 통한 회귀 예 (k=3)

분류 문제와 마찬가지로 정형 데이터(표 형식 데이터)를 사용하여 회귀를 수행하는 과정을 살펴보자. [표 7-5]는 다양한 과목의 점수를 모아 놓은 데이터다. 미적분학, 기초물리학, 프로그래밍, 통계의 이해, 군사영어 과목에서 획득한 점수가 성분으로 사용되고 있으며 인공지능 입문의 점수가 실제값에 해당한다. 실제값인 인공지능 입문의 점수는 분류의 경우와 다르게 연속형 값이다. 학습 데이터에 기반하여 신입 생도의 인공지능 입문 점수를 예측하는 회귀를 수행해보자.

표 7-5 타과목 점수에 따른 인공지능 입문 점수 데이터(회귀)

	미적분학	기초물리학	프로그래밍	통계의 이해	군사영어	인공지능 입문
생도 A	7.5	7.5	7.0	9.5	8.5	5.0
생도 B	7.5	7.0	7.5	8.0	8.0	6.0
생도 C	8.0	7.0	8.0	8.0	8.5	8.5
생도 D	8.5	8.0	9.5	7.5	6.0	7.0
생도 E	10.0	9.5	9.0	7.5	7.5	10.0
생도 F	9.0	9.0	8.0	8.0	8.0	9.0
신입 생도	9.0	8.5	8.0	7.0	8.0	?

신입 생도의 인공지능 입문 점수를 예측하기 위해서는 분류와 마찬가지로 우선 각 생도의 데이터와 신입 생도의 데이터 사이의 거리를 구해야 한다. 이번 예시에서도 유클리드 거리를 사용하자.

[표 7-6]의 예에서 $k=1$인 경우 가장 가까운 데이터는 생도 F이다. 생도 F의 인공지능 입문 점수가 9.0이므로 신입 생도의 인공지능 입문 점수 예측값도 9.0이 된다. $k=3$인 경우에 가장 가까운 세 명은 생도 C, 생도 E, 생도 F이다. 이들의 점수는 각각 8.5, 10.0, 9.0이므로 세 데이터의 평균값인 9.17점으로 새로운 데이터에 대해서 예측할 수 있다.

표 7-6 타과목 점수에 따른 인공지능 입문 점수 데이터

	미적분학	기초물리학	프로그래밍	통계의 이해	군사영어	인공지능 입문	새 관측치와의 거리
생도 A	7.5	7.5	7.0	9.5	8.5	5.0	3.28
생도 B	7.5	7.0	7.5	8.0	8.0	6.0	2.40
생도 C	8.0	7.0	8.0	8.0	8.5	8.5	2.12
생도 D	8.5	8.0	9.5	7.5	6.0	7.0	2.65
생도 E	10.0	9.5	9.0	7.5	7.5	10.0	1.87
생도 F	9.0	9.0	8.0	8.0	8.0	9.0	1.12
신입 생도	9.0	8.5	8.0	7.0	8.0	?	

지금까지 *k*-최근접 이웃의 기본적인 개념과 동작 원리를 알아보았고, 간단한 데이터를 이용하여 *k*-최근접 이웃에 기반한 분류와 회귀의 동작을 살펴보았다. *k*-최근접 이웃 모델은 간단한 원리로 동작하면서도 상대적으로 높은 성능을 달성하는 경우가 많아 다양한 모델에서 활발하게 응용되고 있다. 그러나 *k*-최근접 이웃에는 몇 가지 한계점도 존재한다.

장점

(1) 학습 데이터 내 이상치의 영향을 비교적 적게 받는다. 직접 설정한 *k* 값에 따라 인접한 데이터의 평균으로 값을 결정하기 때문에 데이터 내에 약간의 이상치가 존재하더라도 비교적 영향이 적다.

(2) 데이터의 분산을 고려할 경우 더욱 좋은 성능을 보인다. 거리 측도를 결정하는 요소 중에 데이터의 분산을 이용하여 적합한 거리 측도를 결정하는 방법도 있기 때문에 데이터의 특성에 적합한 거리 측도를 사용하면 성능을 더 높일 수 있다.

(3) 학습 데이터의 수가 많을 경우 더욱 효과적이다. 비교할 수 있는 데이터의 수가 더욱 많아지기 때문에 데이터가 많아질 경우 특정 경우에 편향되지 않고 좋은 성능을 낼 수 있게 된다.

한계점

(1) *k* 값의 적절한 설정이 필요하다. *k* 값이 자동으로 결정되는 것이 아니기 때문에 적합한 *k* 값을 정하기 위한 과정이 필요하다.

(2) 데이터의 특성에 맞는 적절한 거리 측도를 찾아야 한다. 데이터의 분산을 고려한 거리 측도를 찾으면 좋은 성능을 낼 수 있지만, 매번 데이터를 분석하여 적합한 거리 측도를 선택해야 하는 번거로움이 존재한다.

(3) 가장 근접한 *k*개의 데이터를 선택하는 과정에서 계산 비용이 커질 수 있다. *k*-최근접 이웃과 같은 사례 기반 학습은 학습 데이터를 메모리에 저장해두었다가 사용하는 방식이기 때문에 학습 시간이 매우 짧다. 하지만 가장 근접한 *k*개의 학습 데이터를 탐색하기 위해, 모든 학습 데이터와의 거리를 계산하는 과정에서 학습 데이터가 많으면 계산 시간이 길어질 수 있다.

SECTION 06

k-최근접 이웃의 하이퍼파라미터

하이퍼파라미터Hyperparameter란 학습을 통해서 탐색하는 파라미터가 아닌 사용자가 직접 결정해야 하는 파라미터를 의미한다. 데이터에 의해 학습되는 파라미터가 아니므로 적절한 값을 설정해주는 것이 매우 중요하다. 특히 k-최근접 이웃 알고리즘에서는 가장 가까운 데이터의 개수 k가 하이퍼파라미터로 작용한다. k의 값을 너무 작게 설정하면 데이터의 지역적 특성을 과도하게 반영하여 과대 적합을 유발할 수 있다. 반대로 k의 값을 너무 크게 설정하면 다른 범주의 개체를 많이 포함시켜 잘못 분류할 위험이 생기고, 이는 과소 적합으로 이어질 수 있다.

적절한 k의 값을 찾기 위한 방법 중 하나는 k의 값을 변경하면서 성능을 확인한 후, 가장 좋은 성능을 보일 때의 k 값을 선정하는 것이다. k-최근접 이웃을 통한 분류의 경우, 성능 지표로 분류 정확도를 사용할 수 있는데 분류 정확도가 가장 높을 때의 k를 하이퍼파라미터로 설정한다. [그림 7-12]에서는 1부터 17까지의 k 값에 대한 분류 성능을 했고, k가 7일 때 가장 성능이 우수하여 k의 값으로 7을 선택했다.

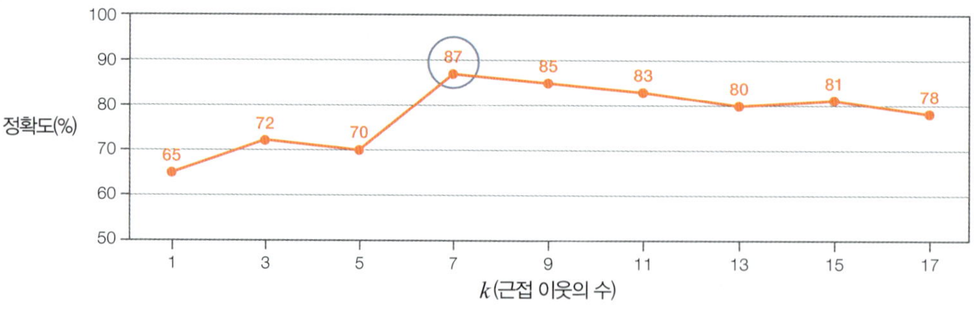

그림 7-12 k 값에 따른 분류 결과 예시

SECTION 07

예제로 풀어보는 k-최근접 이웃

01 다음은 생도별 신체 정보에 따른 체력 검정 통과 여부 데이터다. 각 질문에 답하시오.

	신체 정보 1	신체 정보 2	신체 정보 3	신체 정보 4	체력 검정
생도 A	1	2	3	4	통과
생도 B	4	3	4	2	실패
생도 C	1	1	2	1	통과
생도 D	4	3	5	6	실패
생도 E	2	3	4	4	통과
생도 F	1	2	3	2	실패
생도 G	3	3	2	4	?

(1) k-최근접 이웃 알고리즘을 이용하여 $k=1$일 때, 생도 G의 체력 검정 통과 여부를 판단하시오. 단, 거리 측도는 유클리드 거리를 사용한다.

(2) k-최근접 이웃 알고리즘을 이용하여 $k=3$일 때, 생도 G의 체력 검정 통과 여부를 판단하시오. 단, 거리 측도는 유클리드 거리를 사용한다.

02 다음은 생도별 유전자 발현 정보에 따른 코로나 확진 여부 데이터다. 각 질문에 답하시오.

	유전자 1	유전자 2	유전자 3	유전자 4	코로나 확진
생도 A	2	5	8	7	정상
생도 B	3	2	4	5	정상
생도 C	3	4	5	3	정상
생도 D	1	1	4	4	확진
생도 E	5	4	2	1	확진
생도 F	4	2	3	4	확진
생도 G	4	3	3	4	?

(1) k-최근접 이웃 알고리즘을 이용하여 $k=1$일 때, 생도 G의 코로나 확진 여부를 판단하시오. 단, 거리 측도는 유클리드 거리를 사용한다.

(2) k-최근접 이웃 알고리즘을 이용하여 $k=3$일 때, 생도 G의 코로나 확진 여부를 판단하시오. 단, 거리 측도는 유클리드 거리를 사용한다.

(3) 생도 D와 생도 G의 유전자 데이터 사이의 거리를 구하시오. 단, 거리 측도는 맨해튼 거리를 사용한다.

03 다음은 생도별 인공지능 입문 과목의 챕터별 성적 데이터다. 각 질문에 답하시오.

	챕터 1	챕터 2	챕터 3	챕터 4	챕터 5
생도 A	8	8	7	9	5
생도 B	8	7	8	8	6
생도 C	10	10	9	8	9
생도 D	9	9	8	8	7
생도 E	9	8	5	8	10
생도 F	9	9	8	7	?

(1) k-최근접 이웃 알고리즘을 이용하여 $k=1$일 때, 생도 F의 챕터 5 점수를 예측하시오. 단, 거리 측도는 유클리드 거리를 사용한다.

(2) k-최근접 이웃 알고리즘을 이용하여 $k=3$일 때, 생도 F의 챕터 5의 점수를 예측하시오. 단, 거리 측도는 유클리드 거리를 사용한다.

04 다음은 생도별 지(智), 인(仁), 용(勇) 점수에 따른 시험 합격 여부 데이터다. 각 질문에 답하시오.

	지(智)	인(仁)	용(勇)	챕터 5
생도 A	8	8	7	합격
생도 B	9	7	6	불합격
생도 C	10	10	9	합격
생도 D	9	9	7	합격
생도 E	9	8	5	불합격
생도 F	9	9	8	?
생도 G	6	7	6	?

(1) k-최근접 이웃 알고리즘을 이용하여 $k=1$일 때, 생도 F와 생도 G의 합격 여부를 예측하시오. 단, 거리 측도는 유클리드 거리를 사용한다.

(2) 생도 F와 생도 G의 합격 여부를 구하시오. 단, 거리 측도는 맨해튼 거리를 사용한다.

(3) 생도 F와 생도 G의 합격 여부가 다음 데이터와 같을 때, 유클리드 거리와 맨해튼 거리 중 더 정확하게 합격 여부를 예측한 거리 측도는 무엇인가?

	지(智)	인(仁)	용(勇)	챕터 5
생도 F	9	9	8	합격
생도 G	6	7	6	불합격

SECTION 08

코드로 구현하는 k-최근접 이웃

- 내용 : k-최근접 이웃 실습
- 파일 : CH07_실습_k-최근접 이웃.ipynb
- 실습 순서

  0 사용할 라이브러리와 패키지 불러오기

  1 (데이터) 데이터 불러오기 및 성분 추출하기

  2 (모델) 모델 구성하기

  3 (모델 학습) 모델 학습하기

  4 (모델 성능 평가) 모델 성능 평가하기

  5 (모델 성능 평가) 최적의 k 값 찾기

  6 (결과) 모델 동작 시각화하기

[실습 7-1] scikit-learn 라이브러리를 이용한 k-최근접 이웃

0 사용할 라이브러리와 패키지 불러오기

실습 진행을 위해서는 numpy, matplotlib, pandas, scikit-learn 라이브러리가 필요하다. import 문을 통해 이 라이브러리를 불러오는데, as를 통해 불러온 라이브러리 이름을 재지정할 수 있다. 추가로 수학 연산을 위해 사용되는 math 라이브러리도 사용되었다.

코드 7.1

```
# numpy, matplotlib, pandas를 각각 np, plt, pd로 재지정해 불러온다.
# scikit-learn(sklearn)에서 사용할 패키지를 불러온다.
import pandas as pd
import matplotlib.pyplot as plt
from sklearn.neighbors import KNeighborsClassifier
from sklearn.metrics import accuracy_score
import numpy as np
import math
```

1 데이터 불러오기 및 성분 추출하기

이번 실습에서는 농구 관련 csv 데이터를 활용한다. 기존에는 하나의 csv 파일을 데이터로 불러와서 train_test_split 함수를 활용해 학습 데이터와 테스트 데이터를 분할했는데, 이번 실습의 경우 학습 데이터와 테스트 데이터가 분리되어 있으므로 pandas를 활용해서 두 개의 파일을 모두 불러와야 한다.

주어진 데이터를 바탕으로 농구 선수의 포지션을 슈팅가드(SG)와 센터(C)로 분류한다. 사용된 데이터의 특징은 3점슛(3P), 팀 리바운드(TRB) 그리고 블록(BLK)의 세 가지이며, 이 중에서 슈팅가드와 센터 포지션을 구분하는 데 가장 중요한 요소는 3점슛과 블록 여부다. 따라서 3P와 BLK를 주요 특징으로 사용해 포지션을 분류하는 문제를 해결하고자 한다. 다음 코드를 적용해 3P와 BLK를 특징으로 하고, Pos를 실제값으로 하는 데이터를 구성한다. 또한, 그래프를 통해 슈팅가드는 파란색, 센터는 빨간색으로 나타내고, 포지션 분류가 불명확한 테스트 데이터는 회색으로 표현했다. 이를 통해 테스트 데이터가 어떻게 분류되는지 관찰한다.

코드 7.2

```
# 농구 관련 csv 데이터를 불러온다.
train = pd.read_csv('basketball_train.csv')
test = pd.read_csv('basketball_test.csv')

print(train)
print(test)
```

```
    Unnamed: 0             Player  Pos   3P   TRB   BLK

0           26     Wayne Ellington   SG  2.4   2.1   0.1
1           86        Nik Stauskas   SG  1.7   2.8   0.4
2           60            Alex Len    C  0.0   6.6   1.3
3           45         Buddy Hield   SG  1.8   3.3   0.1
4           68         Jodie Meeks   SG  1.6   2.1   0.1
..         ...                 ...  ...  ...   ...   ...
75          82          J.R. Smith   SG  2.3   2.8   0.3
76           5      Nicolas Batum   SG  1.8   6.2   0.4
77          40    Montrezl Harrell    C  0.0   3.8   0.7
78          22        Troy Daniels   SG  2.1   1.5   0.1
79          43         John Henson    C  0.0   5.1   1.3

[80 rows x 6 columns]
    Unnamed: 0                    Player  Pos   3P   TRB   BLK
0           96               Dwyane Wade   SG  0.8   4.5   0.7
1           39              Tim Hardaway   SG  1.9   2.8   0.2
2           21           Jordan Crawford   SG  1.9   1.8   0.1
3           95            Nikola Vucevic    C  0.3  10.4   1.0
4           56               Kyle Korver   SG  2.4   2.8   0.3
5           80             Iman Shumpert   SG  1.2   2.9   0.4
6           76               J.J. Redick   SG  2.6   2.2   0.2
7           78           Josh Richardson   SG  1.4   3.2   0.7
8           62               Robin Lopez    C  0.0   6.4   1.4
9           87               Edy Tavares    C  0.0   5.5   3.0
10          14  Kentavious Caldwell-Pope   SG  2.0   3.3   0.2
11          90          Tristan Thompson    C  0.0   9.2   1.1
12          54           Frank Kaminsky    C  1.5   4.5   0.5
13          73           Victor Oladipo   SG  1.9   4.3   0.3
14          88           Garrett Temple   SG  1.3   2.8   0.4
15          36              Danny Green   SG  1.7   3.3   0.8
16          99             Lou Williams   SG  2.0   2.5   0.2
17          16       Willie Cauley-Stein    C  0.0   4.5   0.6
18          69              Salah Mejri    C  0.0   4.2   0.8
19          13            Avery Bradley   SG  2.0   6.1   0.2
```

코드 7.3

```
# 포지션 분류를 위한 특징을 선택하고 데이터를 준비한다.
X_train = train[['3P', 'BLK']]
y_train = train[['Pos']]
X_test = test[['3P', 'BLK']]
y_test = test[['Pos']]

# 학습 데이터를 시각화한다.
def plot_knn(feature, label, test_feature):
    plt.title('kNN')
    plt.plot(feature[label== "SG"]["3P"], feature[label== "SG"]["BLK"], 'o', c = "blue",
                      label = "SG")
    plt.plot(feature[label== "C"]["3P"], feature[label== "C"]["BLK"], 'o', c = "red",
                      label = "C")
    plt.plot(test_feature[:]["3P"], test_feature[:]["BLK"], 'o', c = "gray",
                      label = "test_data")
    plt.tight_layout()
    plt.xlabel("3P")       # x축 표시
    plt.ylabel("BLK")      # y축 표시
    plt.legend()
    plt.show()

plot_knn(X_train, y_train.values.ravel(), X_test)
```

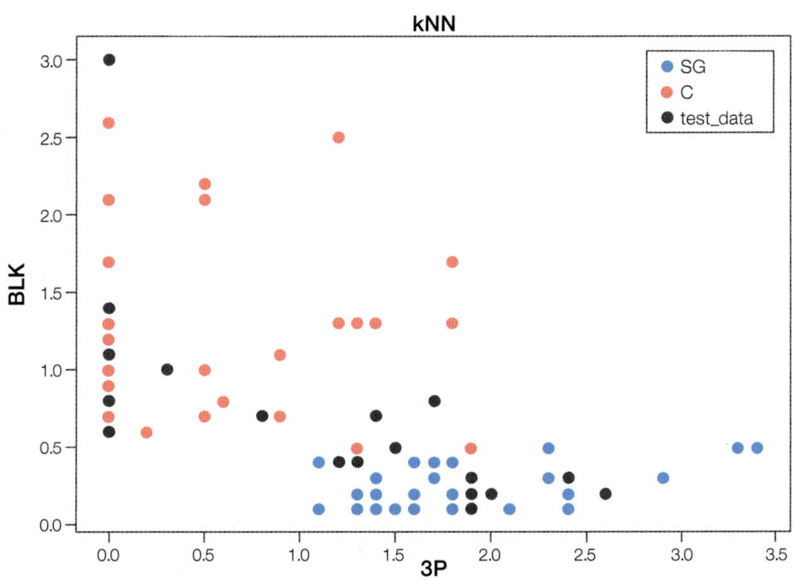

2 모델 구성하기

scikit-learn 라이브러리에서 제공하는 *k*-최근접 이웃 모델을 불러온다. 이 모델의 중요한 하이퍼파라미터는 n_neighbors이며, 이 값은 *k*-최근접 이웃 알고리즘에서 주변 이웃의 개수를 의미한다. 본 실습에서는 n_neighbors의 값을 1로 설정하여, 가장 가까운 한 개의 이웃만을 고려하는 KNeighborsClassifier 함수를 사용한다.

코드 7.4

```
# scikit-learn 라이브러리의 kNN 모델을 불러온다.
kNN = KNeighborsClassifier(n_neighbors = 1)
```

3 모델 학습하기

fit 함수를 사용하여 *k*-최근접 이웃 모델을 학습시킨다. 이 과정에서 학습 데이터를 모델에 제공하고, 모델은 제공된 데이터를 내부적으로 저장한다. 저장된 데이터는 새로운 입력 데이터에 대한 예측을 수행할 때 사용된다.

코드 7.5

```
# fit 함수를 통해 학습을 진행한다.
kNN.fit(X_train, y_train.values.ravel())
```

4 모델 성능 평가하기

학습 데이터로 학습된 모델의 분류 결과를 테스트 데이터로 평가한다. 이 과정에서 *k* 값이 1일 때, 예측값과 실제값을 비교하여 모델의 성능을 평가한다. 본 실습에서는 *k*를 1로 설정했을 때, 결괏값으로 0.8의 정확도를 얻을 수 있다.

코드 7.6

```
# predict 함수를 통해 k-최근접 이웃 함수로 얻은 예측값을 추출해 테스트 데이터로 평가한다.
# 이번에 실행한 모델은 k=1인 경우다.
y_pred_1 = kNN.predict(X_test)
accuracy_score(y_test, y_pred_1)
```

```
0.8
```

5 최적의 k 값 찾기

최적의 k 값을 결정하기 위해 실험적으로 어떤 k 값이 가장 좋은 성능을 내는지 알아볼 수 있다. 이 과정에서 홀수인 k 값들(1, 3, 5, 7, 9)을 대상으로 반복문을 사용하여 각각의 성능을 평가한다. 홀수 값을 사용하는 이유는 다수결 기반의 분류에서 더욱 명확한 결정을 내릴 수 있기 때문이다. 이를 통해 가장 높은 정확도를 갖는 k 값을 최적의 k 값으로 결정한다.

코드 7.7

```
# 실험적으로 정확도가 가장 높은 k 값을 찾는다.
max_val = 0
max_k = 0
for i in range(1,10,2):
    kNN = KNeighborsClassifier(n_neighbors = i)
    kNN.fit(X_train, y_train.values.ravel())
    y_pred = kNN.predict(X_test)
    if max_val < accuracy_score(y_test, y_pred):
        max_val = accuracy_score(y_test, y_pred)
        max_k = i
print(max_k)
print(max_val)
```

```
3
0.9
```

6 모델 동작 시각화하기

시각화를 통해서 결과를 살펴보면, 알고리즘 수행 전에 회색으로 표현되었던 테스트 데이터가 하늘색(SG)과 주황색(C)으로 분류된 것을 확인할 수 있다. 두 값이 모호한 경계 부분에서는 분류가 잘 이뤄지지 않은 데이터도 존재하지만 대체로 두 포지션이 잘 분류된 것을 확인할 수 있다.

코드 7.8

```
# kNN을 통해 얻은 분류 결과물을 시각화하여 표현한다.
def plot_knn_test(feature, label, test_feature, test_label):
    plt.title('kNN_sklearn')
    plt.plot(feature[label == "SG"]["3P"], feature[label == "SG"]["BLK"], 'o', c = "blue",
                    label = "SG")
    plt.plot(feature[label == "C"]["3P"], feature[label == "C"]["BLK"], 'o', c = "red",
                    label = "C")
    plt.plot(test_feature[test_label == "SG"]["3P"], test_feature[test_label == "SG"]["BLK"],
                    'o', c = "skyblue", label ="SG_test")
    plt.plot(test_feature[test_label == "C"]["3P"], test_feature[test_label == "C"]["BLK"],
                    'o', c = "orange", label = "C_test")
    plt.tight_layout()
    plt.xlabel("3P")
    plt.ylabel("BLK")
    plt.legend()
    plt.show()

plot_knn_test(X_train, y_train.values.ravel(), X_test, y_pred_1)
```

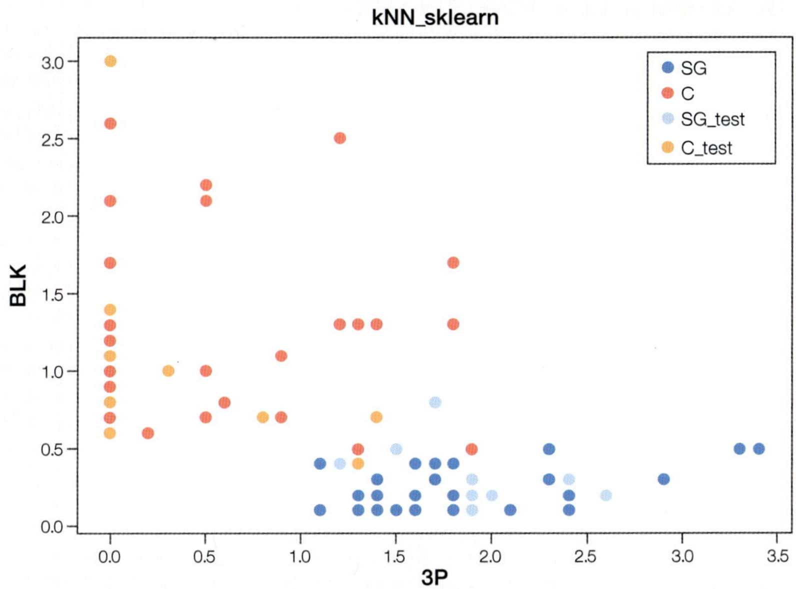
kNN_sklearn
BLK
3P
SG
C
SG_test
C_test
0.0
0.5
1.0
1.5
2.0
2.5
3.0
3.5

[실습 7-2] 함수를 직접 정의해 구현한 k-최근접 이웃

1 데이터 불러오기

직접 구현에서 사용하는 데이터도 앞선 scikit-learn 라이브러리를 이용하는 방식에서의 데이터와 동일한 데이터를 사용한다.

코드 7.9

```
# 농구 관련 csv 데이터를 불러온다.
train = pd.read_csv('basketball_train.csv')
test = pd.read_csv('basketball_test.csv')

# 포지션 분류를 위한 특징을 선택하고 데이터를 준비한다.
X_train = train[['3P', 'BLK']]
y_train = train[['Pos']]
X_test = test[['3P', 'BLK']]
y_test = test[['Pos']]
```

2 모델 구성하기

k-최근접 이웃 알고리즘을 실행하기 위해서는 데이터 간의 유사도나 가까운 정도를 평가할 수 있는 거리 측도 함수가 필수적이다. 이 중 유클리드 거리 측정법은 가장 널리 사용되는 방식 중 하나다. 유클리드 거리를 계산하기 위해 math 라이브러리의 pow 함수와 sqrt 함수를 활용할 수 있다. pow 함수는 지수 연산을 가능하게 해주고, sqrt 함수는 계산된 값의 제곱근을 반환한다. 이를 통해 두 데이터 사이의 유클리드 거리를 쉽게 구할 수 있다.

코드 7.10

```
# kNN 모델의 학습을 위해 필요한 함수들을 정의한다.
k = 1

def distance(feature1, feature2):
  dist = 0
  for i in range(len(feature1)):
    dist += math.pow(feature1[i] - feature2[i], 2)
  return math.sqrt(dist)
```

3 모델 학습하기

k-최근접 이웃 알고리즘을 수행하기 위한 함수를 작성한다. 이 함수는 학습 데이터셋과 테스트 데이터셋 간의 데이터 거리를 연산하고, 그 거리와 함께 학습 데이터의 이산형 예측값을 저장한다.

거리를 오름차순으로 정렬하면, 거리가 가까운 이산형 예측값 순서대로 정렬이 되는데, 여기서 k만큼의 값을 선택하여 다수결로 예측값을 결정한다. 그리고 이산형 예측값으로 슈팅가드와 센터 중 더 많이 포함된 값을 예측값으로 결정하여 반환한다.

코드 7.11

```
# kNN 알고리즘의 특성을 잘 생각하며 함수를 구현하자.
# k 값에 따른 결과의 비교를 쉽게 하기 위해 함수 형태로 구현한다.
def kNN(X_train, y_train, X_test, k):
  pred_result = []

  for i in range(len(X_test)):
    dist_list = []
    for j in range(len(X_train)):
      dist_list.append([distance(X_train[j],X_test[i]), y_train[j]])
    dist_list.sort()          # list.sort( ): list 내의 값을 오름차순으로 정렬해준다.
    cnt = 0

    for j in range(k):
      if dist_list[j][1] == "C":
        cnt += 1

    if cnt>(k/2):
      pred_result.append(["C"])
    else:
      pred_result.append(["SG"])
  return pred_result
```

4 알고리즘 수행하기

3 에서 구현한 함수를 실행하여 k의 값이 1인 경우에 예측값을 y_pred_1 변수에 저장한다.

코드 7.12

```
# k = 1인 경우의 결과부터 확인한다.
y_pred_1 = kNN(X_train.values, y_train.values, X_test.values, k)
```

5 모델 성능 평가하기

앞선 scikit-learn을 통한 구현과 마찬가지로 실제값과 예측값의 정확도를 계산하면 k-최근접 이웃의 결과를 확인할 수 있다.

코드 7.13

```
# 테스트 데이터를 이용하여 결과에 대한 성능을 평가한다.
accuracy_score(y_test, y_pred_1)
```

```
0.75
```

6 최적의 k 찾기

1, 3, 5, 7, 9에 해당하는 k 값이 주어졌을 때, 각각 k 값에 대한 정확도를 구하고 가장 높은 정확도와 그때의 k 값을 저장한다.

코드 7.14

```
# 실험적으로 정확도가 가장 높은 k의 값을 찾는다.
max_val = 0
max_k = 0
for i in range(1, 10, 2):
    y_pred = kNN(X_train.values, y_train.values, X_test.values, i)
    if max_val < accuracy_score(y_test, y_pred):
        max_val = accuracy_score(y_test, y_pred)
        max_k = i
print(max_k)
print(max_val)
```

```
3
0.9
```

7 모델 동작 시각화하기

직접 구현한 함수의 결과를 시각화를 통해 살펴보면, 이전에 회색으로 표시되었던 테스트 데이터가 각각 슈팅가드 또는 센터로 분류되어 알고리즘이 수행된 것을 확인할 수 있다. 이를 통해 기존 학습 데이터에 부합하게 *k*-최근접 이웃 알고리즘이 정상적으로 작동한 것을 확인할 수 있다.

코드 7.15

```
# kNN을 통해 얻은 분류 결과물을 시각화하여 표현한다.
def plot_knn_test(feature, label, test_feature, test_label):
    plt.title('kNN_custom')
    plt.plot(feature[label == "SG"]["3P"], feature[label == "SG"]["BLK"], 'o', c = "blue",
label="SG")
    plt.plot(feature[label == "C"]["3P"], feature[label == "C"]["BLK"],' o', c = "red",
                    label = "C")
    plt.plot(test_feature[test_label == "SG"]["3P"], test_feature[test_label == "SG"]["BLK"],
                    'o', c = "skyblue", label = "SG_test")
    plt.plot(test_feature[test_label == "C"]["3P"], test_feature[test_label == "C"]["BLK"],
                    'o', c = "orange", label = "C_test")
    plt.tight_layout()
    plt.xlabel("3P")
    plt.ylabel("BLK")
    plt.legend()
    plt.show()

plot_knn_test(X_train, y_train.values.ravel(), X_test, np.array(y_pred_1).flatten())
```

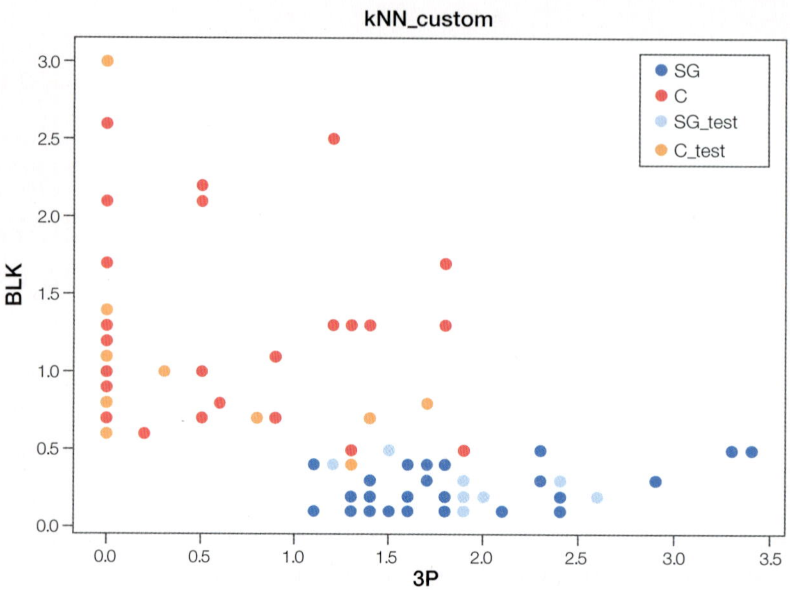
kNN_custom
SG
C
SG_test
C_test
BLK
3P
3.0
2.5
2.0
1.5
1.0
0.5
0.0
0.0
0.5
1.0
1.5
2.0
2.5
3.0
3.5

CHAPTER 08

의사결정 트리

PREVIEW

8장에서는 지도학습 모델 중 하나인 의사결정 트리에 대해서 다룬다. 이 모델은 앞서 배운 다른 지도학습 모델들과 마찬가지로 분류와 회귀 등의 문제를 해결하는 데 사용된다. 앞서 배운 모델들은 함수의 파라미터를 업데이트하며 학습을 진행했다면, 의사결정 트리는 다른 방법을 사용한다.

이 장의 학습 목표는 의사결정 트리의 작동 원리를 단계별로 확인하고 이해하는 것이다. 분류 모델의 경우, 엔트로피 속성을 기반으로 한 정보 이득과 불순도를 기반으로 한 지니계수를 이용한 분류 방법을 소개한다. 회귀의 경우, 데이터의 분산을 통한 방법을 소개한다. 마지막으로 실습을 통해 의사결정 트리를 어떻게 적용하는지 확인한다. 의사결정 트리는 상대적으로 간단한 동작 원리에도 높은 예측 성능을 보이는 경우가 많아 사용법을 잘 이해하면 다양한 데이터 분석에 활용할 수 있다.

학습목표

- 의사결정 트리의 개념에 대해서 이해한다.
- 엔트로피와 정보 이득에 대해서 이해한다.
- 불순도와 지니계수를 이해한다.
- 데이터의 분산을 통한 회귀 방법을 이해한다.
- 의사결정 트리의 성장 과정에 대해서 이해한다.

SECTION 01 지도학습 측면에서의 의사결정 트리

[표 8-1]은 타이타닉 생존자 예측을 위한 학습 데이터다. 특징 벡터($\mathbf{x}_i$)의 각각의 성분은 나이(x_{i1}), 동반 형제(x_{i2}), 성별(x_{i3})을 의미하고 생존 여부가 실제값(y_i)이다. 의사결정 트리에서는 특징 벡터의 각 성분에 해당되는 나이, 동반 형제, 성별을 속성이라고 칭한다. 이 데이터는 회귀 또는 분류 중에 어떤 방식으로 해결하면 좋을까? 생존 여부가 생존 또는 사망인 이산형 실제값이므로 이진 분류 문제로 해결하는 것이 적합하다.

표 8-1 타이타닉 생존자 예측 데이터(지도학습)

이름	나이(x_{i1})	동반 형제(x_{i2})	성별(x_{i3})	생존 여부(y_i)
안젤라	3	1	여성	생존
제임스	7	2	남성	생존
로날드	4	3	남성	사망
켈리	33	3	여성	생존
오스틴	35	0	남성	사망
앤써니	19	4	남성	사망
야니스	29	0	남성	사망
디카프리오	8	3	남성	?

앞서 우리가 배웠던 방법을 생각한다면 6장에서 배운 다층 퍼셉트론을 통한 모델 기반 학습이나 7장에서 배운 k-최근접 이웃을 통한 사례 기반 학습 방법을 통해 이진 분류 문제를 해결할 수 있다. 이번 8장에서는 의사결정 트리Decision Tree라는 방법에 대하여 소개하고 문제 해결에 적용하고자 한다.

의사결정 트리에 대해 본격적으로 배우기에 앞서 [그림 8-1]을 살펴보자. 각각의 질문에 대한 답변을 결정한 후 화살표를 따라가면 생존 혹은 사망의 결과가 나온다. [그림 8-1]의 의사결정 트리는 [표 8-1]에서 디카프리오를 제외한 학습 데이터를 정확하게 예측하고 있다는 것을 알 수 있다. 따라서 [그림 8-1]의 의사결정 트리를 이용하면 디카프리오가 생존인지 사망인지 정확히 분류할 것으로 기대할 수 있다. 그렇다면 디카프리오의 생존 여부는 어떻게 분류되는지 확인해보자.

Q. 디카프리오는 남성입니까? **A.** 예

Q. 디카프리오는 10세 이상입니까? **A.** 아니오

Q. 디카프리오는 동반 형제가 3명 이상입니까? **A.** 예

최종적으로 의사결정 트리에서 사망 노드에 도착하기 때문에 디카프리오는 사망했을 것으로 예측할 수 있게 된다. 그렇다면 이제 의사결정 트리는 무엇이고 어떻게 생성되는지 알아보자.

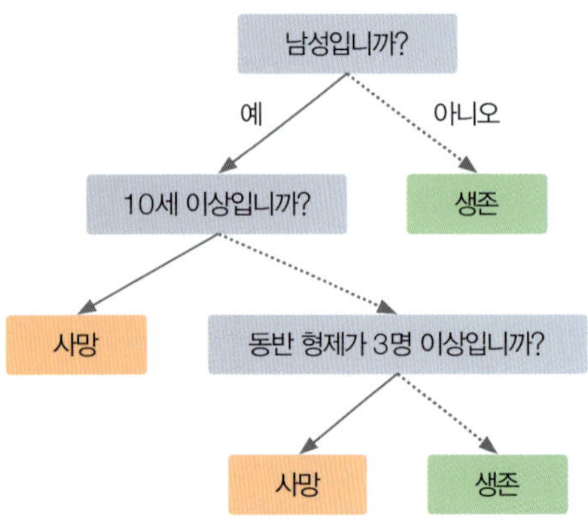

그림 8-1 **타이타닉 생존 예측 의사결정 트리**

SECTION 02

의사결정 트리의 기본 개념

의사결정 트리는 학습 데이터의 속성들을 분류하는 규칙을 학습하고, 이를 트리Tree(나무) 형태로 나타내어 테스트 데이터의 예측값을 제공하는 모델이다. 의사결정 트리의 규칙은 파이썬을 포함한 다양한 프로그래밍 언어에서 볼 수 있는 if-else 문법과 유사하다. 즉 의사결정 트리의 규칙은 결정 과정에서 따라야 하는 분기Branch(가지)를 표현하는 것으로 이해하면 된다. 이 분기점을 따라가다 보면 마지막 노드(리프 노드)에 도달하게 된다. 트리의 마지막 노드(리프 노드)에서는 분류 문제의 경우 이산형 실제값을, 회귀 문제의 경우 연속형 실제값을 확인할 수 있다.

[그림 8-2]는 의사결정 트리 구조를 도식화한 예로, 데이터를 분류하기 위해 다양한 규칙이 필요할 수 있으며, 이 때문에 복잡해질 수 있다. 하지만 각 분기점을 따라 트리를 탐색하는 과정을 통해 예측값을 얻게 된다는 점을 기억해야 한다.

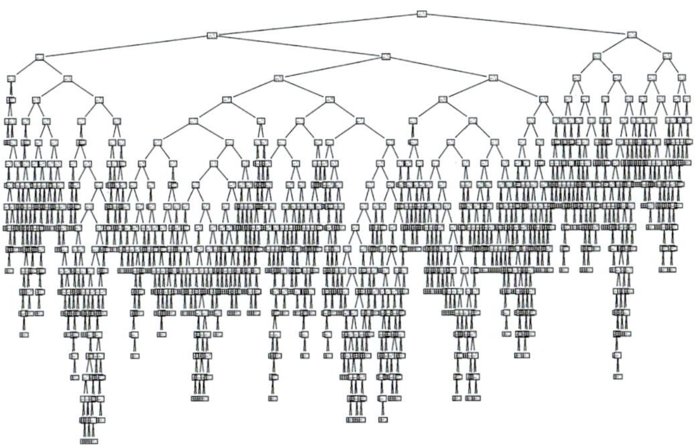

그림 8-2 의사결정 트리 예

아키네이터 게임은 의사결정 트리의 원리를 잘 보여주는 예다. [그림 8-3]과 같이 이 게임은 스무고개 놀이와 비슷하게 플레이어가 생각하는 캐릭터를 질문을 통해 추리해 나가는 방식의 놀이다. 의사결정 트리의 동작을 잘 이해하기 위해서 한번 플레이해보는 것을 추천한다.

그림 8-3 아키네이터 게임(출처: https://kr.akinator.com)

SECTION 03

의사결정 트리 모델의 구조

의사결정 트리 모델은 트리라는 자료 구조로 구성되어 있다. 자료 구조란 쉽게 설명하면 데이터를 담을 수 있는 그릇을 의미한다. 우리가 음식을 담을 때 음식의 종류에 따라 적절한 그릇에 담듯이, 데이터도 그 특성에 맞는 자료 구조에 저장해야 한다. 트리는 가장 많이 쓰이는 자료 구조 중 하나다.

[그림 8-4]는 트리 구조의 예를 보여준다. 트리는 노드[Node]와 에지[Edge]로 구성된 집합이다.

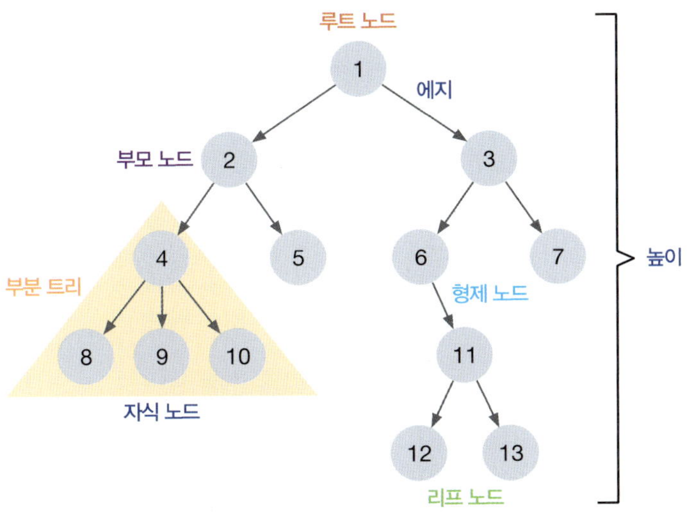

그림 8-4 **트리 구조의 예**

- **루트 노드**: 시작되는 노드로 최상위 노드
- **부모 노드**: 주어진 노드와 에지로 직접 연결된 상위 노드
- **리프 노드**: 자식 노드가 없는 노드
- **자식 노드**: 노드에서 분리된 하위 노드
- **형제 노드**: 부모 노드가 동일한 노드

각 노드는 에지를 통해서 연결되어 있다. 에지는 노드와 노드 사이를 연결하며, 단방향성 정보의 흐름을 의미하기 때문에 화살표의 방향대로만 정보가 흐를 수 있다. 트리의 복잡성과 분기 정도는 높이를 통해 확인할 수 있다. 여기서 높이란 루트 노드부터 리프 노드까지의 에지의 수를 의미한다.

SECTION 04

의사결정 트리 모델의 동작 원리

1 분할 속성 및 정보 이득

의사결정 트리에는 특징 공간Feature Space을 특정 속성에 따라 나누는 규칙들이 존재하며, 이 규칙들을 통해 루트 노드부터 리프 노드까지의 경로를 형성한다. 이때, if-else의 조건을 구성하는 특정 속성 기준을 분할 속성이라고 한다. [그림 8-5]의 하늘색 박스의 "남성입니까?", "10세 이상입니까?", "동반 형제가 3명 이상입니까?"와 같은 질문을 분할 속성으로 볼 수 있다.

"남성입니까?"라는 질문은 데이터를 남성과 여성으로 나누며, 분할 속성의 선택과 순서는 의사결정 트리의 효율성에 큰 영향을 미친다. 즉, if-else 조건의 구성 방식이 모델의 효율을 결정한다. 아키네이터 게임이나 스무고개와 같은 게임에서 질문의 내용과 순서가 얼마나 중요한지 생각해보면, 분할 속성의 선택이 의사결정 트리의 계산적 효율성을 극대화하는 데 필수적임을 알 수 있다. 목표는 적은 수의 분할 속성을 통해 정확한 분류를 달성하는 것이다. [그림 8-5]를 통해서 분할 속성의 중요성에 대해 좀 더 살펴보자.

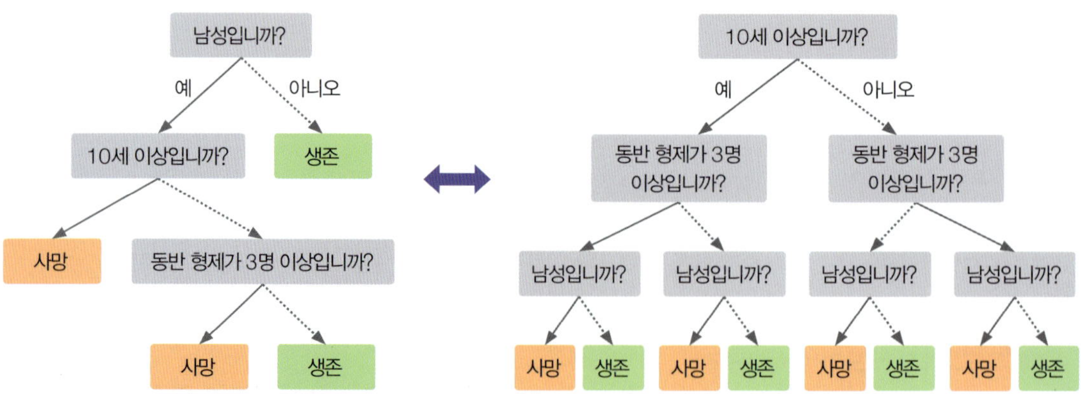

그림 8-5 분할 속성 선택에 따른 의사결정 트리 구성 예

[그림 8-5]는 분할 속성에 따른 의사결정 트리의 구성 예시다. 분할 속성이 어떻게 할당되는지에 따라 확인할 질문의 수가 결정된다. 예를 들어, [그림 8-5]의 왼쪽 그림에 나타난 모델 구조는 최소 1회에서 최대 3회의 질문으로 원하는 예측값을 얻을 수 있다. 반면, 오른쪽 그림에 표시된 모델 구조는 일관적으로 3회의 질문을 통해 예측값을 얻는다. 오른쪽 모델의 구조는 더 복잡하므로 저장을 위해 더 많은 메모리를 할당하게 되고 예측을 위한 연산 과정도 길어질 수 있다. 따라서 트리의 크기나 질문 횟수를 고려할 때 [그림 8-5]의 왼쪽에 해당하는 의사결정 트리가 오른쪽에 해당하는 의사결정 트리보다 바람직하다.

그렇다면 이러한 분할 속성을 결정하는 기준은 무엇일까? 의사결정 트리의 분할 속성을 선택하는 기준에는 정보 이득Information Gain, 지니 불순도Gini Impurity 등이 있다. 본 장에서는 정보 이득과 지니 불순도를 기준으로 분할 속성을 결정하는 방법을 설명한다.

정보 이득이란 속성별 엔트로피Entropy 계산을 통해 해당 속성을 분할 속성으로 결정했을 때, 분할 전과 후의 엔트로피 감소 변화를 의미한다. 이때, 속성별로 정보 이득 수치를 비교해서 가장 큰 값을 가진 속성을 분할 속성으로 선택한다. 정보 이득의 개념을 소개하기 전에, 먼저 엔트로피에 대하여 살펴보고 속성별 정보 이득을 구하는 방법을 [표 8-2]의 예시 데이터를 통해 단계적으로 알아보자.

엔트로피는 각 사건이 일어날 확률을 사용하여 계산한 정보량을 의미한다. 이는 다음과 같은 수식으로 정의할 수 있다.

$$h(D) = -\sum_{k=1}^{m} p_k \log p_k$$

- D : 데이터 집합
- m : 분류 문제에서 분류하고자 하는 실제값들의 가짓수
- p_k : k번째 실제값에 해당하는 데이터의 확률. 엔트로피를 계산하려는 데이터 집합에서 k번째 실제값에 해당하는 데이터의 비율로 계산한다.

주어진 엔트로피 정의식을 다시 표현하면 $\sum_{k=1}^{m} p_k \log\left(\frac{1}{p_k}\right)$이다. 이 식에서 $\log\left(\frac{1}{p_k}\right)$은 p_k가 작을수록 큰 값을 갖게 된다. 발생할 확률이 낮은 사건이 실제 발생했을 때의 정보를 수치화한 것으로 정보량이라고 한다. 따라서 엔트로피 정의식은 정보량의 기댓값을 계산하는 식임을 알 수 있다. 엔트로피 값이 작은 경우에는 경우의 수가 적음을 의미하고, 이는 낮은 정보량과 낮은 불확실성을 나타낸다. 반대로 엔트로피 값이 큰 경우에는 경우의 수가 많고, 높은 정보량과 높은 불확실성을 나타낸다. 엔트로피를 계산할

때 로그 함수의 밑은 2, 자연대수 e 또는 10을 주로 사용하는데, 특별히 명시되지 않았다면 보통 2를 밑으로 사용한다.

엔트로피와 정보 이득을 구하는 방법을 [표 8-2]의 데이터를 통해 알아보자. [표 8-2]는 컴퓨터 구매 여부와 관련된 데이터다. 해당 데이터는 i번째 특징 벡터 $\mathbf{x}_i = [x_{i1}\ x_{i2}\ x_{i3}\ x_{i4}]^{\mathrm{T}}$와 이에 대응하는 실제값 $y_i \in \{0, 1\}$에 대해 특징 벡터의 속성인 나이(x_{i1}), 수입(x_{i2}), 학생 여부(x_{i3}), 신용 등급(x_{i4})을 통해 컴퓨터의 구매 여부(y_i)를 예측하는 이진 분류를 실습할 목적으로 제작되었다. 머신러닝 모델에 입력하기 위해서는 숫자 형태로 표현해야 하므로 이산형 실제값 y_i에 대해서 일반적으로 구매일 경우 1의 값을, 미구매일 경우 0의 값을 부여한다. 하지만 내용상 쉽게 이해할 수 있도록 이산형 실제값 y_i를 문자열을 이용하여 구매, 미구매로 표현했다.

이제 이 데이터를 활용하여 컴퓨터 구매 여부에 대한 의사결정 트리를 만들어 보자. 첫 단계로 컴퓨터 구매 여부에 대한 엔트로피를 계산해보자.

표 8-2 컴퓨터 구매 여부 데이터

번호	나이(x_{i1})	수입(x_{i2})	학생 여부(x_{i3})	신용 등급(x_{i4})	구매 여부(y_i)
1	청소년	고소득층	아니오	좋음	미구매
2	청소년	고소득층	아니오	아주 좋음	미구매
3	청년	고소득층	아니오	좋음	구매
4	중년	중소득층	아니오	좋음	구매
5	중년	저소득층	예	좋음	구매
6	중년	저소득층	예	아주 좋음	미구매
7	청년	저소득층	예	아주 좋음	구매
8	청소년	중소득층	아니오	좋음	미구매
9	청소년	저소득층	예	좋음	구매
10	중년	중소득층	예	좋음	구매
11	청소년	중소득층	예	아주 좋음	구매
12	청년	중소득층	아니오	아주 좋음	구매
13	청년	고소득층	예	좋음	구매
14	중년	중소득층	아니오	아주 좋음	미구매

[표 8-2]의 데이터에 대해서 엔트로피의 정의를 적용하여 컴퓨터 구매 여부에 대한 엔트로피를 계산하면 다음과 같다.

$$h(D) = \left(-\frac{9}{14}\log_2\frac{9}{14}\right) + \left(-\frac{5}{14}\log_2\frac{5}{14}\right) = 0.94$$

[표 8-2]에 따르면 총 14건의 데이터 중 컴퓨터를 구매한 경우는 9건, 구매하지 않은 경우는 5건이다. 따라서 컴퓨터를 구매할 확률은 9/14, 구매하지 않을 확률은 5/14이다.

분할 속성을 결정하기 위해서는 계산된 엔트로피 값을 활용하여 정보 이득을 계산해야 한다. 정보 이득은 특정 속성을 분할 속성으로 선택했을 때 기대되는 엔트로피 감소량을 의미한다. 의사결정 트리를 생성할 때는 정보 이득이 가장 큰 속성을 선택한다. [표 8-2]의 나이, 수입, 학생 여부, 신용 등급이라는 속성들의 정보 이득 수치를 계산하는 과정을 살펴보자.

$$\text{Gain}(D, A) = h(D) - h_A(D)$$

이 수식에서, $h(D)$는 속성 A를 분할 속성으로 나누기 전에 데이터 D에 대한 엔트로피 값이다. 속성 A에 대한 엔트로피 $h_A(D)$는 속성 A를 이용하여 특징 공간을 분할한 후 데이터 D에 대해 계산한 엔트로피 값이다.

$$h_A(D) = \sum_{v \in Values(A)} \frac{|D_v|}{|D|} \times h(D_v)$$

- $Values(A)$: 속성 A가 가질 수 있는 값의 집합
- D_v : 속성 A의 값이 v인 데이터의 집합
- $|D|$: 데이터 집합 D의 크기

2 정보 이득 기반 모델 생성 방법(의사결정 트리 성장)

의사결정 트리는 분할 속성을 추가하면서 성장한다. 이 성장 과정은 일반적으로 의사결정 트리를 생성하는 과정을 의미하며, 각 노드에서 엔트로피를 최대로 감소시킬 수 있는 속성을 분할 속성으로 결정한다. 즉, 정보 이득이 높은 속성을 분할 속성으로 선택하여 노드를 결정하고, 이러한 노드를 연결하는 과정이 의사결정 트리의 성장 과정이다. 본 책에서는 대표적인 성장 방법 중 하나인 ID3[Iterative Dichotomiser 3] 알고리즘을 예로 들어 정보 이득을 기반으로 한 의사결정 트리의 성장 방법에 대해 알아본다.

Dichotomiser는 이분하다라는 의미로, ID3 알고리즘은 데이터를 반복적으로 분할하는 방식으로 의사결정 트리를 생성한다. 이 알고리즘은 탐욕적 방식의 최적화 알고리즘이며, 정보 이득을 최대화하기 위해 탑다운Top-down 방식을 사용한다. 각 노드에서는 반복적으로 계산된 정보 이득을 기반으로 데이터를 분류하는 기준을 결정한다. 탐욕적 방식이란 각 노드를 기준으로 현재 상황에서 최선의 선택을 하며 이를 통해 의사결정 트리를 구성하는 방식을 의미한다. [표 8-2]의 데이터를 사용하여 속성별 정보 이득을 직접 계산하고 이를 바탕으로 의사결정 트리를 생성하기 위해 분할 속성을 순서대로 결정하는 방법에 대해 먼저 살펴보자.

첫 번째 분할 속성 결정: 전체 데이터(D)

[표 8-2]의 컴퓨터 구매 여부에 대한 엔트로피 계산 식을 통해 $h(D) = 0.94$임을 구했다. 따라서 $h_{age}(D)$, $h_{income}(D)$, $h_{student}(D)$, $h_{credit}(D)$에 대한 속성별 엔트로피 값을 알면, Gain(D,age), Gain(D,$income$), Gain(D,$student$), Gain(D,$credit$)을 계산할 수 있다.

❶ 나이 속성 기준의 정보 이득

나이 속성을 기준으로 정보 이득 Gain(D,age)을 계산해보자. 전체 데이터에 대한 엔트로피인 $h(D)$는 이미 구했으므로 나이에 대한 엔트로피 $h_{age}(D)$를 계산해야 한다. 나이 속성에 부여 가능한 값은 청소년, 청년, 중년이다.

$$\text{Gain}(D, age) = h(D) - h_{age}(D)$$

나이 속성은 청소년, 청년, 중년으로 이산형 값을 갖는다. 나이 속성에 대한 엔트로피를 연산하기 위해 [표 8-3]을 통해서 청소년, 청년, 중년에 대한 각각의 컴퓨터 구매 여부의 확률을 구해야 한다. 전체 14명 중 청소년은 5명, 청년은 4명, 중년은 5명이다.

- 컴퓨터 구매 확률(청소년): 2/5
- 컴퓨터 미구매 확률(청소년): 3/5
- 컴퓨터 구매 확률(청년): 4/4
- 컴퓨터 미구매 확률(청년): 0
- 컴퓨터 구매 확률(중년): 3/5
- 컴퓨터 미구매 확률(중년): 2/5

표 8-3 정보 이득 연산 예시 데이터: 나이 속성

번호	나이(x_{i1})	수입(x_{i2})	학생 여부(x_{i3})	신용 등급(x_{i4})	구매 여부(y_i)
1	청소년	고소득층	아니오	좋음	미구매
2	청소년	고소득층	아니오	아주 좋음	미구매
3	청년	고소득층	아니오	좋음	구매
4	중년	중소득층	아니오	좋음	구매
5	중년	저소득층	예	좋음	구매
6	중년	저소득층	예	아주 좋음	미구매
7	청년	저소득층	예	아주 좋음	구매
8	청소년	중소득층	아니오	좋음	미구매
9	청소년	저소득층	예	좋음	구매
10	중년	중소득층	예	좋음	구매
11	청소년	중소득층	예	아주 좋음	구매
12	청년	중소득층	아니오	아주 좋음	구매
13	청년	고소득층	예	좋음	구매
14	중년	중소득층	아니오	아주 좋음	미구매

컴퓨터 구매 여부 확률에 따라서 청소년, 청년, 중년에 대해 각각의 엔트로피를 계산하고, 가중치를 부여해서 합하면 나이 기준의 속성별 엔트로피를 구할 수 있다. 이러한 계산을 통해 얻은 나이 속성별 엔트로피 $h_{age}(D)$의 값은 0.693이다. 이후 설명에서 별다른 언급이 없으면 log는 2를 밑으로 하는 로그($\log_2$)로 간주한다.

$$
\begin{aligned}
h_{age}(D) &= \frac{5}{14} \times \left(-\frac{2}{5}\log\frac{2}{5} - \frac{3}{5}\log\frac{3}{5} \right) && \text{——— 청소년 엔트로피} \\
&+ \frac{4}{14} \times \left(-\frac{4}{4}\log\frac{4}{4} \right) && \text{——— 청년 엔트로피} \\
&+ \frac{5}{14} \times \left(-\frac{3}{5}\log\frac{3}{5} - \frac{2}{5}\log\frac{2}{5} \right) && \text{——— 중년 엔트로피} \\
&= 0.693
\end{aligned}
$$

나이 속성의 정보 이득 $\text{Gain}(D,age)$은 전체 엔트로피 $h(D)$에서 나이 속성의 엔트로피 $h_{age}(D)$를 뺀 값으로 0.247이다.

$$\text{Gain}(D,age) = h(D) - h_{age}(D) = 0.94 - 0.693 = 0.247$$

❷ 수입 속성 기준의 정보 이득

다음으로 수입 속성을 기준으로 정보 이득 Gain(D,*income*)을 계산해보자. 수입 속성에 부여 가능한 값은 고소득층, 중소득층, 저소득층이다.

$$\text{Gain}(D, income) = h(D) - h_{income}(D)$$

표 8-4 정보 이득 연산 예시 데이터: 수입 속성

번호	나이(x_{i1})	수입(x_{i2})	학생 여부(x_{i3})	신용 등급(x_{i4})	구매 여부(y_i)
1	청소년	고소득층	아니오	좋음	미구매
2	청소년	고소득층	아니오	아주 좋음	미구매
3	청년	고소득층	아니오	좋음	구매
4	중년	중소득층	아니오	좋음	구매
5	중년	저소득층	예	좋음	구매
6	중년	저소득층	예	아주 좋음	미구매
7	청년	저소득층	예	아주 좋음	구매
8	청소년	중소득층	아니오	좋음	미구매
9	청소년	저소득층	예	좋음	구매
10	중년	중소득층	예	좋음	구매
11	청소년	중소득층	예	아주 좋음	구매
12	청년	중소득층	아니오	아주 좋음	구매
13	청년	고소득층	예	좋음	구매
14	중년	중소득층	아니오	아주 좋음	미구매

수입 속성은 고소득층, 중소득층, 저소득층으로 구분되는 이산형 값을 갖는다. 수입 속성에 대한 엔트로피를 연산하기 위해 [표 8-4]를 통해서 고소득층, 중소득층, 저소득층에 대한 각각의 컴퓨터 구매 여부에 대한 확률을 구해야 한다. 전체 14명 중 고소득층은 4명, 중소득층은 6명, 저소득층은 4명이다.

- 컴퓨터 구매 확률(고소득층): 2/4
- 컴퓨터 미구매 확률(고소득층): 2/4
- 컴퓨터 구매 확률(중소득층): 4/6
- 컴퓨터 미구매 확률(중소득층): 2/6
- 컴퓨터 구매 확률(저소득층): 3/4
- 컴퓨터 미구매 확률(저소득층): 1/4

컴퓨터 구매 여부 확률에 따라서 고소득층, 중소득층, 저소득층에 대해서 각각의 엔트로피를 계산하고, 가중치를 부여해서 합하면 수익 기준의 속성별 엔트로피를 구할 수 있다. 이러한 계산을 통해 얻은 나이 속성별 엔트로피 $h_{income}(D)$의 값은 0.911이다.

$$
\begin{aligned}
h_{income}(D) &= \frac{4}{14}\times\left(-\frac{2}{4}\log\frac{2}{4}-\frac{2}{4}\log\frac{2}{4}\right) && \text{—— 고소득층 엔트로피} \\
&+\frac{6}{14}\times\left(-\frac{4}{6}\log\frac{4}{6}-\frac{2}{6}\log\frac{2}{6}\right) && \text{—— 중소득층 엔트로피} \\
&+\frac{4}{14}\times\left(-\frac{3}{4}\log\frac{3}{4}-\frac{1}{4}\log\frac{1}{4}\right) && \text{—— 저소득층 엔트로피} \\
&= 0.911
\end{aligned}
$$

수입 속성의 정보 이득 Gain(D,$income$)은 전체 엔트로피 $h(D)$에서 수입 속성의 엔트로피 $h_{income}(D)$를 뺀 값으로 0.029이다.

$$\text{Gain}(D,income) = h(D) - h_{income}(D) = 0.94 - 0.911 = 0.029$$

❸ 학생 속성 기준의 정보 이득

학생 속성을 기준으로 정보 이득 Gain(D, $student$)을 계산해보자. 학생 속성에 부여 가능한 값은 예와 아니오로 두 가지 경우에 대해서만 생각하면 된다.

$$\text{Gain}(D,student) = h(D) - h_{student}(D)$$

학생 속성은 예 또는 아니오의 이산형 값을 갖는다. 이 속성에 대한 엔트로피를 계산하기 위해 [표 8-5]를 통해서 예 또는 아니오에 대한 컴퓨터 구매 여부 확률을 구해야 한다. 전체 14명 중 예는 7명이고 아니오 또한 7명임이 확인 가능하다.

- 컴퓨터 구매 확률(예): 6/7
- 컴퓨터 미구매 확률(예): 1/7
- 컴퓨터 구매 확률(아니오): 3/7
- 컴퓨터 미구매 확률(아니오): 4/7

표 8-5 정보 이득 연산 예시 데이터: 학생 속성

번호	나이(x_{i1})	수입(x_{i2})	학생 여부(x_{i3})	신용 등급(x_{i4})	구매 여부(y_i)
1	청소년	고소득층	아니오	좋음	미구매
2	청소년	고소득층	아니오	아주 좋음	미구매
3	청년	고소득층	아니오	좋음	구매
4	중년	중소득층	아니오	좋음	구매
5	중년	저소득층	예	좋음	구매
6	중년	저소득층	예	아주 좋음	미구매
7	청년	저소득층	예	아주 좋음	구매
8	청소년	중소득층	아니오	좋음	미구매
9	청소년	저소득층	예	좋음	구매
10	중년	중소득층	예	좋음	구매
11	청소년	중소득층	예	아주 좋음	구매
12	청년	중소득층	아니오	아주 좋음	구매
13	청년	고소득층	예	좋음	구매
14	중년	중소득층	아니오	아주 좋음	미구매

컴퓨터 구매 여부 확률에 따라서 예 또는 아니오의 엔트로피를 계산하고, 각각 가중치를 부여해서 합하면 학생 속성 기준의 속성별 엔트로피를 구할 수 있다. 이러한 계산을 통해 얻은 학생 속성별 엔트로피 $h_{student}(D)$의 값은 0.789이다.

$$h_{student}(D) = \frac{7}{14} \times \left(-\frac{6}{7}\log\frac{6}{7} - \frac{1}{7}\log\frac{1}{7} \right) \quad \text{——— 예 엔트로피}$$

$$+\frac{7}{14} \times \left(-\frac{3}{7}\log\frac{3}{7} - \frac{4}{7}\log\frac{4}{7} \right) \quad \text{——— 아니오 엔트로피}$$

$$= 0.789$$

학생 속성의 정보 이득 Gain(D,$student$)은 전체 엔트로피 $h(D)$에서 학생 속성의 엔트로피 $h_{student}(D)$를 뺀 값으로 0.151이다.

$$\text{Gain}(D, student) = h(D) - h_{student}(D) = 0.94 - 0.789 = 0.151$$

❹ 신용 등급 속성 기준의 정보 이득

신용 등급 속성을 기준으로 정보 이득 Gain(D,$credit$)을 계산해보자. 신용 등급 속성에 부여 가능한 값은 좋음, 아주 좋음임을 확인할 수 있다.

$$\text{Gain}(D, credit) = h(D) - h_{credit}(D)$$

표 8-6 정보 이득 연산 예시 데이터: 신용 등급 속성

번호	나이(x_{i1})	수입(x_{i2})	학생 여부(x_{i3})	신용 등급(x_{i4})	구매 여부(y_i)
1	청소년	고소득층	아니오	좋음	미구매
2	청소년	고소득층	아니오	아주 좋음	미구매
3	청년	고소득층	아니오	좋음	구매
4	중년	중소득층	아니오	좋음	구매
5	중년	저소득층	예	좋음	구매
6	중년	저소득층	예	아주 좋음	미구매
7	청년	저소득층	예	아주 좋음	구매
8	청소년	중소득층	아니오	좋음	미구매
9	청소년	저소득층	예	좋음	구매
10	중년	중소득층	예	좋음	구매
11	청소년	중소득층	예	아주 좋음	구매
12	청년	중소득층	아니오	아주 좋음	구매
13	청년	고소득층	예	좋음	구매
14	중년	중소득층	아니오	아주 좋음	미구매

신용 등급 속성은 좋음 또는 아주 좋음의 이산형 값을 갖는다. 이 속성에 대한 엔트로피를 계산하기 위해 [표 8-6]을 통해서 좋음 또는 아주 좋음에 대한 컴퓨터 구매 여부 확률을 구해야 한다. 전체 14명 중 좋음은 8명, 아주 좋음은 6명이다.

- 컴퓨터 구매 확률(좋음): 6/8
- 컴퓨터 미구매 확률(좋음): 2/8
- 컴퓨터 구매 확률(아주 좋음): 3/6
- 컴퓨터 미구매 확률(아주 좋음): 3/6

컴퓨터 구매 여부 확률에 따라서 좋음, 아주 좋음의 엔트로피를 계산하고, 각각 가중치를 부여해서 합하면 신용 등급 기준의 속성별 엔트로피를 구할 수 있다. 이러한 계산을 통해 얻은 신용 등급 속성별 엔트로피 $h_{credit}(D)$의 값은 0.892다.

$$h_{credit}(D) = \frac{8}{14} \times \left(-\frac{6}{8}\log\frac{6}{8} - \frac{2}{8}\log\frac{2}{8} \right) \quad \text{—— 좋음 엔트로피}$$

$$+\frac{6}{14} \times \left(-\frac{3}{6}\log\frac{3}{6} - \frac{3}{6}\log\frac{3}{6} \right) \quad \text{—— 아주 좋음 엔트로피}$$

$$= 0.892$$

신용 등급 속성의 정보 이득 Gain(D,$credit$)은 전체 엔트로피 $h(D)$에서 신용 등급 속성의 엔트로피 $h_{credit}(D)$를 뺀 값으로 0.048이 된다.

$$\text{Gain}(D, credit) = h(D) - h_{credit}(D) = 0.94 - 0.892 = 0.048$$

❺ 정보 이득이 가장 큰 속성을 분할 속성으로 정하기

❶~❹ 과정을 통해 나이, 수입, 학생, 신용 등급별로 정보 이득을 계산한 결과, 가장 높은 정보 이득을 보인 것은 나이 속성이다. 따라서 첫 번째 분할 속성으로 나이를 선택하게 된다.

$$\text{Gain}(D, age) = h(D) - h_{age}(D) = 0.247$$

$$\text{Gain}(D, income) = h(D) - h_{income}(D) = 0.029$$

$$\text{Gain}(D, student) = h(D) - h_{student}(D) = 0.151$$

$$\text{Gain}(D, credit) = h(D) - h_{credit}(D) = 0.048$$

나이 속성은 청소년, 청년, 중년의 세 가지 값으로 구분되므로 이 속성을 사용하여 노드를 분할할 때는 각각의 값을 분기로 고려해야 한다. [그림 8-6]에서 청년에 속하는 모든 데이터가 구매로 결정되므로 이 분기에서는 추가적인 속성 분할이 필요하지 않다. 반면 청소년과 중년의 경우 구매와 미구매가 섞여 있어 완전한 분류가 될 때까지 추가적인 분할 속성을 선정해야 한다.

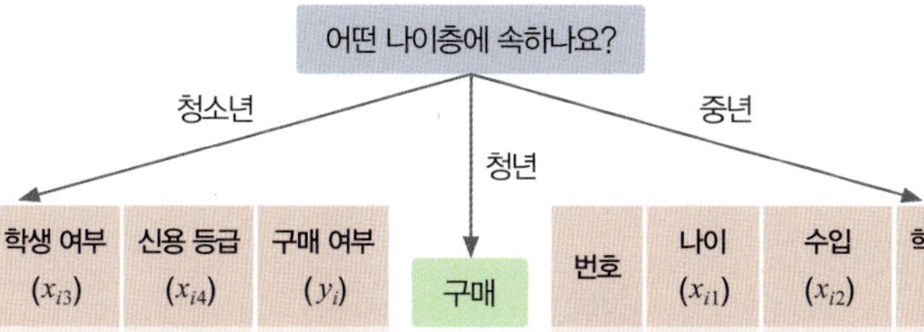

번호	나이 (x_{i1})	수입 (x_{i2})	학생 여부 (x_{i3})	신용 등급 (x_{i4})	구매 여부 (y_i)
1	청소년	고소득층	아니오	좋음	미구매
2	청소년	고소득층	아니오	아주 좋음	미구매
8	청소년	중소득층	아니오	좋음	미구매
9	청소년	저소득층	예	좋음	구매
11	청소년	중소득층	예	아주 좋음	구매

번호	나이 (x_{i1})	수입 (x_{i2})	학생 여부 (x_{i3})	신용 등급 (x_{i4})	구매 여부 (y_i)
4	중년	중소득층	아니오	좋음	구매
5	중년	저소득층	예	좋음	구매
6	중년	저소득층	예	아주 좋음	미구매
10	중년	중소득층	예	좋음	구매
14	중년	중소득층	아니오	아주 좋음	미구매

그림 8-6 나이 기준 분할 속성으로 만든 의사결정 트리

두 번째 분할 속성 결정: 청소년에 해당되는 데이터(D_{youth})

구매로 예측하면 되는 청년과 달리 청소년과 중년의 경우 정보 이득을 계산하여 두 번째 분할 속성을 결정해야 한다. 총 5개로 이루어진 청소년 데이터에 대해 수입, 학생, 신용 등급에 대한 정보 이득을 계산하여 가장 높은 정보 이득을 가진 속성을 찾는다. 정보 이득은 다음 식으로 구할 수 있다.

$$\text{Gain}(D_{youth}, income) = h(D_{youth}) - h_{income}(D_{youth}) = 0.971 - 0.4 = 0.571$$

$$\text{Gain}(D_{youth}, student) = h(D_{youth}) - h_{student}(D_{youth}) = 0.971 - 0 = 0.971$$

$$\text{Gain}(D_{youth}, credit) = h(D_{youth}) - h_{credit}(D_{youth}) = 0.971 - 0.951 = 0.02$$

$$h(D_{youth}) = -\left(\frac{3}{5}\log\frac{3}{5} + \frac{2}{5}\log\frac{2}{5}\right) = 0.971$$

$$h_{income}(D_{youth}) = -\left\{\frac{1}{5}\left(\frac{1}{1}\log\frac{1}{1}\right) + \left(\frac{1}{2}\log\frac{1}{2} + \frac{1}{2}\log\frac{1}{2}\right) + \frac{2}{5}\left(\frac{2}{2}\log\frac{2}{2}\right)\right\} = 0.4$$

$$h_{student}(D_{youth}) = -\left\{\frac{2}{5}\left(\frac{2}{2}\log\frac{2}{2}\right) + \frac{3}{5}\left(\frac{3}{3}\log\frac{3}{3}\right)\right\} = 0$$

$$h_{credit}(D_{youth}) = -\left\{\frac{2}{5}\left(\frac{1}{2}\log\frac{1}{2} + \frac{1}{2}\log\frac{1}{2}\right) + \frac{3}{5}\left(\frac{2}{3}\log\frac{2}{3} + \frac{1}{3}\log\frac{1}{3}\right)\right\} = 0.951$$

학생 속성이 가장 큰 정보 이득을 보였기 때문에, 이를 분할 속성으로 사용할 경우 [그림 8-7]과 같은 의사결정 트리를 얻을 수 있다. 학생 속성을 기준으로 분할 속성을 선택하면 모든 데이터가 구매 혹은 미구매의 형태로 분류되어 의사결정 트리의 추가 성장이 불필요해진다.

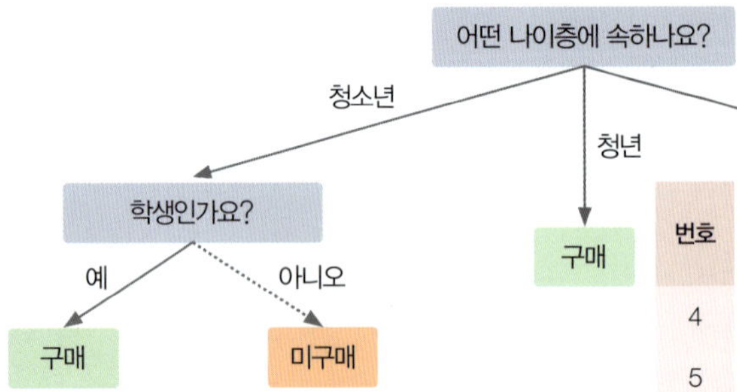

번호	나이 (x_{i1})	수입 (x_{i2})	학생 여부 (x_{i3})	신용 등급 (x_{i4})	구매 여부 (y_i)
1	청소년	고소득층	아니오	좋음	미구매
2	청소년	고소득층	아니오	아주 좋음	미구매
8	청소년	중소득층	아니오	좋음	미구매
9	청소년	저소득층	예	좋음	구매
11	청소년	중소득층	예	아주 좋음	구매

번호	나이 (x_{i1})	수입 (x_{i2})	학생 여부 (x_{i3})	신용 등급 (x_{i4})	구매 여부 (y_i)
4	중년	중소득층	아니오	좋음	구매
5	중년	저소득층	예	좋음	구매
6	중년	저소득층	예	아주 좋음	미구매
10	중년	중소득층	예	좋음	구매
14	중년	중소득층	아니오	아주 좋음	미구매

그림 8-7 청소년 데이터 분할 속성 적용 의사결정 트리

세 번째 분할 속성 결정: 중년에 해당되는 데이터(D_{senior})

마지막으로 [그림 8-8]과 같이 중년 데이터에 대해서도 수입, 학생, 신용 등급 속성에 대해서 정보 이득을 계산하여 가장 높은 정보 이득을 가진 속성을 찾는다. 정보 이득은 다음 식으로 구할 수 있다.

$$\text{Gain}(D_{senior}, income) = h(D_{senior}) - h_{income}(D_{senior}) = 0.971 - 0.951 = 0.02$$

$$\text{Gain}(D_{senior}, student) = h(D_{senior}) - h_{student}(D_{senior}) = 0.971 - 0.951 = 0.02$$

$$\text{Gain}(D_{senior}, credit) = h(D_{senior}) - h_{credit}(D_{senior}) = 0.971 - 0 = 0.971$$

$$h(D_{senior}) = -\left(\frac{3}{5}\log\frac{3}{5} + \frac{2}{5}\log\frac{2}{5}\right) = 0.971$$

$$h_{income}(D_{senior}) = -\left\{\frac{2}{5}\left(\frac{1}{2}\log\frac{1}{2} + \frac{1}{2}\log\frac{1}{2}\right) + \frac{3}{5}\left(\frac{2}{3}\log\frac{2}{3} + \frac{1}{3}\log\frac{1}{3}\right)\right\} = 0.951$$

$$h_{student}(D_{senior}) = -\left\{\frac{2}{5}\left(\frac{1}{2}\log\frac{1}{2} + \frac{1}{2}\log\frac{1}{2}\right) + \frac{3}{5}\left(\frac{2}{3}\log\frac{2}{3} + \frac{1}{3}\log\frac{1}{3}\right)\right\} = 0.951$$

$$h_{credit}(D_{senior}) = -\left\{\frac{2}{5}\left(\frac{2}{2}\log\frac{2}{2}\right) + \frac{3}{5}\left(\frac{3}{3}\log\frac{3}{3}\right)\right\} = 0$$

중년 데이터를 신용 등급에 따라 좋음과 아주 좋음으로 분할했을 때, 데이터가 구매와 미구매로 완전하게 분류된다. 이처럼 탐욕적인 방법으로 정보 이득이 가장 큰 분할 속성을 반복해서 결정하는 방법을 사용한다. 앞서 의사결정 트리를 만드는 데 사용한 학습 데이터를 생성된 의사결정 트리에 대입해보면 구매 여부를 정확하게 예측하는 것을 확인할 수 있다.

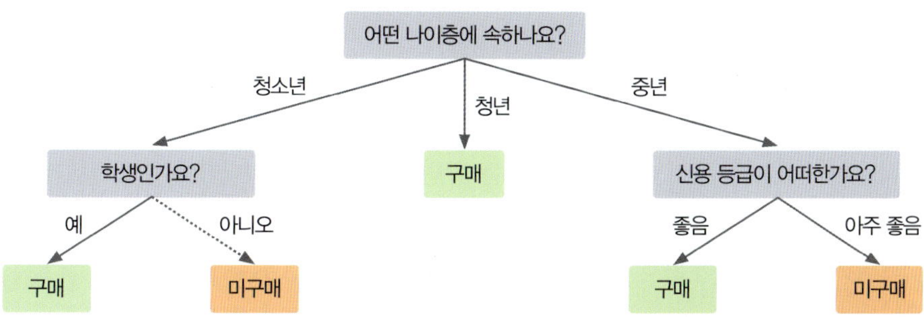

번호	나이 (x_{i1})	수입 (x_{i2})	학생 여부 (x_{i3})	신용 등급 (x_{i4})	구매 여부 (y_i)
4	중년	중소득층	아니오	좋음	구매
5	중년	저소득층	예	좋음	구매
6	중년	저소득층	예	아주 좋음	미구매
10	중년	중소득층	예	좋음	구매
14	중년	중소득층	아니오	아주 좋음	미구매

그림 8-8 **중년 데이터 분할 속성 적용 의사결정 트리**

3 불순도

이번에는 불순도Impurity를 활용해 의사결정 트리를 생성하는 방법을 살펴보자. 불순도는 특정 범주 내에서 서로 다른 데이터가 얼마나 혼합되어 있는지를 나타내는 척도다. 예를 들어 [그림 8-9]의 왼쪽은 하나의 파란색 데이터를 제외하고 모두 빨간색으로 불순도가 낮다고 볼 수 있다(순도가 높음). 반면, 오른쪽은 파란색 데이터와 빨간색 데이터가 같은 비율로 섞여 있어, 불순도가 높다고 할 수 있다(순도가 낮음). 의사결정 트리를 훈련하는 과정에서는 이러한 불순도를 최소화하는 방향으로 의사결정 트리가 생성된다.

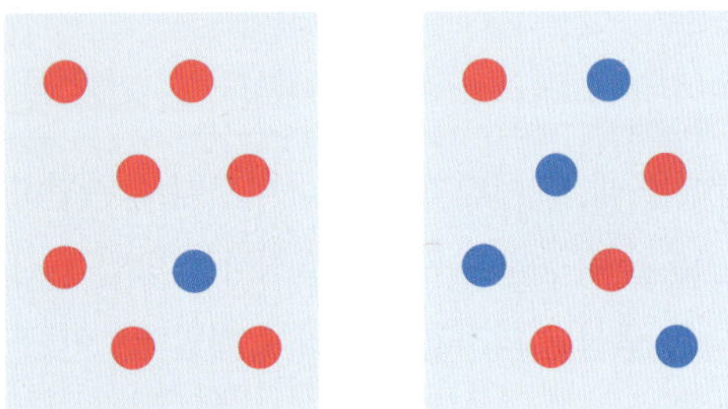

그림 8-9 **불순도 예**

4 지니계수

이번에는 지니계수를 사용하여 의사결정 트리를 성장시키는 방법을 살펴보자. 지니계수는 데이터의 불순도를 측정하는 방법 중 하나로, 정보 이득과 동일하게 의사결정 트리 알고리즘에서 노드를 분할하는 데 사용된다. 지니계수는 0에서 1 사이의 값으로, 다음 식과 같이 정의된다.

$$GINI(D) = 1 - \sum_{j} \{p(j)\}^2$$

- $p(j)$: 특정 노드에서 데이터(D)의 실제값이 j일 확률

지니계수가 0이면 데이터가 완벽하게 분류된 상태, 즉 하나의 이산형 실제값만 존재하는 것을 의미한다. 반면, 지니계수가 1이라는 것은 데이터 내의 모든 이산형 실제값이 동등하게 분포되어 있는 상태를 의미한다. 즉, 지니계수가 0에 가까울수록 데이터의 불순도가 낮다.

지니계수를 사용하는 의사결정 트리 알고리즘인 CART[Classification And Regression Tree]는 각 분할에서 지니계수를 최소화하는 방향으로 노드를 이진 분할한다. 이제 [표 8-7]의 컴퓨터 구매 여부 데이터를 사용하여 지니계수를 기반으로 한 의사결정 트리를 단계별로 알아보자.

표 8-7 컴퓨터 구매 여부 데이터

번호	나이(x_{i1})	수입(x_{i2})	학생 여부(x_{i3})	신용 등급(x_{i4})	구매 여부(y_i)
1	청소년	고소득층	아니오	좋음	미구매
2	청소년	고소득층	아니오	아주 좋음	미구매
3	청년	고소득층	아니오	좋음	구매
4	중년	중소득층	아니오	좋음	구매
5	중년	저소득층	예	좋음	구매
6	중년	저소득층	예	아주 좋음	미구매
7	청년	저소득층	예	아주 좋음	구매

첫 번째 분할 속성 결정

[표 8-7]과 같이 7명에 대한 데이터가 있고, 이 중 미구매 데이터가 세 개, 구매 데이터가 네 개일 때, 루트 노드의 지니계수는 다음과 같이 계산된다.

$$GINI(D_{\text{뿌리}}) = 1 - \left\{ \left(\frac{4}{7}\right)^2 + \left(\frac{3}{7}\right)^2 \right\} = 0.49$$

루트 노드를 분할하기 위한 분할 속성을 선택하기 위해서는 데이터가 가진 모든 특징을 기준으로 노드를 분할하고, 분할된 노드의 지니계수를 계산해야 한다.

❶ 나이 속성 기준의 지니계수

나이를 기준으로 노드를 분할해보자. 나이 속성은 청소년, 청년, 중년으로 분류할 수 있다. 먼저 청소년은 0, 청년은 1, 중년은 2로 이산형 값으로 변환한다. 적용한다. 지니계수를 활용한 CART 알고리즘은 기본적으로 이진 분할을 수행한다. 이에 따라 해당 속성값이 1 미만인 경우(청소년)와 1 이상인 경우(청년, 중년), 2 미만인 경우(청소년, 청년)와 2 이상인 경우(중년)로 구분할 수 있다.

첫 번째 경우를 먼저 고려해보면, 데이터는 [그림 8-10]과 같이 청소년과 청년 및 중년 노드로 구분된다. 이를 통해 각 노드의 지니계수를 계산하고 불순도 감소량을 확인할 수 있다. 청소년의 경우 두 개의 데이터가 모두 미구매에 해당하고 청년 및 중년의 경우에는 다섯 개의 데이터 중 네 개는 구매, 한 개는 미구매에 해당한다. 지니계수는 다음과 같이 계산한다(N은 각 노드에 포함된 데이터의 수).

$$GINI(D_{\text{청소년}}) = 1 - \left\{\left(\frac{0}{2}\right)^2 + \left(\frac{2}{2}\right)^2\right\} = 0$$

$$GINI(D_{\text{청년,중년}}) = 1 - \left\{\left(\frac{4}{5}\right)^2 + \left(\frac{1}{5}\right)^2\right\} = 0.32$$

$$\text{불순도 감소량} = GINI(D_{\text{뿌리}}) - \left(\frac{N_{\text{청소년}}}{N_{\text{뿌리}}} \times GINI(D_{\text{청소년}}) + \frac{N_{\text{청년,중년}}}{N_{\text{뿌리}}} GINI(D_{\text{청년,중년}})\right)$$

$$= 0.49 - \left\{\left(\frac{2}{7} \times 0\right) + \left(\frac{5}{7} \times 0.32\right)\right\} = 0.26$$

번호	나이(x_{i1})	수입(x_{i2})	학생 여부(x_{i3})	신용 등급(x_{i4})	구매 여부(y_i)
1	청소년	고소득층	아니오	좋음	미구매
2	청소년	고소득층	아니오	아주 좋음	미구매
3	청년	고소득층	아니오	좋음	구매
4	중년	중소득층	아니오	좋음	구매
5	중년	저소득층	예	좋음	구매
6	중년	저소득층	예	아주 좋음	미구매
7	청년	저소득층	예	아주 좋음	구매

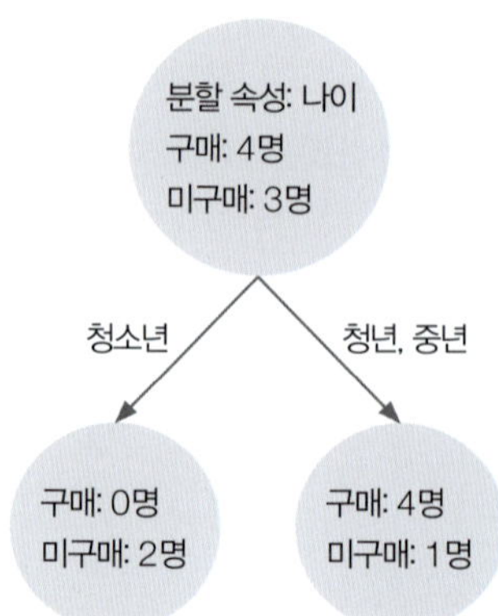

그림 8-10 나이 속성에 따른 컴퓨터 구매 여부 데이터: 청소년 / 청년 및 중년

같은 방법으로 나이를 2 이상 2 미만 기준으로 구분하게 되면 [그림 8-11]과 같이 청소년 및 청년은 같은 노드에 포함이 된다. 지니계수는 다음과 같이 계산한다.

$$GINI(D_{청소년,청년}) = 1 - \left\{ \left(\frac{2}{4} \right)^2 + \left(\frac{2}{4} \right)^2 \right\} = 0.5$$

$$GINI(D_{중년}) = 1 - \left\{ \left(\frac{2}{3} \right)^2 + \left(\frac{1}{3} \right)^2 \right\} = 0.44$$

$$\text{불순도 감소량} = GINI(D_{뿌리}) - \left(\frac{N_{청소년,청년}}{N_{뿌리}} \times GINI(D_{청소년,청년}) + \frac{N_{중년}}{N_{뿌리}} GINI(D_{중년}) \right)$$

$$= 0.49 - \left\{ \left(\frac{4}{7} \times 0.5 \right) + \left(\frac{3}{7} \times 0.44 \right) \right\} = 0.02$$

번호	나이(x_{i1})	수입(x_{i2})	학생 여부(x_{i3})	신용 등급(x_{i4})	구매 여부(y_i)
1	청소년	고소득층	아니오	좋음	미구매
2	청소년	고소득층	아니오	아주 좋음	미구매
3	청년	고소득층	아니오	좋음	구매
4	중년	중소득층	아니오	좋음	구매
5	중년	저소득층	예	좋음	구매
6	중년	저소득층	예	아주 좋음	미구매
7	청년	저소득층	예	아주 좋음	구매

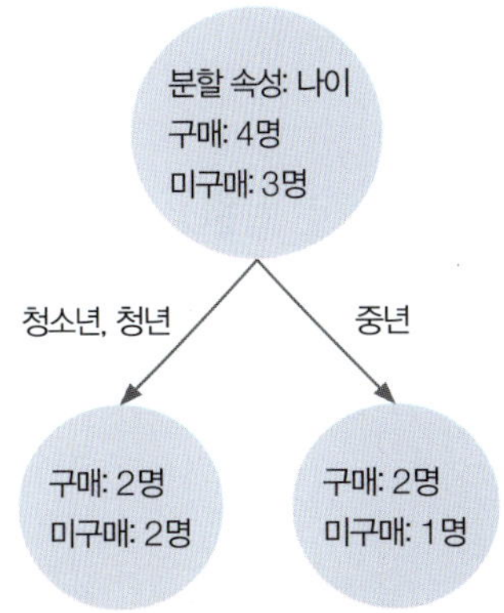

그림 8-11 나이 속성에 따른 컴퓨터 구매 여부 데이터: 청소년 및 청년 / 중년

불순도 감소량을 계산해본 결과, 나이 속성을 청소년, 청년 및 중년으로 분할할 때 더 큰 감소를 보여준다. 따라서 분할 속성으로 나이를 기준으로 했을 때, 분할 기준을 1 미만(청소년)과 1 이상(청년, 중년)으로 설정하는 것이 적합하다. 동일한 방법을 적용하여 다른 속성들의 불순도 감소량도 살펴보자.

❷ 수입 속성 기준의 지니계수

수입 속성을 기준으로 노드를 분할해보자. 수입 속성은 고소득층, 중소득층, 저소득층으로 분류할 수 있다. 고소득층은 0, 중소득층은 1, 저소득층은 2로 이산형 값으로 변환한다. 지니계수를 활용한 CART 알고리즘은 기본적으로 이진 분할을 수행한다. 이에 따라 해당 속성값이 1 미만인 경우(고소득층)와 1 이상인 경우(중소득층, 저소득층), 2 미만인 경우(고소득층, 중소득층)와 2 이상인 경우(저소득층)로 구분할 수 있다.

첫 번째 경우를 먼저 고려해 보면, 데이터는 [그림 8-12]와 같이 고소득층과 중소득층 및 저소득층으로 구분된다. 이를 통해 각 노드의 지니계수를 계산하고 불순도 감소량을 확인할 수 있다. 고소득층의 경우 세 개의 데이터 중 두 개는 미구매, 한 개는 구매에 해당한다. 중소득층 및 저소득층은 네 개 데이터 중 세 개는 미구매, 한 개는 구매에 해당한다. 지니계수는 다음과 같이 계산한다.

$$GINI(D_{고소득층}) = 1 - \left\{ \left(\frac{2}{3}\right)^2 + \left(\frac{1}{3}\right)^2 \right\} = 0.44$$

$$GINI(D_{중,저소득층}) = 1 - \left\{ \left(\frac{3}{4}\right)^2 + \left(\frac{1}{4}\right)^2 \right\} = 0.375$$

$$\text{불순도 감소량} = GINI(D_{뿌리}) - \left(\frac{N_{고소득층}}{N_{뿌리}} \times GINI(D_{고소득층}) + \frac{N_{중,저소득층}}{N_{뿌리}} GINI(D_{중,저소득층}) \right)$$

$$= 0.49 - \left\{ \left(\frac{3}{7} \times 0.44\right) + \left(\frac{4}{7} \times 0.375\right) \right\} = 0.087$$

번호	나이(x_{i1})	수입(x_{i2})	학생 여부(x_{i3})	신용 등급(x_{i4})	구매 여부(y_i)
1	청소년	고소득층	아니오	좋음	미구매
2	청소년	고소득층	아니오	아주 좋음	미구매
3	청년	고소득층	아니오	좋음	구매
4	중년	중소득층	아니오	좋음	구매
5	중년	저소득층	예	좋음	구매
6	중년	저소득층	예	아주 좋음	미구매
7	청년	저소득층	예	아주 좋음	구매

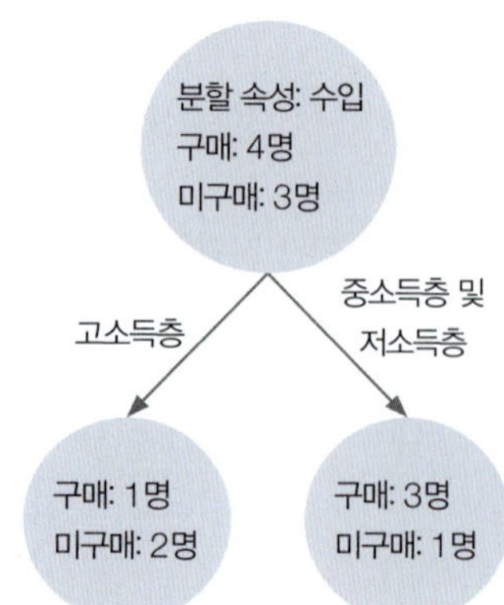

그림 8-12 수입 속성에 따른 컴퓨터 구매 여부 데이터: 고소득층 / 중소득층 및 저소득층

같은 방법으로 수입 속성을 2 이상과 2 미만 기준으로 구분하게 되면 [그림 8-13]과 같이 구성이 되고 지니계수는 다음과 같이 계산한다.

$$GINI(D_{\text{고,중소득층}}) = 1 - \left\{ \left(\frac{2}{4}\right)^2 + \left(\frac{2}{4}\right)^2 \right\} = 0.5$$

$$GINI(D_{\text{저소득층}}) = 1 - \left\{ \left(\frac{2}{3}\right)^2 + \left(\frac{1}{3}\right)^2 \right\} = 0.44$$

$$\text{불순도 감소량} = GINI(D_{\text{뿌리}}) - \left(\frac{N_{\text{고,중소득층}}}{N_{\text{뿌리}}} \times GINI(D_{\text{고,중소득층}}) + \frac{N_{\text{저소득층}}}{N_{\text{뿌리}}} GINI(D_{\text{저소득층}}) \right)$$

$$= 0.49 - \left\{ \left(\frac{4}{7} \times 0.5\right) + \left(\frac{3}{7} \times 0.44\right) \right\} = 0.02$$

번호	나이(x_{i1})	수입(x_{i2})	학생 여부(x_{i3})	신용 등급(x_{i4})	구매 여부(y_i)
1	청소년	고소득층	아니오	좋음	미구매
2	청소년	고소득층	아니오	아주 좋음	미구매
3	청년	고소득층	아니오	좋음	구매
4	중년	중소득층	아니오	좋음	구매
5	중년	저소득층	예	좋음	구매
6	중년	저소득층	예	아주 좋음	미구매
7	청년	저소득층	예	아주 좋음	구매

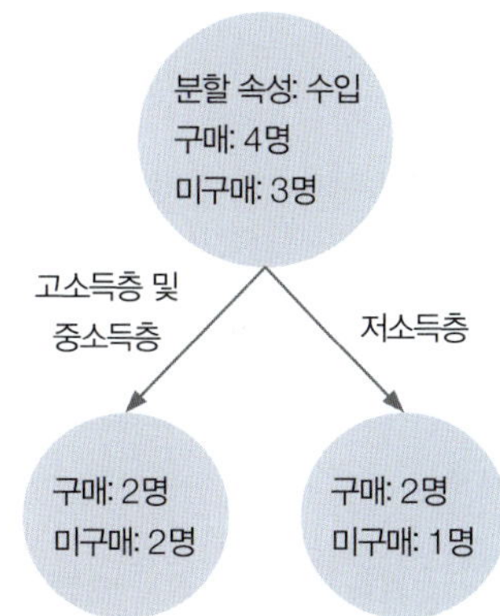

그림 8-13 수입 속성에 따른 컴퓨터 구매 여부 데이터: 고소득층 및 중소득층 / 저소득층

불순도 감소량을 계산해 본 결과, 수입 속성을 고소득층, 중소득층 및 저소득층으로 분할할 때 더 큰 감소를 보여준다. 따라서 분할 속성으로 수입을 기준으로 했을 때, 분할 기준을 1 미만인 경우(고소득층)와 1 이상인 경우(중소득층, 저소득층)로 설정하는 것이 적합하다.

❸ 학생 속성 기준의 지니계수

학생 속성을 기준으로 노드를 분할해보자. 학생 속성은 학생인 경우와 학생이 아닌 경우로 분류할 수 있다. 학생이 아닌 경우는 0, 학생인 경우는 1로 이산형 값으로 변환한다. 지니계수를 활용한 CART 알고리즘은 기본적으로 이진 분할을 수행한다. 이에 따라 해당 속성값이 1 미만인 경우(학생이 아닌 경우)와 1 이상인 경우(학생인 경우)로 구분할 수 있다.

데이터는 [그림 8-14]와 같이 학생인 경우와 학생이 아닌 경우로 구분된다. 학생인 경우 세 개 데이터 중 두 개는 구매, 한 개는 미구매에 해당한다. 학생이 아닌 경우 네 개 데이터 중 두 개는 구매, 한 개는 미구매에 해당한다. 지니계수를 다음과 같이 계산한다.

$$GINI(D_{\text{학생}}) = 1 - \left\{ \left(\frac{2}{4}\right)^2 + \left(\frac{2}{4}\right)^2 \right\} = 0.5$$

$$GINI(D_{\text{학생 아님}}) = 1 - \left\{ \left(\frac{2}{3}\right)^2 + \left(\frac{1}{3}\right)^2 \right\} = 0.44$$

$$\text{불순도 감소량} = GINI(D_{\text{뿌리}}) - \left(\frac{N_{\text{학생}}}{N_{\text{뿌리}}} \times GINI(D_{\text{학생}}) + \frac{N_{\text{학생 아님}}}{N_{\text{뿌리}}} GINI(D_{\text{학생 아님}}) \right)$$

$$= 0.49 - \left\{ \left(\frac{4}{7} \times 0.5\right) + \left(\frac{3}{7} \times 0.44\right) \right\} = 0.02$$

번호	나이(x_{i1})	수입(x_{i2})	학생 여부(x_{i3})	신용 등급(x_{i4})	구매 여부(y_i)
1	청소년	고소득층	아니오	좋음	미구매
2	청소년	고소득층	아니오	아주 좋음	미구매
3	청년	고소득층	아니오	좋음	구매
4	중년	중소득층	아니오	좋음	구매
5	중년	저소득층	예	좋음	구매
6	중년	저소득층	예	아주 좋음	미구매
7	청년	저소득층	예	아주 좋음	구매

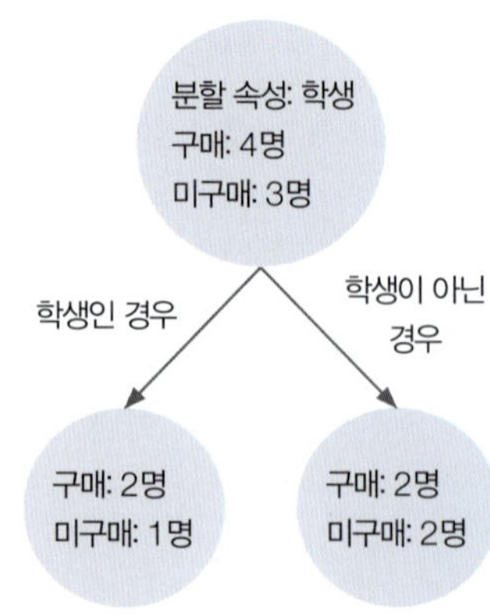

그림 8-14 학생 속성에 따른 컴퓨터 구매 여부 데이터

❹ 신용 등급 속성 기준의 지니계수

신용 등급 속성을 기준으로 노드를 분할해보자. 신용 등급 속성은 아주 좋음인 경우와 좋음인 경우로 분류할 수 있다. 아주 좋음인 경우는 0, 좋음인 경우는 1로 이산형 값으로 변환한다. 지니계수를 활용한 CART 알고리즘은 기본적으로 이진 분할을 수행한다. 이에 따라 해당 속성값이 1 미만인 경우(아주 좋음인 경우)와 1 이상인 경우(좋음인 경우)로 구분할 수 있다.

데이터는 [그림 8-15]와 같이 아주 좋음과 좋음인 경우로 구분된다. 아주 좋음인 경우 세 개 데이터 중 한 개는 구매, 두 개는 미구매에 해당한다. 좋음인 경우 네 개 데이터 중 세 개는 구매, 한 개는 미구매에 해당한다. 지니계수를 다음과 같이 계산한다.

$$GINI(D_{\text{아주 좋음}}) = 1 - \left\{ \left(\frac{1}{3}\right)^2 + \left(\frac{2}{3}\right)^2 \right\} = 0.44$$

$$GINI(D_{\text{좋음}}) = 1 - \left\{ \left(\frac{3}{4}\right)^2 + \left(\frac{1}{4}\right)^2 \right\} = 0.375$$

$$\text{불순도 감소량} = GINI(D_{\text{뿌리}}) - \left(\frac{N_{\text{아주 좋음}}}{N_{\text{뿌리}}} \times GINI(D_{\text{아주 좋음}}) + \frac{N_{\text{좋음}}}{N_{\text{뿌리}}} GINI(D_{\text{좋음}}) \right)$$

$$= 0.49 - \left\{ \left(\frac{3}{7} \times 0.44\right) + \left(\frac{4}{7} \times 0.375\right) \right\} = 0.087$$

번호	나이(x_{i1})	수입(x_{i2})	학생 여부(x_{i3})	신용 등급(x_{i4})	구매 여부(y_i)
1	청소년	고소득층	아니오	좋음	미구매
2	청소년	고소득층	아니오	아주 좋음	미구매
3	청년	고소득층	아니오	좋음	구매
4	중년	중소득층	아니오	좋음	구매
5	중년	저소득층	예	좋음	구매
6	중년	저소득층	예	아주 좋음	미구매
7	청년	저소득층	예	아주 좋음	구매

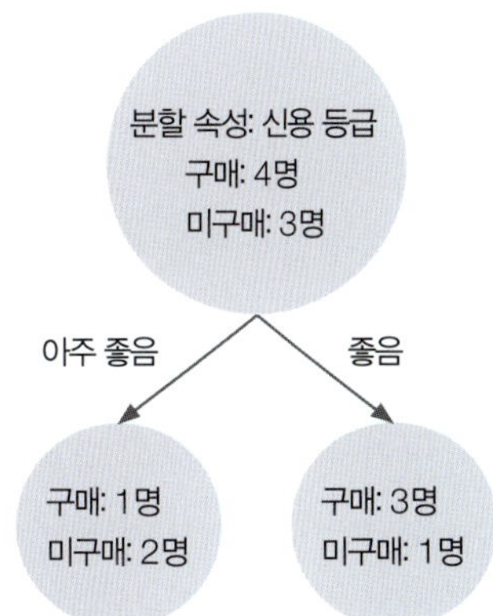

그림 8-15 신용 등급 속성에 따른 컴퓨터 구매 여부 데이터

❺ 불순도(지니계수) 감소량이 가장 큰 속성을 분할 속성으로 정하기

속성별로 지니계수를 통한 불순도의 감소량을 비교해 본 결과, 나이 속성을 사용했을 때 불순도 감소량이 0.26으로 가장 크다는 것을 알 수 있다. 따라서 나이 속성을 사용하여 높이가 2인 의사결정 트리를 [그림 8-16]과 같이 생성할 수 있다.

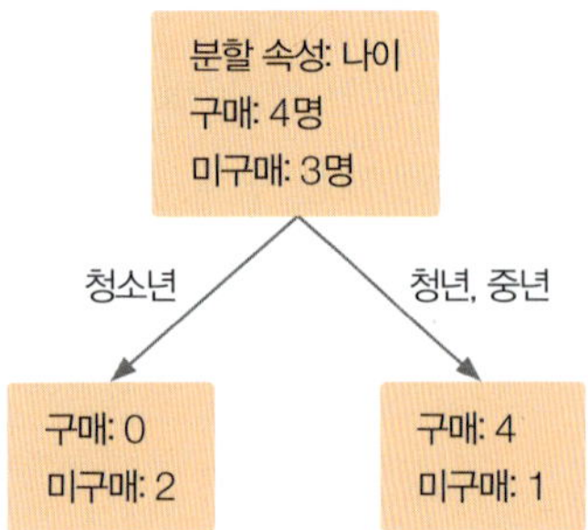

그림 8-16 나이 속성(청소년/청년 및 중년)을 통한 노드 분할

두 번째 분할 속성 결정: 청년, 중년에 해당되는 데이터

[그림 8-12]에서 나이가 청년과 중년인 데이터를 포함하는 오른쪽 노드는 어떻게 분할할 수 있을까? 이는 앞에서 사용한 방법과 동일하다. 지니계수를 통해 노드의 불순도를 측정하고, 가능한 분할 속성에 따른 불순도 감소량을 계산하여 최적의 분할 속성을 결정해야 한다. 먼저 청년, 중년 노드의 지니계수를 계산한다.

$$GINI(D_{\text{청년, 중년}}) = 1 - \left\{ \left(\frac{4}{5}\right)^2 + \left(\frac{1}{5}\right)^2 \right\} = 0.32$$

청년, 중년의 데이터를 포함하고 있는 노드를 부모 노드로 정의하고$\left(GINI(D_{\text{청년, 중년}}) = GINI(D_{\text{부모}})\right)$, 분할 속성별로 얻을 수 있는 자식 노드들의 지니계수를 통하여 불순도 감소량을 구해보자.

❶ 나이 속성 기준의 지니계수

나이 속성을 기준으로 노드를 분할해보자. 나이 속성은 청년인 경우와 중년인 경우로 분류할 수 있다. 청년인 경우는 0, 중년인 경우는 1로 이산형 값으로 변환한다. 지니계수를 활용한 CART 알고리즘은 기본적으로 이진 분할을 수행한다. 이에 따라 해당 속성값이 1 미만인 경우(청년인 경우)와 1 이상인 경우(중년인 경우)로 구분할 수 있다.

데이터는 [그림 8-17]과 같이 청년인 경우와 중년인 경우로 구분된다. 청년인 경우 두 개 데이터가 모두 구매에 해당한다. 중년인 경우 세 개 데이터 중 두 개는 구매, 한 개는 미구매에 해당한다. 지니 계수를 다음과 같이 계산한다.

번호	나이(x_{i1})	수입(x_{i2})	학생 여부(x_{i3})	신용 등급(x_{i4})	구매 여부(y_i)
3	청년	고소득층	아니오	좋음	구매
4	중년	중소득층	아니오	좋음	구매
5	중년	저소득층	예	좋음	구매
6	중년	저소득층	예	아주 좋음	미구매
7	청년	저소득층	예	아주 좋음	구매

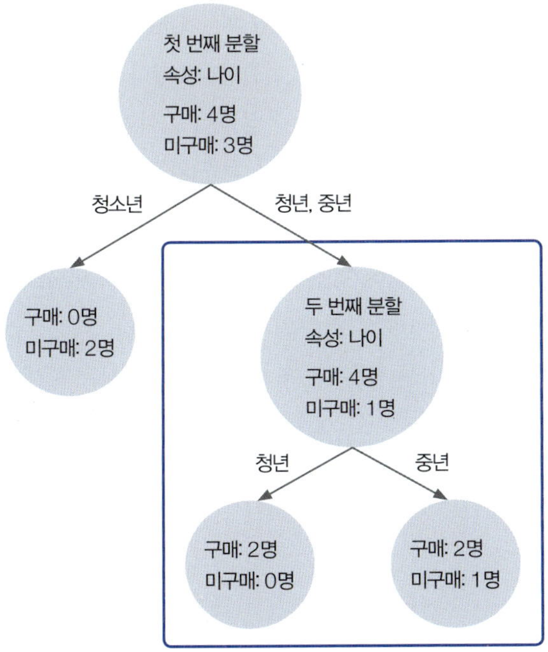

그림 8-17 나이 속성에 따른 컴퓨터 구매 여부 데이터

$$GINI(D_{청년}) = 1 - \left\{ \left(\frac{0}{2}\right)^2 + \left(\frac{2}{2}\right)^2 \right\} = 0$$

$$GINI(D_{중년}) = 1 - \left\{ \left(\frac{1}{3}\right)^2 + \left(\frac{2}{3}\right)^2 \right\} = 0.44$$

$$\text{불순도 감소량} = GINI(D_{부모}) - \left(\frac{N_{청년}}{N_{부모}} \times GINI(D_{청년}) + \frac{N_{중년}}{N_{부모}} GINI(D_{중년}) \right)$$

$$= 0.32 - \left\{ \left(\frac{2}{5} \times 0\right) + \left(\frac{3}{5} \times 0.44\right) \right\} = 0.056$$

❷ 수입 속성 기준의 지니계수

수입 속성을 기준으로 노드를 분할해보자. 수입 속성은 고소득층, 중소득층, 저소득층으로 분류할 수 있다. 고소득층은 0, 중소득층은 1, 저소득층은 2로 이산형 값으로 변환한다. 지니계수를 활용한 CART 알고리즘은 기본적으로 이진 분할을 수행한다. 이에 따라 해당 속성값이 1 미만인 경우(고소득층)와 1 이상인 경우(중소득층, 저소득층), 2 미만인 경우(고소득층, 중소득층)와 2 이상인 경우(저소득층)로 구분할 수 있다.

첫 번째 경우를 먼저 고려해 보면, 데이터는 [그림 8-18]과 같이 고소득층과 중소득층 및 저소득층으로 구분된다. 이를 통해 각 노드의 지니계수를 계산하고 불순도 감소량을 확인할 수 있다. 고소득층의 경우 한 개의 데이터는 구매에 해당한다. 중소득층 및 저소득층은 네 개 데이터 중 세 개는 구매, 한 개는 미구매에 해당한다. 지니계수를 다음과 같이 계산한다.

$$GINI(D_{고소득층}) = 1 - \left\{ \left(\frac{0}{1}\right)^2 + \left(\frac{1}{1}\right)^2 \right\} = 0$$

$$GINI(D_{중,\ 저소득층}) = 1 - \left\{ \left(\frac{3}{4}\right)^2 + \left(\frac{1}{4}\right)^2 \right\} = 0.375$$

$$\text{불순도 감소량} = GINI(D_{부모}) - \left(\frac{N_{고소득층}}{N_{부모}} \times GINI(D_{고소득층}) + \frac{N_{중,저소득층}}{N_{부모}} GINI(D_{중,저소득층}) \right)$$

$$= 0.32 - \left\{ \left(\frac{1}{5} \times 0\right) + \left(\frac{4}{5} \times 0.375\right) \right\} = 0.02$$

번호	나이(x_{i1})	수입(x_{i2})	학생 여부(x_{i3})	신용 등급(x_{i4})	구매 여부(y_i)
3	청년	고소득층	아니오	좋음	구매
4	중년	중소득층	아니오	좋음	구매
5	중년	저소득층	예	좋음	구매
6	중년	저소득층	예	아주 좋음	미구매
7	청년	저소득층	예	아주 좋음	구매

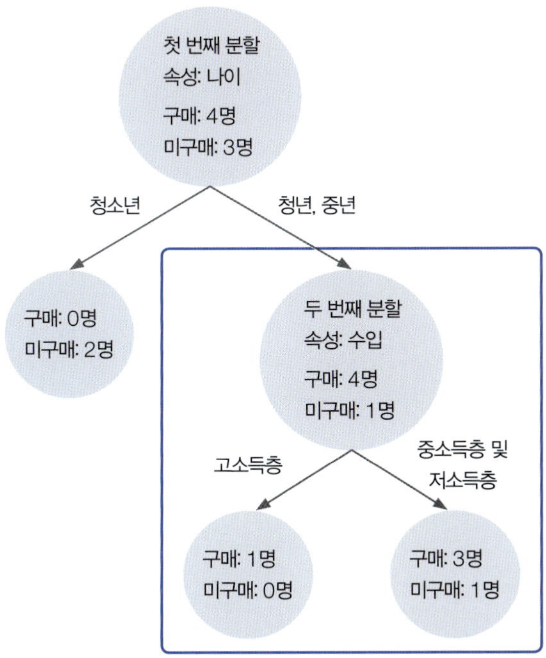

그림 8-18 **수입 속성에 따른 컴퓨터 구매 여부 데이터: 고소득층/중소득층 및 저소득층**

같은 방법으로 수입 속성을 2 이상과 2 미만 기준으로 구분하게 되면 [그림 8-19]와 같이 구성이 되고 지니계수는 다음과 같이 계산한다.

$$GINI(D_{고,중소득층}) = 1 - \left\{ \left(\frac{2}{2}\right)^2 + \left(\frac{0}{2}\right)^2 \right\} = 0$$

$$GINI(D_{저소득층}) = 1 - \left\{ \left(\frac{2}{3}\right)^2 + \left(\frac{1}{3}\right)^2 \right\} = 0.44$$

$$\text{불순도 감소량} = GINI(D_{부모}) - \left(\frac{N_{고,중소득층}}{N_{부모}} \times GINI(D_{고,\ 중소득층}) + \frac{N_{저소득층}}{N_{부모}} GINI(D_{저소득층}) \right)$$

$$= 0.32 - \left\{ \left(\frac{2}{5} \times 0\right) + \left(\frac{3}{5} \times 0.44\right) \right\} = 0.056$$

번호	나이(x_{i1})	수입(x_{i2})	학생 여부(x_{i3})	신용 등급(x_{i4})	구매 여부(y_i)
3	청년	고소득층	아니오	좋음	구매
4	중년	중소득층	아니오	좋음	구매
5	중년	저소득층	예	좋음	구매
6	중년	저소득층	예	아주 좋음	미구매
7	청년	저소득층	예	아주 좋음	구매

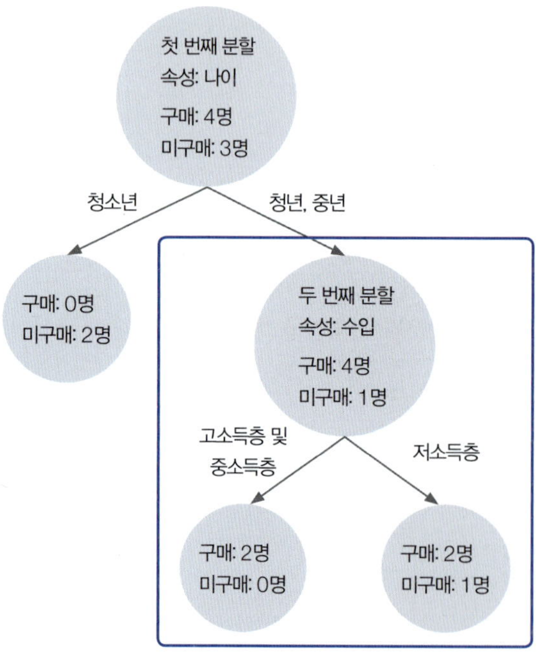

그림 8-19 수입 속성에 따른 컴퓨터 구매 여부 데이터: 고소득층 및 중소득층/저소득층

불순도 감소량을 계산해 본 결과, 수입 속성을 고소득층 및 중소득층, 저소득층으로 분할할 때 더 큰 감소를 보여준다. 따라서 분할 속성으로 수입을 기준으로 했을 때, 분할 기준을 2 미만인 경우(고소득층, 중소득층)와 2 이상인 경우(저소득층)로 설정하는 것이 적합하다.

❸ 학생 속성 기준의 지니계수

학생 속성을 기준으로 노드를 분할해보자. 학생 속성은 학생인 경우와 학생이 아닌 경우로 분류할 수 있다. 학생이 아닌 경우는 0, 학생인 경우는 1로 이산형 값으로 변환한다. 지니계수를 활용한 CART 알고리즘은 기본적으로 이진 분할을 수행한다. 이에 따라 해당 속성값이 1 미만인 경우(학생이 아닌 경우)와 1 이상인 경우(학생인 경우)로 구분할 수 있다.

데이터는 [그림 8-20]과 같이 학생인 경우와 학생이 아닌 경우로 구분된다. 학생인 경우 세 개 데이터 중 두 개는 구매, 한 개는 미구매에 해당한다. 학생이 아닌 경우 두 개 데이터는 모두 구매에 해당한다. 지니계수를 다음과 같이 계산한다.

$$GINI(D_{\text{학생}}) = 1 - \left\{ \left(\frac{2}{3}\right)^2 + \left(\frac{1}{3}\right)^2 \right\} = 0.44$$

$$GINI(D_{\text{학생 아님}}) = 1 - \left\{ \left(\frac{2}{2}\right)^2 + \left(\frac{0}{2}\right)^2 \right\} = 0$$

$$\text{불순도 감소량} = GINI(D_{\text{부모}}) - \left(\frac{N_{\text{학생}}}{N_{\text{부모}}} \times GINI(D_{\text{학생}}) + \frac{N_{\text{학생 아님}}}{N_{\text{부모}}} GINI(D_{\text{학생 아님}}) \right)$$

$$= 0.32 - \left\{ \left(\frac{3}{5} \times 0.44 \right) + \left(\frac{2}{5} \times 0 \right) \right\} = 0.056$$

번호	나이(x_{i1})	수입(x_{i2})	학생 여부(x_{i3})	신용 등급(x_{i4})	구매 여부(y_i)
3	청년	고소득층	아니오	좋음	구매
4	중년	중소득층	아니오	좋음	구매
5	중년	저소득층	예	좋음	구매
6	중년	저소득층	예	아주 좋음	미구매
7	청년	저소득층	예	아주 좋음	구매

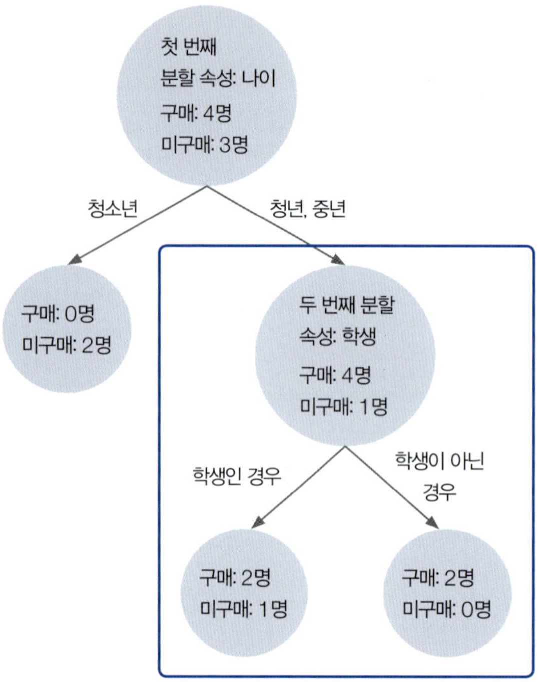

그림 8-20 학생 속성에 따른 컴퓨터 구매 여부 데이터

❹ 신용 등급 속성 기준의 지니계수

신용 등급 속성을 기준으로 노드를 분할해보자. 신용 등급 속성은 아주 좋음인 경우와 좋음인 경우로 분류할 수 있다. 아주 좋음인 경우는 0, 좋음인 경우는 1로 이산형 값으로 변환한다. 지니계수를 활용한 CART 알고리즘은 기본적으로 이진 분할을 수행한다. 이에 따라 해당 속성값이 1 미만인 경우(아주 좋음인 경우)와 1 이상인 경우(좋음인 경우)로 구분할 수 있다.

데이터는 [그림 8-21]과 같이 아주 좋음과 좋음인 경우로 구분된다. 아주 좋음인 경우 두 개 데이터 중 한 개는 구매, 한 개는 미구매에 해당한다. 좋음인 경우 세 개 데이터는 모두 구매에 해당한다. 지니계수를 다음과 같이 계산한다.

$$GINI(D_{\text{아주 좋음}}) = 1 - \left\{ \left(\frac{1}{2}\right)^2 + \left(\frac{1}{2}\right)^2 \right\} = 0.5$$

$$GINI(D_{\text{좋음}}) = 1 - \left\{ \left(\frac{3}{3}\right)^2 + \left(\frac{0}{3}\right)^2 \right\} = 0$$

$$\text{불순도 감소량} = GINI(D_{\text{부모}}) - \left(\frac{N_{\text{아주 좋음}}}{N_{\text{부모}}} \times GINI(D_{\text{아주 좋음}}) + \frac{N_{\text{좋음}}}{N_{\text{부모}}} GINI(D_{\text{좋음}}) \right)$$

$$= 0.32 - \left\{ \left(\frac{2}{5} \times 0.5\right) + \left(\frac{3}{5} \times 0\right) \right\} = 0.12$$

번호	나이(x_{i1})	수입(x_{i2})	학생 여부(x_{i3})	신용 등급(x_{i4})	구매 여부(y_i)
3	청년	고소득층	아니오	좋음	구매
4	중년	중소득층	아니오	좋음	구매
5	중년	저소득층	예	좋음	구매
6	중년	저소득층	예	아주 좋음	미구매
7	청년	저소득층	예	아주 좋음	구매

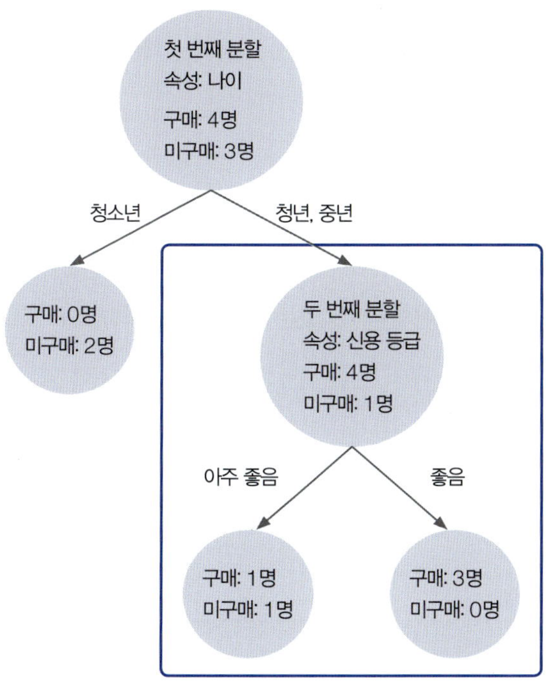

그림 8-21 신용 등급 속성에 따른 컴퓨터 구매 여부 데이터

❺ 불순도(지니계수) 감소량이 가장 큰 속성을 분할 속성으로 정하기

불순도 감소량의 결과를 비교해본 결과, 신용 등급 속성을 사용했을 때 불순도 감소량이 0.12로 가장 크다는 것을 알 수 있다. 분할 결과는 [그림 8-22]와 같다.

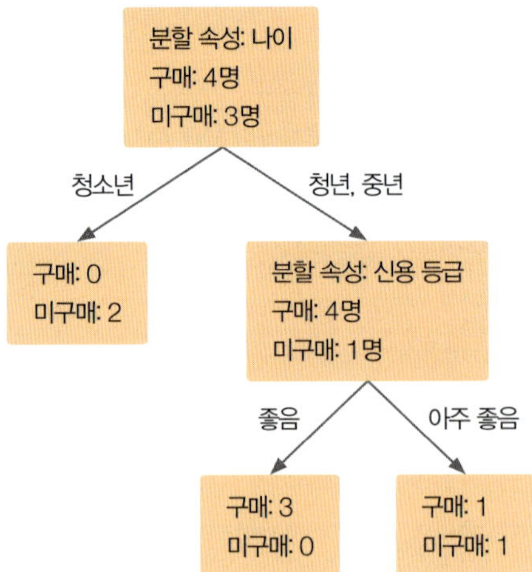

그림 8-22 신용 등급 속성을 통한 노드 분할

세 번째 분할 속성 결정: 청년, 중년이면서 신용 등급이 아주 좋음에 해당되는 데이터

[표 8-8]에서 신용 등급이 아주 좋음에 해당하는 노드에는 구매와 미구매에 해당하는 데이터가 각각 하나씩 존재하므로, 해당 노드의 불순도(지니계수)는 다음과 같다.

$$GINI(D_{\text{아주 좋음}}) = 1 - \left\{ \left(\frac{1}{2}\right)^2 + \left(\frac{1}{2}\right)^2 \right\} = 0.5$$

해당 노드에서 마지막으로 구분되지 못한 데이터 6, 7번을 분할할 수 있는 속성은 나이밖에 없으므로, 최종 분할 속성은 나이를 선택한다.

표 8-8 나이 속성에 따른 컴퓨터 구매 여부 데이터

번호	나이(x_{i1})	수입(x_{i2})	학생 여부(x_{i3})	신용 등급(x_{i4})	구매 여부(y_i)
6	중년	저소득층	예	아주 좋음	미구매
7	청년	저소득층	예	아주 좋음	구매

$$GINI(D_{중년}) = 1 - \left\{ \left(\frac{0}{1}\right)^2 + \left(\frac{1}{1}\right)^2 \right\} = 0$$

$$GINI(D_{청년}) = 1 - \left\{ \left(\frac{1}{1}\right)^2 + \left(\frac{0}{1}\right)^2 \right\} = 0$$

$$불순도\ 감소량 = GINI(D_{부모}) - \left(\frac{N_{중년}}{N_{부모}} \times GINI(D_{중년}) + \frac{N_{청년}}{N_{부모}} GINI(D_{청년}) \right)$$

$$= 0.5 - \left\{ \left(\frac{1}{2} \times 0\right) + \left(\frac{1}{2} \times 0\right) \right\} = 0.5$$

따라서 지니계수를 통하여 최종 생성된 의사결정 트리는 [그림 8-23]과 같다.

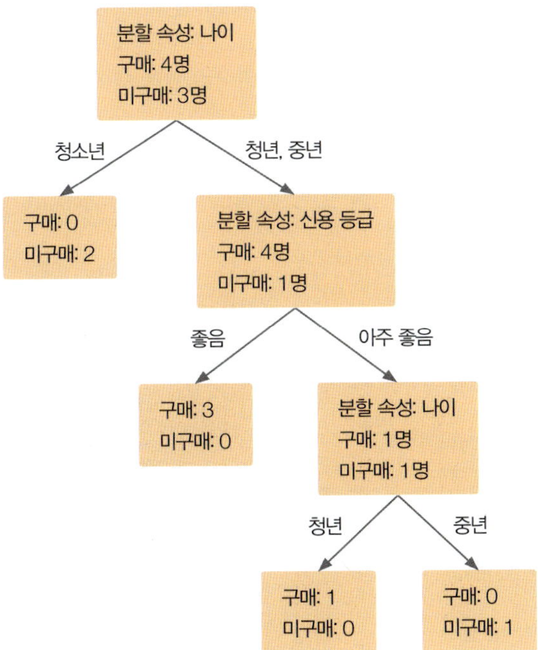

그림 8-23 **지니계수를 통해 최종 생성된 의사결정 트리**

SECTION 05 의사결정 트리의 회귀 적용

지금까지 분류 문제를 해결하는 의사결정 트리에 대해서 알아보았다. 그러나 의사결정 트리로 분류 문제뿐만 아니라 회귀 문제도 해결할 수 있다. 회귀 문제를 해결하기 위한 의사결정 트리에는 분산을 최소화하는 분할 속성을 선택하는 방법, 평균 제곱 오차[MSE]를 최소화하는 분할 속성을 선택하는 방법, 평균 절대 오차[MAE]를 최소화하는 분할 속성을 선택하는 방법 등이 있다. 5절에서는 분산을 최소화하는 분할 속성을 선택하여 의사결정 트리를 생성하고자 한다. 분산의 감소량이 크도록 데이터를 분할함으로써 분할된 데이터의 동질성이 증가하게 되어 분할된 노드에 속하는 데이터들이 유사한 실제값을 가지게 된다. 이를 통해 정확한 예측이 가능해진다. 예시를 통해 살펴보자.

[그림 8-24]는 프로 야구 선수의 연차와 안타 수에 따른 연봉 데이터다. 해당 데이터를 통해 야구 선수의 연봉을 예측하기 위해서는 분류가 아닌 회귀의 관점에서 접근해야 한다.

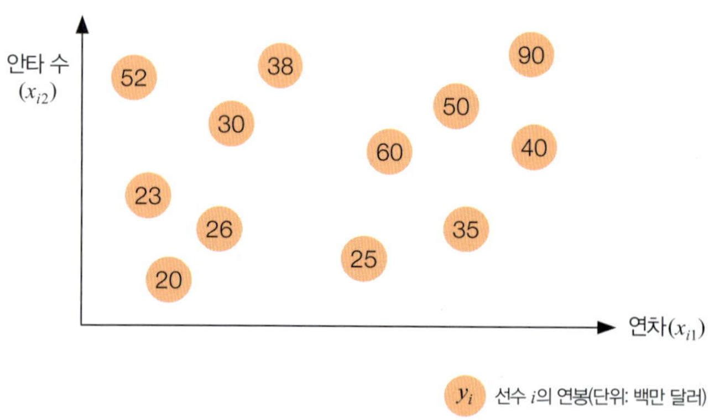

선수	연차	안타 수	연봉
1	2	80	52
2	3	40	23
3	4	20	20
4	6	65	30
5	5	30	26
6	8	85	38
7	11	25	25
8	12	60	60
9	13	75	50
10	13	30	35
11	15	90	60
12	15	60	40

그림 8-24 프로 야구 선수의 연봉 데이터

회귀 트리 생성을 위해서 분할 속성별 분할 지점에 따른 분산의 감소량을 계산해보자. 먼저 전체 데이터의 연봉에 대한 분산은 다음의 분산 공식을 적용하면 187.19로 계산된다.

$$Var_{전체} = \frac{\sum_{i=1}^{N_{전체}} (y_i - \bar{y})^2}{N_{전체}}$$

- $Var_{전체}$: 주어진 데이터셋 전체의 분산값
- $N_{전체}$: 주어진 데이터셋을 구성하는 데이터의 수
- $\bar{y}$: 실제값의 평균

각 분할 속성 및 분할 지점에 따른 분산의 감소량은 다음 공식을 이용하여 계산할 수 있다.

$$분산\ 감소량 = Var_{전체} - \left(\frac{기준\ 이하\ 데이터\ 수}{전체\ 데이터\ 수} \times Var_{기준\ 이하} + \frac{기준\ 초과\ 데이터\ 수}{전체\ 데이터\ 수} \times Var_{기준\ 초과} \right)$$

- $Var_{기준\ 이하}$: 속성의 선택한 기준값보다 작은 데이터들의 분산값
- $Var_{기준\ 초과}$: 속성의 선택한 기준값보다 큰 데이터들의 분산값

분할 지점은 다양한 방식으로 선택할 수 있으나 데이터가 가진 특정 속성의 속성값을 크기 순으로 정렬한 후, 최적의 분할 지점을 파악하기 위해 모든 속성값을 기준으로 분산의 감소량을 계산한다. 프로 야구 선수의 연봉 데이터를 통해 구체적인 분산 감소량을 계산해보자.

연차를 기준으로 한 분산 감소량 계산

[그림 8-24]에 제시된 표의 데이터는 연차에 따라 정렬되어 있다. 이 데이터를 연차를 기준으로 두 개의 그룹으로 나누어 각각의 그룹에 대한 분산을 구해보자. 가장 먼저 연차 2년(2년 이하, 2년 초과)을 분할 지점으로 선택하면, 2년 이하 그룹에는 선수 1만 속하고, 2년 초과 그룹에는 선수 2부터 선수 12까지의 데이터가 포함된다. 결과적으로 2년 이하 그룹의 연봉에 대한 분산은 0이며, 2년 초과 그룹의 연봉에 대한 분산은 185.4이다. 따라서 연봉에 대한 분산의 감소량은 17.2가 된다.

$$\text{분산 감소량} = Var_{\text{전체}} - \left(\frac{N_{\text{기준 이하}}}{N_{\text{전체}}} \times Var_{\text{기준 이하}} + \frac{N_{\text{기준 초과}}}{N_{\text{전체}}} \times Var_{\text{기준 초과}} \right)$$

$$= 187.19 - \left(\frac{1}{12} \times 0 + \frac{11}{12} \times 185.4 \right) = 17.2$$

동일한 방법으로 분할 지점을 한 단계씩 변경하여 분산의 감소량을 계산할 수 있고 결과는 [표 8-9]와 같다. 이를 살펴보면, 가장 적절한 분할 지점은 분산 감소량이 가장 큰 11년임을 알 수 있다.

표 8-9 연차에 따른 분산 감소량

기준		분산(기준 이하)	분산(기준 초과)	분산 감소량
연차	2	0.0	185.4	17.2
	3	210.2	182.4	0.1
	4	208.2	160.9	14.4
	5	162.2	151.7	32.0
	6	129.7	148.8	46.9
	8	116.6	166.7	45.6
	11	105.1	104.0	82.5
	12	186.7	92.21	32.0
	13	171.5	100.0	27.6

안타 수를 기준으로 한 분산 감소량 계산

주어진 야구 선수들에 대한 데이터에서 사용할 수 있는 속성은 연차뿐만 아니라 안타 수도 있다. 이번에는 안타 수를 이용하여 분산 감소량을 계산해보자. 선수들의 안타 수는 20개부터 85개까지 있다. 연차를 기준으로 계산했을 때와 마찬가지로, 모든 지점에 대한 분산 감소량을 계산해 보자.

만약 기준 지점을 안타 40개(40개 이하, 40개 초과)로 선정하게 되었을 때, 연봉에 대한 분산의 감소량은 69.03으로 계산된다.

$$\text{분산 감소량} = Var_{\text{전체}} - \left(\frac{N_{\text{40개 이하}}}{N_{\text{전체}}} \times Var_{\text{안타 40개 이하}} + \frac{N_{\text{40개 초과}}}{N_{\text{전체}}} \times Var_{\text{40개 초과}} \right)$$

$$= 187.19 - \left(\frac{5}{12} \times 29.25 + \frac{7}{12} \times 162.60 \right) = 69.03$$

나머지 지점들에 대하여 분산의 감소량을 계산한 결과는 [표 8-10]과 같다.

표 8-10 안타 수에 따른 분산 감소량

기준		분산(기준 이하)	분산(기준 초과)	분산 감소량
안타 수	20	0.0	171.1	30.28
	25	6.25	163.84	49.61
	30	29.25	162.84	49.61
	40	29.25	162.60	69.03
	60	166.20	113.6	42.09
	65	146.2	62.0	69.03
	75	160.66	82.66	46.02
	80	172.69	121.0	23.11
	85	157.28	0.0	43.0

분산 감소량에 따른 첫 번째 분할 속성 및 분할 지점 선택

연차와 안타 수에 따른 분산 감소량을 비교해 보면 연차 11년을 기준으로 데이터를 분할했을 때 분산 감소량이 82.5로 가장 큰 것을 확인할 수 있다. 따라서 [그림 8-25]와 같이 데이터를 분할할 수 있으며, 분할 속성 및 기준으로 나뉜 영역의 평균값을 리프 노드의 값(예측값)으로 설정한다. 이때, 연차가 11년 이하인 선수는 7명이며, 연봉의 평균은 31백만 달러다. 연차가 11년 초과인 선수는 5명이며, 연봉의 평균은 49백만 달러다.

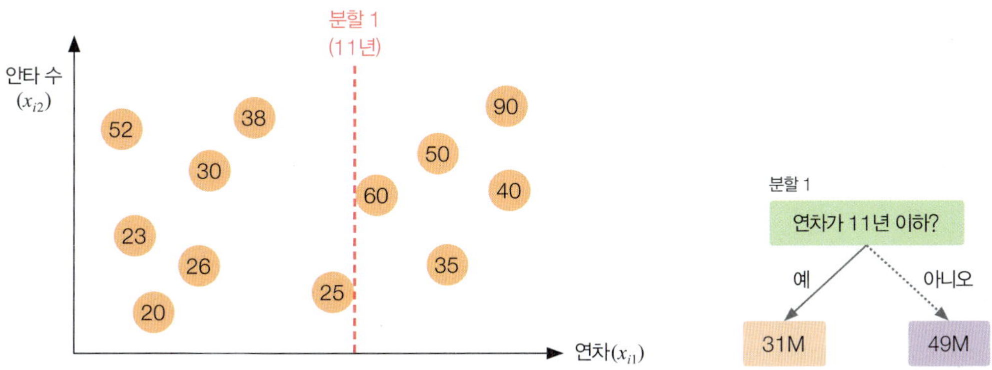

그림 8-25 연차(11년)를 기준으로 분할된 데이터

분산 감소량에 따른 두 번째 분할 지점 선택

연차로 분할된 데이터 중 연차가 11년 이하인 선수들의 안타 수를 기준으로 다시 분할하여 분산 감소량을 측정해보자. 해당 결과는 [표 8-11]과 같다. 이때, 기준 지점을 안타 65개로 설정하면, 분산 감소량이 83.27로 가장 크다. 따라서 [그림 8-26]과 같이 연봉과 안타 수를 이용한 회귀 트리를 생성할 수 있다.

표 8-11 연차가 11년 이하인 선수들에 대한 분산 감소량

기준		분산(기준 이하)	분산(기준 초과)	분산 감소량
안타 수 (연차 11년 이하)	20	0	100.9	18.62
	25	6.25	108.16	26.05
	30	6.88	116.18	35.75
	40	2.25	82.66	66.67
	65	10.95	49.0	83.27
	80	111.88	0.0	9.19

[그림 8-26]과 같이 분할 속성 및 기준으로 나뉜 영역에서 평균값이 리프 노드의 값으로 설정된다. 각 영역에서 평균 연봉은 25백만 달러, 45백만 달러, 49백만 달러이므로 이 값들이 리프 노드의 값으로 설정된다.

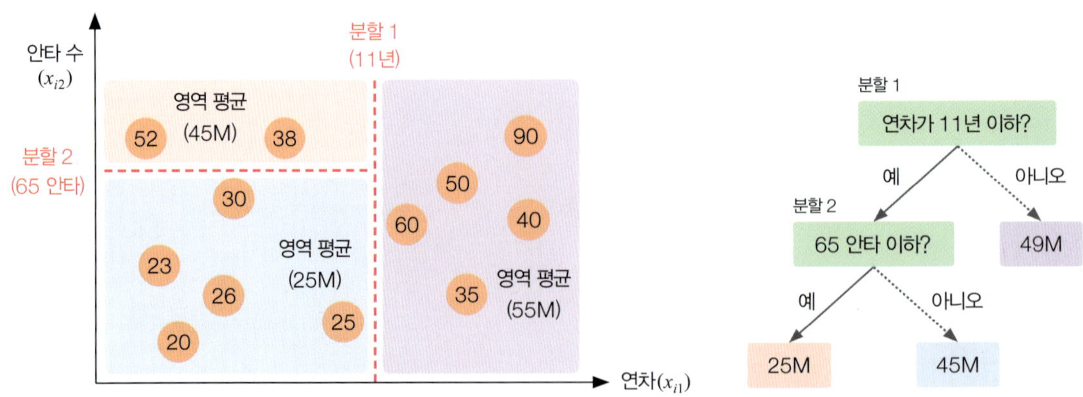

그림 8-26 안타(65개)를 기준으로 분할된 특징 공간

[그림 8-27]에서 보듯이 생성된 회귀 트리에 새로운 데이터(예 5년차, 45개 안타)가 입력되면 해당 선수의 연봉은 25백만 달러로 예측된다. 이처럼 의사결정 트리는 회귀 문제의 해결에도 사용될 수 있다.

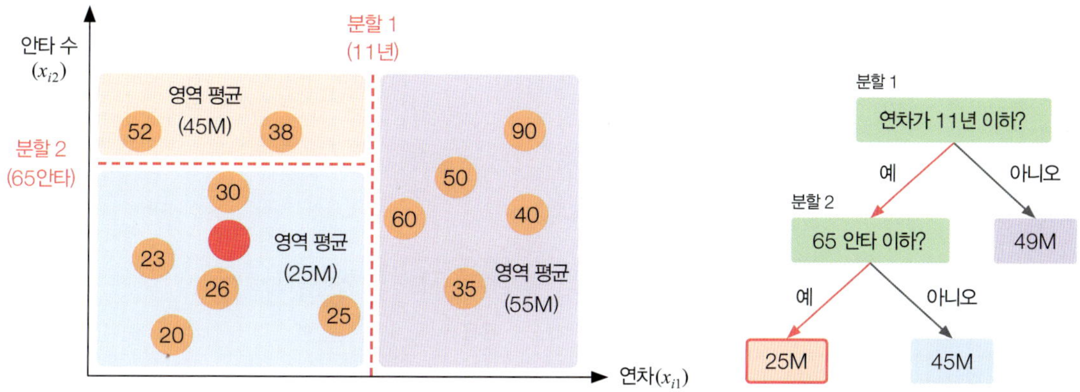

그림 8-27 **새로운 데이터에 대한 연봉 예측 결과**

SECTION 06

예제로 풀어보는 의사결정 트리

01 다음 데이터를 참고하여 다음 질문에 답하시오.

ID	수입(x_{i1})	학생 여부(x_{i2})	신용 등급(x_{i3})	구매 여부(y_i)
1	중산층	아니오	좋음	예
2	저소득층	예	좋음	예
3	저소득층	예	아주 좋음	아니오
4	중산층	예	좋음	예
5	중산층	아니오	아주 좋음	아니오

(1) 제공된 데이터를 활용하여 컴퓨터 구매 여부를 결정하기 위한 의사결정 트리를 구현하고자 한다. 컴퓨터 구매 여부에 대한 전체 엔트로피를 계산하시오.

(2) 의사결정 트리에서 분할 속성을 결정하기 위해 정보 이득을 측정하시오. 또한, 정보 이득을 바탕으로 어떤 분할 속성을 결정할 것인지 그 이유를 설명하시오.

02 다음 데이터를 참고하여 다음 질문에 답하시오.

ID	나이(x_{i1})	수입(x_{i2})	학생 여부(x_{i3})	구매 여부(y_i)
1	중년	고소득층	아니오	아니오
2	중년	중소득층	아니오	아니오
3	중년	고소득층	아니오	예
4	청년	중소득층	아니오	아니오
5	청년	중소득층	예	예
6	청년	중소득층	예	예
7	중년	중소득층	예	예

(1) 제공된 데이터를 이용하여 컴퓨터 구매 결정에 대한 의사결정 트리를 구현하고자 한다. 컴퓨터 구매 여부에 대한 전체 엔트로피를 연산하시오.

(2) 의사결정 트리의 분할 속성을 결정하기 위해서 나이, 수입, 학생 속성을 기준으로 정보 이득을 측정하고자 한다. 나이, 수입, 학생 속성을 분할 속성으로 선택했을 때, 각각의 정보 이득을 계산하시오.

03 예제 **02**에서 얻은 정보 이득을 바탕으로 최적의 분할 속성을 선택하여 루트를 분할하고 높이가 2인 분류 트리를 동일한 형태로 그리시오.

04 예제 **03**에서 얻은 의사결정 트리를 높이가 3인 트리로 확장하고자 한다. 예제 **03**에서 얻은 의사결정 트리에서 완벽히 분할되지 않은 노드에 대하여 속성별 정보 이득을 계산하고, 이를 바탕으로 최적의 분할 속성을 선택하여 높이가 3인 의사결정 트리를 그리시오.

05 다음 데이터를 참고하여 다음 질문에 답하시오. 각 데이터는 두 가지 성분(학습 방식, 과목 선호도)으로 구성되어 있고 각 실제값은 성적(합격 또는 불합격)으로 구성되어 있다.

번호	학습 방식	과목 선호도	성적
1	그룹 학습	수학	합격
2	개인 학습	영어	불합격
3	온라인 학습	과학	합격
4	개인 학습	수학	불합격
5	그룹 학습	과학	합격
6	그룹 학습	영어	불합격
7	개인 학습	과학	합격
8	그룹 학습	과학	합격
9	온라인 학습	영어	불합격
10	그룹 학습	수학	합격

(1) 데이터셋 전체의 지니계수를 계산하시오.

(2) 학습 방식 속성으로 데이터를 분할할 때, 그룹 학습 vs 개인 학습 및 온라인 학습으로 이진 분할한 지니계수를 각각 구하고 불순도 감소량을 구하시오.

SECTION 07

코드로 구현하는 의사결정 트리

- 내용 : 의사결정 트리 실습
- 파일 : CH08_실습_의사결정 트리.ipynb
- 실습 순서
  - 0 사용할 라이브러리와 패키지 불러오기
  - 1 (데이터) 데이터 불러오기
  - 2 (데이터) 데이터 시각화 및 전처리하기
  - 3 (모델) 의사결정 트리 모델 불러오기
  - 4 (모델 학습) 알고리즘 수행하기
  - 5 (모델 성능 평가) 테스트 데이터로 성능 평가하기
  - 6 (결과) 모델 동작 시각화하기: scatter
  - 7 (결과) 모델 동작 시각화하기: graphviz

[실습 8-1] scikit-learn 라이브러리를 이용한 의사결정 트리

0 사용할 라이브러리와 패키지 불러오기

8장 실습에서도 numpy, pandas, matplotlib, scikit-learn 라이브러리가 사용된다. scikit-learn 라이브러리에서는 추가로 tree와 preprocessing을 import하여 사용하며, graphviz 라이브러리를 import하여 matplotlib와는 다른 형태의 그래프를 출력할 수 있다.

코드 8.1

```
import numpy as np
import pandas as pd
import matplotlib.pyplot as plt
import math
import graphviz
from sklearn.metrics import accuracy_score
from sklearn import tree, preprocessing
```

1 데이터 불러오기

이번 실습에서는 서울시의 구와 동 위치 데이터를 활용한다. 분석을 위해 scikit-learn 라이브러리의 tree 모듈을 사용하여 의사결정 트리 모델을 구현하고, 데이터 전처리를 위해 preprocessing 모듈을 사용한다. 학습 데이터는 서울시 각 구청의 위도와 경도 정보 및 해당 구가 강북, 강서, 강동, 강남 중 어느 지역에 속하는지에 대한 실제값으로 구성되어 있다. 테스트 데이터는 각 동의 주민센터의 위도와 경도, 해당 동이 속한 구역 정보로 이루어져 있다. 이 데이터는 공공 데이터 포털에서 제공하는 서울시 데이터를 바탕으로 실습 목적에 맞게 재구성한 것이다.

코드 8.2

```
# train과 test 데이터가 각각 분리되어 있으므로 두 개의 파일을 모두 불러와야 한다.
# district : 구 정보, latitude : 위도, longitude : 경도, label : [강북, 강서, 강동, 강남]
train = pd.read_csv('district_dict_list.csv')
test = pd.read_csv('dong_dict_list.csv')
print(train)
```

```
          district   latitude   longitude     label
0        Dobong-gu  37.665861  127.031767   Gangbuk
1     Eunpyeong-gu  37.617612  126.922700   Gangseo
2    Dongdaemun-gu  37.583801  127.050700  Gangdong
3       Dongjak-gu  37.496504  126.944307   Gangnam
4     Geumcheon-gu  37.460097  126.900155   Gangseo
5          Guro-gu  37.495486  126.858121   Gangseo
6        Jongno-gu  37.599100  126.986149   Gangbuk
7       Gangbuk-gu  37.646995  127.014716   Gangbuk
8      Jungnang-gu  37.595379  127.093967  Gangdong
9       Gangnam-gu  37.495985  127.066409   Gangnam
10      Gangseo-gu  37.565762  126.822656   Gangseo
11         Jung-gu  37.557945  126.994190   Gangbuk
12     Gangdong-gu  37.549208  127.146482  Gangdong
13     Gwangjin-gu  37.548144  127.085753  Gangdong
14         Mapo-gu  37.562291  126.908780   Gangseo
15       Seocho-gu  37.476953  127.037810   Gangnam
16     Seongbuk-gu  37.606991  127.023218   Gangbuk
17        Nowon-gu  37.655264  127.077120   Gangbuk
18       Songpa-gu  37.504853  127.114482   Gangnam
```

```
19       Seodaemun-gu   37.582037   126.935666    Gangseo
20        Yangcheon-gu   37.527062   126.856153    Gangseo
21  Yeongdeungpo-gu   37.520641   126.913924    Gangseo
22            Gwanak-gu   37.465399   126.943807    Gangnam
23        Seongdong-gu   37.550675   127.040962   Gangdong
24           Yongsan-gu   37.531101   126.981074    Gangbuk
```

2 데이터 시각화 및 전처리하기

의사결정 트리 구현을 위해서 데이터(특징 벡터) **x**에 위도와 경도에 대한 데이터를 저장하고 [강북, 강서, 강남, 강동]의 분류를 위한 실제값을 y에 저장한다. 학습에 필요하지 않은 구의 이름에 대한 정보의 경우 학습에 사용하지 않는다.

코드 8.3

```
x_train = train[['longitude', 'latitude']]
y_train = train[['label']]
x_test = test[['longitude', 'latitude']]
y_test = test[['label']]
```

3 의사결정 트리 모델 불러오기

의사결정 트리 모델을 학습시키기 위해 먼저 y 값을 숫자 형태로 인코딩해야 한다. 이 과정에서 Label Encoder 함수를 사용하여 강북, 강동, 강남, 강서를 각각 0, 1, 2, 3으로 변환한다. 다음으로 tree 라이브러리의 의사결정 트리 분류기 모델을 불러오고 criterion 파라미터를 entropy로 설정하여 학습을 진행한다. 하지만 분할 속성을 결정하는 방법으로는 엔트로피[entropy] 외에도 지니계수를 사용할 수 있다. 따라서 criterion 파라미터를 지니계수로 변경해도 모델 학습이 가능하다.

코드 8.4

```
# scikit-learn 라이브러리를 통해 구현되어 있는 의사결정 트리 모델을 불러온다.
label_data = preprocessing.LabelEncoder()
y_encoded = label_data.fit_transform(y_train)
classifier = tree.DecisionTreeClassifier(criterion = 'entropy')
```

4 알고리즘 수행하기

fit 함수를 통해 앞의 작업에서 설정해 둔 의사결정 트리 모델의 학습을 진행한다. 학습 데이터로 특징 벡터들의 집합과 이산형 값으로 변환된 실제값을 넣어주면 해당 데이터들을 통해서 의사결정 트리의 학습이 완료된다.

코드 8.5

```
# y 값의 경우 새롭게 인코딩된 데이터를 활용한다.
classifier.fit(x_train, y_encoded)
```

5 테스트 데이터로 성능 평가하기

accuracy_score 함수를 이용하여 예측 성능을 평가할 수 있다. 정확도를 출력하면 1.0의 높은 정확도를 달성했음을 확인할 수 있다. 여기에서 예측값(y_pred)의 경우 이산형 값이 0부터 3까지의 형태임을 인지하도록 하자.

코드 8.6

```
# 정확도 함수를 통해서 결과를 테스트한다.
# 마찬가지로 predict 함수를 활용한다.
y_pred = classifier.predict(x_test)
print("accuracy :", str(accuracy_score(y_test.values.ravel(),
       label_data.classes_[y_pred])))

comparison = pd.DataFrame({'예측값':label_data.classes_[y_pred],
                           '실제값':y_test.values.ravel()})
comparison
```

```
     예측값      실제값
0    Gangnam    Gangnam
1    Gangbuk    Gangbuk
2    Gangnam    Gangnam
3    Gangbuk    Gangbuk
4    Gangbuk    Gangbuk
```

```
5    Gangbuk     Gangbuk
6   Gangdong    Gangdong
7    Gangnam     Gangnam
8    Gangseo     Gangseo
9    Gangseo     Gangseo
10   Gangseo     Gangseo
11  Gangdong    Gangdong
12  Gangdong    Gangdong
13   Gangbuk     Gangbuk
14   Gangnam     Gangnam
15  Gangdong    Gangdong
16   Gangnam     Gangnam
17   Gangseo     Gangseo
18   Gangseo     Gangseo
```

6 모델 동작 시각화하기: scatter

[코드 8.7]은 display_decision_surface 함수를 정의하여 모델의 결정 경계를 시각화한 코드다. 대표적인 함수로 np.meshgrid 함수와 plt.scatter 함수가 있다.

np.meshgrid 함수를 사용하여 지정한 범위 내의 모든 좌표 조합을 생성한다. plt.contourf 함수는 matplotlib 라이브러리에서 제공하는 함수로 2차원 데이터의 등고선을 색으로 채운 형태로 시각화한다. plt.scatter 함수는 3장에서 다룬 matplotlib 라이브러리의 함수로 2차원 산점도를 그리는 데 사용된다. 각 데이터를 점으로 표시하며, 데이터의 실제값을 색상으로 표현한다.

코드 8.7

```
def display_decision_surface(clf, X, y):
    x_min = X.longitude.min() - 0.01
    x_max = X.longitude.max() + 0.01
    y_min = X.latitude.min() - 0.01
    y_max = X.latitude.max() + 0.01

    n_classes = len(label_data.classes_)
    plot_colors = 'rywb'
    plot_step = 0.001
```

```
    xx, yy = np.meshgrid(np.arange(x_min, x_max, plot_step),
                         np.arange(y_min, y_max, plot_step))
    Z = clf.predict(np.c_[xx.ravel(), yy.ravel()])
    Z = Z.reshape(xx.shape)
    cs = plt.contourf(xx, yy, Z, cmap = plt.cm.RdYlBu)

    for i, color in zip(range(n_classes), plot_colors):
        idx = np.where(y == i)
        plt.scatter(X.loc[idx].longitude, X.loc[idx].latitude, c = color,
                    label = label_data.classes_[i],
                    cmap = plt.cm.RdYlBu, edgecolor = 'black', s = 200)

    plt.title('Decision surface of a decision tree', fontsize = 16)
    plt.legend(bbox_to_anchor = (1.05, 1), loc = 2, borderaxespad = 0., fontsize = 14)
    plt.xlabel('longitude', fontsize = 16)
    plt.ylabel('latitude', fontsize = 16)
    plt.rcParams["figure.figsize"] = [7, 5]
    plt.rcParams["font.size"] = 14
    plt.rcParams["xtick.labelsize"] = 14
    plt.rcParams["ytick.labelsize"] = 14
    plt.show()
display_decision_surface(classifier, x_train, y_encoded)
```

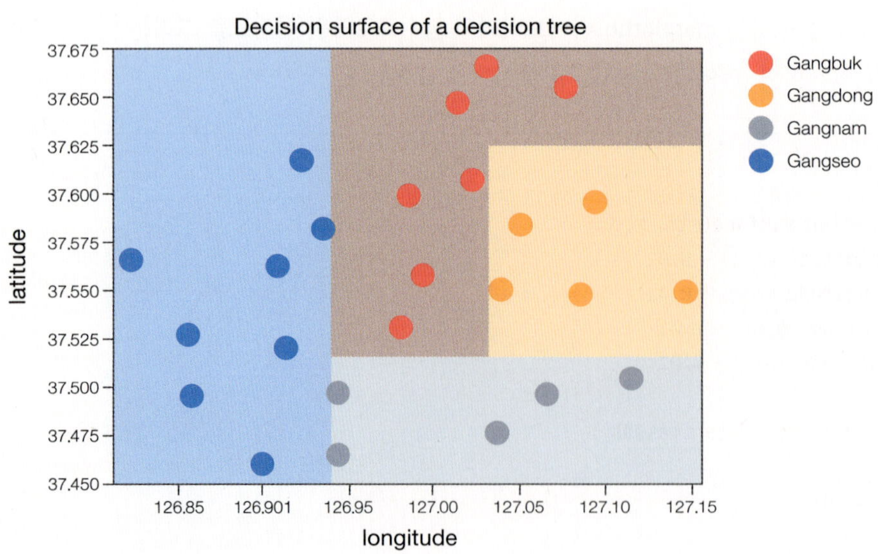

7 모델 동작 시각화하기: graphviz

graphviz 라이브러리를 활용하면 구현한 의사결정 트리를 트리의 형태로 시각화할 수 있다. 이 트리에서 각 노드는 분할 기준과 연산된 엔트로피 값, 해당 분할 속성에 속한 데이터의 수, 그리고 각 데이터의 실제값이 표현된다. 루트부터 리프 노드까지 트리를 따라가면 최종 분류된 결과를 확인할 수 있다.

코드 8.8

```
dot_data = tree.export_graphviz(classifier, out_file = None)
graph = graphviz.Source(dot_data)
graph.render('seoul')
dot_data = tree.export_graphviz(classifier, out_file = None,
                                feature_names=['longitude', 'latitude'],
                                class_names=['Gangbuk', 'Gangdong', 'Gangnam', 'Gangseo'],
                                filled=True, rounded=True,
                                special_characters=True)
graph = graphviz.Source(dot_data)
```

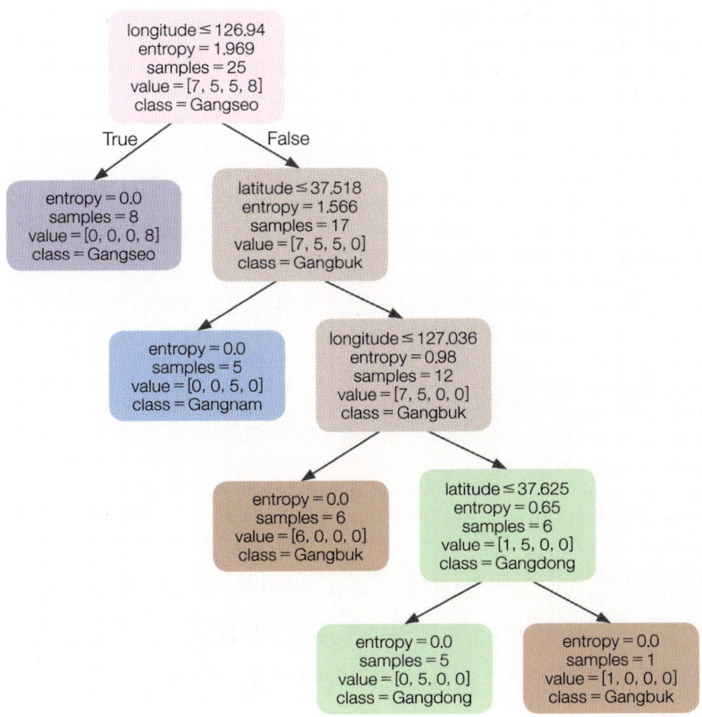

[실습 8-2] 함수를 직접 정의해 구현한 의사결정 트리

1 데이터 불러오기

[표 8-2] 컴퓨터 구매 여부 데이터를 활용하여 직접 의사결정 트리 모델을 구현해보자. 나이, 수입, 학생, 신용 등급에 따른 컴퓨터 데이터 구매 여부 데이터를 통해서 전체 엔트로피, 속성별 엔트로피, 정보 이득을 연산할 수 있다.

코드 8.9

```
pd_data = pd.read_csv('https://raw.githubusercontent.com/AugustLONG/ML01/
                      master/01decisiontree/AllElectronics.csv')
pd_data = pd_data.drop("RID",axis = 1)
print(pd_data)
```

```
            age  income  student  credit_rating  class_buys_computer
0         youth    high       no           fair                   no
1         youth    high       no      excellent                   no
2   middle_aged    high       no           fair                  yes
3        senior  medium       no           fair                  yes
4        senior     low      yes           fair                  yes
5        senior     low      yes      excellent                   no
6   middle_aged     low      yes      excellent                  yes
7         youth  medium       no           fair                   no
8         youth     low      yes           fair                  yes
9        senior  medium      yes           fair                  yes
10        youth  medium      yes      excellent                  yes
11  middle_aged  medium       no      excellent                  yes
12  middle_aged    high      yes           fair                  yes
13       senior  medium       no      excellent                   no
```

2 엔트로피 구현하기

컴퓨터 구매 여부에 따른 전체 데이터셋의 엔트로피를 계산하는 함수를 구현해보자. 이 함수는 컴퓨터를 구매하는 경우(buy)와 구매하지 않는 경우(not_buy)의 데이터를 각각 처리한다. [코드 8.10]에서 x에는 컴퓨터를 구매할 확률과 컴퓨터를 구매하지 않을 확률이 저장되며, 이는 각 경우의 데이터의 수를 전체 데이터에서 나눈 값에 해당한다.

y에는 x의 값에 로그를 취한 값이 반환되는데 x의 값이 0인 경우는 연산에서 제외한다. 로그의 값이 0인 경우 값이 정의되지 않기 때문이다. 이후 해당 값들을 합하게 되면 전체 엔트로피가 연산된다. **1**의 데이터에 적용했을 때 전체 엔트로피 값은 약 0.94로 연산된다.

코드 8.10

```
def get_info(df):
    buy = df.loc[df["class_buys_computer"] == "yes"]
    not_buy = df.loc[df["class_buys_computer"] == "no"]
    x = np.array([len(buy)/len(df),len(not_buy) /len(df)])
    y = np.log2(x[x! =0 ])

    info_all = - sum(x[x! = 0] * y)
    return info_all

get_info(pd_data)
```

```
0.9402859586706311
```

3 속성별 엔트로피 구현하기

엔트로피 연산 함수를 활용하여 속성별 엔트로피 연산 함수를 구현한다. unique 함수를 통해서 각 속성에 포함된 범주를 가져오게 되고, 해당 범주별로 컴퓨터 구매 여부에 대한 엔트로피를 구하는 과정이 구현되었다.

예시로 컴퓨터 구매 여부 데이터에서 나이(age) 속성의 경우 youth, middle_aged, senior로 나뉘게 되고, 각각 youth의 엔트로피, middle_aged의 엔트로피, senior의 엔트로피를 가중합 해준 결과를 반환하게 된다. 나이(age)의 경우 속성별 엔트로피의 값이 약 0.69가 나온다.

코드 8.11

```
# 데이터의 속성을 확인해서 각각의 속성별 정보 이득률을 구하는 함수를 선언한다.
def get_attribute_info(df, attribute_name):
    attribute_values = pd_data[attribute_name].unique()
    get_infos = []
```

```
    for value in attribute_values:
        split_df = pd_data.loc[pd_data[attribute_name] == value]

        get_infos.append((len(split_df) / len(df)) * get_info(split_df))

    return sum(get_infos)

get_attribute_info(pd_data, "age")
```

```
0.6935361388961918
```

4 정보 이득 구하기

모든 속성에 대해서 속성별 엔트로피를 연산한 후에 정보 이득을 연산한다. 정보 이득이 가장 큰 값을 분할 속성으로 설정하게 되는데 이 예에서는 정보 이득이 가장 큰 속성으로 나이(age)를 선정한다. 이번 실습에서는 1회 수행하는 작업을 진행했으나, 실제로는 이 과정을 계속해서 반복하면서 분할 속성을 결정하게 된다.

코드 8.12

```
# 나이, 수입, 학생 여부, 신용 등급에 대한 정보 이득을 연산한다.
# 가장 정보 이득이 큰 속성이 무엇인지 확인한다.
print(get_info(pd_data) - get_attribute_info(pd_data, "age"))
print(get_info(pd_data) - get_attribute_info(pd_data, "income"))
print(get_info(pd_data) - get_attribute_info(pd_data, "student"))
print(get_info(pd_data) - get_attribute_info(pd_data, "credit_rating"))
```

```
0.24674981977443933
0.02922256565895487
0.15183550136234159
0.04812703040826949
```

CHAPTER 09

군집화

PREVIEW

3장부터 8장까지는 지도학습 방법 위주로 배웠다면, 이번 장에서는 비지도학습의 대표적인 유형 중 하나인 군집화에 대해서 알아본다. 그중에서도 *k*-평균 군집화를 통해서 실제값이 주어지지 않은 데이터를 어떻게 여러 개의 군집으로 나누는지 배운다. 군집화의 기본 개념을 학습하고 *k*-평균 군집화의 실제 동작 과정을 통하여 군집화의 원리에 대해서 확인해보자.

학습목표

- 비지도학습의 개념을 이해한다.
- k-평균 군집화의 동작 원리를 이해한다.
- k-평균 군집화의 다양한 특성을 이해한다.
- 다양한 군집화를 이해한다.

SECTION 01

비지도학습의 정의와 데이터

군집화를 배우기 전에 비지도학습에 대해서 알아보자. 3장부터 8장까지 지도학습 모델들은 실제값이 있는 데이터를 학습하는 것이었지만, 비지도학습은 실제값이 없는 데이터를 학습한다. 이 방식은 데이터 내 숨어 있는 패턴이나 상관관계를 찾는 데 초점을 맞춘다. 실제값이 없는 데이터를 가지고 군집화, 차원 축소, 이상치 탐지, 밀도 추정 등을 수행한다.

실제로 우리 주변에서 쉽게 접할 수 있는 데이터는 대부분 비지도학습을 위한 데이터에 속한다. 예를 들어, 데이터에 실제값을 부여하는 라벨링 작업을 거치지 않은 이미지나 음성, 자연어 데이터 등이 이에 해당한다. [그림 9-1]을 통해 비지도학습에서 사용되는 데이터의 구성을 살펴보자. 데이터에는 키와 몸무게 같은 정보인 특징 벡터 $\mathbf{x}_i = [x_{i1}\ \ x_{i2}]^T$만 포함되어 있고, 실제값 y_i는 포함되어 있지 않다. 따라서, 특징 벡터로만 구성된 육사 생도의 데이터는 비지도학습에 활용할 수 있다.

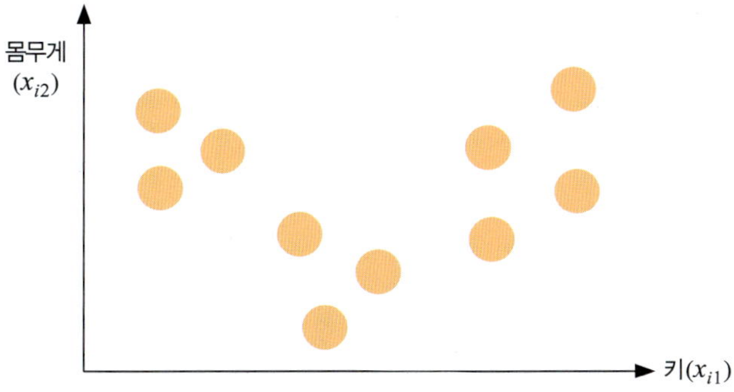

생도	키(x_{i1})	몸무게(x_{i2})
$\mathbf{x}_1$	170	75
$\mathbf{x}_2$	169	80
$\mathbf{x}_3$	172	78
$\mathbf{x}_4$	175	74
$\mathbf{x}_5$	176	70
$\mathbf{x}_6$	178	72
$\mathbf{x}_7$	180	78
$\mathbf{x}_8$	181	73
$\mathbf{x}_9$	183	85
$\mathbf{x}_{10}$	185	75

그림 9-1 육사 생도의 키-몸무게 데이터

주어진 데이터가 지도학습 데이터인지 비지도학습 데이터인지 구별할 수 있는 능력은 매우 중요하다. 따라서, 앞서 소개된 지도학습과 비지도학습 데이터의 형태를 비교해보는 것도 좋은 방법이다.

SECTION 02

군집화의 기본 개념

군집화는 비지도학습의 한 유형으로 실제값이 없는 데이터를 특징 벡터 간의 유사성을 기준으로 여러 군집으로 나누는 과정이다. 여기서 군집Cluster이란 유사도가 높은 데이터들이 모여 형성된 집합을 의미한다. 같은 군집에 속한다는 것은 유사한 특성을 가진다는 의미이며, 군집화는 고객 시장 세분화, 신체 유형에 따른 그룹화, 관련 문서의 분류 등 다양한 분야에 활용될 수 있다.

군집화 과정에서 중요한 개념은 유사도다. 유사도는 데이터 간의 비슷함을 수치로 표현한 것으로, 유클리드 거리나 맨해튼 거리와 같은 거리 측도 또한 유사도 측정 방법 중 하나다. 또한 코사인 유사도 같은 각도 기반의 측정 방법도 있다. 다양한 유사도 측정 방법이 존재하며, 데이터의 특성에 따라 적합한 유사도 측정법을 선택하는 것이 매우 중요하다.

[그림 9-2]는 비지도학습 데이터에 군집화를 진행한 예로, 비슷한 키와 몸무게를 가진 데이터가 하나의 군집으로 묶여 있다. 비지도학습의 데이터는 실제값이 존재하지 않기 때문에, 군집화의 결과를 정답으로 간주할 수는 없다. 예를 들어, [그림 9-2]에서 보이는 세 개의 군집 대신, 필요에 따라 원하는 수에 맞는 군집을 형성할 수도 있고, 같은 수의 군집이더라도 구성을 다르게 묶을 수도 있다.

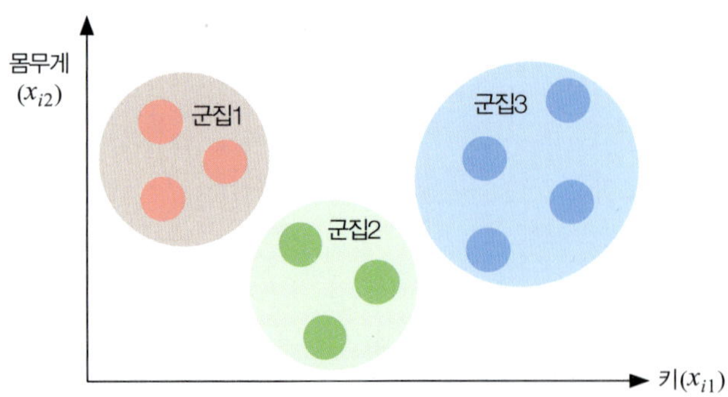

생도	키(x_{i1})	몸무게(x_{i2})
$\mathbf{x}_1$	170	75
$\mathbf{x}_2$	169	80
$\mathbf{x}_3$	172	78
$\mathbf{x}_4$	175	74
$\mathbf{x}_5$	176	70
$\mathbf{x}_6$	178	72
$\mathbf{x}_7$	180	78
$\mathbf{x}_8$	181	73
$\mathbf{x}_9$	183	85
$\mathbf{x}_{10}$	185	75

그림 9-2 육사 생도의 키-몸무게 데이터 군집화 예

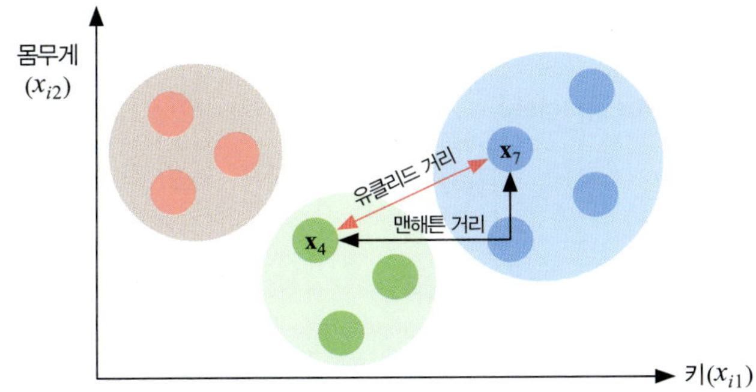

생도	키(x_{i1})	몸무게(x_{i2})
$\mathbf{x}_1$	170	75
$\mathbf{x}_2$	169	80
$\mathbf{x}_3$	172	78
$\mathbf{x}_4$	175	74
$\mathbf{x}_5$	176	70
$\mathbf{x}_6$	178	72
$\mathbf{x}_7$	180	78
$\mathbf{x}_8$	181	73
$\mathbf{x}_9$	183	85
$\mathbf{x}_{10}$	185	75

그림 9-3 **군집화 유사도 측정 예**

이제 k-평균 군집화에서 사용할 유사도 측정 방법에 대해 살펴보자. 데이터의 특성에 따라 적합한 유사도 측도를 사용하면 더 나은 성능을 얻을 수 있다. 이때, 같은 군집을 구성하는 데이터 사이의 유사도는 높아야 하고, 서로 다른 군집에 속하는 데이터 사이의 유사도는 낮아야 한다. 7장에서 배운 유클리드 거리의 경우, 유클리드 거리의 값이 작으면 데이터 간의 유사도가 높고 거리가 가깝다는 것을 의미한다. 반대로 값이 크면 유사도가 낮고 거리가 멀다는 것을 의미한다. [그림 9-3]의 예를 통해 $\mathbf{x}_4$와 $\mathbf{x}_7$ 사이의 유클리드 거리와 맨해튼 거리 측정 방법을 복습해보자.

- **유클리드 거리 측정**

$$\text{Euclidean}(x_4, x_7) = \sqrt{\sum_{j=1}^{2}\left(x_{4j} - x_{7j}\right)^2} = \sqrt{(175-180)^2 + (74-78)^2} = \sqrt{41}$$

- **맨해튼 거리 측정**

$$\text{Manhattan}(x_4, x_7) = \sum_{j=1}^{2}\left|x_{4j} - x_{7j}\right| = |175-180| + |74-78| = 9$$

군집화도 방식에 따라 다양한 군집화 알고리즘이 존재한다. 군집화에는 대표적으로 분리형 군집화, 계층적 군집화, 밀도 기반 군집화가 있다. 이 세 가지 유형에 대해 간단히 알아보고, 분리형 군집화의 대표적인 알고리즘인 k-평균 군집화에 대해 자세히 알아보자.

분리형 군집화

분리형 군집화는 탑다운Top-down 방식을 따른다. 이는 모든 데이터를 하나의 군집에 속하는 것으로 간주한 후, 이를 반복적으로 분할해가는 방식으로 군집화를 수행한다. k-평균 군집화는 분리형 군집화의 대표적인 예로, 절차가 간단하고 직관적이라는 장점이 있다. 그러나 군집의 수를 의미하는 하이퍼파라미터인 k를 사전에 설정해야 한다는 단점이 있다.

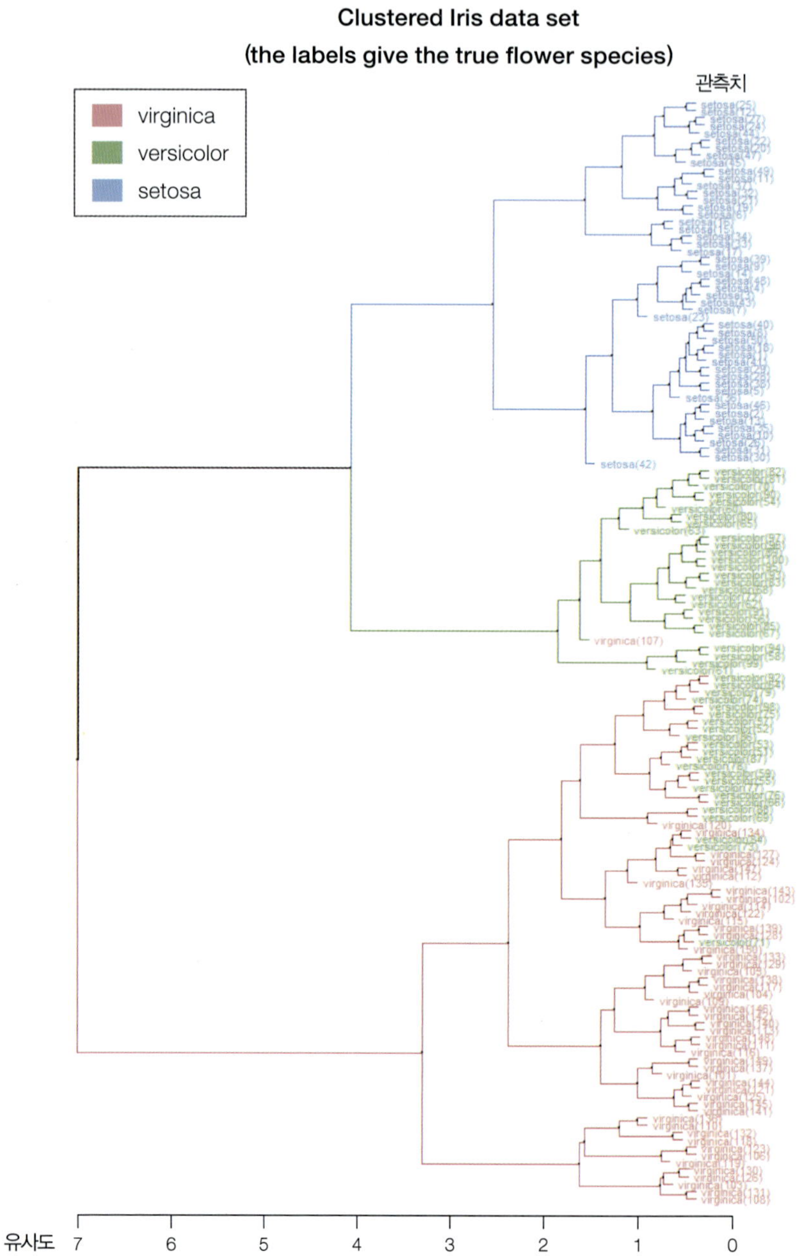

그림 9-4 **덴드로그램 예(출처: https://www.marktechpost.com/2019/04/26/hierarchical-clustering-using-r/)**

계층적 군집화

계층적 군집화는 바텀업Bottom-up 방식으로 진행되며, 개별 데이터를 단일 군집으로 간주한 후 가장 가까운 두 개의 군집을 하나로 병합하는 과정을 반복한다. 이 방식은 군집 수를 사전에 지정할 필요가 없으며, 군집화 결과를 [그림 9-4]와 같이 트리 형태의 덴드로그램Dendrogram으로 시각화할 수 있다. 그러나 이 방법은 군집 간의 거리를 계산하는 방식에 따라 필요한 연산량이 크게 증가할 수 있다는 단점이 있다.

밀도 기반 군집화

밀도 기반 군집화는 데이터의 밀도를 바탕으로 군집을 결정하는 알고리즘이다. 이 방법은 군집의 수를 미리 지정할 필요가 없고, 다른 군집화 방법으로는 해결하기 어려운 특이한 분포를 가진 데이터도 군집화할 수 있다. 그러나 데이터 내 밀도가 다양하게 분포되어 있거나 특징 벡터(데이터)의 성분 수가 많다면 성능이 하락한다. [그림 9-5]는 밀도 기반 군집화를 적용한 예다. 이 그림에서 몇몇 데이터가 군집에 포함되지 않은 것을 확인할 수 있다. 이러한 특성 때문에 밀도 기반 군집화는 대부분의 데이터와 다른 특성을 보이는 이상치Outlier를 식별하는 데에도 사용될 수 있다.

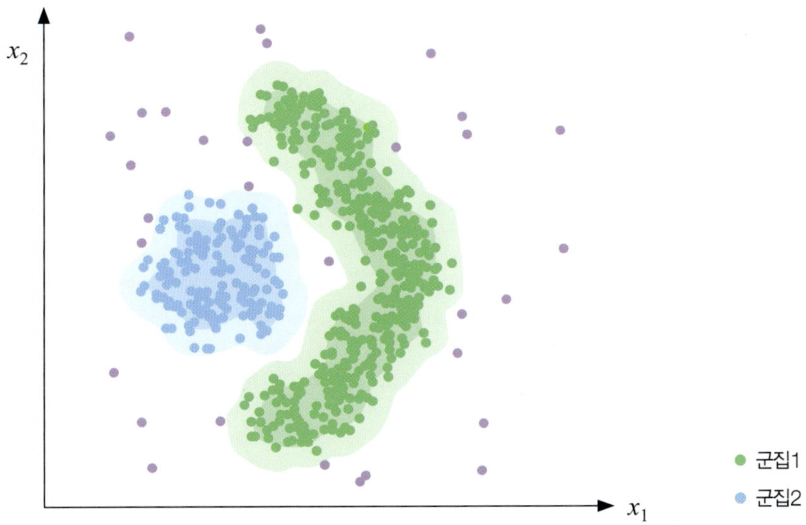

그림 9-5 **밀도 기반 군집화를 적용한 예**

군집화는 크게 위에서 설명한 세 가지 유형으로 나눌 수 있지만, 군집화 수행 시 실제값을 알 수 없기 때문에 목적과 데이터에 적합한 군집화 알고리즘을 선정하는 것이 중요하다.

SECTION 03

k-평균 군집화의 핵심 원리

k-평균 군집화의 동작 과정을 통해 군집화가 어떻게 진행되는지 알아보자. k-평균 군집화는 하이퍼파라미터 k를 군집수로 설정하여 군집화를 수행한다. 각각의 군집은 하나의 중심점을 가지게 되는데, 중심점[Centroid]이란 군집에 속하는 데이터들을 대표하는 점으로, 각 군집에 속한 데이터의 평균 벡터를 의미한다. 예를 들어 2차원 공간의 중심점은 [그림 9-6]에서의 ×와 같이 공간상에 도식화될 수 있다.

k-평균 군집화에서 모든 데이터는 k개의 군집 중 적어도 하나에는 속하게 되는데, 각 데이터는 가장 유사한 중심점과 동일한 군집으로 할당된다. 또한 같은 중심점에 할당된 데이터들이 모여 하나의 군집이 형성된다. 각각의 데이터들은 오직 하나의 군집에만 속하기 때문에, 군집 간에 중복되는 데이터는 존재하지 않는다.

[그림 9-6]은 비지도학습 데이터에 k-평균 군집화($k=3$)를 수행한 예다. 이 그림은 앞서 이야기한 것처럼 사전에 정의한 k개만큼의 군집을 가지게 되고, 각각의 군집이 중심점을 가지고 있음을 보여준다.

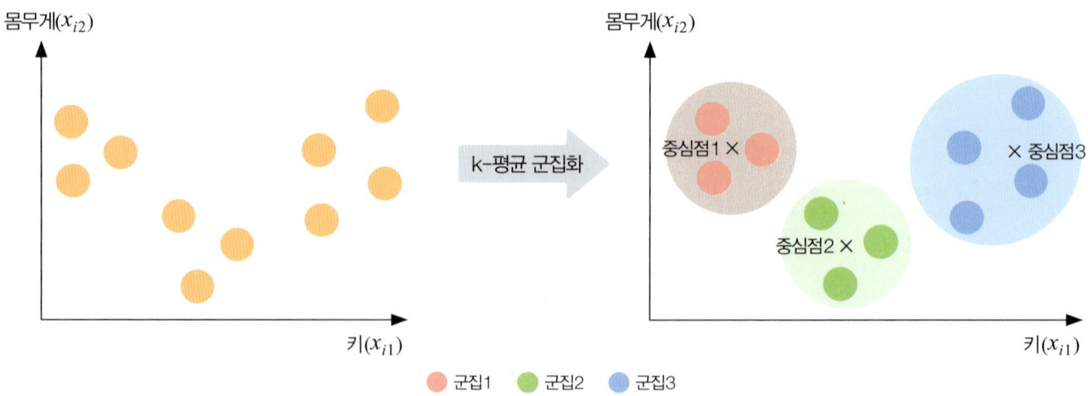

그림 9-6 k-평균 군집화 예(k=3)

k-평균 군집화는 절차가 간단하며 네 개의 주요 단계로 구성된다. 구체적인 예를 통해 k-평균 군집화의 동작 과정을 이해해 보자.

[1단계] 중심점 초기화

[표 9-1]에 제시된 키(x_{i1})와 몸무게(x_{i2})가 성분인 데이터를 사용하자. 해당 데이터는 두 가지 성분으로 구성되어 있기 때문에 2차원의 좌표상에 표현할 수 있다. [그림 9-7]과 같이 $k=3$으로 설정했기 때문에 세 개의 중심점을 임의로 생성하고, 생성된 중심점을 중심점 1, 중심점 2, 중심점 3으로 정의한다.

표 9-1 생도 키-몸무게 데이터

생도	키(x_{i1})	몸무게(x_{i2})
$\mathbf{x}_1$	170	75
$\mathbf{x}_2$	169	80
$\mathbf{x}_3$	172	78
$\mathbf{x}_4$	175	74
$\mathbf{x}_5$	176	70
$\mathbf{x}_6$	178	72
$\mathbf{x}_7$	180	78
$\mathbf{x}_8$	181	73
$\mathbf{x}_9$	183	85
$\mathbf{x}_{10}$	185	75

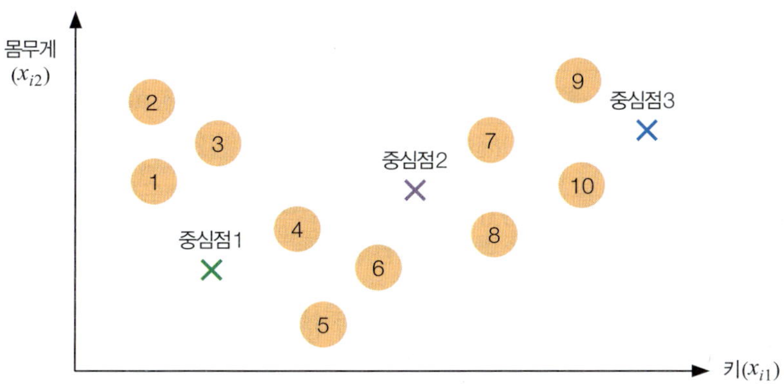

그림 9-7 1단계 중심점 초기화 예

[표 9-2]를 보면 k-평균 군집화 과정의 초기 단계에서 임의로 설정된 중심점들을 확인할 수 있다. 각 중심점은 군집화를 시작하기 위한 기준점으로 사용된다. 초기 중심점의 위치에 따라 군집화의 결과가 달라질 수 있는데, 이는 4절에서 알아보도록 하자.

표 9-2 임의로 설정한 중심점의 키와 몸무게 값

중심점	키(c_{j1})	몸무게(c_{j2})
$\mathbf{c}_1$	171	73
$\mathbf{c}_2$	179	75
$\mathbf{c}_3$	187	79

[2단계] 군집 할당

2단계에서 각 데이터는 세 개의 중심점을 기준으로 가장 가까운 거리에 있는 중심점의 군집으로 할당된다. 이때 각 데이터는 모든 중심점과의 유사도를 측정하고 거리가 가장 가까운 중심점 즉, 유사도가 가장 큰 중심점이 대표하는 군집으로 할당된다. [그림 9-8]에서는 군집 할당을 각 점의 색으로 표현했고, 유사도를 측정하기 위해 유클리드 거리를 사용했다. 데이터와 중심점 간의 거리를 정리한 [표 9-3]에 따르면 1, 2, 3, 4번 생도는 중심점 1이 대표하는 군집으로 할당되고, 5, 6, 7, 8번 생도는 중심점 2가 대표하는 군집으로, 9, 10번 생도는 중심점 3이 대표하는 군집으로 할당된다.

표 9-3 각 데이터와 중심점 간 유클리드 거리

생도	중심점1($\mathbf{c}_1$)	중심점2($\mathbf{c}_2$)	중심점3($\mathbf{c}_3$)
$\mathbf{x}_1$	**2.23**	9.0	17.46
$\mathbf{x}_2$	**7.28**	11.18	18.02
$\mathbf{x}_3$	**5.09**	7.61	15.03
$\mathbf{x}_4$	**1.12**	4.12	13.0
$\mathbf{x}_5$	5.83	**4.12**	14.21
$\mathbf{x}_6$	7.07	**5.83**	11.40
$\mathbf{x}_7$	10.29	**3.16**	7.07
$\mathbf{x}_8$	10	**2.82**	8.48
$\mathbf{x}_9$	16.97	10.77	**7.21**
$\mathbf{x}_{10}$	14.14	6.0	**4.47**

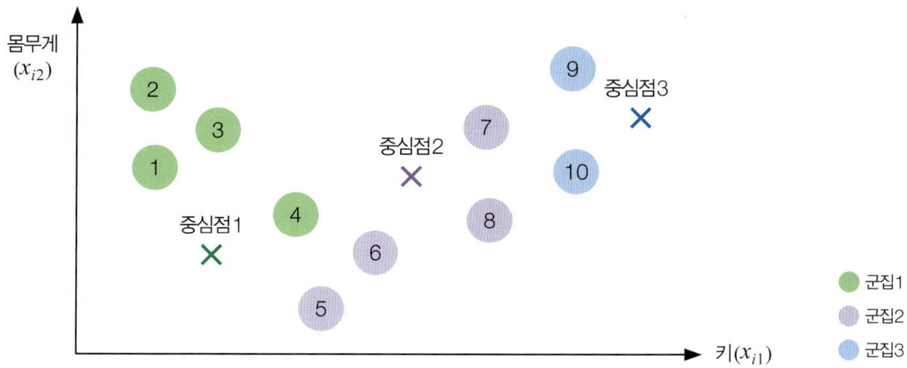

그림 9-8 2단계 군집 할당 예

[3단계] 중심점 업데이트

3단계에서는 각 군집의 중심점을 업데이트한다. 새로운 중심점은 각 군집에 속한 모든 데이터(특징 벡터)의 평균으로 정의된다. 2단계에서 할당된 군집을 정리하면 다음과 같다. 이때 N_j는 j번째 군집에 속한 데이터의 개수를 의미한다.

- 군집1에 속한 데이터: $\mathbf{x}_1$, $\mathbf{x}_2$, $\mathbf{x}_3$, $\mathbf{x}_4$ $(N_1 = 4)$
- 군집2에 속한 데이터: $\mathbf{x}_5$, $\mathbf{x}_6$, $\mathbf{x}_7$, $\mathbf{x}_8$ $(N_2 = 4)$
- 군집3에 속한 데이터: $\mathbf{x}_9$, $\mathbf{x}_{10}$ $(N_3 = 2)$

즉, 군집1의 중심점을 계산하기 위해서는 군집1에 속한 데이터 네 개의 평균을 연산한다. 마찬가지로 군집2와 군집3의 중심점도 각 데이터의 평균으로 구할 수 있다. 이를 일반화한 수식은 다음과 같다.

$$\mathbf{c}_j = \left[\frac{1}{N_j} \sum_{i=1}^{N} r_{ij} x_{i1} \quad \frac{1}{N_j} \sum_{i=1}^{N} r_{ij} x_{i2} \right]^{\mathrm{T}}$$

- $\mathbf{c}_j$: 군집 j의 중심점
- N_j: 군집 j에 속하는 데이터의 개수
- $\mathbf{x}_i$: 군집 j에 속하는 i번째 데이터(특징 벡터)
- x_{i1}, x_{i2}: $\mathbf{x}_i = [x_{i1} \ x_{i2}]^{\mathrm{T}}$의 첫 번째 성분과 두 번째 성분
- $r_{ij} = \begin{cases} 1 & \text{if } j = \arg\min_k \|\mathbf{x}_i - \mathbf{c}_k\|^2 \\ 0 & \text{otherwise} \end{cases}$

[표 9-3]과 [그림 9-8]에서 제공된 데이터를 바탕으로 군집1에 속하는 중심점 1의 위치를 구해보자. 군집1에 속하는 생도 1, 2, 3, 4의 키인 170, 169, 172, 175에 대한 평균값과 몸무게인 75, 80, 78, 74의 평균값을 계산하면, [표 9-4]와 같이 새로운 중심점인 [171.5 76.75]를 얻을 수 있다.

$$\mathbf{c}_j = \left[\frac{1}{4}(170+169+172+175) \quad \frac{1}{4}(75+80+78+74) \right]^{\mathrm{T}} = \left[171.5 \quad 76.75 \right]^{\mathrm{T}}$$

이와 같은 방식으로 군집2와 군집3의 새로운 중심점도 계산할 수 있다.

표 9-4 **새로운 중심점의 키와 몸무게 값**

중심점	키(c_{j1})	몸무게(c_{j2})
$\mathbf{c}_1$	171.5	76.75
$\mathbf{c}_2$	178.75	73.25
$\mathbf{c}_3$	184	80

새로운 중심점을 몸무게와 키 좌표상에 표시하면 [그림 9-9]와 같이 중심점이 이동한 것을 확인할 수 있다.

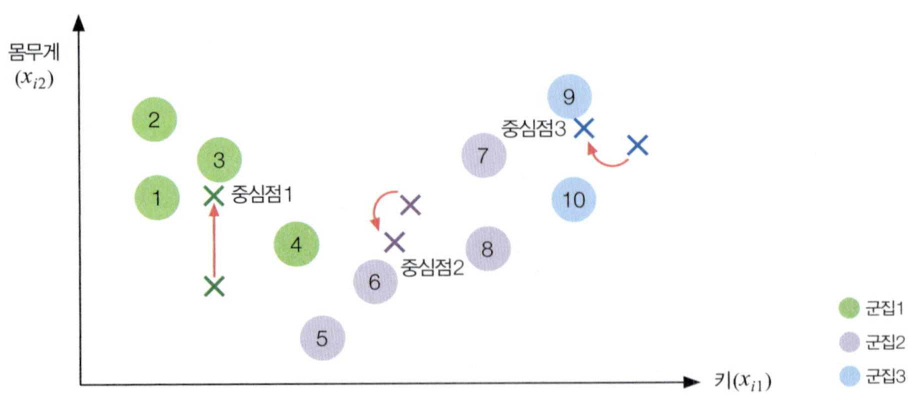

그림 9-9 **3단계 중심점 업데이트 예**

[4단계] 종료 조건 확인

k-평균 군집화는 종료 조건을 만족할 때까지 2단계(군집 할당)와 3단계(중심점 업데이트)를 반복한다. 종료 조건을 설정하는 방법에는 여러 가지가 있지만, 본 예시에서는 k-평균 군집화에서 대표적으로 사용하는 3단계(중심점 업데이트)에서 중심점이 움직이지 않는 경우만 고려한다. 초기의 중심점 위치를 나타내는 [표 9-2]의 결과와 중심점 업데이트 후의 결과인 [표 9-4]를 비교했을 때, 중심점이 이동한 것을 확인할 수 있다. 따라서, 종료 조건을 만족하지 못했기 때문에 2단계(군집 할당)와 3단계(중심점 업데이트)를 반복 수행하고 종료 조건을 확인해야 한다. [표 9-5]와 [그림 9-10]은 4단계에서 종료 조건을 만족했을 때, 최종 중심점 위치와 군집화가 완료된 상태를 보여준다. 1, 2, 3번 생도가 군집1을 구성하고, 4, 5, 6번 생도가 군집2를 구성하며, 7, 8, 9, 10번 생도가 군집3을 구성하고 있다. 즉, 초기 군집화 결과([그림 9-8])와 최종 결과가 달라진 것을 알 수 있다.

표 9-5 최종 중심점 위치

중심점	키(c_{j1})	몸무게(c_{j2})
$\mathbf{c}_1$	170.3	77.6
$\mathbf{c}_2$	176.3	72
$\mathbf{c}_3$	182.3	77.8

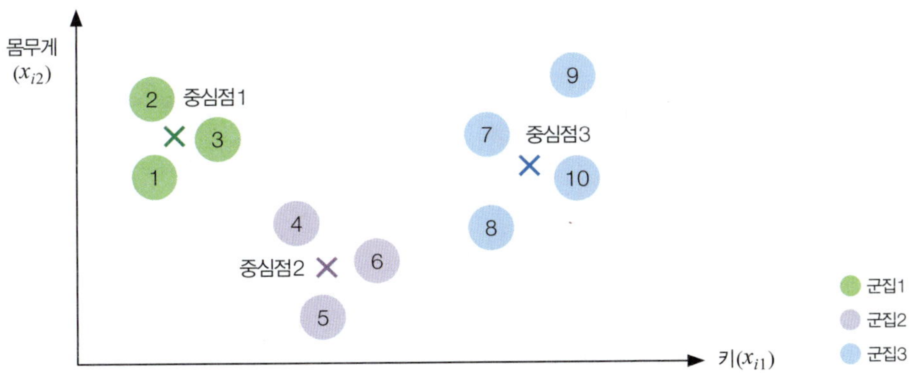

그림 9-10 4단계 종료 조건 확인 예

SECTION 04

k-평균 군집화 관련 고려 사항

1 초기 중심점 설정 및 성능 측도

k-평균 군집화의 1단계에서는 초기 중심점을 임의로 설정한다. 이 초기 중심점의 설정에 따라 k-평균 군집화의 결과가 달라질 수 있다. 동일한 데이터에서 초기 중심점의 위치가 다를 때 군집화 결과가 어떻게 달라지는지 알아보자. [표 9-6]은 새롭게 정의한 임의의 중심점이다. [그림 9-11]은 [표 9-1]의 데이터와 [표 9-6]의 새로운 중심점을 좌표 공간에서 시각화한 그림이다.

표 9-6 새로운 중심점

중심점	키(c_{j1})	몸무게(c_{j2})
$\mathbf{c}_1$	171	74
$\mathbf{c}_2$	179	71
$\mathbf{c}_3$	182	80

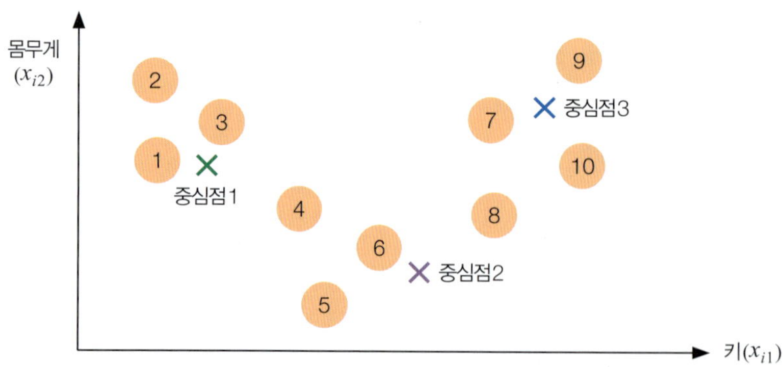

그림 9-11 1단계 중심점 초기화

새롭게 제시된 중심점으로 k-평균 군집화의 네 단계를 동일하게 진행했을 때, 초기 중심점이 다르면 군집 할당 결과가 달라지는 것을 확인할 수 있다. 예를 들어 [그림 9-8]의 예에서는 군집1, 군집2, 군집3

에 각각 네 개, 네 개, 두 개의 데이터가 할당되었으나 [그림 9-12]의 예에서는 군집1, 군집2, 군집3에 각각 네 개, 세 개, 세 개로 할당되었다. [표 9-1]과 같이 동일한 데이터이지만 중심점의 위치([표 9-2]와 [표 9-6])가 다르면 군집 할당 결과가 달라지는 것을 볼 수가 있다.

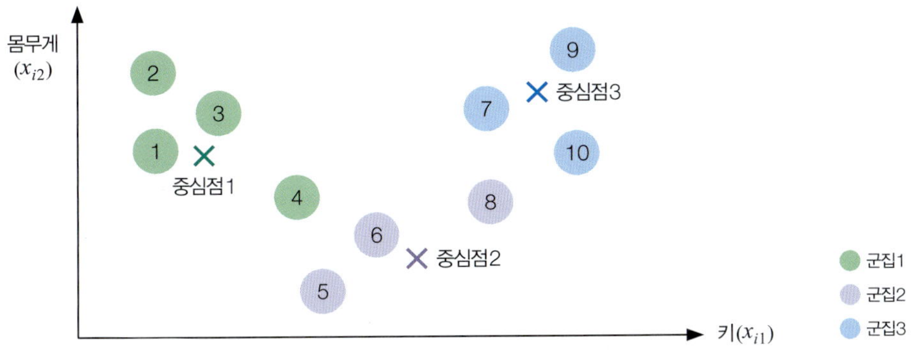

그림 9-12 2단계 군집 할당

군집을 형성하는 데이터의 구성이 변화하면 중심점의 업데이트 결과도 [그림 9-13]과 같이 달라진다. 이는 k-평균 군집화의 특성상 데이터의 평균을 통해 새롭게 중심점을 결정하기 때문에, 중심점의 초기 설정에 따라 최종 군집화 결과가 영향을 받기 때문이다.

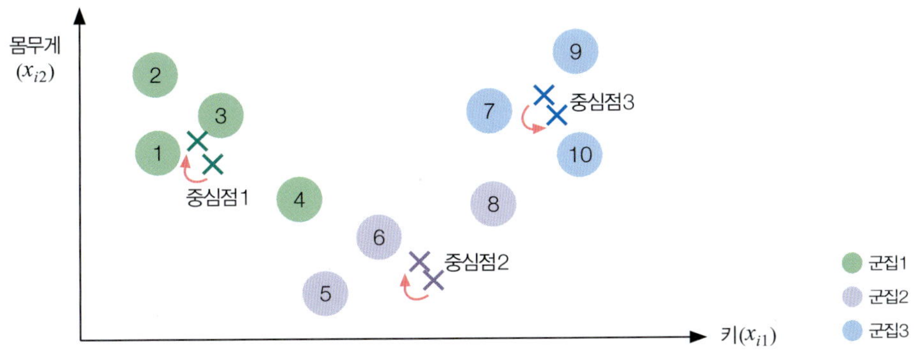

그림 9-13 3단계 중심점 업데이트

[그림 9-14]를 보면 동일 데이터임에도 초기 중심점의 위치에 따라 결과가 서로 다름을 확인할 수 있다. 데이터의 수가 많고 분산이 클수록 초기 중심점의 영향을 더 크게 받게 된다. 이러한 문제를 해결하기 위해 데이터의 분포를 활용해서 초기 중심점을 설정하는 방법도 존재한다는 것을 알아두자.

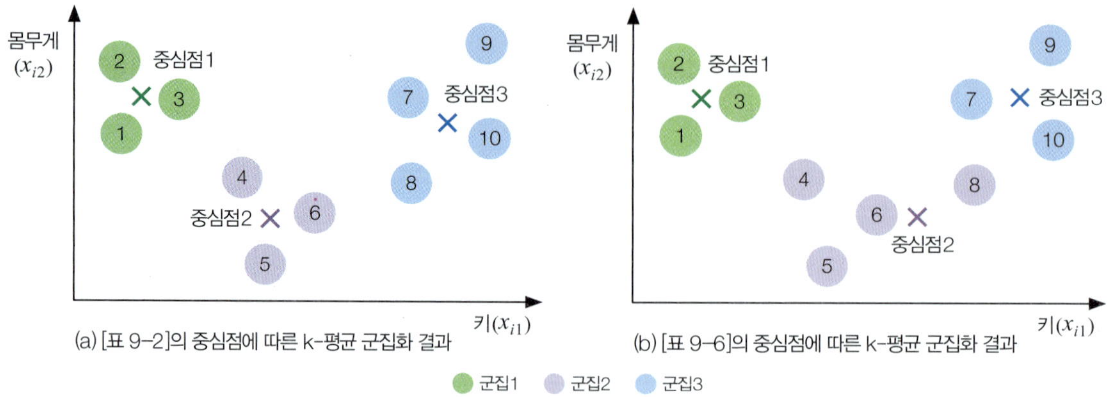

그림 9-14 초기 중심점에 따른 군집화 결과 비교

2 k-평균 군집화에서의 성능 측도

두 군집화 결과에서 어떤 결과가 군집화를 잘 수행한 결과일까? 시각적 비교만으로는 두 결과 중 어느 것이 더 우수한지 판단하기 어렵다. 예측값과 실제값을 비교할 수 있는 지도학습 방법에서는 예측 정확도와 같은 직관적인 성능 측도를 정의할 수 있지만, 비지도학습의 경우 대부분 실제값이 존재하지 않는다. 따라서 군집화의 성능을 평가하기 위해 다른 성능 측도를 사용한다.

군집화의 성능을 측정하는 데 자주 사용되는 방법 중 하나는 오차제곱합Sum of Squared Error, SSE이다. 이는 각 군집의 중심점과 군집 내 데이터의 차이를 제곱하여 합산하는 방식으로 계산된다. 중심점과 군집 내 데이터 간의 거리가 작을수록 오차제곱합은 작아지며 이는 더 좋은 군집화임을 의미한다. 오차제곱합은 다음과 같이 정의된다.

$$\text{SSE} = \sum_{j=1}^{k}\sum_{i=1}^{N} r_{ij}(x_i - c_j)^2$$

- k: 군집의 개수
- $\mathbf{c}_j$: 군집 j의 중심점
- $\mathbf{x}_i$: 군집 j에 속하는 i번째 데이터(특징 벡터)
- $r_{ij} = \begin{cases} 1 & \text{if } j = \arg\min_k \|\mathbf{x}_i - \mathbf{c}_k\|^2 \\ 0 & \text{otherwise} \end{cases}$

오차제곱합을 계산한 결과, [그림 9-14]의 (a)는 [표 9-1] 데이터와 [표 9-2] 중심점에 대해 SSE 값이 31.45로 나왔고, (b)는 [표 9-1] 데이터와 [표 9-4] 중심점에 대해 SSE 값이 30.49로 나왔다. 동일한 데이터일지라도 초기 중심점을 어떻게 설정하느냐에 따라 다른 결과를 얻을 수 있다.

오차제곱합 외에도 다양한 성능 측도가 있으며, 오차제곱합의 값을 임계값으로 설정하여 군집화의 종료 조건으로도 설정할 수 있다. 그러나 식에 제곱 연산이 포함되어 있기 때문에, 오차가 커질수록 오차제곱합의 값은 기하급수적으로 증가한다는 점에 유의해야 한다.

3 k-평균 군집화에서 k(군집의 개수) 설정

k-평균 군집화에서 *k*(군집의 개수)를 결정하는 방법은 다양하다. 가장 기본적인 방법은 사용자의 필요에 따라서 결정하는 것이다. 사용자가 *k*-평균 군집화를 적용하는 이유는 데이터를 특정 수의 군집으로 나누기 위해서이며, 사용자가 추후 군집화 결과를 활용하는 방법에 따라 필요한 군집의 개수를 결정할 수 있다. 예를 들어 특정 집단을 두 개의 군집으로 나누길 원하는 경우, 성능 지표나 다른 특성에 관계없이 *k*를 2로 설정할 수 있다.

또한 성능 지표를 사용하여 적절한 *k*의 개수를 선정할 수도 있다. 예를 들어, [그림 9-15]와 같이 오차제곱합 지표를 사용할 경우, *k*의 값이 증가할수록 오차제곱합의 값은 줄어들게 된다. 그러나 오차제곱합의 값이 감소하는 경향이 완만해지는 지점이 생기게 되는데, 이 지점을 엘보우 포인트Elbow Point라고 한다. 비지도학습에서는 실제값이 존재하지 않기 때문에, 엘보우 포인트에서의 *k* 값을 선택하는 것도 일반적이다.

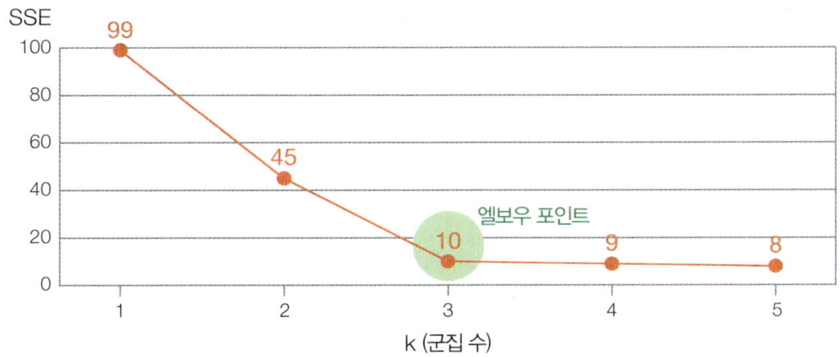

그림 9-15 군집 수에 따른 SSE 결과 비교

4 k-평균 군집화에서 4단계 종료 조건

k-평균 군집화 알고리즘은 중심점 초기화, 군집 할당, 중심점 업데이트, 종료 조건 확인의 네 단계를 거친다. 그중 마지막 단계인 종료 조건 확인 단계에서 고려할 수 있는 종료 조건에 대해 알아보자.

성능 측도 활용

성능 측도를 활용하여 종료 조건을 설정할 수 있다. 오차제곱합[SSE]을 예로 들면, 중심점을 업데이트할수록 SSE의 값은 일반적으로 감소한다. 실제 데이터셋에서 SSE가 완전히 0이 되는 경우는 드물기 때문에, 특정 임계값 이하로 SSE값이 떨어질 때까지 반복을 수행하여 군집화를 종료하는 조건을 설정할 수 있다.

중심점의 변화 없음

군집화 과정에서 중심점이 더 이상 움직이지 않는 것을 종료 조건으로 설정할 수 있다. 군집 할당과 중심점 업데이트를 반복하면서, 어느 순간 중심점의 위치가 변하지 않는 경우가 발생한다. 중심점이 업데이트되지 않으면 군집 할당도 더 이상 변하지 않기 때문에 해당 시점을 종료 조건으로 설정할 수 있다.

정해진 반복 횟수

단순하게 특정 횟수만큼 반복하는 방법도 있다. 군집 할당과 중심점 업데이트의 반복 횟수를 미리 설정하고 설정된 반복 횟수에 도달하면 군집화를 종료한다. 하지만 경우에 따라 군집화가 적절하게 이루어지지 않은 상태에서 작업이 일찍 종료될 수 있으므로, 데이터의 특성을 고려하여 반복 횟수를 적절히 결정하는 것이 중요하다.

5 k-평균 군집화의 한계점

k-평균 군집화는 다양한 데이터에 적용할 수 있는 알고리즘이지만, 모든 상황에서 최적의 성능을 제공하는 것은 아니다. 이 방법은 데이터의 특징에 따라서 몇 가지 문제점을 드러내기도 한다. 발생하는 문제점 중 세 가지 주요 경우를 살펴보자.

한계점 1. 서로 다른 크기의 군집을 잘 찾아내지 못함

데이터를 시각화하여 인간이 직접 각 데이터를 군집화할 경우, 서로 다른 크기의 군집을 고려하여 [그림 9-16]의 (a)와 같이 군집을 형성할 수가 있다. 그러나 *k*-평균 군집화의 경우, 데이터와 중심점 간의 거리만을 기준으로 군집화를 수행하기 때문에 (b)와 같은 결과가 도출된다.

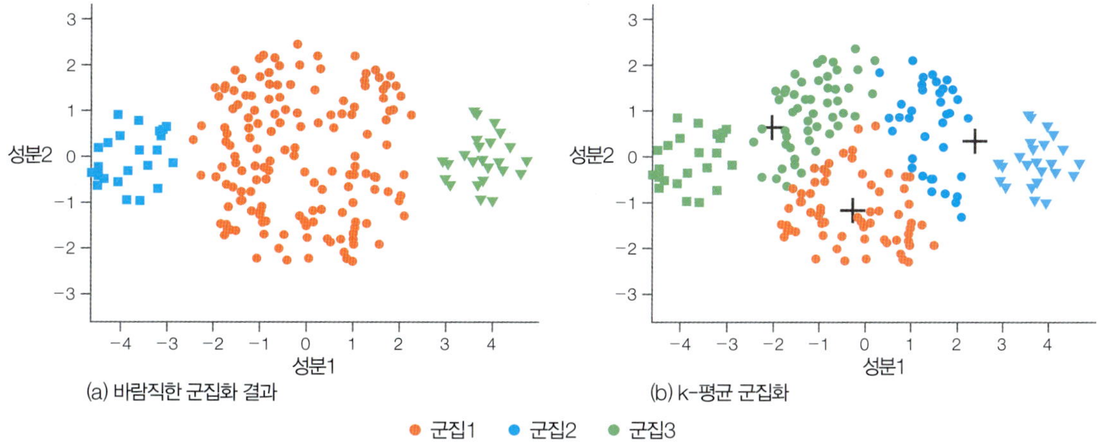

그림 9-16 k-평균 군집화 한계점 1[1]

한계점 2. 서로 다른 밀도의 군집을 잘 찾아내지 못함

첫 번째 한계점과 마찬가지로 인간이 군집화를 실시할 경우, 서로 다른 밀도를 고려할 수 있다. 그러나 [그림 9-17]과 같이 k-평균 군집화는 군집의 밀도를 고려하지 않는 알고리즘이기 때문에, 밀도가 높은 군집과 낮은 군집을 구분하지 못하고, 거리 기반 유사도로만 군집화를 진행하여 문제가 발생한다. 이로 인해 군집 내 유사도가 실제보다 낮게 평가될 수 있으며, 우리가 원하는 결과를 얻지 못하는 경우로 이어질 수 있다.

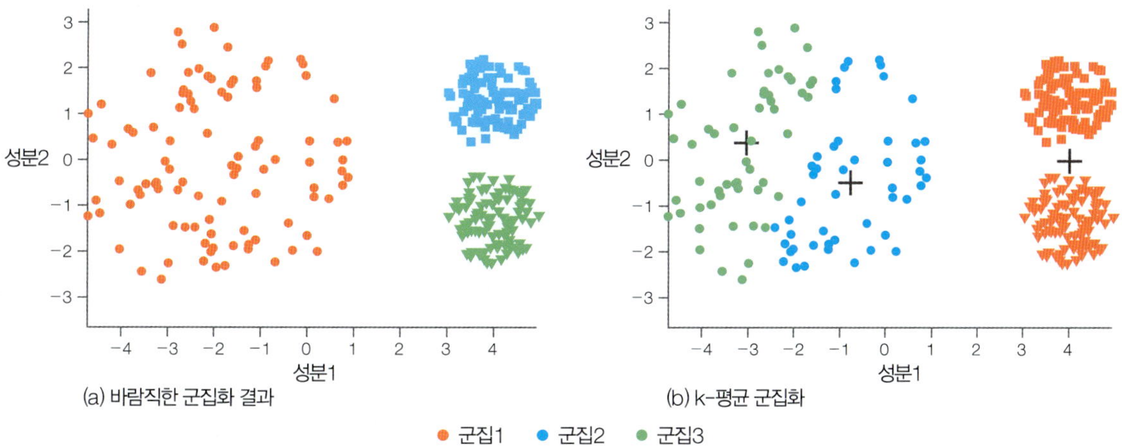

그림 9-17 k-평균 군집화 한계점 2

1 [그림 9-16], [그림 9-17], [그림 9-18]
출처: Pang-Ning Tan 외, Introduction to Data Mining (2nd Edition)(Pearson, 2018)

한계점 3. 지역적 패턴이 존재하는 경우 효과적이지 못함

지역적 패턴이 존재하는 데이터의 경우, 인간이 직접 군집화를 수행하면 [그림 9-18]의 (a)처럼 바람직한 결과가 나온다. 그러나 k-평균 군집화는 중심점과의 거리를 기준으로 군집을 결정하기 때문에, (b)와 같이 지역적 패턴을 무시하는 군집화가 이루어질 수 있다. 참고로 밀도 기반의 군집화를 적용하면 (a)와 같이 군집이 가능하다.

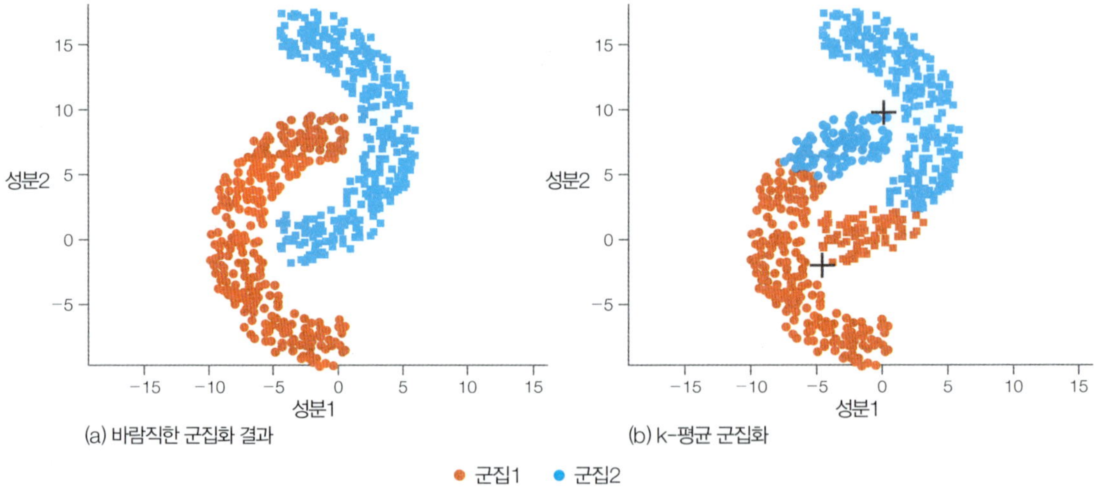

그림 9-18 k-평균 군집화 한계점 3

이와 같은 여러 한계점이 존재함에도 불구하고, k-평균 군집화는 비교적 쉬운 방법으로 데이터를 효과적으로 군집화할 수 있다는 장점 때문에 널리 사용된다.

SECTION 05

예제로 풀어보는 군집화

01 다음은 k-평균 군집화를 통해 주어진 데이터의 군집화를 진행하는 과정이다. 각 데이터와 중심점 사이의 거리를 계산하고 각 데이터가 어떤 중심점과 동일한 군집에 속하는지 찾으시오.

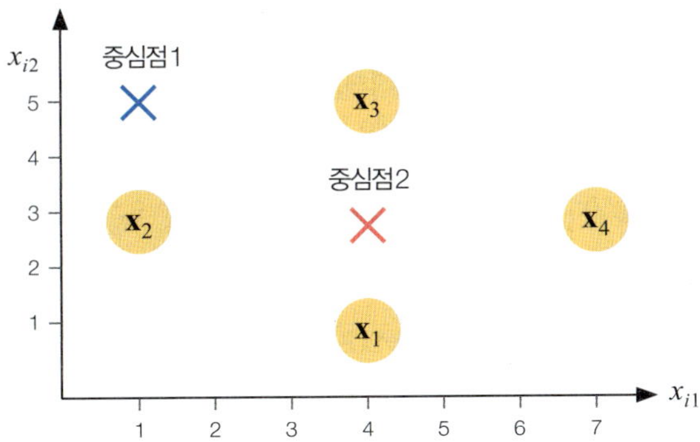

데이터	x_{i1}	x_{i2}
$\mathbf{x}_1$	4	1
$\mathbf{x}_2$	1	3
$\mathbf{x}_3$	4	5
$\mathbf{x}_4$	7	3

중심점	c_{j1}	c_{j2}
$\mathbf{c}_1$	1	5
$\mathbf{c}_2$	4	3

02 예제 **01**에서 군집화된 데이터를 바탕으로 새로운 중심점을 할당하고자 한다. 중심점 1과 중심점 2는 어떻게 업데이트되는가?

03 다음은 k-평균 군집화를 통해 주어진 데이터의 군집화를 진행하는 과정이다. 각 데이터와 중심점 사이의 거리를 계산하고 각 데이터가 어떤 중심점과 동일한 군집에 속하는지 찾으시오.

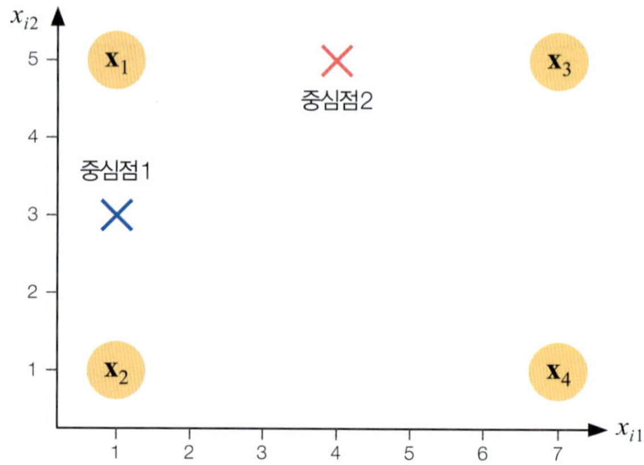

데이터	x_{i1}	x_{i2}
$\mathbf{x}_1$	1	5
$\mathbf{x}_2$	1	1
$\mathbf{x}_3$	7	5
$\mathbf{x}_4$	7	1

중심점	c_{j1}	c_{j2}
$\mathbf{c}_1$	1	3
$\mathbf{c}_2$	4	5

04 예제 **03**에서 군집화된 데이터를 바탕으로 새로운 중심점을 할당하시오.

05 다음은 k-평균 군집화를 통해 주어진 데이터의 군집화를 진행하는 과정이다. 각 데이터와 중심점 사이의 거리를 계산하고 각 데이터가 어떤 중심점이 나타내는 군집에 할당되는지 결정하시오.

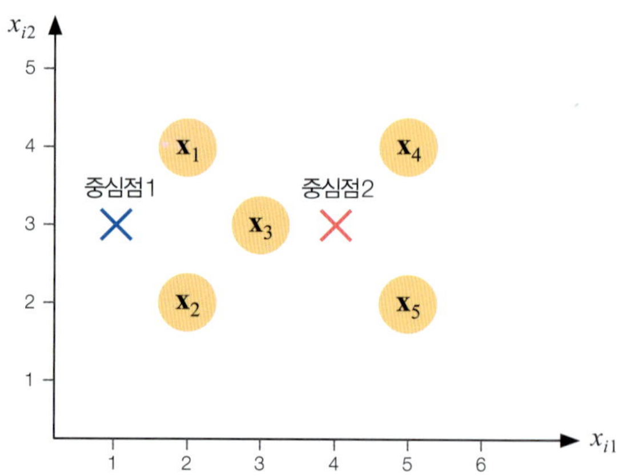

데이터	x_{i1}	x_{i2}
$\mathbf{x}_1$	2	4
$\mathbf{x}_2$	2	2
$\mathbf{x}_3$	3	3
$\mathbf{x}_4$	5	4
$\mathbf{x}_5$	5	2

중심점	c_{j1}	c_{j2}
$\mathbf{c}_1$	1	3
$\mathbf{c}_2$	4	3

06 예제 **05**의 군집화 결과를 이용하여 중심점 1과 중심점 2의 위치를 업데이트하고 새로운 중심점의 위치를 바탕으로 군집 할당 결과를 그리시오. 중심점 1이 대표하는 군집에 포함되는 데이터는 ○, 중심점 2가 대표하는 군집에 포함되는 데이터는 △, 중심점의 위치는 ×로 도시하시오.

07 예제 **05**에서 중심점 1, 2의 위치를 업데이트하기 위하여 유클리드 거리를 사용하여 유사도를 측정했다. 만약 유클리드 거리가 아닌 맨해튼 거리를 사용하여 유사도를 측정했다면, 업데이트된 중심점의 위치가 달라지는가?

SECTION 06

코드로 구현하는 군집화

- 내용 : k-평균 군집화 실습
- 파일 : CH09_실습_군집화.ipynb
- 실습 순서
  - 0 사용할 라이브러리와 패키지 불러오기
  - 1 (데이터) 데이터 불러오기
  - 2 (모델) 모델 구성하기
  - 3 (모델 학습) 모델 학습하기
  - 4 (모델 성능 평가 및 시각화) 모델 성능 평가 및 시각화하기

[실습 9-1] scikit-learn 라이브러리를 이용한 k-평균 군집화

0 사용할 라이브러리와 패키지 불러오기

9장 실습에서도 numpy, pandas, matplotlib, sklean 라이브러리가 사용된다. scikit-learn 라이브러리에서는 추가로 KMeans 함수를 추가하여 군집화를 위해 사용한다.

코드 9.1

```
import numpy as np
import pandas as pd
import matplotlib.pyplot as plt
from sklearn.cluster import KMeans
```

1 데이터 불러오기

이번 실습에서는 1,000개의 임의로 생성된 데이터를 활용하여 k-평균 군집화를 진행한다. 비지도학습에 대한 실습이기 때문에, 데이터의 실제값이 주어지지 않는다. 2차원의 성분을 가지는 벡터를 활용하며, 이를 통해 군집화의 성능을 시각적으로 평가할 수 있다.

코드 9.2

```
# 군집화를 위해 임의로 만든 데이터를 활용해서 군집화의 실습에 활용한다.
# 특징 벡터(데이터)의 성분이 두 개 존재하는데 2차원 벡터 형태다.
train = pd.read_csv('clustering_data.csv')
x_1 = train.iloc[:, 0]
x_2 = train.iloc[:, 1]

# 데이터의 전체 개수와 특징 벡터의 성분 수를 확인한다.
number_data    = np.size(train, 0)
number_feature = np.size(train, 1)

print('number of data : {}'.format(number_data))
print('number of feature : {}'.format(number_feature))
```

```
number of data : 1000
number of feature : 2
```

코드 9.3

```
# 군집이 할당되기 전 데이터를 확인한다.
plt.figure(figsize = (8, 8))
plt.title('input data')
plt.xlabel("x_1")
plt.ylabel("x_2")
plt.plot(x_1,x_2,'o', c = "blue")
```

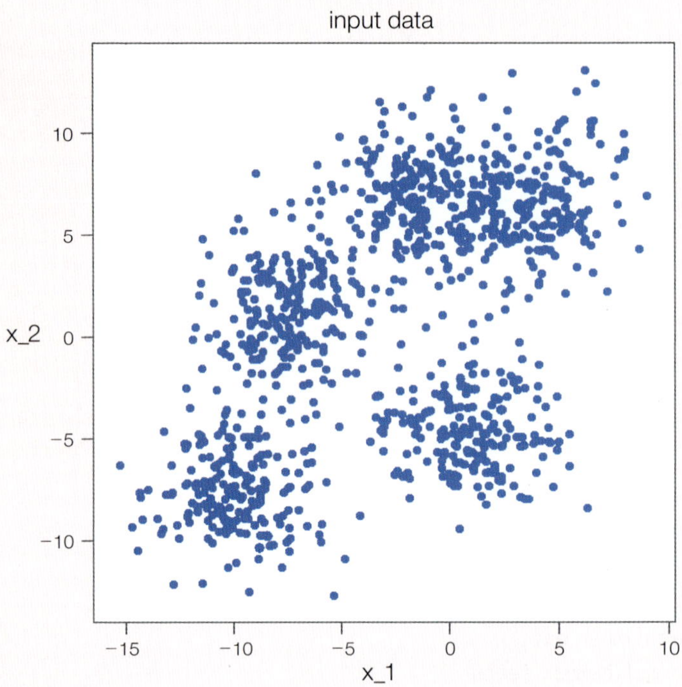

2 모델 구성하기

scikit-learn 라이브러리에서 제공하는 *k*-평균 군집화 모델을 불러온다. 여기서는 *k*를 5로 설정하여 군집화를 진행했다. 다양한 군집화 결과를 관찰하기 위해 *k* 값을 변경해보는 것도 좋다.

코드 9.4

```
model = KMeans(n_clusters = 5)
```

3 모델 학습하기

비지도학습의 경우, 지도학습과 달리 데이터의 실제값(y)이 주어지지 않는다. 이는 *k*-평균 군집화 과정에서도 마찬가지로, 특정 집합(x)인 train만 포함된다. fit 함수를 실행하면 이 데이터를 바탕으로 학습이 진행되고 군집화 결과가 도출된다.

코드 9.5

```
# fit 함수를 통해 학습을 진행한다.
model.fit(train)
```

4 모델 성능 평가 및 시각화하기

predict 함수를 통해서 데이터를 가져오고, 해당 데이터로 결과를 시각화한다.

코드 9.6

```
pred = pd.DataFrame(model.predict(train))

def plot_cluster(feature, label_feature):
    x1 = feature.iloc[:, 0]
    x2 = feature.iloc[:, 1]
    plt.figure(figsize = (8, 8))
    plt.title('cluster')
    plt.xlabel("x_1")
    plt.ylabel("x_2")

    # 군집별 다른 색상으로 표시하고 같은 군집에 속한 데이터는 같은 색상으로 표시해준다.
    # "o"을 사용하면 데이터를 점 형태로 표기할 수 있다.
    # color을 의미하는 c를 설정하면 데이터를 설정한 색상으로 표기한다.
    plt.plot(x1[label_feature == 0], x2[label_feature == 0],'o', c = "skyblue")
    plt.plot(x1[label_feature == 1], x2[label_feature == 1],'o', c = "yellow")
    plt.plot(x1[label_feature == 2], x2[label_feature == 2],'o', c = "green")
    plt.plot(x1[label_feature == 3], x2[label_feature == 3],'o', c = "red")
    plt.plot(x1[label_feature == 4], x2[label_feature == 4],'o', c = "violet")
    plt.tight_layout()
    plt.show()

plot_cluster(train, pred.values.ravel())
```

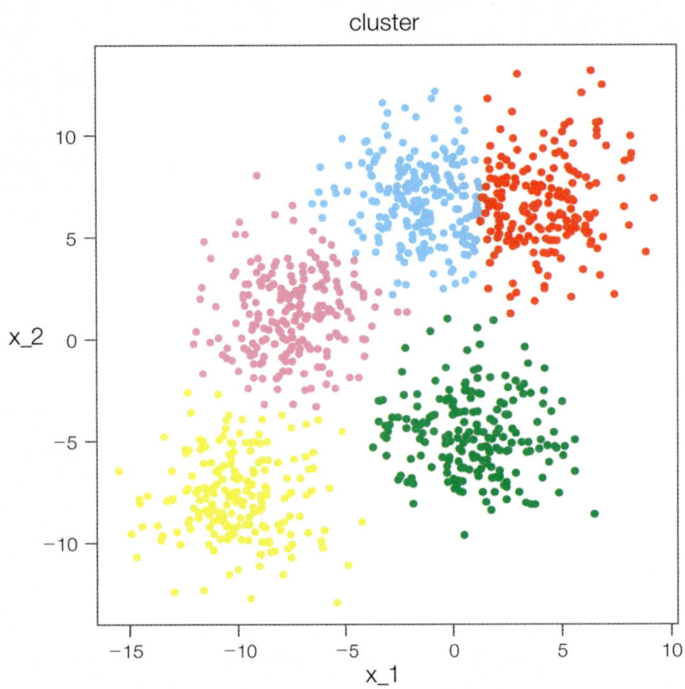
cluster
x_2
10
5
0
−5
−10
−15
−10
−5
0
5
10
x_1

[실습 9-2] 함수를 직접 정의해 구현한 k-평균 군집화

1 데이터 불러오기

직접 구현에서도 scikit-learn 라이브러리를 활용한 방법과 동일한 데이터를 활용한다. 마찬가지로 1,000개의 임의로 생성된 비지도학습 데이터를 활용한다.

코드 9.7

```
# 군집화를 위해 임의로 만든 데이터를 활용해서 군집화의 실습에 활용한다.
# 특징 벡터가 총 두 개 존재하는데 2차원 벡터 형태다.
train = pd.read_csv('clustering_data.csv')
x_1 = train.iloc[:, 0]
x_2 = train.iloc[:, 1]

# 데이터의 전체 개수와 특징 벡터의 성분 수를 확인한다.
number_data    = np.size(train, 0)
number_feature = np.size(train, 1)

print('number of data : {}'.format(number_data))
print('number of feature : {}'.format(number_feature))
```

```
number of data : 1000
number of feature : 2
```

코드 9.8

```
# 군집이 할당되기 전 데이터를 확인한다.
plt.figure(figsize = (8, 8))
plt.title('input data')
plt.xlabel("x_1")
plt.ylabel("x_2")
plt.plot(x_1,x_2,'o', c = "blue")
```

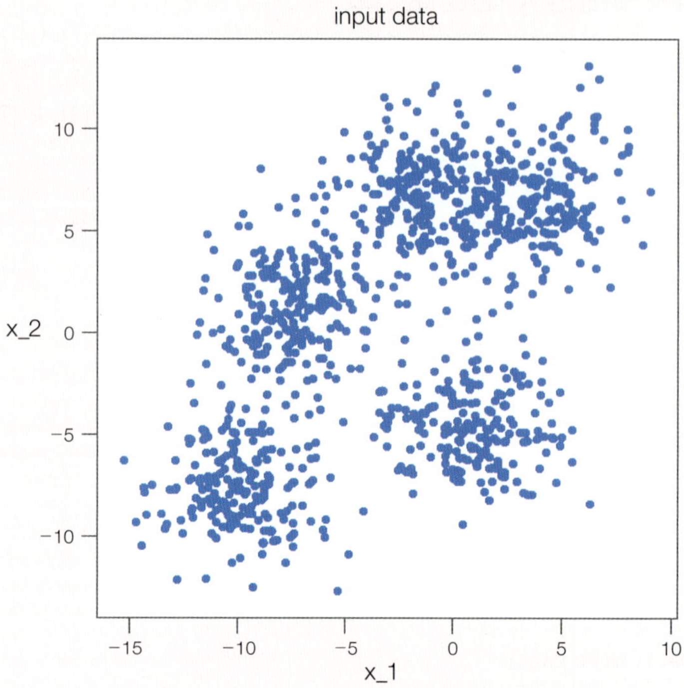

2 모델 구성하기

k-평균 군집화 모델을 직접 구현하기 위해 거리 연산 함수, 중심점 계산 함수, 클러스터 결정 함수를 선언한다. 거리 연산 함수 compute_distance의 경우 유클리드 거리를 기반으로 중심점과 데이터 사이의 거리를 연산하는 데 활용된다. 중심점 계산 함수인 compute_centroid 함수는 각 군집에 할당된 데이터를 기반으로 동일 군집에 포함된 데이터의 평균을 계산하여 새롭게 중심점을 설정해주는 함수다. 마지막으로 클러스터 결정 함수인 compute_label 함수는 거리 연산 함수로 계산한 중심점까지의 거리를 활용해서 가장 가까운 중심점을 찾고 군집을 결정해준다.

코드 9.9

```
# 거리 연산 함수는 특징 벡터(데이터)와 중심점(center) 사이의 거리를 연산한다.
# 각 중심점과 데이터 사이의 값을 연산하는 함수로 유클리드 거리가 활용된다.
def compute_distance(feature, center):
    n = np.size(feature, 0)
    m = np.size(feature, 1)
    distance = np.zeros(shape = (n))

    for i in range(n):
        dist = 0
        for j in range(m):
            feat = feature[i]
            dist = dist + np.power((feat[j]-center[j]), 2)
        distance[i] = np.sqrt(dist)
    return distance
```

코드 9.10

```
# 중심점 계산 함수는 동일한 군집에 포함된 데이터를 통해 새로운 중심점을 계산한다.
# 동일 군집에 포함된 데이터의 평균을 활용하여 중심점을 새롭게 이동해준다.
def compute_centroid(feature, label_feature, value_label):
    n = np.size(feature, 0)
    m = np.size(feature, 1)
    centroid = np.zeros(shape = (m))
    cnt = 0

    for i in range(n):
        if label_feature[i] == value_label:
            cnt = cnt+1
            for j in range(m):
                feat = feature[i]
                centroid[j] = centroid[j] + feat[j]
    centroid = centroid / cnt
    return centroid
```

코드 9.11

```
# 클러스터 결정 함수는 거리 연산 함수로 계산한 중심점까지의 거리를 활용해
# 가장 가까운 중심점을 찾고 동일한 군집끼리 결정해준다.
def compute_label(distance):
    n = np.size(distance, 0)
    k = np.size(distance, 1)
    index_label_feature = np.zeros(shape = (n))

    for i in range(n):
        dist = distance[i]
        label = np.argmin(dist)
        index_label_feature[i] = label
    return index_label_feature
```

3 모델 학습하기

2에서 만든 알고리즘을 바탕으로 k-평균 군집화를 실행한다. scikit-learn 라이브러리에서의 실행과 마찬가지로 k 값은 5로 설정한다. k-평균 군집화의 종료 조건으로는 특정 횟수의 반복을 설정하며, 여기서는 20회만큼의 반복을 설정한다. 주요 변수로는 각 중심점까지의 거리를 담을 distance 변수와 중심점의 위치를 담을 centroid 변수가 있고, 필요에 따라 추가 변수들을 선언한다.

초기 중심점은 train 데이터셋 내 임의로 선택된 데이터의 index를 활용하여 결정된다. 이후 거리 연산, 군집 할당, 중심점 업데이트의 순서로 과정이 반복된다. 이 과정을 통해 데이터가 특정 군집에 할당되며, 군집의 중심점이 어떻게 이동하는지 시각적으로 표현할 수 있다.

코드 9.12

```
train = train.values
number_cluster = 5
number_iteration = 20
distance = np.zeros(shape=(number_data, number_cluster))
centroid = np.zeros(shape=(number_cluster, number_feature))
loss_iteration = np.zeros(shape=(number_iteration, 1))
centroid_iteration = np.zeros(shape=(number_iteration, number_cluster, number_feature))
label_feature = np.zeros(shape=(number_data,1))
label_cluster = [0, 1, 2, 3, 4]
```

```
duplist = []
for i in range(number_cluster):
    ran = np.random.randint(0, number_data)
    while ran not in duplist:
        ran = np.random.randint(0, number_data)
        duplist.append(ran)
        centroid[i] = train[ran]

for i in range(number_iteration):
    loss = 0
    for k in range(number_cluster):
        distance[:,k] = compute_distance(train, centroid[k])
    label_feature = compute_label(distance)

    for k in range(number_cluster):
        centroid[k] = compute_centroid(train, label_feature, k)
    centroid_iteration[i] = centroid

    for n in range(number_data):
        label = int(label_feature[n])
        loss = loss + distance[n][label]
    loss_iteration[i] = loss / n
    print("iteration = %4d, Error = %5.5f" % (i, loss/n))
```

```
iteration =    0, Error = 5.65901
iteration =    1, Error = 3.82163
iteration =    2, Error = 3.12267
iteration =    3, Error = 2.99779
iteration =    4, Error = 2.91717
iteration =    5, Error = 2.84753
iteration =    6, Error = 2.78986
iteration =    7, Error = 2.73121
iteration =    8, Error = 2.64585
iteration =    9, Error = 2.56183
iteration =   10, Error = 2.51055
iteration =   11, Error = 2.48549
iteration =   12, Error = 2.47126
iteration =   13, Error = 2.46836
iteration =   14, Error = 2.46704
iteration =   15, Error = 2.46710
iteration =   16, Error = 2.46708
iteration =   17, Error = 2.46726
iteration =   18, Error = 2.46761
iteration =   19, Error = 2.46761
```

4 모델 성능 평가 및 시각화하기

마찬가지로 시각화를 통해서 결과를 확인해볼 수 있다. 직접 구현에서는 시각화를 통한 군집화 결과뿐만 아니라 plot_centroid 함수를 통해 중심점의 이동 과정도 확인할 수 있다.

코드 9.13

```
# 시각화를 통해 학습 결과를 확인한다.
def plot_cluster(feature, label_feature):
    x = feature[:, 0]
    y = feature[:, 1]
    plt.figure(figsize = (8, 8))
    plt.title('cluster')
    plt.xlabel("x_1")
    plt.ylabel("x_2")
    plt.plot(x[label_feature == 0], y[label_feature == 0], 'o', c = "skyblue")
    plt.plot(x[label_feature == 1], y[label_feature == 1], 'o', c = "yellow")
    plt.plot(x[label_feature == 2], y[label_feature == 2], 'o', c = "green")
    plt.plot(x[label_feature == 3], y[label_feature == 3], 'o', c = "red")
    plt.plot(x[label_feature == 4], y[label_feature == 4], 'o', c = "violet")
    plt.tight_layout()
    plt.show()
plot_cluster(train, label_feature)
```

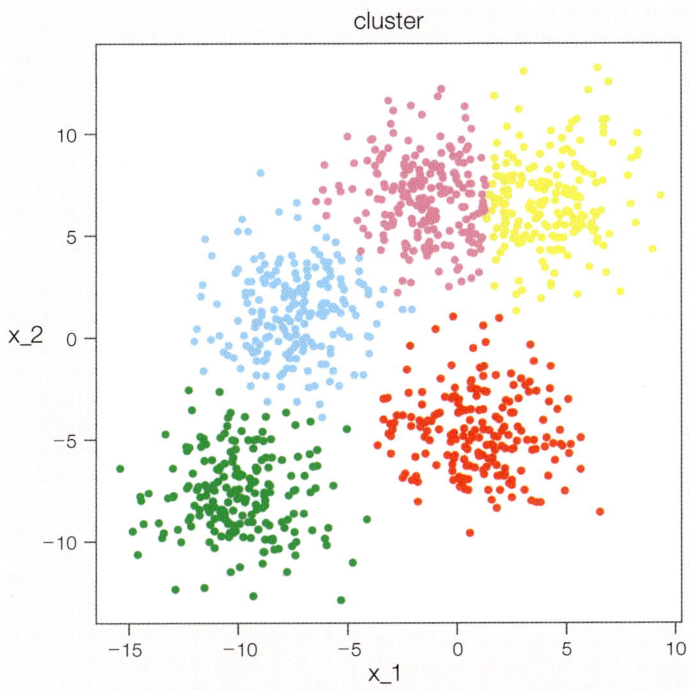

코드 9.14

```
# 중심점 이동 경로를 시각화한다.
def plot_centroid(centroid_iteration):
    plt.figure(figsize = (8, 8))
    plt.title('centroid')
    plt.xlabel("c_1")
    plt.ylabel("c_2")
    plt.plot(centroid_iteration[:, 0, 0], centroid_iteration[:, 0, 1],
             '-', c = 'skyblue', label = "cluster = 0")
    plt.plot(centroid_iteration[:, 1, 0], centroid_iteration[:, 1, 1],
             '-', c = 'yellow', label = "cluster = 1")
    plt.plot(centroid_iteration[:, 2, 0], centroid_iteration[:, 2, 1],
             '-', c = 'green', label = "cluster = 2")
    plt.plot(centroid_iteration[:, 3, 0], centroid_iteration[:, 3, 1],
             '-', c = 'red', label = "cluster = 3")
    plt.plot(centroid_iteration[:, 4, 0], centroid_iteration[:, 4, 1],
             '-', c = 'violet', label = "cluster = 4")
```

```
    plt.plot(centroid_iteration[0, :, 0], centroid_iteration[0, :, 1],
             'o', c = 'blue', label = "initial")
    plt.plot(centroid_iteration[-1, :, 0], centroid_iteration[-1, :, 1],
             's', c = 'red', label = "final")
    plt.tight_layout()
    plt.legend()
    plt.show()

plot_centroid(centroid_iteration)
```

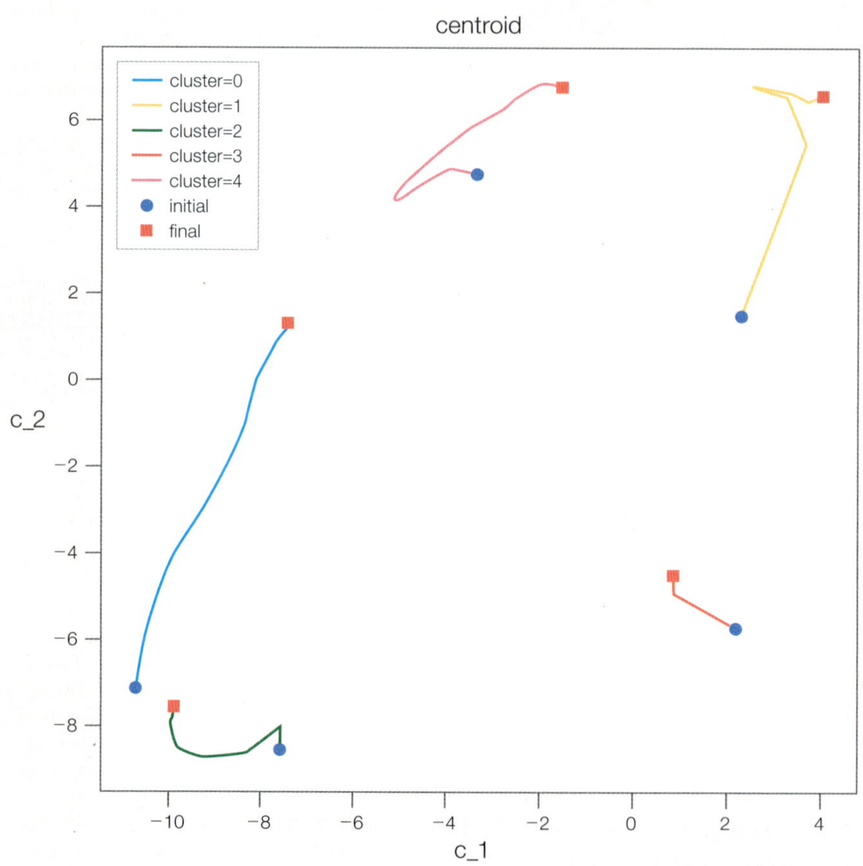

APPENDIX

Basic Cheat Sheet

1 데이터

$$D = \{(\mathbf{x}_i, y_i)\}_{i=1}^{N}$$

$$\mathbf{x}_i = [x_{i1}]^{\mathrm{T}} = x_i \in \mathbb{R}$$

벡터 형식

$$y_i \in \mathbb{R}$$

스칼라 형식
실제값

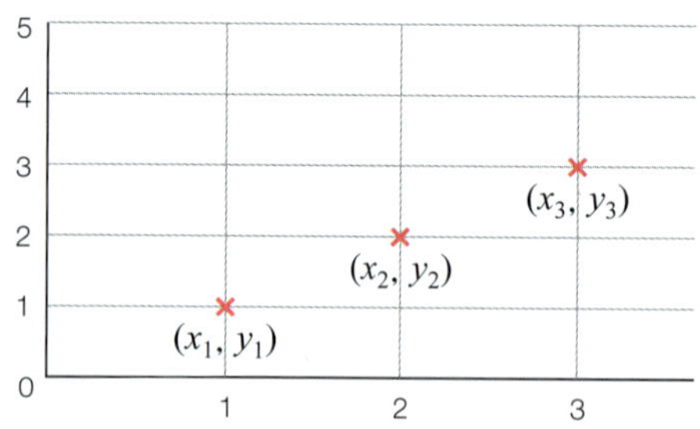

2 모델

$$\hat{y}_i = f_{\mathbf{w}}(x_i) = w_0 + w_1 x_i$$

예측값 단순 선형 회귀

$f_{\mathbf{w}}(x) = w_0 + w_1 x$
$(w_0 = 1, w_1 = 1)$

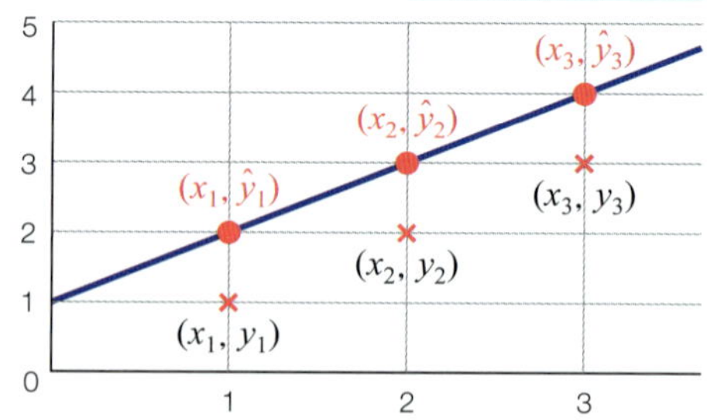

3 학습

모델 학습목표: $\underset{\mathbf{w}}{\operatorname{argmin}}\, L(\mathbf{w})$ → $L(\mathbf{w})$를 최소화하는 $\mathbf{w}$를 찾는 것

1 손실 함수의 정의

$$L(\mathbf{w}) = \frac{1}{N}\sum_{i=1}^{N}(y_i - \hat{y}_i)^2 = \frac{1}{N}\sum_{i=1}^{N}\{y_i - (w_0 + w_1 x_i)\}^2$$

(y_i: 실제값, $\hat{y}_i$: 예측값)

2 경사하강법에 의한 손실 함수가 최소화되는 $\mathbf{w}^* = [w_0^* \ w_1^*]^T$를 찾는 것

$$w_j \leftarrow w_j - \alpha \frac{\partial L(\mathbf{w})}{\partial w_j} \qquad (j \in \{0,1\})$$

$$w_0 \leftarrow w_0 - \alpha \frac{2}{N}\sum_{i=1}^{N}\{y_i - (w_0 + w_1 x_i)\}(-1)$$

$$w_1 \leftarrow w_1 - \alpha \frac{2}{N}\sum_{i=1}^{N}\{y_i - (w_0 + w_1 x_i)\}(-x_i)$$

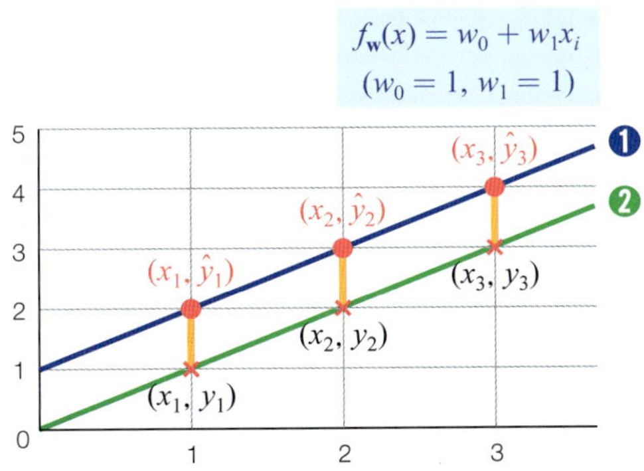

실제값과 예측값의 절대값

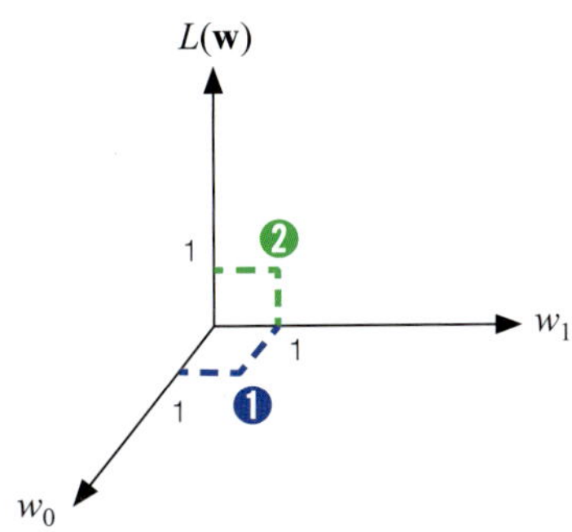

❶ $L(\mathbf{w}) = \frac{1}{3}\sum_{i=1}^{3}(y_i - \hat{y}_i)^2 = 0$

❷ $L(\mathbf{w}) = \frac{1}{3}\sum_{i=1}^{3}(y_i - \hat{y}_i)^2 = 1$

❶에서 ❷로 w_0 w_1가 어떻게 업데이트하는가?

→ 경사하강법으로 업데이트한다.

1 데이터

$$D = \{(\mathbf{x}_i, y_i)\}_{i=1}^{N}$$

$$\mathbf{x}_i = [x_{i1}\ x_{i2} \cdots x_{id}]^{\mathrm{T}}$$

벡터 형식

$$y_i \in \{0,\ 1\}$$

이산형 실제값

1 $\mathbf{x}_i = [x_{i1}]^{\mathrm{T}} = x_i$ 인 경우

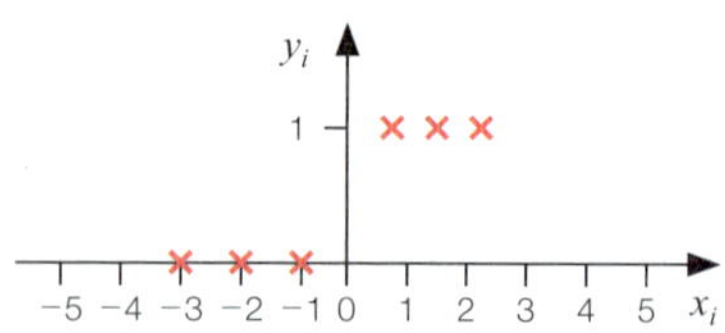

2 $\mathbf{x}_i = [x_{i1}\ x_{i2}]^{\mathrm{T}}$ 인 경우

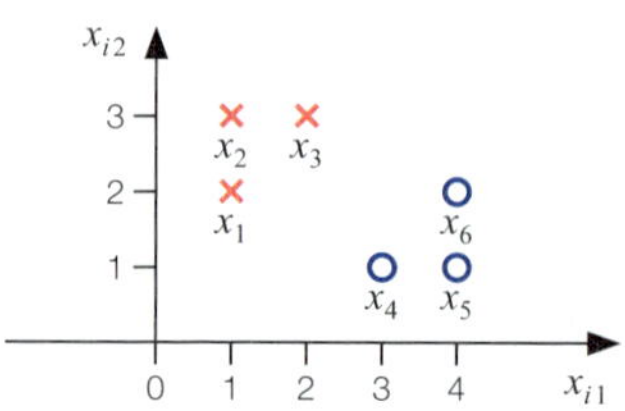

× $y_i = 0$ ○ $y_i = 1$

2 모델

1 $\mathbf{x}_i = [x_{i1}]^{\mathrm{T}} = x_i$ 인 경우

$$\hat{y}_i = \sigma(g(x_i)) = \sigma(w_0 + w_1 x_i) = \frac{1}{1+e^{-(w_0+w_1 x_i)}}$$

예측값

$$(z_i = g(x_i) = w_0 + w_1 x_i)$$

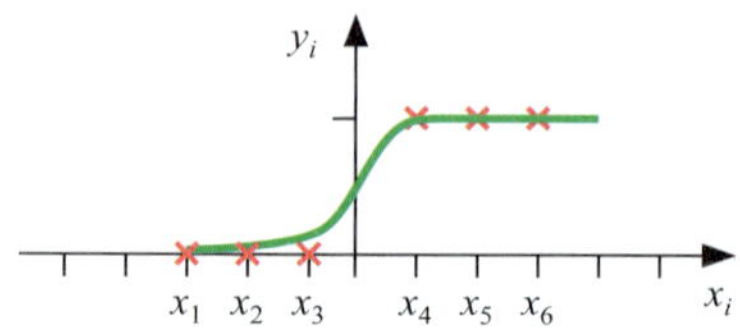

$\sigma(x_i) = \frac{1}{1+e^{-(x_i)}} = \hat{y}_i$

$(w_0 = 0,\ w_1 = 1)$

$(z_i = g(x_i) = x_i)$

선형 판별 함수

$$\hat{y}_1 = \sigma(z_1) \approx 0,\ z_1 < 0 \qquad \hat{y}_2 = \sigma(z_2) \approx 0,\ z_2 < 0$$

$$\hat{y}_3 = \sigma(z_3) \approx 0,\ z_3 < 0 \qquad \hat{y}_4 = \sigma(z_4) \approx 1,\ z_4 > 0$$

$$\hat{y}_5 = \sigma(z_5) \approx 1,\ z_5 > 0 \qquad \hat{y}_6 = \sigma(z_6) \approx 1,\ z_6 > 0$$

2 $\mathbf{x}_i = [x_{i1}\ x_{i2}]^{\mathrm{T}}$ 인 경우

$$\hat{y}_i = \sigma(g(\mathbf{x}_i)) = \sigma(w_0 + w_1 x_{i1} + w_2 x_{i2}) = \frac{1}{1+e^{-(w_0+w_1 x_{i1}+w_2 x_{i2})}}$$

$$(z_i = g(\mathbf{x}_i) = w_0 + w_1 x_{i1} + w_2 x_{i2})$$

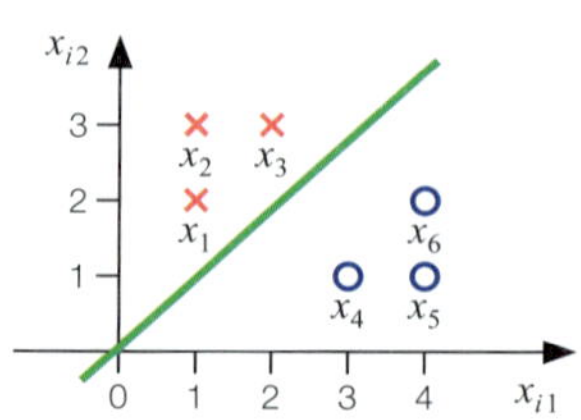

$z_i = \sigma(\mathbf{x}_i) = \frac{1}{1+e^{-(x_{i1}-x_{i2})}} = \hat{y}_i$

$(w_0 = 0,\ w_1 = 1,\ w_2 = -1)$

$(z_i = g(\mathbf{x}_i) = x_{i1} - x_{i2})$

선형 판별 함수

× $y_i = 0$ ○ $y_i = 1$

$$\hat{y}_1 = \sigma(z_1) \approx 0,\ z_1 < 0 \qquad \hat{y}_2 = \sigma(z_2) \approx 0,\ z_2 < 0$$

$$\hat{y}_3 = \sigma(z_3) \approx 0,\ z_3 < 0 \qquad \hat{y}_4 = \sigma(z_4) \approx 1,\ z_4 > 0$$

$$\hat{y}_5 = \sigma(z_5) \approx 1,\ z_5 > 0 \qquad \hat{y}_6 = \sigma(z_6) \approx 1,\ z_6 > 0$$

3 학습

모델 학습목표: $\underset{\mathbf{w}}{\operatorname{argmin}}\, L(\mathbf{w})$ $\rightarrow L(\mathbf{w})$를 최소화하는 $\mathbf{w}$를 찾는 것

1 손실 함수의 정의

$$L(\mathbf{w}) = -\frac{1}{N}\sum_{i=1}^{N}\{ y_i \ln \hat{y}_i + (1-y_i)\ln(1-\hat{y}_i)\}$$

(y_i: 실제값, $\hat{y}_i$: 예측값, y_i: 실제값, $\hat{y}_i$: 예측값)

2 경사하강법에 의한 손실 함수가 최소화되는 $\mathbf{w}^* = [w_0^* \; w_1^*]^{\mathrm{T}}$를 찾는 것($\mathbf{x}_i = [x_i \; 1]^{\mathrm{T}} = x_i$인 경우)

$$w_j \leftarrow w_j - \alpha \frac{\partial L(\mathbf{w})}{\partial w_j} \qquad (j \in \{0,1\})$$

$$w_0 \leftarrow w_0 + \alpha \frac{1}{N}\sum_{i=1}^{N}\{y_i - \sigma(w_0 + w_1 x_i)\}$$

$$w_1 \leftarrow w_1 + \alpha \frac{1}{N}\sum_{i=1}^{N}\{y_i - \sigma(w_0 + w_1 x_i)\} x_i$$

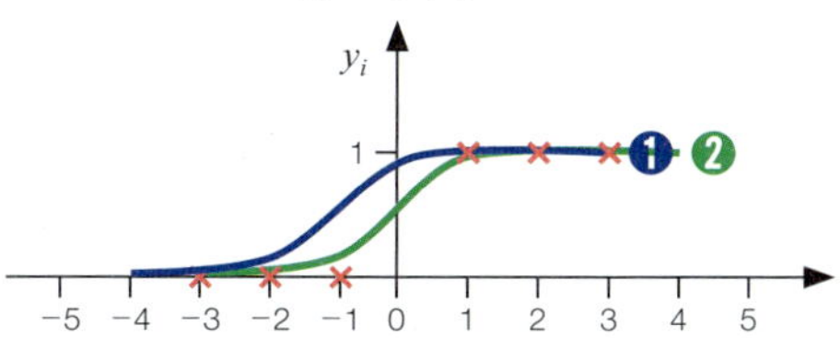

❶ $\sigma(x_i) = \frac{1}{1+e^{-(1+x_i)}} = \hat{y}_i\,(w_0 = 1,\ w_1 = 1)$

❷ $\sigma(x_i) = \frac{1}{1+e^{-(x_i)}} = \hat{y}_i\,(w_0 = 0,\ w_1 = 1)$

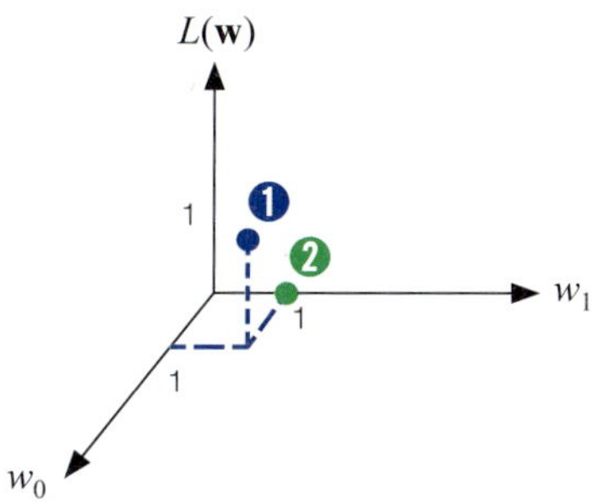

❶ $L(\mathbf{w}) = -\frac{1}{6}\{\ln(1-\hat{y}_1) + \ln(1-\hat{y}_2) + \ln(1-\hat{y}_3) + \ln(\hat{y}_4) + \ln(\hat{y}_5) + \ln(\hat{y}_6)\} = 1.72$

❷ $L(\mathbf{w}) = -\frac{1}{6}\{\ln(1-\hat{y}_1) + \ln(1-\hat{y}_2) + \ln(1-\hat{y}_3) + \ln(\hat{y}_4) + \ln(\hat{y}_5) + \ln(\hat{y}_6)\} \approx 0$

❶에서 ❷로 w_0 w_1가 어떻게 업데이트하는가?

→ 경사하강법으로 업데이트한다.

1 데이터

$$D = \left\{ \left(\mathbf{x}_i, y_i \right) \right\}_{i=1}^{N}$$

❶ 실제값이 연속형인 경우

$$\mathbf{x}_i = [x_{i1} \;\; x_{i2}]^{\mathrm{T}} \;\; (y_i \in \mathbb{R})$$

❷ 실제값이 이산형(이진값)인 경우

$$\mathbf{x}_i = [x_{i1} \;\; x_{i2}]^{\mathrm{T}} \;\; (y_i \in \{0, 1\})$$

* 계산의 편의를 위해 특징 벡터의 성분 수를 2로 가정함

2 모델

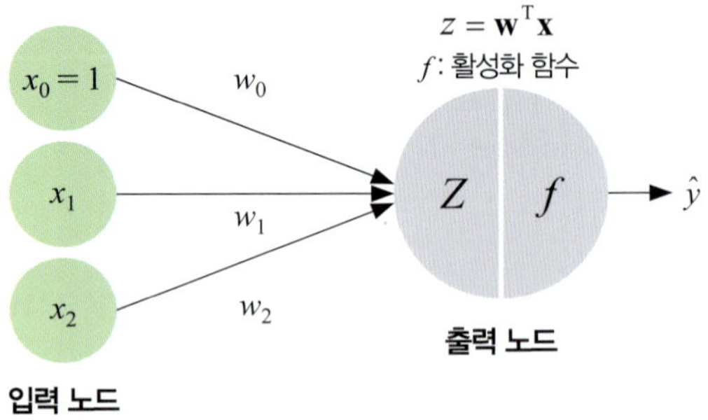

- 가중치: $\mathbf{w} = \begin{bmatrix} w_0 & w_1 & w_2 \end{bmatrix}^{\mathrm{T}}$
- 가중합: $z = w_0 + w_1 x_1 + w_2 x_2$
- 예측값: $\hat{y} = f(z) = \sigma(z) = \sigma(\mathbf{w}^{\mathrm{T}}\mathbf{x})$

예시 ① 실제값이 연속형인 경우	$D = \left\{ \left([1 \;\; 1]^{\mathrm{T}}, 0.7 \right), \left([1 \;\; 0]^{\mathrm{T}}, 0.5 \right) \right\}$ $\mathbf{x}_1 = [1 \;\; 1]^{\mathrm{T}}, y_1 = 0.7$ $\mathbf{x}_2 = [1 \;\; 0]^{\mathrm{T}}, y_2 = 0.5$	* $\mathbf{w} = [0 \;\; -1 \;\; 1]^{\mathrm{T}}$, 항등 함수로 설정 $\hat{y}_1 = f(z_1) = z_1 = 0 - 1 + 1 = 0$ $\hat{y}_2 = f(z_2) = z_2 = 0 - 1 + 0 = -1$
예시 ② 실제값이 이산형(이진값)인 경우	$D = \left\{ \left([1 \;\; 1]^{\mathrm{T}}, 1 \right), \left([1 \;\; 0]^{\mathrm{T}}, 0 \right) \right\}$ $\mathbf{x}_1 = [1 \;\; 1]^{\mathrm{T}}, y_1 = 1$ $\mathbf{x}_2 = [1 \;\; 0]^{\mathrm{T}}, y_2 = 0$	* $\mathbf{w} = [0 \;\; -1 \;\; 1]^{\mathrm{T}}$, 시그모이드 함수로 설정 $\hat{y}_1 = f(z_1) = \sigma(z_1) = \sigma(0) = 0.5$ $\hat{y}_2 = f(z_2) = \sigma(z_2) = \sigma(-1) = 0.37$

3 학습

모델 학습목표: $\underset{\mathbf{w}}{\operatorname{argmin}}\, L(\mathbf{w})$ $\rightarrow L(\mathbf{w})$를 최소화하는 $\mathbf{w}$를 찾는 것

1 손실 함수의 정의

❶ 실제값이 연속형인 경우

$$L(\mathbf{w}) = \frac{1}{N}\sum_{i=1}^{N}\left(\underbrace{y_i}_{\text{실제값}} - \underbrace{\hat{y}_i}_{\text{예측값}}\right)^2 = \frac{1}{N}\sum_{i=1}^{N}\left\{y_i - (w_0 + w_1 x_{i1} + w_2 x_{i2})\right\}^2$$

❷ 실제값이 이산형(이진값)인 경우

$$L(\mathbf{w}) = -\frac{1}{N}\sum_{i=1}^{N}\left\{\underbrace{y_i}_{\text{실제값}} \ln \underbrace{\hat{y}_i}_{\text{예측값}} + \left(1 - \underbrace{y_i}_{\text{실제값}}\right)\ln\left(1 - \underbrace{\hat{y}_i}_{\text{예측값}}\right)\right\}$$

2 경사하강법에 의한 손실 함수가 최소화되는 $\mathbf{w}^* = [w_0\ \ w_1\ \ w_2]^{\mathrm{T}}$를 찾는 것

$$w_j \leftarrow w_j - \alpha \frac{\partial L(\mathbf{w})}{\partial w_j} \qquad \left(j \in \{0,1,2\}\right)$$

❶ 실제값이 연속형인 경우

$$w_0 \leftarrow w_0 - \alpha \frac{2}{N}\sum_{i=1}^{N}\left\{y_i - \left(w_0 + w_1 x_{i1} + w_2 x_{i2}\right)\right\}(-1)$$

$$w_1 \leftarrow w_1 - \alpha \frac{2}{N}\sum_{i=1}^{N}\left\{y_i - \left(w_0 + w_1 x_{i1} + w_2 x_{i2}\right)\right\}(-x_{i1})$$

$$w_2 \leftarrow w_2 - \alpha \frac{2}{N}\sum_{i=1}^{N}\left\{y_i - \left(w_0 + w_1 x_{i1} + w_2 x_{i2}\right)\right\}(-x_{i2})$$

❷ 실제값이 이산형(이진값)인 경우

$$w_0 \leftarrow w_0 + \alpha \frac{1}{N}\sum_{i=1}^{N}\left\{y_i - \sigma\left(w_0 + w_1 x_{i1} + w_2 x_{i2}\right)\right\}$$

$$w_1 \leftarrow w_1 + \alpha \frac{1}{N}\sum_{i=1}^{N}\left\{y_i - \sigma\left(w_0 + w_1 x_{i1} + w_2 x_{i2}\right)\right\}x_{i1}$$

$$w_2 \leftarrow w_2 + \alpha \frac{1}{N}\sum_{i=1}^{N}\left\{y_i - \sigma\left(w_0 + w_1 x_{i1} + w_2 x_{i2}\right)\right\}x_{i2}$$

* 경사하강법을 적용하여 손실 함수의 값이 최소화하도록 파라미터 **w**를 업데이트한다.

$$L(\mathbf{w}) = \frac{1}{2}\sum_{i=1}^{2}\left(y_i - \hat{y}_i\right)^2 = \frac{1}{2}\left\{\left(0.7-0\right)^2 + \left(0.5-(-1)\right)^2\right\} = 1.37$$

* 경사하강법을 적용하여 손실 함수의 값이 최소화하도록 파라미터 **w**를 업데이트한다.

$$L(\mathbf{w}) = -\frac{1}{2}\sum_{i=1}^{2}\left\{y_i \ln \hat{y}_i + \left(1-y_i\right)\ln\left(1-\hat{y}_i\right)\right\} = -\frac{1}{2}\left\{\ln\left(0.5\right) + \ln\left(0.63\right)\right\} = 0.58$$

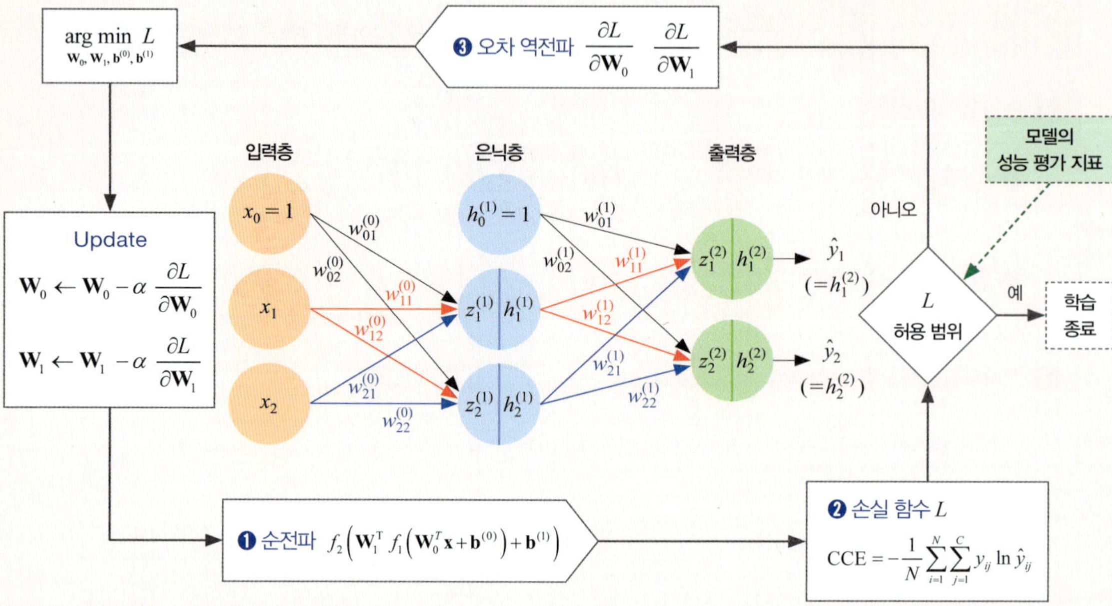

❶ 순전파: 입력 데이터에 각 층의 가중치들의 가중합과 활성화 함수를 적용하여 예측값을 출력

❷ 손실값 계산: 예측값과 실제값의 차이인 오차를 손실 함수로 계산

❸ 역전파: 미분 연쇄 법칙을 적용하여 가중치를 업데이트

은닉 노드(Neuron)

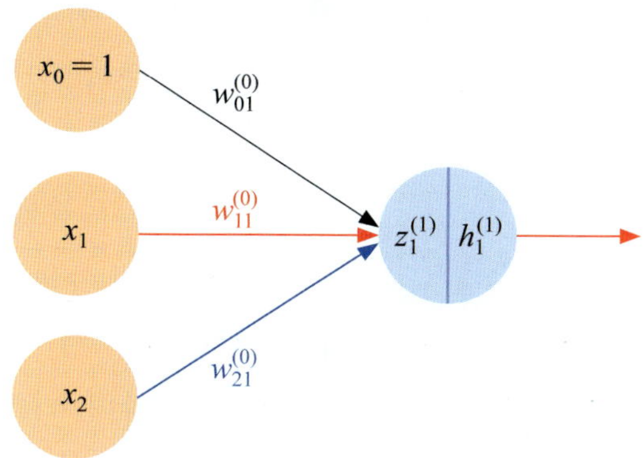

가중합($z_1^{(1)}$) → 활성화 함수(f_1) → 출력($h_1^{(1)}$)

(첫 번째 은닉층, 첫 번째 노드)

1 데이터

$$D = \{(\mathbf{x}_i, y_i)\}_{i=1}^{N}$$

$$\mathbf{x}_i = [x_{i1} \;\; x_{i2} \cdots x_{id}]^{\mathrm{T}}$$

❶ 실제값이 연속인 경우

$y_i \in \mathbb{R}$ * 회귀 문제 수행

❷ 실제값이 이산형(이진값)인 경우

$y_i \in \{1, \cdots, C\}$ * 분류 문제 수행

2 k-최근접 이웃 방법

❶ 새로운 데이터와 학습 데이터 사이의 거리 계산

- 하이퍼파라미터인 k와 거리 측도를 정해줘야 함

❷ 미리 지정된 k의 수에 따라 가까운 데이터 탐색

- 가장 유사한(가장 거리가 가까운) k개의 데이터 탐색

❸ 탐색된 k개의 데이터를 통해 예측값 결정

- 실제값이 연속형의 경우, k개의 데이터의 실제값 평균으로 예측값 설정
- 실제값이 이산형인 경우, k개의 데이터의 실제값 다수결을 통해 예측값 결정

예시 ① 분류(k=3, 유클리드 거리 기준)

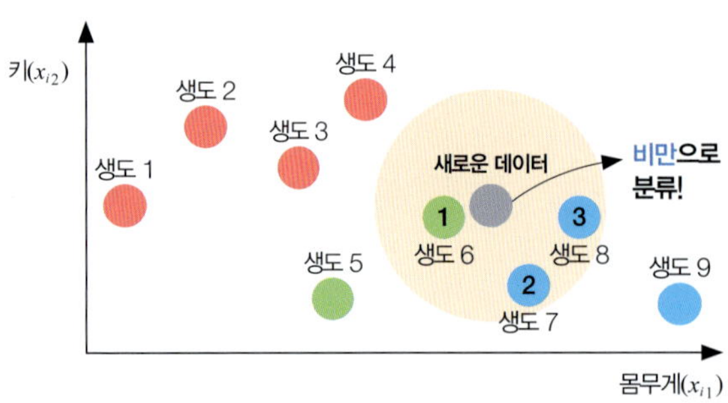

	몸무게	키	비만 여부
생도 1	1	4	저체중
생도 2	2	6	저체중
생도 3	5	5.5	저체중
생도 4	7	6.5	저체중
생도 5	6	2	정상
생도 6	8	4	정상
생도 7	9	2.5	비만
생도 8	10	4	비만
생도 9	12	2	비만
새로운 데이터	9	4.5	비만

* 키와 몸무게는 편차를 고려하여 보정된 값임

거리 척도

❶ 유클리드 거리

$$\text{Euclidean Distance}(\mathbf{x}_1, \mathbf{x}_2) = \sqrt{\sum_{j=1}^{p} \left(x_{1j} - x_{2j}\right)^2}$$

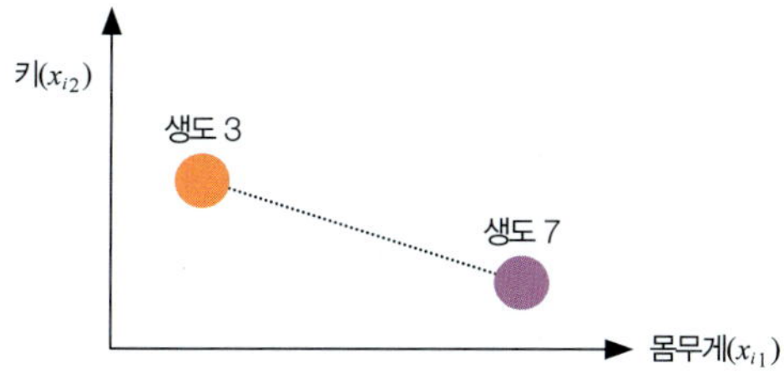

● 생도 3: $\mathbf{x}_3 = [3\ \ 3]^T$ ● 생도 7: $\mathbf{x}_3 = [9\ \ 2]^T$

$$\text{Euclidean Distance}(\mathbf{x}_7, \mathbf{x}_3) = \sqrt{(9-3)^2 + (2-3)^2} = \sqrt{37} \approx 6.08$$

❷ 맨해튼 거리

$$\text{Manhattan Distance}(\mathbf{x}_1, \mathbf{x}_2) = \sum_{j=1}^{p} \left| x_{1j} - x_{2j} \right|$$

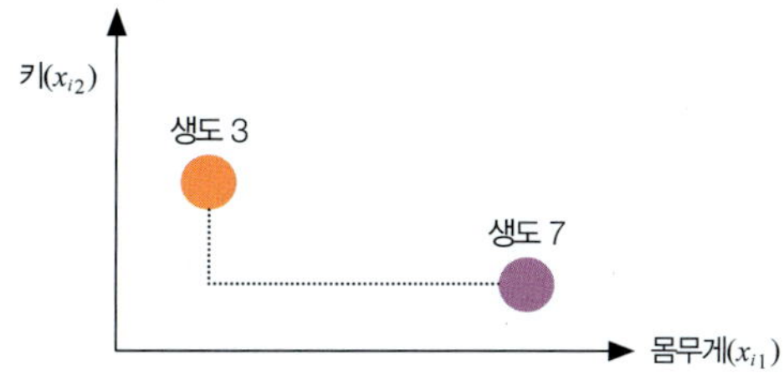

● 생도 3: $\mathbf{x}_3 = [3\ \ 3]^T$ ● 생도 7: $\mathbf{x}_3 = [9\ \ 2]^T$

$$\text{Manhattan Distance}(\mathbf{x}_3, \mathbf{x}_7) = |9-3| + |2-3| = 7$$

예시 ② 회귀(k=3, 유클리드 거리 기준)

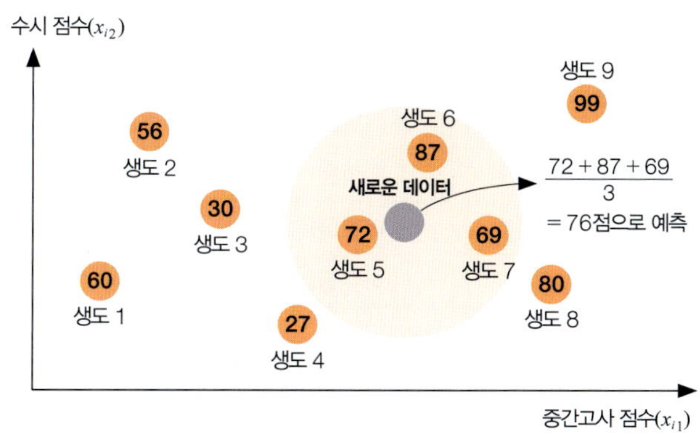

	수시	중간	기말
생도 1	30	20	60
생도 2	87	29	56
생도 3	50	41	30
생도 4	25	45	27
생도 5	48	55	72
생도 6	83	60	87
생도 7	48	63	69
생도 8	20	69	80
생도 9	90	81	99
새로운 데이터	49	57	76

1 데이터

1 정형 데이터(표 형식 데이터)에 적합

2 실제값의 유형에 따라 회귀, 분류 문제 수행

$y_i \in \mathbb{R}$ * 회귀 문제 수행

$y_i \in \{1, \cdots, C\}$ * 분류 문제 수행

※ 아래 표는 정보 이득, 지니계수 예시로 계산 시 사용되는 데이터

* 특징 벡터의 성분 : 나이, 수입, 학생, 신용 등급
* 실제값 : 구매 여부

번호	나이(x_{i1})	수입(x_{i2})	학생 여부(x_{i3})	신용 등급(x_{i4})	구매 여부(y_i)
1	청소년	고소득층	아니오	좋음	미구매
2	청소년	고소득층	아니오	아주 좋음	미구매
3	청년	고소득층	아니오	좋음	구매
4	중년	중소득층	아니오	좋음	구매
5	중년	저소득층	예	좋음	구매
6	중년	저소득층	예	아주 좋음	미구매
7	청년	저소득층	예	아주 좋음	구매
8	청소년	중소득층	아니오	좋음	미구매
9	청소년	저소득층	예	좋음	구매
10	중년	중소득층	예	좋음	구매
11	청소년	중소득층	예	아주 좋음	구매
12	청년	중소득층	아니오	아주 좋음	구매
13	청년	고소득층	예	좋음	구매
14	중년	중소득층	아니오	아주 좋음	미구매

2 모델

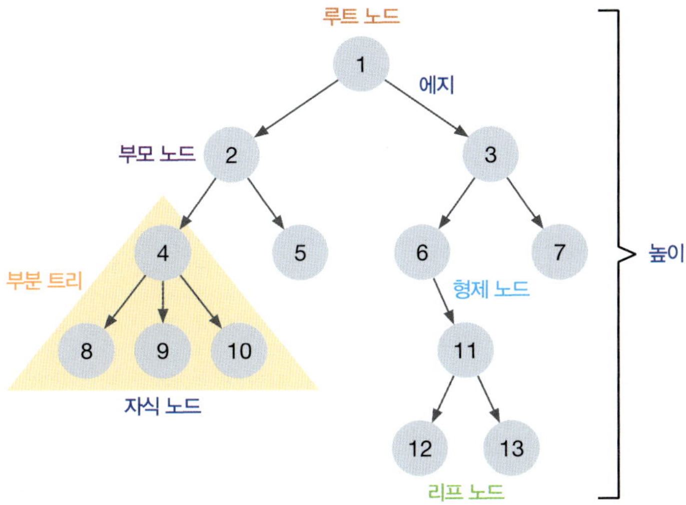

- 노드/에지 구성의 자료 구조
- 에지를 통한 데이터의 흐름
- 노드별 명칭 존재
- 의사결정 트리에 활용
- 각 노드가 분할 속성의 역할
- 리프 노드에서 예측값 결정

❶ 분할 속성들을 통해 예측값을 결정

❷ 분할 속성에 따라 모델의 효율 결정

* 분할 속성은 정보 이득, 지니계수 등으로 결정

3 학습

※ **정보 이득**

1 엔트로피

$$h(D) = -\sum_{k=1}^{m} p_k \log p_k$$

- D는 데이터 집합
- m은 실제값의 개수
- p_k는 실제값 k일 확률

2 속성별 엔트로피

$$h_A(D) = \sum_{v \in Values(A)} \frac{|D_v|}{D} \times h(D_v)$$

- $Values(A)$: 속성 A의 값의 집합
- D_v : 속성 A의 값이 v인 데이터 집합

3 정보 이득

$$\text{Gain}(D, A) = h(D) - h_A(D)$$

4 첫 번째 분할 속성: 가장 정보 이득이 큰 속성으로 결정

- 컴퓨터 구매 여부에 대한 전체 엔트로피 연산

  * 구매 확률 : 9/14 * 미구매 확률 : 5/14

$$h(D) = \left(-\frac{9}{14}\log\frac{9}{14}\right) + \left(-\frac{5}{14}\log\frac{5}{14}\right) = 0.94$$

- 나이 속성에 대한 컴퓨터 구매 여부 엔트로피

  * 청소년 : 5/14 * 청년 : 4/14 * 중년 : 5/14

$$h_{age}(D) = \frac{5}{14}\times\left(-\frac{2}{5}\log\frac{2}{5} - \frac{3}{5}\log\frac{3}{5}\right) + \frac{4}{14}\times\left(-\frac{4}{4}\log\frac{4}{4}\right) + \frac{5}{14}\times\left(-\frac{3}{5}\log\frac{3}{5} - \frac{2}{5}\log\frac{2}{5}\right)$$

$$\text{Gain}(D, age) = h(D) - h_{age}(D) = 0.247$$

- 나이 속성에 대한 정보 이득

$$\text{Gain}(D, age) = h(D) - h_{age}(D) = 0.247$$

* 나이 속성 기준으로 정보 이득을 구하였다. 같은 방식으로 수입, 학생, 신용 등급 속성 기준으로 정보 이득 계산 시 아래와 같다.

$$\text{Gain}(D, income) = h(D) - h_{income}(D) = 0.029$$

$$\text{Gain}(D, student) = h(D) - h_{student}(D) = 0.151$$

$$\text{Gain}(D, credit) = h(D) - h_{credit}(D) = 0.048$$

- 첫 번째 분할 속성: 나이(정보 이득이 가장 큼)

※ 불순도

1 지니계수: 데이터의 불순도를 측정하는 방법 중 하나

$$GINI(D) = 1 - \sum_{k=1}^{m} p_k$$

- D는 데이터 집합
- m은 실제값의 개수
- p_k는 특정 노드에서 데이터(D)의 실제값이 k일 확률

2 속성에 따른 불순도 감소량(CART 알고리즘 기준)

$$불순도\ 감소량 = GINI(D_{부모}) - \left(\frac{N_{자식1}}{N_{부모}} \times GINI(D_{자식1}) + \frac{N_{자식2}}{N_{부모}} \times GINI(D_{자식2}) \right)$$

- $D_{부모}$는 부모 노드에 속한 데이터
- $D_{자식1}$은 부모 노드에서 분할된 첫 번째 자식 노드에 속한 데이터
- $D_{자식2}$는 부모 노드에서 분할된 두 번째 자식 노드에 속한 데이터
- N은 각 노드에 포함된 데이터의 수

3 불순도 감소량이 가장 큰 속성을 분할 속성으로 선택

- 불순도 감소량 연산 예: 나이(청소년/청년, 중년)를 통한 이진 분할

$$GINI(D_{부모}) = 1 - \left\{ \left(\frac{9}{14}\right)^2 + \left(\frac{5}{14}\right)^2 \right\} = 0.46$$

$$GINI(D_{청소년}) = 1 - \left\{ \left(\frac{2}{5}\right)^2 + \left(\frac{3}{5}\right)^2 \right\} = 0.48$$

$$GINI(D_{청년,중년}) = 1 - \left\{ \left(\frac{7}{9}\right)^2 + \left(\frac{2}{9}\right)^2 \right\} = 0.35$$

- 나이 속성에 대한 불순도 감소량

$$\begin{aligned} 불순도\ 감소량 &= GINI(D_{뿌리}) - \left(\frac{N_{청소년}}{N_{뿌리}} \times GINI(D_{청소년}) + \frac{N_{청년,중년}}{N_{뿌리}} \times GINI(D_{청년,중년}) \right) \\ &= 0.46 - \left(\frac{5}{14} \times 0.48 + \frac{9}{14} \times 0.35 \right) = 0.06 \end{aligned}$$

* 나이 속성 기준으로 불순도 감소량을 구하였다. 같은 방식으로 수입, 학생, 신용 등급 속성 기준으로 불순도 감소량 계산 시 아래와 같다.

$$불순도\ 감소량(수입) = 0.46 - \left(\frac{10}{14} \times 0.48 + \frac{4}{14} \times 0.38 \right) = 0.01$$

$$불순도\ 감소량(학생\ 여부) = 0.46 - \left(\frac{6}{14} \times 0.28 + \frac{8}{14} \times 0.5 \right) = 0.05$$

$$불순도\ 감소량(신용\ 등급) = 0.46 - \left(\frac{6}{14} \times 0.5 + \frac{8}{14} \times 0.38 \right) = 0.02$$

- 첫 번째 분할 속성: 나이(불순도 감소량이 가장 큼)

1 데이터

$$D = \{\mathbf{x}_i\}_{i=1}^{N}$$

$$\mathbf{x}_i = [x_{i1} \quad x_{i2} \quad \cdots \quad x_{id}]^{\mathrm{T}}$$

생도	키(x_{i1})	몸무게(x_{i2})	생도	키(x_{i1})	몸무게(x_{i2})
$\mathbf{x}_1$	170	75	$\mathbf{x}_6$	178	72
$\mathbf{x}_2$	169	80	$\mathbf{x}_7$	180	78
$\mathbf{x}_3$	172	78	$\mathbf{x}_8$	181	73
$\mathbf{x}_4$	175	74	$\mathbf{x}_9$	183	85
$\mathbf{x}_5$	176	70	$\mathbf{x}_{10}$	185	75

* i번째 생도 데이터 $\mathbf{x}_i = [x_{i1} \ \ x_{i2}]^{\mathrm{T}}$

2 모델

- 군집화는 비지도학습의 한 유형으로 실제값이 없는 데이터를 사용
- 군집화의 종류에는 분리형, 계층적, 밀도 기반 군집화가 있음

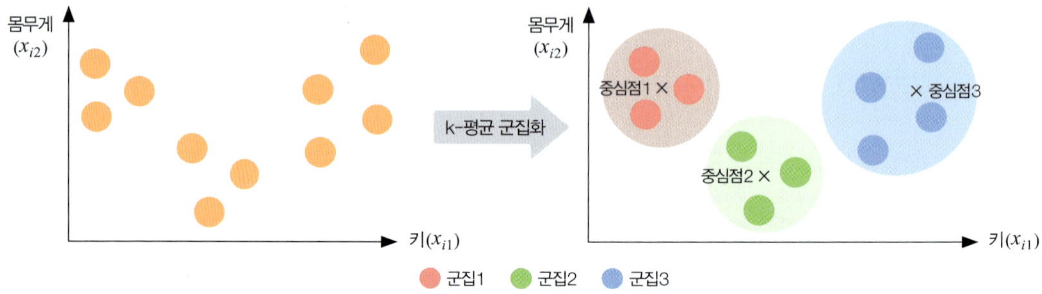

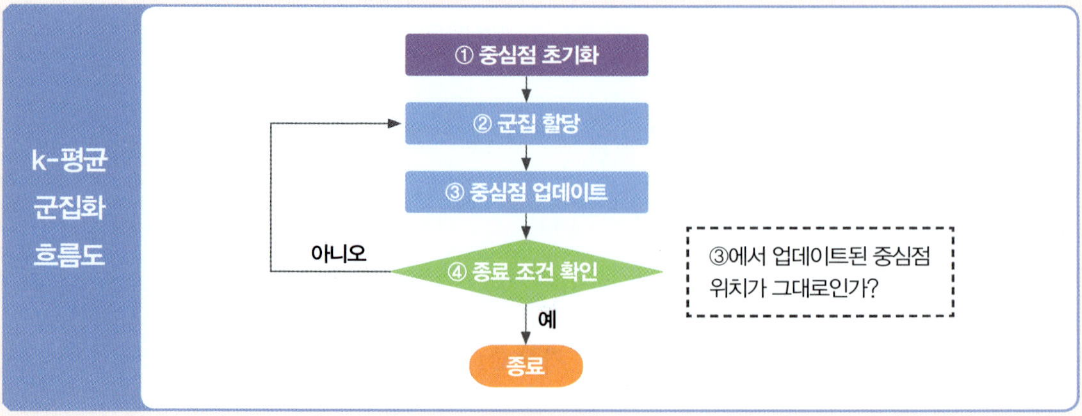

3 학습

1 중심점 초기화

- 데이터의 분포를 고려한 임의의 위치에 초기 중심점 생성
- 하이퍼파라미터인 k의 값에 따라 중심점의 개수가 설정됨($k = 3$)

중심점	키(c_{j1})	몸무게(c_{j2})
$\mathbf{c}_1$	171	73
$\mathbf{c}_2$	179	75
$\mathbf{c}_3$	187	79

2 군집 할당

- 각 데이터와 중심점 사이의 거리를 계산하고 각 데이터는 가장 가까운 중심점에 해당하는 군집에 할당(유클리드 거리 기준)

샘도	중심점1($\mathbf{c}_1$)	중심점2($\mathbf{c}_2$)	중심점3($\mathbf{c}_3$)
$\mathbf{x}_1$	**2.23**	9.0	17.46
$\mathbf{x}_2$	**7.28**	11.18	18.02
$\mathbf{x}_3$	**5.09**	7.61	15.03
$\mathbf{x}_4$	**1.12**	4.12	13.0
$\mathbf{x}_5$	5.83	**4.12**	14.21
$\mathbf{x}_6$	7.07	**5.83**	11.40
$\mathbf{x}_7$	10.29	**3.16**	7.07
$\mathbf{x}_8$	10	**2.82**	8.48
$\mathbf{x}_9$	16.97	10.77	**7.21**
$\mathbf{x}_{10}$	14.14	6.0	**4.47**

3 중심점 업데이트

- 군집에 할당된 데이터의 평균값을 이용하여 중심점 업데이트

중심점	키(c_{j1})	몸무게(c_{j2})
$\mathbf{c}_1$	171.5	76.75
$\mathbf{c}_2$	178.75	73.25
$\mathbf{c}_3$	184	80

- $\mathbf{c}_1 = \left(\frac{(170+169+172+175)}{4}\right), \left(\frac{(75+80+78+74)}{4}\right) = (171.5,\ 76,75)$
- $\mathbf{c}_2 = \left(\frac{(176+178+180+181)}{4}\right), \left(\frac{(70+72+78+73)}{4}\right) = (178.75,\ 73,25)$
- $\mathbf{c}_3 = \left(\frac{(183+185)}{2}\right), \left(\frac{(85+75)}{2}\right) = (184,\ 80)$

4 종료 조건 확인

- 종료 조건에는 특정 횟수 반복, 성능 측도 활용, 중심점의 위치 확인 등이 있음
- 일반적으로 k–평균 군집화에서는 중심점의 위치가 변하지 않을 때를 종료 조건으로 선정함
- (1) 중심점 초기화 단계의 중심점 위치와 (2) 중심점 업데이트 단계에서의 중심점 위치가 달라졌기 때문에 알고리즘을 종료하지 못하고 (2) 단계로 돌아가 반복 수행

ㄱ ㄴ

ㄷ ㄹ

ㅁ ㅂ

A B C

D E F

G H I

K L M

N O

P R

S

T U

V W X Z

기 타